最生動完整的歐洲史
圖說那些課本沒有的歷史細節

圖解歐洲史

台版「羅輯思維」
王晴天 / 著

The
Illustration
History
Of
Europe

序 風雲變幻的歐羅巴

2017 年 4 月，我的「新絲路視頻——歷史真相系列」正式開播，至今已獲得無數迴響，各界閱聽者都可以透過網路，不受時間與地域的限制收看此節目。在歷史真相系列中，我已主講許多中國史的相關主題，包括大國崛起、明十三陵之謎、明朝的那些事兒、萬曆十五年、明亡清興、努爾哈赤＆皇太極＆多爾袞……等等，希望能讓觀眾在有限的時間內，汲取有別於傳統主流的歷史思考觀點，以及富有知性與理性的內容。2018 年度，我又開啟了全新的〈時空地理學〉系列，分別講述世界各國的特色與歷史，讓觀眾能不出家門，便寰宇諸國。

而想要認識世界，那就必須先認識歐洲。為什麼呢？歐洲在整個地球中，僅佔有不到 10% 的面積，但在世界各大重要事件中，我們卻總能看見它的身影。例如，亞歷山大的歐亞非大帝國、完成環球航行的麥哲倫、推動全世界的工業革命、第一和第二次世界大戰……等等。要瞭解這片小小的歐洲，如何能翻江倒海、攪動乾坤，推動世界文明的進程，那就一定要閱讀歐洲史。

歐洲從愛琴文明發源至今，已有 4000 多年的歷史。歐洲是歐羅巴洲的簡稱，歐羅巴的稱呼源於一則美麗的神話故事。相傳，「萬神之王」宙斯看中了腓尼基（今黎巴嫩、敘利亞）國王的女兒歐羅巴，便變成一頭公牛，將歐羅巴帶到遠方的一塊陸地共同生活。這塊陸地也就是現在的歐洲，宙斯便以公主的名字將其命名為歐羅巴。

早在西元前 4000 年至西元前 2500 年，歐洲就出現巨石文化。西元前 2000 年，歐洲進入青銅器時代，位於地中海東部的愛琴海沿岸開始出現城市文明，這被認為是歐洲文明的發源

地，稱為「古希臘文明」。西元前五世紀，古希臘衰落，來自馬其頓的亞歷山大崛起並控制希臘，建立橫跨歐、亞、非三洲的大帝國。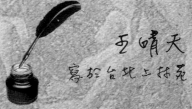

中世紀時，歐洲的封建制度逐漸確立，許多王國相繼而立。但是，此時期也被啟蒙時代的學者稱為「黑暗時代」，因為當時歐洲的天主教教會勢力龐大，一手遮天整個歐洲的政治。中世紀晚期，天主教的神性受到質疑，十三世紀末，宣揚人文主義的文藝復興運動首先萌發於義大利。這一場文化運動持續了兩個多世紀，並逐漸從義大利擴展到歐洲其他地區，影響遍及文學、哲學、藝術等方面。

十七世紀末，英國經過光榮革命，建立君主立憲制國家。十八世紀，英國開啟工業革命，隨即拓展至歐洲大陸，推動全歐洲的工業化進程。德國、義大利等民族國家也紛紛興起，於十九世紀各自完成統一。

二十世紀初，帝國主義的極度擴張導致兩次世界大戰，歐洲及世界其他國家都遭受劇烈衝擊。第一次世界大戰後，歐洲出現世界上第一個社會主義國家——蘇聯。二十世紀中，出現以美、蘇兩極爭霸的冷戰局面。歐洲也被畫分為兩個政治陣營，分別為東歐的共產主義和西歐的資本主義。西元 1992 年，歐盟成員國簽署《歐盟條約》，由此開始，歐洲從具有諸多政治因素的經濟分隔體，轉變為更深層次的聯盟，歐洲開始真正地成為一體。

《圖說歐洲史》是一部縱觀歐洲歷史發展的讀物。本書透過對歐洲不同階段的歷史勾勒，將歐洲自愛琴文明，到現代歐盟之間的一幕幕發展史，展現在讀者面前。

王晴天
寫於台北上林苑

CONTENTS ·目錄·

從荒原到神廟——
歐洲的起源與古典時期

第 **1** 章　　歐洲文明的搖籃：**愛琴海**

第 **2** 章　　文明的起源：**古希臘**

第 **3** 章　　世界帝國：**古羅馬**

黑暗時代——
中世紀的歐洲

第 4 章　西羅馬崩潰與西歐封建社會的發展

CONTENTS ·目錄·

第 5 章　拜占庭之光：東歐封建社會的發展

革命與擴張——
資本主義與歐洲

CONTENTS ·目錄·

第 13 章　秩序中的動盪：第一次世界大戰

全新紀元——
在戰爭廢墟上建立的新歐洲

第 14 章　戰爭的陰霾：第二次世界大戰

第 15 章　從對抗到合作：邁向一體化的歐洲

閱讀導航

✛ 章節概述

將該節所講述事件的原委概略表述，或評價某一特定時間段內主要的變化、影響，讓讀者對該章節的主要內容有初步的瞭解。

圖解 **歐洲史**

A.D. 527　　A.D. 565

01 查士丁尼的復辟之夢

關鍵字：查士丁尼、政治統治、對外擴張

✛ 統整表格

統整表格由標題、內容分類、概述和英文字母四個部分組成，表格內的字母讓讀者可以按照索引找到相應的詳細解說，表格內的內容一般按照時間、國別或人物等進行分類。

✛ 人物圖說

對於影響歷史進程或在某一學科領域有重大貢獻的人物，採用文字搭配人物圖案這一形式，解說歷史人物的生平經歷、學術觀點和研究成果。

從西元 527 年至西元 565 年，拜占庭皆處於查士丁尼皇帝的統治之下。查士丁尼是一個野心勃勃的皇帝，他在即位之初就著手編纂法典，並於西元 529 年頒佈《查士丁尼法典》，且著力於恢復羅馬舊制，西元 533 年，查士丁尼更展開了長達二十年的西方征服戰爭。但是，查士丁尼的復辟政策並不得人心，使得他在西方的統治極不穩固，國內起義不斷，外族也長期騷擾帝國邊境。他的繼承者統治時期，帝國已不斷喪失在西方的領地。

	查士丁尼
立法	1 查士丁尼即位之初，即組織法典編纂委員會，由大臣、法學家特里波尼安主持。Ⓐ
	2 西元 529 年，編成《查士丁尼法典》。Ⓑ
	3 西元 533 年，編成《法學匯纂》五十卷，收錄歷代法學家論文。
	4 西元 533 年，編成《法理概要》四卷，成為法學原理的教材。
	5 西元 565 年，編成《新法典》。
對內政策	1 全國設有行政區，行政區的長官直接向帝國皇帝負責。Ⓒ
	2 嚴格管理手工業和商業。ⒹⒺ
	3 宣佈東正教為國教，奉行嚴格控制教會的政策。ⒻⒼⒽ
對外戰爭	1 西元 533 年，大將貝利撒留進攻北非汪達爾王國，佔領迦太基。ⒾⒿ
	2 西元 535 年，貝利撒留進攻義大利東哥特王國。西元 554 年，征服義大利。
	3 西元 554 年，拜占庭攻佔西哥特人佔據的西班牙東南部沿海。

Ⓐ 查士丁尼

查士丁尼是一位頗有政治抱負的君主，在位期間征服汪達爾王國和東哥特王國，不僅阻擋蠻族對帝國的侵擾，並且恢復了昔日羅馬帝國的榮耀。因此，這段時間也被稱為拜占庭帝國的第一個黃金時代。

圖為鑲嵌畫中描繪的查士丁尼，他身穿黃袍、頭戴王冠，頭頂的光輪象徵天穹。

Ⓑ 查士丁尼法典

查士丁尼最大的功績是西元 529 年發表的《查士丁尼法典》，法典共包含十卷，包括自羅馬皇帝哈德良以來，四百多年間歷代皇帝的法令，對於後世法律的制定有著深遠的影響。

圖為梵蒂岡文藝復興時期的作品，查士丁尼身著古羅馬時代的服飾，將法典交給顧問們，而顧問們則身著文藝復興時期的服飾。

116

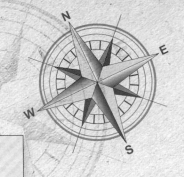

❖ 事件圖說

在解說文字旁配有一張事件的圖案，讓讀者對文字內容有更直觀的瞭解。

ⓒ 帝國的內政

查士丁尼在位時，推行政治集權的改革，在他的統治之下，拜占庭繼承了羅馬帝國高效的行政管理傳統。查士丁尼將全國設四個行政區，行政區的長官直接向帝國皇帝負責，實行軍政分治。他更建立常備守邊部隊，在沿邊界構築堡壘，以抵禦蠻族的入侵。

圖為聖維泰爾教堂的一幅鑲嵌畫，圖中的查士丁尼身著華服向教會獻禮，圍繞他左右的是其餘宮廷顯要人物。

ⓓ 帝國的經濟

拜占庭帝國人口稠密，手工業和商業都十分發達。在經濟繁榮的情況下，城市也隨之興起，帝國東部發展出許多規模較大的城市，如首都君士坦丁堡，中世紀的人口已達八十多萬，是歐、亞兩大洲的經濟交通中心。東部的工商業城市不僅為帝國提供充分的物質保證，而且還提供大量的僱傭軍來對付蠻族的入侵。

圖為拜占庭帝國首都君士坦丁堡。

❖ 事件表格

事件表格多用於對某一具體事件、國際條約的詳細解說，或按照事件的發生時間、經過和結果排序，或按照條約的具體內容條列式排序。

Ⓔ 行會制度

1 拜占庭的各個手工業和商業行業都有行會組織。

2 政府制定各種行業管理規則，透過行會管理各個行業。

3 政府會賦予某些行會相關的行業壟斷權，或賦予某些特殊行業免除軍事勞役的特權，從而保證行會成員的穩定生活。

4 作為政府在經濟管理上不可或缺的工具，行會幾乎無所不在，甚至連奴隸也有屬於自己的公會。

6 行會有時還承擔公共工程的建造、稅款徵集等政府職能。

Ⓕ 東正教

東正教又稱正教、希臘正教、東方正教，是基督教的一個派別，主要是指拜占庭帝國所流傳下來的傳統基督教教會，它與天主教、基督新教並立為基督教三大派別之一。「正教」的希臘語是正統，與天主教不同的是，正教的教會是一些被稱為「自主教會」或「自治教會」的地方教會，這些教會彼此獨立，卻有著共同的信仰。

❖ 深度解讀

對小標題內容進行純文字的詳細解說。雖然不配圖，但是文字量遠大於圖說文字，更加清晰地交代事情原委，多用於特定事件的解讀和專有名詞的解釋。

117

西羅馬崩潰

4 世紀末期，隨著日耳曼民族傳統制度的解體，部落首領開始對外擴張，而自身部落人口增長的壓力也使其不得不向外地遷徙。當時，羅馬帝國的

五世紀中葉，日耳曼人中的盎格魯－撒克遜和朱特各部落橫渡北海，進入不列顛，佔據該島的東部和南部，建立許多小王國。七世紀初，這些小王國合併為七個王國。

克洛維，法蘭克王國創立者。

阿提拉，古代匈人的皇帝，曾多次入侵東、西羅馬帝國。

冰島

挪威

丹麥

愛爾蘭

英國

倫敦 ◎

荷蘭

柏林

德國

巴黎 ◎

比利時

法 國

瑞士

奧地利

義大利

西班牙

日耳曼民族的國家	A.D.453	A.D.489	A.D.493
	匈人聯盟瓦解，東哥德人成為羅馬帝國的「同盟者」。	東哥德出兵義大利。	東哥德人以拉文那為都，在義大利建立東哥德王國。

衰落為日耳曼民族帶來可乘之機，使其得以深入帝國腹地。西元 376 — 568 年，以日耳曼人為主的部落紛紛侵入羅馬帝國境內，各自建立國家。

西元 476 年，日耳曼族國王奧多亞塞廢黜羅慕路斯·奧古斯都路斯，導致西羅馬帝國滅亡。

五世紀初，日耳曼族的勃艮第人和法蘭克人佔據高盧。西元 457 年，勃艮第人於高盧東南部建立勃艮第王國，定都里昂。西元 534 年，勃艮第被法蘭克人征服，成為法蘭克王國的一部分。

西哥德人攻陷羅馬後，越過阿爾卑斯山，進佔高盧西南部，西元 418 年，以圖盧茲為中心，建立西哥德王國。西元 507 年，西哥德的高盧領土被法蘭克人征服。西元 711 年，為阿拉伯人征服。

芬蘭

蘇聯

列寧格勒

庫爾斯克　　史達林格勒

波蘭

羅馬尼亞

保加利亞

A.D.555	A.D.568	A.D.773
東哥德王國為東羅馬皇帝查士丁尼所滅。	倫巴底人佔領北部義大利，建立倫巴底王國。	查理曼大帝征服倫巴底，次年將其併入法蘭克王國。

十字軍東征

11 世紀末，西歐的領主們極度渴望向外攫取新的土地和財富，經過宗教改革的教會也試圖進一步擴大自己的權勢。趁著東方帝國逐漸衰落之際，

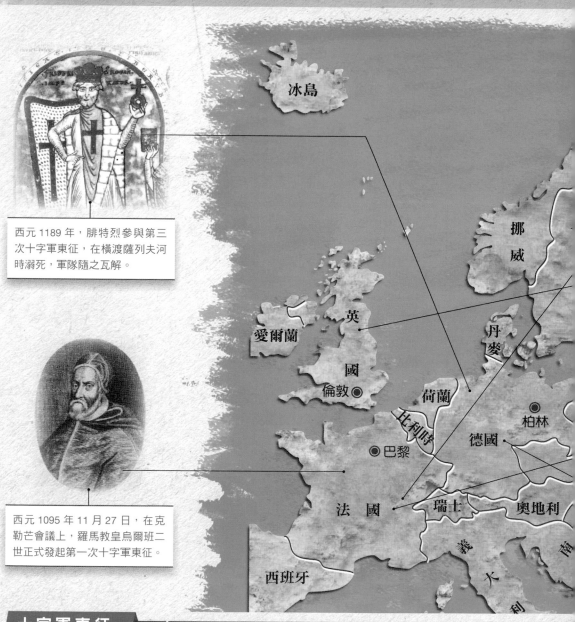

西元 1189 年，腓特烈參與第三次十字軍東征，在橫渡薩列夫河時溺死，軍隊隨之瓦解。

西元 1095 年 11 月 27 日，在克勒芒會議上，羅馬教皇烏爾班二世正式發起第一次十字軍東征。

冰島

挪威

丹麥

英

國

愛爾蘭

倫敦 ◎

荷蘭

柏林

比利時

德國

◎ 巴黎

法　國

瑞士

奧地利

西班牙

十字軍東征

A.D.1096–1099	A.D.1147–1149
封建貴族騎士組成十字軍，開始第一次東征。西元 1099 年，十字軍攻陷耶路撒冷。	開始第二次十字軍東征，於西元 1149 年宣告失敗。

西歐的領主們和天主教會打著收復宗教聖地的旗號,對東地中海沿岸地區發動了一場曠日持久的入侵。此次入侵共延續 200 年之久,因出征者都要在自己的衣服縫上紅十字標記,故被稱為「十字軍東征」。

西元 1202 年,教皇英諾森三世為攻佔穆斯林所控制的埃及,發動第四次十字軍東征,此次十字軍主要由法國和義大利貴族組成。

西元 1191 年,在第三次十字軍東征中,英王理查一世攻佔賽普勒斯,建立王國,後賣給原耶路撒冷國王。

芬蘭

蘇聯

列寧格勒

庫爾斯克

史達林格勒

沙

波蘭

西元 1228 年,腓特烈二世發動第六次東征。西元 1229 年,從蘇丹手中奪得耶路撒冷。

羅馬尼亞

保加利亞

西元 1191 年,在第三次十字軍東征中,法王腓力二世佔領阿克港,其後率部分十字軍返回法國。

A.D.1217–1221	A.D.1248–1250	A.D.1270
教皇英諾森三世發動第五次東征,至西元 1221 年失敗。	西元 1250 年,法王路易九世率十字軍東征埃及,兵敗被俘,於一個月後被贖回國。	法王路易九世遠征突尼斯,但在登陸後,全軍染上瘟疫,路易九世也死於瘟疫。

13 世紀晚期，文藝復興在義大利各城市興起，後擴展至歐洲各國，至 16 世紀邁向巔峰。義大利是歐洲最早萌芽資本主義的國家，同樣也是文

阿爾布雷希特・杜勒，文藝復興時期的德國畫家，其作品以版畫最具影響力。圖為其代表作之一《亞當與夏娃》。

賽凡提斯，文藝復興時期的西班牙現實主義作家。其代表作《唐吉訶德》諷刺了當時西班牙十分流行的騎士小說，揭示教會的專橫和社會的黑暗。

冰島

挪威

丹麥

愛爾蘭

英國
倫敦 ◎

荷蘭

比利時

柏林 ◎

德國

◎ 巴黎

法 國

瑞士

奧地利

義大利

西班牙

藝復興的發源地。這場運動不僅為歐洲帶來科學與藝術的革命，更發揮銜接中世紀和近代的作用，揭開近代歐洲歷史的序幕，被認為是歐洲中世紀和近代的分界。

米開朗基羅，文藝復興時期的代表人物，其作品為文藝復興時期的雕塑巔峰。圖為其代表作之一《創世紀》。

李奧納多・達文西，文藝復興時期的代表人物。圖為其代表作之一《蒙娜麗莎》。

但丁，文藝復興的先驅，其代表作《神曲》表達了詩人追求真理的思想。圖為但丁隨著維吉爾遊地獄的場面。

薄伽丘，文藝復興時期的代表人物，其代表作為短篇小說集《十日談》。

大航海時代

15 世紀時，鄂圖曼土耳其帝國控制了亞洲和歐洲的路上通道，歐洲資產階級遂轉而開闢新商路，最後終於打通前往印度和美洲的航路，並

西元 1492 年 10 月 28 日，哥倫布到達古巴島，誤認為此處就是亞洲大陸。

西元 1492 年 10 月 12 日，哥倫布到達巴哈馬群島的聖薩爾瓦多島，並命名之。

西元 1519 年，麥哲倫抵達巴西里約熱內盧。

西元 1520 年，麥哲倫抵達聖胡利安灣。

西元 1520 年，麥哲倫發現麥哲倫海峽。

北美洲

南美洲

太平洋

大西洋

發現美洲大陸。新航路雖然為歐洲各資本主義國家提供廣闊的原料和市場，但隨之而來的殖民掠奪也為美洲和亞洲帶來嚴重災難。

西元 1487 年 8 月，迪亞士率船隊從里斯本出發，打算沿著非洲西海岸南下，繞過非洲，打開一條通往印度的航路。

歐 洲

亞 洲

太平洋

非洲

印度洋

澳 洲

西元 1522 年 9 月 6 日，麥哲倫船隊返回西班牙，完成第一次環球航行。

西元 1498 年，達伽馬到達印度南部。西元 1499 年，返航。

西元 1488 年 2 月，迪亞士到達南非的一個地角，將其命名為「風暴之角」，後被葡萄牙國王改名為「好望角」。

西元 1497 年，達伽馬由里斯本出發，繞過「好望角」，開闢通往印度的新航線。

第二次世界大戰

20 世紀前期，第一次世界大戰結束後，帝國主義國家間的政治、經濟發展越來越不平衡，國家間的矛盾加劇。西元 1929 — 1933 年，爆發

西元 1945 年 4 月 16 日，蘇聯向柏林發動進攻。5 月 2 日，蘇軍攻佔德國的國會大廈。5 月 8 日午夜，德國正式向蘇、美、英、法四國投降，結束第二次世界大戰的歐洲戰場。

西元 1944 年 6 月 6 日，諾曼地登陸成功。美英軍隊重返歐洲大陸，逆轉第二次世界大戰的態勢。

西元 1940 年 5 月，英、法聯軍在敦克爾克進行當時歷史上規模最大的軍事撤退行動。

冰島

挪威

丹麥

愛爾蘭

英
國
倫敦 ◉

荷蘭

比利時

柏林

德國

◉ 巴黎

法 國

瑞士

奧地利

義
大
利

西班牙

南

經濟大蕭條，使情況進一步惡化。為了擺脫經濟危機，德、義、日三國先後建立法西斯政權，並且相繼發動局部侵略戰爭，最終導致第二次世界大戰。在經過多年的征戰後，第二次世界大戰以德國、義大利、日本三個國家的敗北而告終。

西元 1942 年 7 月 17 日，德軍進攻史達林格勒。西元 1943 年 2 月，蘇聯取得勝利，成為東線戰場的重要轉振點，德軍由進攻轉為防守。

西元 1943 年 1 月 12 日，蘇軍在列寧格勒發動反攻，初步突破德軍的圍困。

西元 1945 年 1 月 17 日，蘇軍重新佔領華沙。

芬蘭

蘇聯

列寧格勒

庫爾斯克　　史達林格勒

波蘭

羅馬尼亞

保加利亞

希臘　　　　土耳其

第 1 章

歐洲文明的搖籃
愛琴海

西元前 2000 年，歐洲進入青銅時代，出現最早的城市文明──愛琴文明。愛琴文明由克里特文明和邁錫尼文明組成，皆以氣勢恢弘的宮殿而著稱。西元前十三世紀中葉，邁錫尼為多利安人所滅，愛琴文明從此退出歷史舞台。

01 歐洲自然概貌

關鍵字：宙斯、歐羅巴

　　歐洲是歐羅巴洲的簡稱，「歐羅巴」一詞據說最初來自腓尼基語的「伊利布」，意思是「日落的地方」或「西方的土地」。歐洲西臨大西洋，北靠北極海，南隔地中海和直布羅陀海峽，與非洲大陸相望，東與亞洲大陸相連，是世界第六大洲。

　　歐洲有著悠遠的文明發展歷史，位於歐洲東南部的愛琴海地區則為世界古文明的發源地之一，被稱為「愛琴文明」，為人類留下豐富的文化遺產。

歐洲概況	
傳說	相傳宙斯喜歡上歐羅巴，並以她的名字命名現在的歐洲。Ⓐ
自然地貌	❶ 歐洲以平原為主，地勢平均高度為 330 公尺。南部聳立的一系列山脈，被稱為阿爾卑斯山系。Ⓑ ❷ 歐洲的河網稠密，水量豐沛。最長的河流是窩瓦河，全長 3692 公里。第二大河為多瑙河，全長 2857 公里，是世界上流經最多國家的河流。 ❸ 歐洲的海岸線十分曲折，多半島、島嶼、海灣、內海。
歐洲氣候	歐洲氣候溫和，降水分佈均勻，大部分地區為溫帶海洋性氣候，其他還包括地中海氣候、溫帶大陸性氣候、極地氣候和高原山地氣候等。
人口分佈	歐洲平均人口密度居各大洲的第一位。其城市人口約佔全洲人口的 64 ％，在各洲中僅次於大洋洲和北美洲，居第三位。

Ⓐ 歐羅巴的傳說

傳說，歐羅巴是腓尼基（今黎巴嫩、敘利亞）的公主，美麗而且聰明。宙斯愛上了這位公主，遂變成一頭公牛，將歐羅巴帶到克里特島上。宙斯將這片土地賜予公主，並用公主的名字命名，而離克里特島不遠的大陸也就此被稱為歐羅巴。這片大陸臨近亞洲和非洲，正是現在的歐洲。

Ⓑ 阿爾卑斯山

阿爾卑斯山是歐洲最高大、最雄偉的山脈，山頂終年被冰雪覆蓋，山林間林木蔥蘢，形成賞心悅目的高山景觀。山脈西起法國東南部的尼斯，經瑞士、德國南部、義大利北部，東到維也納盆地，綿延 1200 公里。它的主峰——白朗峰聳立於法國和義大利之間，海拔 4810 公尺，是歐洲第一高峰。

02 歐洲的原始人類與史前文化

關鍵字：史前文化

　　大約西元前 12000 年，地球氣候趨向溫暖，早期的歐洲人逐漸開始定居在某個固定地點。西元前 7000 年左右，歐洲農民們開始開闢土地，種植莊稼。農業的出現使大量的人口永久定居於某個地方，開始出現群居的村落，這種變化也導致社會階級出現。從此，歐洲邁入農業社會，開始製造陶器，宗教信仰和宗教崇拜也應運而生。

原始人類與史前文化

原始人類	1 尼安德塔人生活在距今大約 200000 至 28000 年前，已經能夠製造並使用複合工具，具有狩獵能力及喪葬等習俗，因發現於德國尼安德河谷而得名。Ⓐ
	2 克羅馬儂人生活在距今 30000 年前，被稱為晚期智人或智人，因發現於法國克羅馬儂山洞而得名。Ⓑ
舊石器時代	1 已掌握使用火的技術，並學會用樹木作為燃料。
	2 製造簡單工具用於打獵和採集。Ⓒ
中石器時代 Ⓓ	1 開發森林。
	2 出現農業。
新石器時代	1 已學會製作陶器和紡織技術。Ⓔ
	2 工匠技術進一步發展，出現專業化的生產方式。Ⓕ
	3 開始從事農業和畜牧業。Ⓖ
	4 開始定居生活。Ⓗ
	5 喪葬習俗更加複雜，出現宗教。ⒾⒿ

Ⓐ 尼安德塔人的頭蓋骨

尼安德塔人是歐洲的早期智人，其祖先可追溯至大約 100000 到 150000 年以前，因發現於德國尼安德河谷而得名。大約在西元前 40000 年前，

尼安德塔人滅絕，據考古學家推斷，其滅絕的原因是因為不能適應環境的變化，才逐漸走向末路。

| 圖為尼安德塔人的頭蓋骨，這個頭蓋骨具有非常明顯的突起眉脊，說明早期人類在體質上與現代人有明顯的不同。

Ⓑ 克羅馬儂人

尼安德塔人滅絕後，另外一個人種開始在歐洲大陸出現，即克羅馬儂人。克羅馬儂人屬於晚期智人，其化石最早發現於法國的克羅馬儂山洞。據考古學家認定，他們的體形基本上和現代人相同，行走時也能完全直立，而且動作迅速靈活。克羅馬儂人的特徵是額高而深，顱頂高而寬大，腦圓而豐滿，腦容量平均為 1660 毫升，在現代人平均腦容量之上，腦內紋褶與現代人也沒有差別，已具有相當高的智慧。

C 獵熊歸來

舊石器時代是石器時代的早期階段，以使用打製石器為主要特點。這時的史前人類會製造簡單的工具，再用以打獵和採集，以狩獵為生。後來，為了適應自然環境的變化，才逐漸過渡到採集、漁獵的生活。

圖為科羅蒙西元 1844 年的《獵熊歸來》。描繪史前人類狩獵歸來的場面，手法誇張而大膽。

D 中石器時代

中石器時代是從舊石器時代到新石器時代的過渡階段，這一時期的人們仍然依靠漁獵和採集為生，也開始馴養豬或山羊。隨著採集經驗的累積，人們逐漸轉向水域，魚、貝類成為新的食物來源。此時的細石器工藝更為成熟，出現了用細石片鑲嵌在骨木柄上的箭、刀等複合工具，也開始普遍使用弓箭，狩獵效率大為提高。由此可見，中石器時代的漁獵採集，與舊石器時代相比，有了長足的進步。此外，這時的原始人類也改善了居住條件，除了利用自然洞穴外，還會在特定季節搭建簡陋帳篷。

E 陶器的凹陷圖案

新石器時代出現了日用陶器，約在西元前 6000 年開始逐漸普及，歐洲的陶器也是在此一時期出現，歐洲陶器上的雕刻裝飾也較其他大陸更為常見。

圖為出土於西班牙，飾有雕刻圖案的陶器，製作時間約為西元前 3000 年。陶器上的圖案有些是印壓，有些則是工具切割。

F 燧石匕首

西元前 4000 年，開始出現專業化的生產方式，他們所製作的產品主要用來交換。當時的手工藝品已可以根據個人的需要製作，最漂亮的工藝品多出自於專業的工匠。當金屬出現時，石匠們迫於競爭的壓力，也逐漸製作出比以往更精美的斧子和匕首。

圖為出土於丹麥的燧石匕首，製作時間約為西元前 3000 年，可以看出匕首完全是模仿金屬的造型。

Ⓖ 普羅旺斯海岸的生活

歐洲東南部是最早進入新石器時代的地區，當時的農業尚不發達，這些地區的農業部族通常住在岩洞或簡陋的帳篷中。同樣的，此時期的畜牧業也不發達。

| 圖為 J. Courbet 的作品，描繪新石器時代普羅旺斯海岸的生活。

Ⓗ 湖上高架木屋

新石器時代的小村莊以畜牧業和種植業為主，是否靠近水源是選擇定居地點的決定性因素。由於歐洲的氣候溫和，所以很早便出現定居的居民，房屋大多以木材和黏土作為建築材料，在沒有樹木的地方，石頭則成為唯一可用的建築材料。

| 圖為 R. A. Bachelin 西元 1867 年的作品，描繪新石器時代的湖上高架木屋。

Ⓘ 亡者的世界

巨石建築是新石器時代至早期鐵器時代特有的建築，大多分佈在沿海地帶。它指的是用巨大石塊做成的墓塚，這些墓地通常被當作廟堂或部落祭祀的地方。

| 圖為郭戈西元 1830 年的《蓬特爾伊凡的石桌墳》，其中由石柱支撐的巨石所覆蓋處就是墳墓。

Ⓙ 持鐮刀的神像

在原始人的宗教裡，人的形象佔有重要地位。尤其是農耕開始以後，人類開始按照自己的形象塑造神，歐洲的神多以塑像的形式展現。

| 圖為發現於匈牙利的小神像。神像的手腕上帶著螺旋的手鐲，僅系一條腰帶，坐在凳子上的姿態略顯僵硬。神像肩上扛著的工具看起來像是收割用的鐮刀，可能為掌管農業的神。

B.C. 2000　　　　B.C. 1400

03 克里特島上的米諾斯文明

關鍵字：克里特、米諾斯

　　克里特島是愛琴海上的第一大島，橫列於北非和希臘之間，是古代東方與希臘交流的中繼站。西元前 2000 年左右，克里特興起許多小王國，富麗堂皇的王宮建築也隨之誕生。根據傳說，克里特島最著名的君主是米諾斯王，因此克里特文明也被稱為米諾斯文明。

　　在米諾斯文明的繁盛時期，克里特島出現了統一的克里特王國，首都在克諾索斯，輝煌的米諾斯文明一直持續到西元前1400年左右。這時，各地的王宮突然遭到毀滅性的破壞，據考古學家推斷，這一災難是由亞該亞人入侵所致。克里特文明衰落後，愛琴文明的中心便轉移到希臘本土的邁錫尼。

米諾斯文明

位置	位於北非和希臘之間，是古代東方與希臘交流的中繼站。A
政治	1 早王宮：西元前 2000—前 1700 年。小國分立，是文明形成和初步發展的階段。 2 晚王宮：西元前 1700—前 1450 年。是文明的繁盛期，出現統一的克里特王國，首都設在克諾索斯。B
經濟	1 農業：以種植穀物、橄欖、葡萄為主。 2 工商業：銅器和金銀日用品製作精美，陶器工藝尤為突出，卡馬雷斯彩陶被稱為古代世界最美的彩陶。 3 航海：造船業發達，商船來往於地中海各地，且擁有相當數量的海軍船艦。
文化	1 文字：早王宮時代已出現文字，學界稱為「線形文字 A」。C 2 建築：以大規模的王宮建築為特色，米諾斯王宮為典型代表。D E F 3 藝術：多以生活和自然為主題。G H 4 宗教：崇拜自然，克里特母神是米諾斯宗教的核心。I 5 娛樂：跳公牛。J

A 克里特島

克里特島在愛琴海的最南面，它是愛琴文明的發源地，也是西洋文明的搖籃。西元前 2000 年，克里特島北岸以諾薩斯城為中心建立國家，修建宏偉的宮殿和廟宇。克里特的海上貿易頻繁，商路甚至延伸到埃及、利比亞、巴勒斯坦、小亞細亞、希臘大陸和愛琴海諸島。

圖為克里特島上的米諾斯王宮，當時的王宮建築皆是用巨石疊成。

B 米諾斯的行政印章

圖為在黏土字簡中發現的一枚印章，上面雕刻的頭像是米諾斯的權貴，從印章的圖案來看，它應該是某種權力的象徵。據考古學家推測，這枚印章應是島上官員的印章，透過它來行使行政權力。

◉ 線形文字 A

由於克里特國家的政治、經濟和文化生活均圍繞王宮展開，因此其文明的發展也被畫分為兩個階段，即早王宮時代和晚王宮時代。「線形文字 A」就是在早王宮時代出現的文字，至今尚未被解讀成功，考古學家只能判斷它並不是希臘文，這也從側面表明，克里特文明並非後來的希臘人所建。

◉ 米諾斯王

根據希臘人的傳說，米諾斯王是宙斯和人間美女歐羅巴之子，他是克里特島上最為著名的君主。在他統治期間，克里特富庶發達，創造出繁榮的文明，克里特文明也被稱為米諾斯文明。米諾斯王以嚴明的法治而著稱於世，在位期間公正嚴明，因此相傳其死後成為冥府的判官。

◉ 馬利阿宮殿遺址

米諾斯文明以其富麗堂皇的王宮建築而聞名，表明當時國家已足夠繁榮，擁有強大的人力和財力，得以進行大規模、複雜性極強的工程建設。

| 圖為克里特的馬利阿宮殿遺址，遺址的空地上擺放著巨型的大口陶壇，應是用來裝載貴重物品，陶壇也暗示了昔日宮殿積聚的財富。

◉ 最古老的王座

米諾斯王統治時期，在克諾索斯修建了一處豪華的宮殿群，即後人所說的「米諾斯王宮」。王宮是王室的住所，自然也是中央權力的中心，在王宮的某間房間中，考古學家們發現了國王的王座。因此，考古學家推斷，此處大概是國王的「觀見廳」，用來接見王公大臣和商議重要事務。西元 1900 年，英國考古學家亞瑟‧伊文思爵士發現了這張座椅，被稱為「歐洲最古老的王座」。

ⓖ 濕壁畫

濕壁畫是一種繪於泥灰牆上的繪畫藝術，是壁畫中最持久的形式。它的創作技法是，首先將粗糙的灰泥塗抹於作畫的牆上，然後把草圖描繪在灰泥上，等草圖滲進牆壁後，再覆蓋一層細灰、重畫一遍草圖。此種壁畫在克里特的王宮和別墅中十分常見，構思奇巧，富於想像，很受王室和貴族階層的歡迎。因此，濕壁畫也是米諾斯文明的代表特色之一。

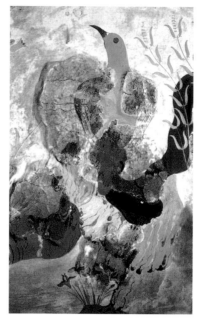

ⓗ 藍色鳴鳥

米諾斯人認為自然界的一切都是神聖的，所以他們的藝術家也是大自然的愛好者。

圖為出自克諾索斯「壁畫之屋」的壁畫，描繪一隻花叢中的藍色鳴鳥，其絢麗的顏色搭配展現米諾斯人已開始自由自在地使用顏色。

ⓘ 母神陶塑

米諾斯人有著樸實的信仰和宗教觀，他們崇拜大自然的一切，並將之奉若神靈。克里特的母神便是他們信仰的代表，她是米諾斯宗教的核心，在米諾斯人的宗教觀念中，她的靈魂充盈於自然界的一切事物。

圖中的母神雕像身著荷葉鑲邊裙和緊身衣，姿態和形象如同一位優雅的貴婦。母神頭頂的鴿子則象徵著她的神聖，手中緊握的蛇則提醒信徒們她與地獄之間的神秘聯繫。

ⓙ 騰躍牛背

「跳公牛」是米諾斯人最流行的娛樂項目，在這項運動中，表演者必須抓住公牛的牛角，縱身躍過牛頭，否則就會被摔出去。「跳公牛」不僅是當時的一項娛樂活動，也是米諾斯人紀念母神的一種宗教儀式。

圖中描繪了「跳公牛」運動，圖上的年輕人正在一頭飛馳的公牛上，做著危險的空翻動作。

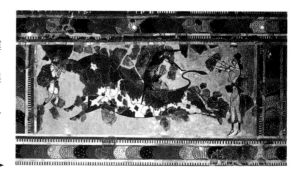

04 邁錫尼文明與多利安人的入侵

關鍵字：邁錫尼、多利安人入侵

　　邁錫尼文明形成於西元前 1600 年左右，它是繼米諾斯文明之後，興起於希臘本土的青銅文明總稱。邁錫尼的發展受到米諾斯文明的直接影響，城邦小國林立，同樣以王宮建築為中心，尤以豪華的王室墓葬著稱。當時的邁錫尼已超越克里特，在統治區域、商貿範圍，乃至軍事征伐等方面都遠遠超過米諾斯文明。

　　西元前 1200 年之後，邁錫尼文明逐漸呈現衰敗之勢，王朝更迭頻繁，戰亂相繼，統治者開始把希望寄託於對外掠奪，其中最著名的便是邁錫尼與小亞細亞富裕城市——特洛伊之間的戰爭。這場混戰導致邁錫尼元氣大傷，而後，來自北方的多利安人南下入侵，最終導致邁錫尼文明走向衰亡。

邁錫尼文明

興起和繁榮

1. **政治**：豎井墓王朝（西元前 1600—前 1500 年）是邁錫尼文明的發展期。圓頂墓王朝（西元前 1500—前 1100 年）是邁錫尼文明的繁盛期，此時的邁錫尼已擺脫克里特的控制，奪取了統治權。ⒶⒷⒸ

2. **經濟**：手工業極為發達，且開始在希臘本土之外的殖民地設立商行，建立國外分支機構。

3. **文字**：邁錫尼文字即「線形文字 B」。

4. **建築**：邁錫尼的建築繼承克里特的風格，以龐大雄偉著稱，城堡大門為防禦重點。豪華的墓葬也是邁錫尼建築的特色之一。ⒹⒺⒻ

5. **藝術**：邁錫尼的藝術風格主要受到克里特文化的影響，壁畫和瓷器都大量模仿克里特。

6. **宗教**：邁錫尼視宗教祭祀為大事，將宗教信仰融於生活之中。

衰亡

1. **特洛伊戰爭**：西元前 1240 年左右，邁錫尼遠征特洛伊，特洛伊被攻陷，但邁錫尼也自此元氣大傷。ⒼⒽ

2. **多利安人的入侵**：西元前 1150 年左右，多利安人入侵成功，邁錫尼滅亡。Ⓘ

Ⓐ 邁錫尼遺址

西元前 1600 年左右，邁錫尼人開始稱王立國，興建起希臘南部最強大的王國。邁錫尼在地中海沿岸建立了眾多殖民地和貿易點，西元前十四世紀至前十三世紀，他們的勢力範圍已擴及義大利南部、賽普勒斯、小亞細亞、敘利亞和埃及。

Ⓑ 阿伽門農的面具

邁錫尼王國透過貿易和征伐獲得大量貴金屬，倚靠國外的財富和寶物維持王國。這些財寶也作為殉葬品，隨著貴族一起進入墓地。

| 圖中的面具是某位死去的國王雕像，從側面反映邁錫尼經濟的繁榮和國力的強大。

C 邁錫尼的政治組織

1 邁錫尼為君主制國家，國家有權徵集勞役、招募工匠進行國家建設。

2 大將軍有自己的輔佐者，地位僅次於國王，擁有廣大的土地。

3 王國的各行省派駐有許多行政官員，他們統籌事務並管理稅政，再上繳政府。

4 祭司和官員們的地位相當，掌管宗廟大事。

D 邁錫尼城

邁錫尼城是邁錫尼文明的中心，位於伯羅奔尼薩半島東北部，它與邁錫尼其他城市一起構成希臘諸國中最強大的王國。

┃圖為一張於空中拍攝的邁錫尼城照片，城市的周邊圍繞有防禦牆。而在墳墓右側和宮殿中心附近有一些較為樸素的建築，應是工匠和隨扈的住所，這些建築同時兼有工作坊和儲藏室的功能。

E 獅子門

獅子門是邁錫尼城的主要入口，建於西元前 1350—1300 年之間。獅子門的門楣上有一個三角形巨石，上面刻著一對雄獅護柱的浮雕。這一對雄獅俯視著進入城門的人，彰顯城門的莊嚴肅穆，是當時非常流行的城門造型。

F 阿特柔斯之墓

邁錫尼文明的王墓分為豎井墓和圓頂墓，因此，考古學家便將邁錫尼文明分為前後兩個階段，即豎井墓王朝和圓頂墓王朝。圓頂墓王朝是邁錫尼文明的繁盛期，這一時期，邁錫尼經濟發展迅速，國力逐步強大。

┃圖為阿特柔斯之墓，是圓頂墓的代表，被後人稱為「阿特柔斯的寶庫」。從圖片中可以看到，拱頂蜂巢式的構造十分壯觀，大理石板排列在橫樑上，墳墓的上方還留著釘眼的痕跡。

ⓖ 邁錫尼士兵

邁錫尼是一個崇尚武力的民族，《荷馬史詩》中有許多描寫邁錫尼英雄的文字，他們大多手持長矛和利劍，同時用金屬盾牌避開敵人的攻擊。

│ 圖中缽上的圖案描繪的是邁錫尼晚期的士兵，他們穿戴得非常輕便，手中所持的圓形小盾牌適於集體作戰，也配有步兵所必備的長矛。

❶ 多利安人的入侵

關於邁錫尼文明為何消失，史學界一直眾說紛紜，有一種說法認為是由於多利安人入侵所造成的。多利安人是古希臘人的一支，與邁錫尼人同屬一族。他們居住在北部內陸山區，社會發展比較落後，仍處於原始社會末期的軍事民主制階段。多利安人並不熱衷於建城設防，以喜好戰爭著稱。大約西元前1100 年一前 1000 年，多利安人從伊庇魯斯和馬其頓侵入希臘，是第三批入侵希臘的希臘族人。多利安人嚴謹的部落組織輕易地粉碎邁錫尼的城堡，結束其兩個多世紀的統治。多利安入侵後並沒有建立自己的國家，導致希臘的文明就此中斷，倒退了好幾個世紀，陷入「黑暗時代」。直到西元前 750 年，雅典、斯巴達、科斯林等實力雄厚的城邦出現，希臘文明才逐漸恢復發展。

ⓗ 特洛伊木馬

特洛伊城邦位於小亞細亞的達達尼爾海峽東南方，交通便利，富庶繁華。西元前十三世紀後半葉，特洛伊城被焚毀，根據《荷馬史詩》的說法，這是邁錫尼人所為。傳說邁錫尼人攻城十年不克，最後用木馬計才出奇得勝。

│ 圖為提也波洛西元 1773 年的《特洛依木馬》，描繪興高采烈的特洛伊人拉著木馬進城的場景。

第 2 章

文明的起源 古希臘

　　自西元前八世紀後，希臘城邦逐漸形成，早期的殖民活動也隨之展開，地中海區域到處都留下了希臘殖民者的足跡。西元前五世紀至四世紀中葉通常被稱為希臘的「古典時代」，此時期的城邦奴隸制經濟蓬勃發展，亦建立起早期的民主政治，斯巴達和雅典是此時期最重要的希臘城邦。其後，位於希臘北部的馬其頓，在腓力二世的統治下迅速崛起。西元前 336 年，亞歷山大即位馬其頓國王並一路遠征，成功建立亞歷山大帝國。在其死後，帝國三分，進入希臘化時代。

荷馬時代

關鍵字：荷馬時代、鐵器

　　西元前十二世紀至前八世紀被稱為古希臘的「黑暗時代」，由於多利安人的入侵，這一時期的希臘文明全面倒退和中斷。但是，與此同時，也是遊唱詩人荷馬生活的時代，所以又被稱為荷馬時代。

荷馬時代	
政治	① 實行軍事民主制的部落組織。 ② 設有貴族組成的議事會和全體成年男子參加的民眾大會。 ③ 軍事首長統稱為「巴塞勒斯」。
經濟	廣泛地使用鐵器，希臘正式進入鐵器時代。Ⓐ
文化	① 文學上，遊唱詩人荷馬創作《荷馬史詩》。 ② 製陶技術發達，「幾何風格」繁盛一時。ⒷⒸ

Ⓐ 薩拉米墓穴

雖然荷馬時代使希臘人經歷了漫長且黑暗的過渡期，但在這一時期仍出現了推動歷史走向新文明的積極因素，「鐵取代青銅」就是此時期最主要的技術進步之一。在一個西元前八世紀的薩米拉墓穴中，發現了獻祭用的馬匹和鐵馬飾品。大量鐵器在隨葬品中出現，表示當時已普遍應用鐵器。

Ⓑ 半人半馬像

圖為出土於希臘的赤陶半人半馬像，陶俑是運用陶輪技術製作，其製作年代可追溯至西元前十世紀，被稱為希臘雕塑藝術的第一件傑作。他的形象鮮明，耳朵巨大，左膝處有一道明顯的傷痕。

Ⓒ 幾何風格的陶器

圖中陶瓶上的圖案被稱為「幾何風格」，是古希臘最早的瓶繪風格。此種風格的瓶繪主要由直線、圓形、方形、三角形等基本圖案不斷重複，「幾何式」瓶繪風格在荷馬時代繁盛一時。

02 城邦的形成與開疆拓土

關鍵字：希臘城邦、海外殖民

　　荷馬時代以來，鐵器的發展促成了希臘的經濟復興和階級分化，同時也加速氏族組織的解體。西元前八世紀，希臘城邦開始逐漸形成，並掀起大規模的海外殖民風潮。西元前六世紀，希臘殖民者的足跡已遍及整個地中海和黑海沿岸。

希臘城邦的形成與發展

形成方式	1 國家從部落內部的階級和等級對立中產生。例如，雅典所在的阿提卡地區。 2 具備產生國家的社會經濟條件後，透過征服和奴役外族居民轉變為國家。例如，斯巴達和南希臘的其他地區。 3 透過殖民活動形成的城邦。例如，米利都、薩摩斯、敘拉古。
發展	1 政治：公民團體對無公民權者實行集體統治，全體公民參加的公民大會為國家最高權力機構。實施公民兵制度，軍隊由全體成年男性公民組成，平時務農，戰時從軍。 2 經濟：普遍使用鐵器，開始精耕細作的農業型態。但只有公民才能佔有土地，只要是外邦人，都不能擁有土地。 3 文化：只有公民才能參加宗教、節慶、演出、競賽等文化活動。
擴張	西元前八世紀至前六世紀，希臘人掀起一波海外殖民的浪潮，足跡遍及整個地中海和黑海沿岸，希臘世界開始向四面八方擴展。ＡＢ

Ⓐ 金製穀穗

西元前八世紀，鐵器的普遍使用促進了希臘社會的快速發展，希臘多山而貧瘠的土地得到利用，農業生產更加精耕細作。同時，這些先進的技術也隨著殖民活動，逐漸傳播到其他城市。

> 圖為在敘拉古的一處墳墓中發現的金製穀物蕙稈，敘拉古曾是位於義大利西西里島的希臘殖民城市。

Ⓑ 鍛造金魚

西元前六世紀，希臘殖民者的擴張步伐持續不斷，他們的貨物遍佈整個歐洲。在位於黑海北岸的錫西厄，希臘人建立了他們最北部的城市——奧爾比歐波力斯，意為「富庶之城」。城中的金匠將刻有動物圖案的金器賣給錫西厄人，因而發財致富。

> 圖為希臘工匠為錫西厄酋長打造的鍛造金魚。

03 軍事專制的斯巴達

關鍵字：斯巴達、軍事專制、希洛特制度

　　斯巴達位於伯羅奔尼薩半島南部，是希臘領土面積最大的的城邦之一，於西元前九世紀末建立國家。斯巴達還建立了「希洛特制度」，是一種國有奴隸制度，這些奴隸必須為主人耕種田地、繳納地租、負擔勞役，且沒有政治權利，還經常遭到主人殺害，而主人不用受到懲罰。斯巴達依靠著這些奴隸，全力從事軍事活動。西元前六世紀末，斯巴達靠著其強大的武力，成為伯羅奔尼薩半島上最強大的城邦。

斯巴達	
位置	位於希臘伯羅奔尼薩半島，拉科尼亞地區的南部，歐羅塔斯河的西岸。🅐
政治	1 雙王制：為斯巴達特有，兩個國王均出自斯巴達的王族，終身世襲。雙王權力受到制約，實際上只是國家的高級官員。 2 元老院：有權組織並召開公民大會，擁有提案創議權，還握有司法等權力。 3 監察官會議：主要職責是監督法律的實施、判處違紀案件。後來，監察官權力膨脹，成為斯巴達權力最大的官員。 4 公民大會：由所有 30 歲以上的男性公民組成，是斯巴達名義上的最高權力機構。
經濟	將征服的國家人民變為奴隸，稱為希洛特，由他們為斯巴達耕種土地。🅒
軍事	1 斯巴達的男性公民終生過著嚴格的軍事生活，軍隊也由原來的騎兵部隊逐漸發展為重裝步兵。🅑🅓🅔 2 斯巴達人對希洛特非常殘酷。
國際關係	西元前八世紀後期，伯羅奔尼薩半島上的大部分城邦組成了以斯巴達為首的「伯羅奔尼薩同盟」。🅕

🅐 斯巴達城邦

長期以來，斯巴達人一直不願意修建城牆，這種驕傲來自於他們得天獨厚的地理位置。斯巴達所處的拉科尼亞地區三面環山，一面鄰水，東北和西邊的山脈成為天然的屏障，同時，流經其間的歐羅塔斯河也提供斯巴達豐富的糧食。

🅑 殘酷的教育

斯巴達人的教育是殘酷而專制的，婚姻的目的就是為了生育健康的後代，以培養出強健的戰士。斯巴達人的一生幾乎都在軍營裡生活，直到六十歲才能解甲歸田。整個斯巴達就像一個大兵營，生活充滿濃厚的軍事色彩。

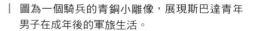

圖為一個騎兵的青銅小雕像，展現斯巴達青年男子在成年後的軍旅生活。

C 希洛特制度

內容	1	希洛特被強迫耕種斯巴達人的土地，但主人也不能私自變賣。
	2	希洛特要將約半數的收成交給主人，但主人也不可超額索取。
	3	戰時，希洛特要為斯巴達人負擔沉重的勞役。
	4	希洛特擁有簡單的農具和一部分收成供自身支配，但無政治權利和人身自由。
影響	1	使斯巴達人完全脫離生產活動，成為剝削希洛特的寄生階級。
	2	使斯巴達人可以全心投入軍事生活，造就其強大的軍事力量。
	3	使斯巴達階級矛盾激化。

D 騎手之畫

斯巴達是崇尚武力的民族，其城邦形成的原因就是不斷地對外征服和控制，戰爭是斯巴達人獲得財富和土地的重要途徑。從出土的文物中，便可以探尋到這一傳統。

圖為繪有理想化斯巴達青年戰士的陶杯。他騎著戰馬，姿態昂揚，大概是剛開始自己全新的軍事生涯。

E 斯巴達的重裝步兵

斯巴達在希臘城邦裡是最早，也是最典型的重裝步兵國家。他們所使用的重兵方陣，通常有八個士兵寬，倒下的士兵會立刻被其他人頂替，此陣型使步兵方陣更加先進。

圖為製作於約西元前 600 年的無釉赤陶花瓶，描繪重型步兵對壘的情況。士兵們手拿長矛指著對方，受傷的士兵躺在地上，鮮血從腿上流出。

F 伯羅奔尼薩同盟

西元前六世紀中葉起，斯巴達陸續與艾里斯、西居昂、科林斯、邁加拉等城邦訂立雙邊軍事同盟條約，組成以斯巴達為首的伯羅奔尼薩同盟。至西元前 530 年，伯羅奔尼薩的大多數城邦均參加了此同盟。盟約規定，結盟各邦內政獨立，斯巴達則享有召集全體成員國會議的特權，並在戰時擔任盟軍統帥。全同盟的征戰問題均在盟國代表會議上由多數票決定，只有得到盟國代表會議的同意，斯巴達才有權要求盟國出兵。在沒有全同盟一致軍事行動時，各邦在戰爭問題上自主，甚至可以與盟邦作戰。

04 雅典的民主政治

關鍵字：梭倫改革、僭主政治、克里斯提尼改革

　　雅典位於希臘的阿提卡半島，是唯一可以在國土面積上和斯巴達相比的希臘城邦。約西元前九世紀末，希臘神話中的英雄——提秀斯對雅典進行改革，打破古老的氏族制度，代表著雅典國家的誕生。

　　但是，提秀斯的改革也造成了貴族專權，引起平民的不滿。西元前六世紀初，雅典開始出現新興的工商業階層，改革的呼聲漸高。西元前594年，梭倫進行改革，這一改革奠定了後來雅典繁榮的基礎。西元前509年，克里斯提尼又開始了一場更為深入的民主制度改革，用全新的地域組織取代原有的血緣組織，從根本上削弱貴族的勢力和影響，至此，雅典民主政治的體制終於確立。

雅典的民主政治

提秀斯	1 改革者：提秀斯Ⓐ
	2 措施：把分散的四個阿提卡部落聯合為國家，設立中央議事會和行政機構。將居民分為貴族、農民、手工業者三個等級，由貴族掌權。
梭倫	1 改革者：梭倫
	2 政治：按照財產多寡將雅典自由民分為四等。設立四百人會議，作為公民大會的常設機構，並設立陪審法庭。ⒷⒸ
	3 經濟：頒佈「解負令」，負債為奴者可重獲自由。大力發展工商業，並承認私有財產繼承自由，消除貴族的殘餘權力。
僭主政治	1 背景：庇西特拉圖建立僭主政治。Ⓓ
	2 措施：設立農村巡迴法庭，削弱貴族對地方司法的專權和干擾。擴展雅典工商業，且重視文化事業。ⒺⒻⒼ
克里斯提尼	1 改革者：克里斯提尼
	2 廢除傳統的四個血緣部落，以十個新的地域部落取而代之。Ⓗ
	3 設立五百人議事會代替四百人議事會。
	4 制定陶片放逐法。Ⓘ

Ⓐ 提秀斯

提秀斯是雅典傳說中的著名人物，相傳他是南希臘某支分部的首領。在征服阿提卡半島後，提秀斯便把當地貴族遷居至雅典城，緊接著進行一系列改革，並在雅典建立共和制。提秀斯的改革與雅典氏族制度的解體，和雅典國家的誕生與發展都有著重要的關係。

Ⓑ 梭倫改革

提秀斯的改革造成貴族專權，引起廣泛民眾不滿。西元前594年，梭倫當選為雅典首席執政官，重新進行改革。他設立新的政權機構，導致貴族的權力大受限制。此次改革將雅典導向民主政治和發展商品經濟的道路，梭倫因此被譽為「雅典民主政治之父」。

圖為宏多斯西元1624年的《梭倫與克洛伊索斯》，右立者為梭倫。

C 赤陶選票

梭倫改革設立的陪審法庭，相當於雅典的最高法院。它對所有公民開放，陪審法庭的陪審員由所有等級的公民經抽籤選出。這一項舉措打破長期以來貴族壟斷司法的現象，使雅典民主向前邁進一大步。

> 圖從雅典集市遺址中發現的赤陶選票箱，選票由青銅所製，分為空心和實心。空心表明有罪，實心則表明無罪。

D 僭主政治的背景

矛盾上升	梭倫改革並沒有肅清貴族制度的殘餘勢力，同時也沒有滿足平民重分土地和享受平等政治權力的要求，雙方的不滿使得社會矛盾逐漸升溫。
貴族分裂	1 平原派：代表貴族利益，仇視梭倫改革，企圖恢復舊有秩序。 2 海岸派：代表工商業集團的利益，力爭保留梭倫改革的成果。 3 山地派：代表下層民眾的利益，他們對梭倫改革並不滿足，要求重分土地。

E 僭主政治

僭主政治指的是依靠武力和非法手段僭越奪權而建立的獨裁統治。僭主不但終身掌權，還可將僭主之位傳給自己的後代。僭主通常來自下層民眾階層，為了獲取平民的支持，他們在上台後往往打擊貴族，並改善下層民眾的經濟狀況，推行有利於工商業的政策。西元前八世紀至前六世紀，希臘的科林斯、雅典等城邦都出現過這一制度。僭主政治是從貴族寡頭政治到民主政治的過渡形式，對經濟的發展有一定程度的積極作用，但因為它與城邦公民政治的原則背道而馳，因而無法長久維持，最終通常會被民主政治取代。

F 雙耳陶瓶

西元前六世紀，雅典取代科林斯逐漸支配陶器出口的市場，當時工作坊生產的陶瓶遠銷雅典境內外，而且他們還會針對伊特魯里亞城邦的特定城市，出口不同形狀的陶瓶。

> 圖為雅典出口的雙耳陶瓶，瓶上通常描繪著伊特魯里亞的圖像，例如伊特魯里亞壁畫上常見的拳擊和酒宴場景。

Ⓖ 婚禮

婚禮是雅典婦女能夠擔任主角的少數公共活動之一，其他的公共活動
還包括宗教儀式和葬禮。

| 圖中描繪的是婚禮的場面，三位盛裝的婦女站在花樹下，手中提著
的容器裡裝著聖水。

Ⓘ 陶片放逐法

陶片放逐法是克
里斯提尼改革的
一個重要內容，
是按公民投票來
決定是否對某一
公民實行政治放
逐的制度，因投
票時將定罪人的
名字寫在陶片上

而得名。這種方法選出的人將被放逐國外，十年後方可回國，但不
牽連其黨羽和家屬。這一放逐法對不受歡迎的貴族是很大的威脅，
但也有效地防止大規模屠殺，並建立僭主政治。

Ⓗ 克里斯提尼的改革

庇西特拉圖統治時期是
僭主制的黃金時代，他
保存並發展梭倫改革的
成果，緩和雅典內部的矛
盾，使得國家更加繁榮強盛。但
庇西特拉圖之子卻未能繼承其父
的「仁政」，其黑暗專制引起人
民不滿，終於在西元前 510 年被
推翻。隨後，古希臘雅典城邦著
名政治改革家——貴族出身的克
里斯提尼在公民的推舉下，就任
雅典執政官。西元前 509 年，在
梭倫改革的基礎上，克里斯提尼
開始一場更為深入的民主制度改
革。他針對梭倫改革未觸及的雅
典選舉體制和原有的血緣組織進
行徹底改革，最終確立雅典的民
主政治體制。

05 波希戰爭

關鍵字：波斯帝國、馬拉松戰役、提洛同盟

　　西元前五世紀初，在波斯帝國消滅了小亞細亞的古國呂底亞後，又乘機進攻位於小亞細亞的希臘城邦，其首要目標就是經濟發達的依阿尼亞地區。西元前 500 年，波斯侵犯依阿尼亞地區的米利都，雅典向其伸出援手，成為波希戰爭的導火線。戰爭從西元前 492 年開始，到西元前 449 年結束，前後分為兩個階段，前期是波斯人的瘋狂進攻，後期則是希臘人的戰略反攻。

波希戰爭

背景	① 西元前五世紀末，希臘在地中海東部地區的發展已頗具規模。 ② 在西亞興起的波斯帝國，開始侵入歐洲並控制色雷斯，進逼希臘。Ⓐ
導火線	西元前 500 年，小亞細亞的米利都人反抗波斯，得到雅典的援助，成為波希戰爭的導火線。
第一階段	① 西元前 490 年，波斯王大流士一世進攻雅典和曾援助米利都的埃雷特里亞，埃雷特里亞被攻陷。Ⓑ ② 西元前 490 年，雅典與波斯在馬拉松平原開戰，雅典獲勝。ⒸⒹ ③ 西元前 480 年，希臘與波斯軍隊在溫泉關展開大戰，波斯軍被擊退。Ⓔ ④ 西元前 480 年，雅典艦隊與波斯軍隊在薩拉米斯灣發生海戰，雅典勝出，希臘從此轉守為攻。ⒻⒼ ⑤ 西元前 479 年，雅典在普拉提亞大敗波斯軍隊，徹底擊退波斯人的入侵。Ⓗ
第二階段	① 西元前 478 年，以雅典為首的希臘城邦結成「提洛同盟」。Ⓘ ② 西元前 449 年，希臘人在賽普勒斯島的薩拉米城附近大敗波斯軍，雙方簽訂《卡里阿斯和約》，波希戰爭以希臘勝利告終。

Ⓐ 波斯帝國

波斯帝國是以波斯人為中心形成的古代帝國，其疆域從美索不達米亞橫跨到印度，由裏海延伸到波斯灣，勢力橫擴至今天的伊拉克、伊朗和阿富汗。早在西元前六世紀中期，波斯帝國就征服了小亞細亞西岸的希臘城邦。國王大流士一世統治期間，又於西元前 513 年從小亞細亞侵入歐洲，在回師途中，再侵佔色雷斯，色雷斯以西的馬其頓也同時臣服於波斯。自此，希臘各邦便直接暴露於波斯的威脅之下。

Ⓑ 大流士一世

大流士一世是波斯帝國的第三代君主，他在繼位不到一年的時間裡，就剷除了八大勢力的首領，重新統一波斯帝國，被後人尊稱為「鐵血大帝」。

圖為大流士一世的浮雕。

ⓒ 馬拉松戰役

西元前 490 年，在波斯出兵希臘，攻佔埃雷特里亞後，於雅典東北的馬拉松登陸，雅典步兵在此地與波斯軍展開一場大戰。在將軍米太亞德的指揮下，雅典步兵大敗波斯軍，後者被迫撤退。馬拉松之戰增強了希臘人的信心，致使希臘各邦進一步團結，結成同盟，強化反對波斯帝國的力量。

ⓓ 英勇的士兵

波希戰爭期間，希臘的瓶畫上流行一種圖飾畫，藉此表現希臘重裝士兵戰勝波斯敵軍的情景。

圖中的波斯人畏縮地蜷成一團，而對面的希臘士兵則舉起武器對敵人迎頭痛擊。從這幅畫中可以看到波斯人身上做工精細的服裝，帶著明顯的東方風格。

ⓔ 溫泉關戰役

在馬拉松戰役後，波斯帝國並沒有放棄侵略希臘的野心。西元前 480 年，波斯王薛西斯繼承先王遺志，親率大軍再次侵入希臘，在希臘的險要關口——溫泉關交戰，史稱「溫泉關戰役」。在這場戰役中，扼守溫泉關的三百名斯巴達勇士全部犧牲，寫下波希戰爭中最為悲壯的一頁。

ⓕ 薩拉米斯海戰	
形勢	❶ 攻佔溫泉關後，波斯軍長驅直入，雅典城淪陷。
	❷ 希臘各邦集中至薩拉米斯海灣。
過程	❶ 在波斯陸軍攻陷雅典時，波斯海軍也包圍了薩拉米斯海灣。
	❷ 希臘聯合艦隊在提米斯托克利的指揮下，經歷八小時的激戰，終於擊潰波斯艦隊。
意義	❶ 薩拉米斯海戰是波希戰爭中決定性的一戰，希臘開始由防守轉為進攻，最終贏得戰爭的勝利。
	❷ 薩拉米斯海戰為希臘人贏得榮譽，希臘也從此邁入鼎盛時期。

Ⓖ 三列槳艦

古希臘的三列槳艦造型優美，以迅速靈敏著稱，能在戰鬥中給予敵人致命的打擊。但是雅典並沒有留下任何關於三列槳艦的資料，歷史學家只能根據文物上的雕刻和繪畫推測它的樣貌和驅動原理。

| 圖為三列槳艦的複製品。

Ⓗ 普拉提亞戰役

薩拉米斯海戰結束後，薛西斯返回小亞細亞，將一部分軍隊交給波斯貴族馬多尼指揮。此後的一年，馬多尼多次指揮軍隊南下侵襲雅典及其他希臘城邦。後來，在斯巴達的援助下，雅典於西元前479 年在普拉提亞大敗波斯軍隊，徹底擊退波斯人的入侵。普拉提亞戰役之後，希臘人逐漸在海上佔據優勢，他們用三列槳艦擊退侵略者，贏得勝利。

| 圖為希臘時期的陶瓶，瓶上繪製的圖案是希臘士兵與波斯士兵廝殺的場景。

Ⓘ 提洛同盟

波希戰爭期間，雅典和部分希臘城邦於西元前478 年結為軍事同盟，因其地址曾設在提洛島，故稱「提洛同盟」，也稱「雅典海上同盟」。同盟初期的宗旨是聯合對波斯作戰，後來慢慢發展為雅典稱霸的工具。最初入盟的主要是小亞細亞和愛琴海諸島的希臘城邦，後來增至約兩百個。入盟各邦可保有原本的政體，同盟事務由在提洛島召開的同盟會議決定。西元前404 年，雅典在伯羅奔尼薩戰爭中戰敗，提洛同盟被迫解散。

06 全盛時期的古希臘

關鍵字：雅典民主、文學藝術、神廟建築

西元前五世紀至前四世紀中葉，通常被稱為希臘的「古典時代」，這一時期的希臘在經濟、政治、文化等各方面都處於空前絕後的巔峰，並對世界文明產生深遠的影響。

古典時代

雅典民主政治

1 改革者：伯里克里斯（西元前 495 年－前 429 年）Ⓐ

2 措施：各級官職向所有公民開放，並以抽籤方式產生，且發放薪資給擔任公職和參加城邦政治活動的公民。主要機構有公民大會、五百人會議、民眾法庭。貴族會議喪失權力，只處理一些與宗教有關的事務。Ⓑ

經濟

1 斯巴達：以農業為主，實行土地國有制，工商業不甚發達。使用國有奴隸，奴隸來自於被征服的居民。

2 雅典：奴隸以小規模使用為主，多被用於從事商品生產。小農經濟和小工作坊經濟在國民經濟中佔據優勢，商品經濟活躍。Ⓒ

文化

1 史詩：《荷馬史詩》是古希臘史詩創作的代表。ⒹⒺ

2 戲劇：分為悲劇和喜劇，西元前五世紀進入鼎盛時期。ⒻⒼ

3 建築：以大理石為基本材料，可以在神廟建築中看見此一特點。Ⓗ

4 藝術：藝術品展現高度寫實又充滿理想性的古典風格。Ⓘ

5 哲學：古典時代是古希臘哲學高度繁榮的時期，蘇格拉底、柏拉圖、亞里斯多德被譽為「古希臘三大哲人」。ⓙⓚⓛⓜ

Ⓐ 伯里克里斯

伯里克里斯是古希臘民主政治家的傑出代表，同時也是古代最著名的政治家之一。他出身雅典名門，從小就受到良好的教育，跟隨當代智者學習政治理論和哲學思想。西元前 443 年，伯里克里斯就任雅典執政官，他代表雅典工商業集團和中下層民眾，其國內政策以加強民主政治為核心。

Ⓑ 雅典的民主政治

古典時期是希臘民主政治發展的巔峰時代，其中最具代表性的就是雅典民主制度的建立。伯里克里斯就任雅典執政官後，創立了直接民主制度，每個公民都有擔任公職的機會，原本貴族會議擁有的權力幾乎喪失殆盡。伯里克里斯改革使雅典的民主政治達到巔峰，被後人稱為「伯里克里斯時代」。

圖為伯里克里斯的雕像

ⓒ 發達的手工業

波希戰爭中後期，希臘的奴隸制經濟日益繁榮，不僅奴隸的數量急劇增長，使用奴隸生產的行業也越來越廣泛。在經濟發展的同時，也帶動了手工業的興盛。在繁華的商業中心，手工業者分工合作，工作坊因此成為重要的生產場所。

┃ 圖為製作於西元前五世紀的攪拌碗，碗上的圖案再現當時花瓶畫師和陶工在工作坊的場景。他們分工精細，有條不紊，反映出希臘手工業的發達。

ⓕ 美狄亞的悲劇

希臘悲劇是古典時期最重要的文學成果之一，這時期產生了三大悲劇詩人，分別是埃斯庫羅斯、索福克勒斯和歐里庇得斯。而《美狄亞》則是悲劇作家最常描述的題材，由於丈夫伊阿宋的移情別戀，美狄亞由愛生恨，殺害自己親生的兩名稚子，同時下毒殺死伊阿宋的新歡，逃離伊阿宋身邊，伊阿宋也因此抑鬱而亡。

┃ 圖中的陶瓶描繪此部悲劇的尾聲，殺死自己孩子的美狄亞正駕著龍車離去，伊阿宋則站在房間角落驚惶地望著她。

ⓓ 史詩

史詩是敘述英雄傳說或重大歷史事件的古代敘事長詩，多以古代英雄歌謠為基礎，經集體編創而成，大多反映具有重大意義的歷史事件或神話故事，可以說是人類最早的文學創作。根據所反映的內容，史詩可分為兩大類，即創世史詩和英雄史詩。

	ⓔ 荷馬史詩
簡介	相傳由西元前九世紀的盲詩人荷馬所作，因此得名。實際上，它是由民間藝人吟唱的口頭文學作品，於西元前六世紀中葉第一次被寫為文字。
內容	❶《伊利亞德》：主要敘述特洛伊戰爭中，原本退出戰場的希臘將領阿基里斯，因故重返戰場，並幫助希臘聯軍獲勝的故事。 ❷《奧德賽》：主要敘述特洛伊戰爭結束後，希臘的奧德修斯渡海返鄉，在外飄泊十年後的他，重新與家人團聚的故事。 ❸ 其他：《荷馬史詩》中還穿插了許多希臘神話和傳說，同時也反映出西元前十一世紀至前九世紀之間，古希臘的社會狀況，並涉及邁錫尼時代的社會現象。

⑥ 宙斯的求愛

希臘古典時期不止出現三位偉大的悲劇詩人，同時還孕育出一位傑出的喜劇詩人，那就是阿里斯托芬。在喜劇題材中，劇作家偏愛宙斯的求愛冒險故事。

> 圖為出土自義大利南部的陶瓶，描繪宙斯正扛著梯子試圖接近他愛慕的對象，而被追求的女孩正坐在窗前露出一個側臉。

⑪ 帕德嫩神廟

古代希臘的建築主要以大理石為基本材料，以方頂柱廊式結構為特色。

> 圖為雅典的帕德嫩神廟，約建於西元前 447 年。昔日的神廟不僅展現希臘人對神的敬畏，也顯現古希臘高超的建築水準。

⑨ 希臘的英雄

希臘藝術在波希戰爭期間有了長足的發展，藝術家們紛紛塑造出心目中的英雄形象。這一時期的雕像擺脫傳統風格的束縛，往現實主義更進一步。由於青銅具有高度的抗拉性，往往成為藝術家們所喜愛的材料。

> 圖為西元 1972 年，在南義大利海邊發現的兩尊希臘戰士青銅像，其製作年代都在西元前五世紀。

048

Ⓙ 蘇格拉底之死

蘇格拉底是古希臘最著名的哲學家之一，屬於唯心主義。由於他對雅典的民主提出質疑，在西元前 399 年，雅典公民法庭以引進新神、敗壞青年、反對民主等罪名，判處蘇格拉底死刑。

❙ 圖為雅克·路易·大衛西元 1787 年的《蘇格拉底之死》。畫中的蘇格拉底在面臨死亡時仍毫無畏懼，高舉手臂向弟子們闡述自己的觀點。

Ⓚ 柏拉圖

蘇格拉底的學生——柏拉圖是古希臘另一位偉大的哲學家，他更是徹底的唯心主義者，認為理念才是萬物之本。他創辦的柏拉圖學院是一所集傳授知識、研究學術、培養人才為一體的學校。

❙ 圖為拉斐爾西元 1509 － 1510 年的《雅典學院》。以柏拉圖及亞里斯多德為中心，將古希臘、古羅馬和作者所在時代的哲學家、藝術家、科學家薈萃一堂。

Ⓛ 理想國

《理想國》是柏拉圖重要的對話體著作之一，也是西方政治思想最具代表性的作品。書中透過描述蘇格拉底與他人的對話，為後人展現一個完美優越的城邦。在這部著作中，柏拉圖將國家分為三個階層，即受過嚴格哲學教育的統治階層、保衛國家的武士階層、平民階層，在柏拉圖的觀念中，他賦予統治者無上的權力，而第三階層的人民則是低下、可以欺騙的。

Ⓜ 亞里斯多德

作為柏拉圖的學生，亞里斯多德以學識淵博而著稱，且批判柏拉圖的唯心論。他認為理念屬於人的思維，客觀上並不是存在於世界。但是，柏拉圖的唯物論並不徹底，他雖然承認物質的客觀存在，卻認為物質受其形式支配，從而陷入二元論的泥沼。

07 伯羅奔尼薩戰爭

關鍵字：兩大同盟、西西里遠征

波希戰爭後，雅典崛起成為新的希臘霸主，其對外擴張引起斯巴達的強烈不安，二者之間的矛盾逐漸激化，最終以伯羅奔尼薩同盟和提洛同盟兩大集團相對。

西元前 431—前 404 年，為了爭奪希臘的控制權，兩大同盟之間爆發伯羅奔尼薩戰爭。最終雅典戰敗，進入衰落期，同時也結束了希臘的民主時代。

伯羅奔尼薩戰爭	
起因	提洛同盟成立後，雅典成為希臘最大的勢力，引起以斯巴達為首的伯羅奔尼薩同盟仇視，雙方對抗與日俱增。Ⓐ
第一階段	1 西元前 431 年春，伯羅奔尼薩同盟中的底比斯襲擊希臘的盟友普拉提亞，成為戰爭導火線。 2 西元前 431 年 6 月，斯巴達侵入雅典，戰爭全面爆發。 3 第一階段的戰爭，雙方互有勝負，最後簽訂《尼西阿斯和約》，規定保持五十年和平。Ⓑ
第二階段	1 西元前 415—前 413 年間，雅典發動奪取敘拉古的西西里遠征，結果全軍覆沒，雅典元氣大傷。Ⓒ 2 西西里遠征結束後，斯巴達不斷出兵侵入雅典，致使其經濟遭受嚴重破壞。 3 西元前 405 年，爆發羊河戰役，雅典海軍全軍覆沒，被迫求和。Ⓓ 4 西元前 404 年 4 月，雅典與斯巴達簽訂和約，雅典解散提洛同盟，伯羅奔尼薩戰爭結束。Ⓔ

雅典及其盟國
雅典帝國
斯巴達及其盟國
中立國

馬其頓尼亞　拜占庭

西蓋薩科斯

塞薩林

科林斯
普拉提亞　　雅典　　以弗斯
邁錫尼　　　　　　　米利都
阿哥斯
斯巴達　　　提洛

Ⓐ 兩大同盟

雅典崛起後，希臘世界便出現由雅典和斯巴達領導的兩大勢力集團，二者分別建立以自身為首的提洛同盟和伯羅奔尼薩同盟。

此地圖清晰地標明這兩大集團的勢力範圍，和其他中立國的分佈領域。雅典的同盟比較分散，而斯巴達的同盟相對集中。

Ⓑ 尼西阿斯和約

西元前 431 年，伯羅奔尼薩戰爭正式爆發，西元前 431—前 421 年間是戰爭的第一階段。這一時期雙方互有勝負，相持不下。但雅典卻爆發嚴重的瘟疫，死者甚眾，形勢對其不利。西元前 422 年，雅典的主戰派首領克里昂與伯拉西達均戰死，主和派遂得勢。西元前 421 年，在主和派的堅持下，雅典與斯巴達締結《尼西阿斯和約》，條約規定交戰雙方退出各自佔領地，交換戰俘，保持五十年和平。但是，這只是暫時的休戰，兩國的矛盾依然存在。

C 西西里遠征

西元前 415 年初	西元前 415 年，雅典出動 130 多艘戰艦，1300 人輕裝步兵，5100 人重裝步兵，出征科林斯的殖民地西西里，準備奪取敘拉古。
西元前 414 年春	雅典計畫封鎖敘拉古，但科林斯和斯巴達的支援使雅典的計畫失敗。
西元前 413 年春	西元前 413 年後，戰爭轉入海上，敘拉古人及其同盟者成功抵擋雅典的入侵，雅典損失慘重，逐漸失去其海上優勢。

E 停戰和約

西元前 404 年，雅典投降，被迫與斯巴達簽訂屈辱的和約。和約規定雅典解散提洛同盟，加入伯羅奔尼薩同盟，斯巴達自此取得希臘霸權。戰爭為希臘世界帶來前所未有的破壞，致使小農經濟與手工業者破產，不少城邦因為喪失大批勞動力而使土地荒蕪、工商業停滯。隨之而起的奴隸抗爭也打擊長久以來奴隸主的統治，進一步加速希臘城邦的衰落。伯羅奔尼薩戰爭不僅結束了雅典的霸權，也使得整個希臘城邦制度退出歷史舞台。

D 羊河戰役

西西里戰爭使雅典損失慘重，其海軍和陸軍幾乎全軍覆沒。而後，斯巴達又加強陸上進攻，致使雅典的經濟陷入崩潰。西元前 405 年，斯巴達海軍在萊山的指揮下，在赫勒斯滂附近的羊河殲滅雅典海軍，繼而從海陸兩面包圍雅典城。最終，雅典被迫求和，伯羅奔尼薩戰爭正式結束。

08 異軍突起的馬其頓

關鍵字：腓力二世、馬其頓

　　西元前四世紀，希臘城邦危機日益嚴重，各個城邦都在混戰中衰落，城邦奴隸制也已走到歷史的盡頭。此時，位於希臘北部的馬其頓趁勢興起，憑藉腓力二世的改革，一躍成為希臘世界的重要國家。

馬其頓
腓力二世 腓力二世統治期間，馬其頓由一個小國，崛起為希臘世界的重要城邦。 Ⓐ
改革措施 1 政治：加強王權，削弱貴族議事會和民眾大會的權力。 2 經濟：推行幣制改革，鼓勵對外貿易。 3 軍事：設立由國王直接指揮的常備軍，並創立「馬其頓方陣」。
征服希臘 1 西元前 355 年，腓力二世南下，控制希臘中北部。 2 西元前 340 年，希臘城邦組成以雅典為首的反馬其頓同盟，抵抗馬其頓的入侵。 3 西元前 338 年，馬其頓大軍與希臘同盟軍會戰於柯洛尼亞，希臘聯軍大敗，馬其頓實現了對希臘的征服大計。 ⒷⒸ 4 西元前 337 年，召開「科林斯會議」，希臘各邦承認馬其頓的霸主地位，希臘城邦時代終結。

Ⓐ 腓力二世

西元前 359 年，腓力二世即位為王，馬其頓在其領導下逐漸強大。腓力二世在位期間，積極推行對外擴張政策，他首先佔領愛琴海北岸一帶，繼而南侵希臘，於西元前 338 年取得希臘領導權。西元前 337 年，腓力二世遇刺身亡，其子亞歷山大即位。

圖為金質紀念章，上面刻著馬其頓國王腓力二世的頭像。

Ⓑ 柯洛尼亞戰役

西元前 338 年，馬其頓王國和希臘反馬其頓同盟軍在希臘中部的柯洛尼亞附近，進行一場惡戰，即柯洛尼亞戰役。此役是馬其頓統一全希臘的重要戰役，其結局以希臘同盟軍慘敗告終，為馬其頓統治全希臘奠定霸權基礎。

Ⓒ 殘酷的戰爭

圖為出自腓力二世之墓的箭筒。箭筒上面描繪著一座城市被攻佔的情景，士兵們揮舞著長劍和盾牌攻入城內，嚇壞的少女們四處逃竄。

09 亞歷山大帝國

關鍵字：十年東征、亞歷山大帝國

　　西元前 336 年，年僅 20 歲的亞歷山大被擁立為王，開始他對希臘的鐵腕統治。西元前 334 年，亞歷山大親率大軍開始歷史上規模空前的十年東征。西元前 331 年，亞歷山大擊敗大流士三世，成為波斯帝國的新任統治者。隨後，他繼續揮師東進，大軍的鐵蹄直達印度河流域。西元前 324 年，亞歷山大班師回到巴比倫並定都於此，結束東征。西元前 323 年，亞歷山大突然罹患熱病去世，死後帝國被其將領們所瓜分，最終形成塞琉古王朝、托勒密王朝和安提柯王朝三國鼎立的局面。

亞歷山大帝國

亞歷山大東征

1 西元前 334 年春，亞歷山大率軍東征，在小亞細亞的格拉尼庫河與波斯交戰，波斯軍潰敗。Ⓐ

2 西元前 333 年，亞歷山大與大流士三世會戰於敘利亞的伊蘇斯城郊，大流士棄陣而逃，波斯大軍隨之崩潰。Ⓑ

3 西元前 332 年，亞歷山大攻陷腓尼基的泰爾，進入埃及，並被埃及人尊為「埃及法老」。Ⓒ

4 西元前 331 年春，亞歷山大再度北上，與大流士三世在高加美拉進行最後決戰，大流士再次落荒而逃，亞歷山大成為波斯帝國的新統治者。Ⓓ

5 征服波斯後，亞歷山大繼續東進至印度河流域。西元前 324 年，亞歷山大回到巴比倫並定都於此，結束東征。ⒺⒻ

帝國建立和分裂

1 亞歷山大建立了一個橫跨歐、亞、非三洲的龐大帝國，第一次將東、西方部分世界聯為一體。

2 西元前 323 年，亞歷山大病逝，帝國分裂成塞琉古王朝、托勒密王朝和安提柯王朝。

Ⓐ 渡過格拉尼庫河

西元前 334 年，亞歷山大東渡今達達尼爾海峽，與波斯軍隊相遇於格拉尼庫河，雙方隨即展開激戰。最後由於波斯王大流士三世的輕敵導致波斯騎兵潰退，亞歷山大取得第一戰的勝利。

┃圖為《渡過格拉尼庫河》，畫中描繪亞歷山大率領大軍與大流士三世作戰的場景。

Ⓑ 伊蘇斯戰役

西元前 334—前 332 年，亞歷山大征服的地方從黑海擴展到尼羅河流域。西元前 333 年，他率兵南進，與大流士三世會戰於敘利亞的伊蘇斯城郊，在此戰中大敗大流士。之後，亞歷山大又佔領了腓尼基的城邦比布羅斯和西頓。

┃圖為龐培農牧神宮中的《伊蘇斯戰役》，畫中是參加戰役的亞歷山大。

ⓒ 征服埃及

亞歷山大進入埃及後，兵不血刃地征服此處，並被埃及人尊為「太陽神之子」、「法老的合法繼承人」，受到當地貴族的熱情歡迎。他與祭司達成協議，享有法老的權利。

图為盧索爾神廟改成的教堂，教堂內壁上刻有法老裝扮的亞歷山大，他正在向面前的古埃及畜牧神致敬。

Ⓓ 攻佔巴比倫

西元前 331 年，亞歷山大再度北上，與大流士三世在亞述古都尼尼微近郊的高加美拉進行最後決戰，史稱「高加美拉戰役」。亞歷山大從容佈陣，奮勇衝殺，大流士再次落荒而逃。最後，包括波斯都城巴比倫和蘇薩在內的半壁江山，都落入亞歷山大之手。

图中描繪亞歷山大攻佔巴比倫的場景。大流士落敗而逃後，波斯人不再抵抗，直接打開巴比倫的城門迎接亞歷山大。

Ⓔ 亞歷山大凱旋

西元前 330 年，亞歷山大成為波斯帝國的新統治者，但是他對外擴張的野心並未得到滿足。而後，他在中亞轉戰三年，又於西元前 327 年進入印度西北部，很快便征服當地各邦。當他打算繼續東侵時，卻遭到部下的強烈反對，只好班師回朝。西元前 325 年，亞歷山大回到巴比倫並定都於此，自此，十年東征結束。

图為勒·布朗的《亞歷山大凱旋》。取得勝利的亞歷山大頭戴戰盔，目光微垂，俯視著戰車下對他歡呼的民眾。

Ⓕ 宮廷禮儀

為了鞏固自身的統治勢力，亞歷山大在被征服的地區都以合法繼承人自居。他還恢復波斯的宮廷禮儀，令眾人使用正式的召見儀式。

图為《普羅基奈斯》的浮雕，刻畫波斯宮廷的召見儀式。波斯王端坐於寶座上，接見傑出人士，被接見的人應彎腰鞠躬並親吻他的右手，以示尊敬。

10 希臘化時代及其文化

關鍵字：希臘化、文化藝術

從西元前 334 年亞歷山大東征，到西元前 30 年羅馬消滅托勒密王朝，這近三百年的歷史被稱為「希臘化時代」，同時也將這段時間在亞歷山大帝國廢墟上建立起來的國家通稱為「希臘化國家」，將他們的文化稱作「希臘化文化」。

希臘化時代的文明是綜合古代東、西方文明諸多因素後，發展出的一種獨特、新型、階段性文明，對之後的地中海地區，及整個世界歷史的發展都產生深遠的影響。

希臘化時代的文化

哲學	1 斯多葛派：唯心主義的哲學流派，認為事物的發展變化由神性決定。 2 伊比鳩魯派：宣揚無神論，提倡尋求心靈的快樂。 3 犬儒學派：主張清心寡欲，鄙棄榮華富貴，力倡回歸自然。A 4 懷疑主義：「一切都不可知」是該學派的核心思想。
文學藝術	1 文學上的成就不顯著，但在內容和形式上都有所創新。 2 悲劇持續發揚，戲劇的主題轉向中上層市民的生活趣事。 3 藝術上出現東、西方文化融合的趨勢。
史學	史學繼續發展，歷史著作體例大為增加，出現國別史、世界性通史、斷代史及文明史等。
宗教	希臘與馬其頓的宗教相融合，並受到西方的影響。B
科學	科學與哲學分離，各學科日益專門化。天文學成就最佳，數學、地理、化學等都成為相互滲透又相對獨立的學科。

A 犬儒學派

犬儒學派的創始人是安提西尼，西元前三世紀曾風行一時。犬儒派人士生活簡樸，主張清心寡欲，力倡回歸自然。他們對社會持批判態度，對一切世俗都無所追求，其實是一種消極的遁世主義。犬儒學派最著名的代表人物是第歐根尼，他曾是銀行家的兒子，因鑄造偽幣而被逐出城邦。而後，第歐根尼來到雅典，成為安提西尼的學生，開始他的哲學之旅。

圖為第歐根尼的生活場景。

B 鍍金銀匾

希臘化時代的文明是綜合古代東、西方文明諸因素後，發展出的一種獨特、新型、階段性文明，所以在這一時期的藝術品當中，常能看到東、西方文化融合的趨勢。

圖為阿富汗阿依‧卡諾姆城中廟宇廢墟上的一塊匾，匾上刻著一隻昂首闊步的獅子正拉著一輛馬車，車上坐著象徵勝利的女神和亞洲自然女神西波麗。匾的形象和它的藝術風格都顯現希臘化時代東、西方文化的融合趨勢。

第 3 章

世界帝國
古羅馬

The Illustration History Of Europe

羅馬建城時間約在西元前 753 年，從羅馬建城到約西元前 509 年共和國建立，這段時間被稱為「王政時代」，是羅馬從原始部落轉變為奴隸制社會的重要發展階段。王政時代結束後，羅馬進入共和國時期，至西元前二世紀中葉，羅馬人幾乎控制了整個地中海。在共和制逐漸瓦解後，從各方政治力量鬥爭中脫穎而出的屋大維，以勝利者之姿結束共和政體，帝制時代就此來臨。

01 羅馬人的七丘之城

關鍵字：羅馬建城、狼孩傳說

羅馬城建立的時間大約為西元前 753 年，當時的羅馬尚未形成城邦，各部落散佈於諸山崗之中，各有自己的首領。直到西元前七世紀後期，經過長期的聯合統一，部落或部落聯盟的首領才逐漸轉變為君王。而後，西元前七世紀末，大批伊特魯里亞人遷居羅馬，建立塔克文王朝。

羅馬的建立	
始祖	傳說，羅馬人的始祖是阿芙蘿黛蒂之子，即特洛伊的王子——埃涅阿斯。Ⓐ
傳說	傳說，羅馬城的建立者羅慕路斯與瑞摩斯就是埃涅阿斯的後代之一，羅慕路斯是特洛伊國王努米托雷的女兒與戰神瑪爾斯之子。Ⓑ
建城	西元前 753 年，羅慕路斯與瑞摩斯建立羅馬城，其中包括七座山丘，故又名為「七丘之城」。

Ⓐ 羅馬人的始祖

傳說，羅馬人的始祖是阿芙蘿黛蒂所生的特洛伊王子——埃涅阿斯。特洛伊陷落後，埃涅阿斯漂泊到義大利和當地國王的女兒結婚，他的後代羅慕路斯與瑞摩斯於約西元前 753 年時，建立羅馬城。

圖為現存於拿坡里國立考古博物館的龐貝壁畫，描繪埃涅阿斯在即將逃離特洛伊之前，命人從他腿上取出箭頭的情景。畫面左上角就是女神阿芙蘿黛蒂。

Ⓑ 狼孩傳說

傳說，羅馬是由一對孿生兄弟所建，即羅慕路斯與瑞摩斯，他們是特洛伊國王努米托雷的女兒與戰神瑪爾斯結合所生。當時的努米托雷被其胞弟篡位驅逐，這一對孿生兄弟也被叔父拋入台伯河。落水嬰兒被一隻母狼用乳汁餵養，後被獵人養育成人。長大後，兄弟兩人在被棄之地建立新城。後來兄弟失睦，兄殺其弟，新城就以兄長之名，正式命名為「羅馬」。

圖為正在餵養羅慕路斯與瑞摩斯兄弟的母狼銅雕。

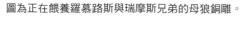

02 王政時代的羅馬

關鍵字：王政時代、庫里亞大會

從羅馬建城到西元前510年共和國建立，這段時期被稱為「王政時代」，在此期間，羅馬前後受到七位國王統治。前四王時期，羅馬是一個巨大的部落聯盟，實行軍事民主制；後三王時期，羅馬轉變為奴隸制國家，建立真正的王權。王政時代最後一位君王──「高傲者」小塔克文，為政暴虐，獨斷專橫，引起人民強烈的不滿。西元前509年，人民抗爭並驅逐塔克文家族，推翻王政，建立共和制，為羅馬歷史翻開嶄新的一頁。

王政時期

前四王時期

1. 國王：羅慕路斯、努瑪、圖路斯、安庫斯。集軍事首長和最高祭司於一身，由選舉產生。Ⓐ
2. 庫里亞大會：由王召集，凡成年男子皆可參加，有權處理最重要的問題。Ⓑ
3. 元老院由三百個氏族長組成，擁有審批或否決庫里亞會議決議之權。

後三王時期

1. 國王：大塔克文、塞爾維烏斯、小塔克文。轉變為奴隸制國家，建立真正的王權。
2. 森都里亞大會：取代庫里亞大會成為新的公民大會。
3. 公民：按財產多寡將人民畫分為五等，確定其相應的義務與政治權利。
4. 建立新的地域部落代替原來按照血緣建立的關係。

Ⓐ 羅馬與薩賓之戰

羅慕路斯是羅馬的第一位君王，在他統治期間最著名的事件莫過於搶劫薩賓婦女。傳說羅馬建城後，因缺少婦女繁衍後代，羅慕路斯便舉行盛大聚會吸引眾人前來參加。在聚會上，羅

馬人趁亂劫走數百名薩賓婦女，受辱的薩賓人因此向羅馬宣戰。後來，已為羅馬人之妻的被劫婦女出面阻止，這才平息兩個部落之間的戰爭，簽訂和約，合而為一。

| 圖為雅克・路易・大衛的《薩賓婦女》，畫中描繪薩賓婦女阻止戰爭的場景。

Ⓑ 庫里亞大會

王政時代前期，羅馬的軍事民主制有三大主要管理機構，分別為庫里亞大會、元老院、國王。庫里亞大會有權決定一切重要的問題，如通過或否定法律、宣戰等。

| 圖為重建後的庫里亞，左右兩側的大理石台階即是三百位元老院議員的座位席，大廳的上座為主持會議的議員席。

03 羅馬共和國的曙光

關鍵字：共和國、十二銅表法

　　西元前 510 年，羅馬結束王政時代，迎來共和國時期。從貴族中選舉產生的執政官取代國王，成為新的國家領導者，壟斷國家權力。為此，平民與貴族之間的矛盾日趨尖銳，從西元前五世紀至前三世紀，二者之間鬥爭了兩百多年。最後，平民的政治、經濟、法律、社會地位確實有明顯提高。

　　平民與貴族的鬥爭是羅馬早期共和國最重大的政治事件，在此期間，羅馬人制定新法律並設立新官職，使國家制度更加完善，為羅馬日後擴張至地中海周邊地區奠定基礎。

羅馬共和

共和體制	1 兩名執政官任期一年，權力相等，只有意見一致時才能行使職權。 2 元老院把持著國家處於緊急狀態時，自命獨裁官等重要實權。
平民與貴族的鬥爭	1 西元前 494 年，羅馬與鄰近部落發生戰爭，平民透過不合作「撤離運動」迫使貴族妥協，承認平民有權選出兩名保民官。 2 西元前 450—前 449 年，羅馬制定歷史上第一部成文法典《十二銅表法》，第一次以成文形式規定公民的權利與義務，制約貴族的濫權。Ⓐ 3 西元前 445 年，通過《坎努利烏斯法案》，廢除平民不得與貴族通婚的限制，取消貴族和平民之間的血緣差別。 4 西元前 376 年，通過《李錫尼和綏克斯圖法案》，平民得以進入羅馬的權力機構，擔任各種高級官職。 5 西元前 326 年，通過《波提利烏斯法案》，廢除債務奴隸制，成為羅馬平民走向自由的開端。 6 西元前 287 年，通過《霍騰西烏斯法案》，平民獲得與貴族在法律上平等的地位，共和國前期的平民、貴族鬥爭至此結束。Ⓑ

Ⓐ 十二銅表法

　　西元前 450—前 449 年，在平民鬥爭的壓力下，貴族被迫同意制定《十二銅表法》，它因最初刊刻於十二塊銅板上而得名。《十二銅表法》是羅馬歷史上第一部成文法典，條文眾多，內容廣泛。是第一次以成文的形式規定公民的權利與義務，有效避免貴族對司法權的肆意操控，在一定程度上制約貴族的專橫和濫權。

Ⓑ 平民的勝利

西元前 287 年，通過《霍騰西烏斯法案》，規定平民會議對全體羅馬公民皆具法律效力，確立平民與貴族在法律上的平等地位。至此，羅馬共和國前期的平民、貴族鬥爭正式結束。

| 圖為爭取到自身權利的羅馬平民，正在雜貨鋪裡經營自己的生意。

04 征服義大利

關鍵字：維愛戰爭、薩莫內戰爭

　　統一義大利是羅馬國家發展中最重要的階段之一，也是羅馬建立霸權的重要過程。而在羅馬統一義大利的同時，也伴隨著平民反對貴族的鬥爭。西元前五世紀至前 396 年，羅馬與伊特魯里亞的維愛城展開戰爭，最終維愛城被滅。維愛戰爭後，羅馬控制了北義大利，隨後又經歷三次薩莫內戰爭，中義大利也落入羅馬的手中。最後，在西元前 272 年，羅馬擊潰希臘殖民城市他林敦，成功征服波河以南的整個義大利。

征服義大利

古義大利	古代義大利的地理範圍包括義大利半島及南端的西西里島，羅馬則位於義大利半島中部。Ⓐ
維愛戰爭	**1** 西元前 477 年，羅馬開始征討伊特魯里亞的維愛城，羅馬人失利，雙方簽訂長達四十年的停戰協定。 **2** 西元前 428—前 426 年，第二次維愛戰爭爆發，羅馬獲勝，雙方締結二十年的停戰協定。 **3** 西元前 405—前 396 年，羅馬發動第三次維愛戰爭，維愛城被攻陷，城中居民均被賣為奴隸。Ⓑ
高盧	西元前 390 年，波河流域的高盧人大舉進攻羅馬，羅馬失利，被索取巨額賠款。Ⓒ
薩莫內戰爭	**1** 西元前 343—前 341 年，羅馬將勢力擴張到義大利中南部，與當地的薩莫內人爆發第一次戰爭。Ⓓ **2** 西元前 327—前 304 年，第二次薩莫內戰爭爆發，羅馬控制坎帕尼亞。 **3** 西元前 298—前 290 年，第三次薩莫內戰爭爆發，羅馬控制義大利中部，為統一全義大利打下基礎。Ⓔ
希臘	西元前 282 年，羅馬與希臘殖民城市他林敦發生衝突。西元前 272 年，他林敦投降。至此，羅馬成功征服波河以南的整個義大利。Ⓕ

Ⓐ 古義大利

義大利的地理範圍包括義大利半島及其南端的西西里島，羅馬則位於義大利半島中部。義大利氣候溫和，土地肥沃，非常有利於農業發展，西西里也曾是古代歐洲的糧倉。但義大利缺乏良港，島嶼稀少，海岸線平直，航海條件比不上希臘。義大利的古代居民主要是印歐人，也包括拉丁、薩賓、薩莫內、伊特魯里亞人等。

| 圖為羅馬競技場，是義大利羅馬著名的象徵之一。

Ⓑ 伊特魯里亞的士兵

共和國初期，羅馬面臨著嚴峻的外部威脅，經常遭到東部、南部部落的騷擾和入侵，北方強大的伊特魯里亞也對其虎視眈眈。為了消除這些敵人，羅馬人展開三次維愛戰爭，終於在西元前 396 年攻陷羅馬城東的維愛城，也是羅馬征服義大利的第一步，使得羅馬控制台伯河流域及右岸的廣大地區。

| 圖為伊特魯里亞士兵的青銅雕像，是羅馬北方最危險的對手。

ⓒ 高盧人

維愛戰爭之後，羅馬便遭到來自波河流域的高盧人侵襲。西元前 390 年，高盧人進入羅馬城，並圍攻卡皮托利烏姆衛城長達七個月之久，最後才接受贖金，撤離羅馬。

▍ 圖為羅馬在高盧入侵後所建立的防禦牆，這面高達 750 公分的城牆直到西元前 378 年才完全建成。

ⓓ 第一次薩莫內戰爭

在經過半個世紀的戰鬥後，羅馬終於恢復它在羅馬的領導地位。日益強大的羅馬開始向南擴展，與義大利的薩莫內人發生衝突。於是，從西元前 343—前 341 年，羅馬發動了第一次薩莫內戰爭。

▍ 圖為卡普亞的競技場。第一次薩莫內戰爭後，羅馬便控制了坎帕尼亞的重鎮卡普亞。

ⓔ 征服薩莫內

第一次薩莫內戰爭結束後，羅馬又相繼發動第二次和第三次薩莫內戰爭。三次戰爭均以薩莫內的失敗告終，薩莫內人向羅馬人求和，並割讓土地。在三次薩莫內戰爭後，義大利中部便落入羅馬的統治之中。

▍ 圖為第二次、第三次薩莫內戰爭後，羅馬領土的變化。

ⓕ 完全征服義大利

1 西元前 282 年，羅馬艦隊駛入他林敦海灣，與希臘殖民城市他林敦發生衝突。

2 西元前 280 年，伊庇魯斯國王皮洛士出兵援助他林敦。皮洛士雖兩次擊敗羅馬軍隊，但損失巨大，得不償失，最終被羅馬擊敗，退回希臘。

3 西元前 272 年，他林敦投降，羅馬就此征服波河以南的整個義大利。

05 布匿戰爭

關鍵字：迦太基、布匿戰爭

羅馬統一義大利半島後，便把擴張的矛頭轉向西地中海的迦太基。西元前 264—前 146 年間，羅馬與迦太基進行了三次戰爭。因羅馬人稱腓尼基人為「布匿」，所以雙方之間的戰爭便被稱為「布匿戰爭」。第一、第二次布匿戰爭是雙方為爭奪西部地中海霸權而進行的擴張戰爭，第三次布匿戰爭則是羅馬以強凌弱的侵略戰爭。三次布匿戰爭後，羅馬征服迦太基，迦太基遂成為羅馬的一個行省。

布匿戰爭

背景	1 羅馬統一義大利半島後，便將擴張的矛頭轉向西地中海。 2 西元前三世紀，迦太基成為地中海最強大的國家之一，與羅馬呈對峙之勢。Ⓐ
第一次	西元前 264—前 241 年，為爭奪西西里島的墨西拿，羅馬與迦太基之間爆發第一次布匿戰爭。迦太基戰敗後被迫求和，將西西里及其附近的利帕里群島讓給羅馬，羅馬遂在西西里建立第一個行省。Ⓑ
第二次	1 西元前 217 年春，迦太基軍隊入侵義大利中部，在特拉西美諾湖殲滅羅馬軍隊。Ⓒ 2 西元前 216 年，羅馬軍隊在坎尼會戰中被漢尼拔軍隊殲滅，義大利的許多城市皆臣服於迦太基。Ⓓ 3 西元前 209 年，羅馬進入反攻階段，攻佔迦太基人建於伊比利的新迦太基城。 4 西元前 202 年，迦太基在扎馬戰役中被羅馬擊敗，失去伊比利半島的所有領土。Ⓔ
第三次	至西元前二世紀時，迦太基戰敗後又迅速復興。對此，羅馬選擇於西元前 149 年向迦太基宣戰。最後，迦太基被完全摧毀，成為羅馬的一個行省。ⒻⒼⒽ

Ⓐ 迦太基

迦太基位於今北非突尼斯，原為腓尼基人在西元前八世紀初建立的殖民城市。它是商業十分活躍的國家，約從西元前 600 年開始，就透過戰爭排擠其他商人和殖民者，壟斷地中海的貿易。西元前三世紀，迦太基已成為地中海最強大的國家之一。

| 圖為繁榮的迦太基城。

Ⓑ 墨西拿事件

墨西拿位於西西里島東北端，早在皮洛士戰爭期間，敘拉古就雇傭軍中的一批義大利人強佔此城。西元前 265 年，佔據此地的義大利人與敘拉古僭主發生衝突，處於不利的形勢。在此情況下，這些義大利人分為兩派，分別求助於迦太基和羅馬。後來，迦太基搶先控制墨西拿，引起羅馬的不滿。西元前 264 年，羅馬軍隊進入西西里，布匿戰爭就此揭開序幕。因此，「墨西拿事件」也是第一次布匿戰爭的導火線。

ⓒ 特拉西美諾湖戰役

西元前 217 年，迦太基統帥漢尼拔率軍侵入義大利中部，他大膽地穿越阿爾努斯河下游的沼澤地，繞過羅馬執政官弗拉米尼軍團的堅固陣地，向南義大利移動。弗拉米尼獲悉敵方動向後，為了阻止漢尼拔向羅馬進發，在執政官塞維利烏斯的軍隊趕到前，便開始追擊漢尼拔。但是，羅馬軍團行進時，既不偵察也不警戒，迦太基人便利用這點，在特拉西美諾湖和群山之間狹窄的通道上設下埋伏。拂曉時，31000 名羅馬軍進入該通道，遭到襲擊。羅馬軍團甚至還沒來得及轉換成戰鬥隊形，便在埋伏中被擊潰、趕進湖中，共 15000 多人死亡，其餘皆被俘。漢尼拔軍則僅僅損失 1500 人。

ⓓ 坎尼戰役

第一次布匿戰爭後，羅馬人並未滿足於眼下的勝利；而迦太基也不甘心於已有的失敗，準備在西班牙建立新迦太基城，伺機反擊羅馬。雙方於西元前 218 年爆發第二次布匿戰爭。西元前 216 年，迦太基統帥漢尼拔率領大軍與羅馬軍隊會戰於坎尼，即為著名的坎尼戰役，漢尼拔利用半月型戰陣圍攻羅馬軍隊，最終打敗羅馬。

圖為保存於羅馬博物館的壁畫，畫中描繪在坎尼戰役中取得勝利的漢尼拔。

ⓔ 扎馬戰役

坎尼戰役的失敗，導致羅馬舉國震盪，統治者一方面重新組織軍事力量與漢尼拔周旋，另一方面派軍攻克新迦太基城，企圖切斷漢尼拔的後方支援。同時，羅馬人也找到了自己的優秀統帥——西庇阿。雙方於西元前 202 年決戰於扎馬，漢尼拔大敗，結束第二次布匿戰爭，迦太基從此失勢，成為羅馬的附屬國，羅馬也得以控制西地中海。

圖中描繪西庇阿在扎馬擊敗漢尼拔的情景。

F 摧毀迦太基

迦太基戰敗後，因為其商業上的豐富資產，使它在西元前 2 世紀時，又迅速復興，招致羅馬的忌恨，決意徹底消滅迦太基。羅馬藉口迦太基破壞和約，於西元前 149 年向迦太基宣戰，迦太基人被迫反抗。雖然當地居民同仇敵愾，守城三年，但最終還是於西元前 146 年戰敗。所有居民被販賣為奴，迦太基城被夷為平地。

圖為《摧毀迦太基》，畫中的羅馬士兵正在用投石器攻打迦太基的城門。

G 迦太基行省

羅馬在向地中海擴張的過程中，會透過建立行省以統治當地的居民。從西元前二世紀中葉起，羅馬逐漸形成一套行省的管理制度。當新的行省建立時，元老院便會針對此行省訂出原則性規範，然後派出十人委員會，協助征服該行省的軍事統帥具體執行元老院的規定。對羅馬忠誠而友好的行省被列為自由城市，抵抗到底的城市則被摧毀，土地變為羅馬的公有地。羅馬在攻陷迦太基後，就在其廢墟上建立一個新的行省，稱為阿非利加。

圖中描繪羅馬殖民者正前往迦太基行省。

H 行省制度	
概念	指義大利境外必須向羅馬納貢的屬地。
建立	約始於西元前三世紀下半葉，直到西元前 130 年前後，已建立九個行省。隨著羅馬行省數目的增加，遂形成相應的管理制度。
管理	1 由元老院制定管理該行省的法規，包括確定行省區域範圍、城鎮數目、行省居民的權利義務與應繳納的貢賦數量。 2 羅馬對行省採用包稅制，行省的土地、資源等皆為羅馬國有財產，由國家經營、轉讓、出租。 3 元老院向每個行省委派總督一人、副總督三人、財務官一人。總督通常由卸任的執政官擔任，在行省內擁有生殺大權。

06 征服東地中海

關鍵字：東地中海、希臘

　　在布匿戰爭之後，羅馬為了徹底征服地中海，便繼續向東擴張，先後發動四次馬其頓戰爭和一次敘利亞戰爭。馬其頓戰爭和敘利亞戰爭後，羅馬又征服了希臘和小亞細亞，並在埃及建立保護國。至此，羅馬人已控制整個地中海周邊地區，版圖跨越歐、亞、非三大洲，奠定日後羅馬帝國的基礎。

征服東地中海

戰爭	① 西元前 215—前 148 年，羅馬發動四次馬其頓戰爭，並將馬其頓變為羅馬的一個行省。ⒶⒷ
	② 西元前 132—前 129 年，帕加馬為反對本國奴隸主的壓迫及羅馬的兼併，爆發大規模的奴隸抗爭，後被羅馬聯合其奴隸主殘酷鎮壓。最後，帕加馬被羅馬吞併，設置亞細亞省。
結果	羅馬控制東地中海，建立橫跨歐、亞、非三洲的大帝國。
影響	在征服希臘後，希臘的文化與習俗為羅馬人接受，其文化發展出現希臘化的現象。Ⓒ

Ⓐ 戰鬥中的希臘戰士

已控制西地中海的羅馬並不滿足於現狀，繼續向東擴張，從西元前 215—前 148 年間，羅馬又發動了四次馬其頓戰爭。馬其頓戰爭後，羅馬確立其在希臘的統治地位。至此，整個地中海遂成為羅馬的內湖，羅馬成功達到稱霸地中海的目標。

> 圖為出土於西元前二世紀的石棺細部，刻畫希臘戰士對抗羅馬士兵的情景。

Ⓑ 被征服的雅典

在羅馬與希臘的戰爭中，希臘城邦遭到羅馬軍團的血腥洗劫，古老的雅典也難逃此劫，在戰爭中遭到嚴重破壞。作為曾經的政治中心，雅典成為羅馬征服希臘的標誌。羅馬在征服雅典的過程中，也吸收了它古老璀璨的文明，而後，這座城市更成為羅馬帝國的大學中心。

> 圖為雅典古城的遺址。

Ⓒ 希臘化的神廟

對羅馬來說，征服希臘後所得到的不僅是財富和土地，同時還有古希臘璀璨的文化和藝術。因為，在羅馬向東拓展的過程中，得以直接接觸希臘的文化中心，希臘的知識份子和工匠們開始為羅馬服務，羅馬後來高度發展的文化就是由此經驗中萃取而來。

> 圖為在希臘文化影響下建造的神廟。

07 西西里奴隸抗爭

關鍵字：西西里島、奴隸抗爭

　　羅馬在對外擴張取得重大勝利的同時，其國內的奴隸制經濟也獲得極大發展，導致奴隸主對奴隸的剝削和壓迫日益嚴重。西元前 137 年，奴隸不堪忍受奴隸主的殘酷統治，在西西里爆發第一次奴隸抗爭，西元前 104 年，又爆發第二次奴隸抗爭，兩次抗爭都被羅馬統治者殘酷鎮壓，抗爭的奴隸大多被處死。西西里奴隸抗爭雖然以失敗而告終，但依然嚴重打擊羅馬奴隸主的統治，揭開共和國後期大規模社會鬥爭的序幕。

西西里奴隸抗爭

背景
1. 西西里土地肥沃，奴隸制大田莊聚集，奴隸眾多，有利於組織反抗行動。
2. 奴隸主的殘酷統治使奴隸與奴隸主之間的矛盾激化。ⒶⒷ

第一次抗爭
1. 西元前 137 年，敘利亞籍奴隸攸努斯發動抗爭，後聯合克里昂領導的奴隸抗爭隊伍，佔領恩那城並建立政權，稱為「新敘利亞王國」。
2. 西元前 132 年，抗爭遭到羅馬執政官魯皮留鎮壓，克里昂陣亡，攸努斯被俘並死於獄中。

第二次抗爭
1. 西元前 104 年，因西西里總督受賄，中止釋放奴隸，導致赫拉克利亞城爆發奴隸抗爭，抗爭領袖薩維阿斯被擁立為王。
2. 隨後，抗爭軍與雅典尼昂領導的抗爭軍在特里奧卡拉城會合，並定都於此，設立議事會和民眾大會。
3. 西元前 101 年，抗爭遭到執政官阿克維利烏斯鎮壓。

Ⓐ 被壓迫的奴隸

西西里土地肥沃，素以糧倉著稱，而被規為羅馬的行省後，此處的肥沃土地便被羅馬奴隸主佔領。他們建立農莊，驅使奴隸不斷勞動，並殘酷剝削、壓榨奴隸。在這種情況下，奴隸主與奴隸之間的矛盾當然日益激化。

圖為西西里島皮阿薩·阿美利納豪宅的鑲嵌壁畫，畫中極少見地描繪奴隸受虐的景象。

Ⓑ 奴隸貿易

在羅馬共和國後期，西西里島先後爆發兩次大規模的奴隸抗爭。這兩次抗爭都得到奴隸們的積極響應，嚴重打擊奴隸主的統治，但最後均被羅馬統治者鎮壓。西里奴隸抗爭的根源是奴隸主的殘暴統治，當時的奴隸甚至被視為主人的財產，可以隨意出售。

圖為愛琴海的提洛島，它在被羅馬征服後，成為一個自由港口和奴隸貿易中心。

08 改革和獨裁

關鍵字：馬略改革、蘇拉獨裁

　　發生西西里奴隸抗爭的同時，羅馬社會內部也進行了一系列改革。首先，格拉古兄弟掀起以土地改革為主的改革運動，接著，軍人出身的馬略又進行一系列軍事改革。馬略的軍事改革解決了羅馬因農業衰微所導致的兵源枯竭問題，但也使得原來的公民兵變為長期服役的職業軍隊，造成某些軍事將領擁兵自重，為日後蘇拉的軍事獨裁政治創造基礎。

改革與獨裁

格拉古兄弟改革	**1** 原因：羅馬土地集中程度加劇，破產農民迫切要求重新獲得土地。鑑於農民破產有損兵源和國家安定，有識貴族也疾聲呼籲開展土地改革。Ⓐ
	2 經過：西元前 133—前 121 年間，格拉古兄弟先後推行以土地問題為中心的改革活動。
馬略改革	**1** 原因：格拉古兄弟改革未解決兵源問題，再加上羅馬在對抗北非努米底亞國王的朱古達戰爭中戰敗。因此，西元前 107 年，馬略當選執政官後，便開始實行軍事改革。Ⓑ
	2 改革：結束羅馬的公民兵制度，使公民兵變成長期服役的職業軍隊。Ⓒ
同盟者戰爭	西元前 90—前 88 年，羅馬在義大利的「同盟者」（意為同盟城市）為爭取與羅馬一樣的平等地位，而發動武裝抗爭，最終成功爭取公民權。Ⓓ
蘇拉獨裁	**1** 恢復獨裁官的職位，任期不限。Ⓔ
	2 恢復元老院的權力和特權

Ⓐ 格拉古兄弟改革

為解決羅馬的兵源問題，西元前 134—前 121 年間，貴族出身的提比略‧格拉古和蓋約‧格拉古兄弟先後進行改革。格拉古兄弟主要以限制豪強兼併土地、保護小農利益為主，觸犯元老貴族的利益，最後以格拉古兄弟被謀害告終。

> 圖為格拉古兄弟衣冠塚上的銅像，紀念他們對羅馬的貢獻。

Ⓑ 馬略

馬略出身貧民，於西元前 107 年任共和國執政官。西元前 106 年，馬略與部將蘇拉進軍北非，結束朱古達戰爭，凱旋而歸。他在任職期間，針對羅馬軍隊兵源匱乏的情況，進行一系列軍事改革。西元前 88 年，馬略在與蘇拉的權勢之爭中落敗，逃亡北非。次年，馬略攻佔羅馬，第七次任執政官，但在不久之後，隨即病逝。

C 馬略改革

1 以募兵制代替徵兵制。馬略打破公民兵制的財產限制，實行募兵制，大大改善兵源不足的狀況。

2 延長士兵服役的年限。實行募兵制後，士兵的服役年限相應延長至十六年。此外，老兵退役後，國家會給予一塊份地作為補償。

3 實行固定的軍餉報酬。士兵的薪餉和武裝由國家供給，以保證士兵的生活。

4 改革軍隊編制，調整戰術隊形。隨著軍隊性質的改變，軍隊人數隨之擴大，針對軍隊組織和戰術隊形進行改革。

3 統一武器裝備。馬略規定所有重裝步兵一律配備殺傷力極大的投槍和短劍，武器改進與統一大大提高了馬略軍團的作戰能力。

D 同盟者戰爭

羅馬行省中的自由城市分為同盟和非同盟城市兩類，前者的地位較為穩定，後者則根據元老院的法令取得地位。在羅馬征服義大利後，眾多同盟者在政治上沒有公民權，卻要為羅馬提供軍餉和輔助部隊，引起同盟者的強烈不滿。西元前 90─前 88 年，同盟者為爭取平等地位，掀起一場反羅馬的武裝抗爭，史稱「同盟者戰爭」。這次戰爭之後，義大利的同盟者們獲得了羅馬公民權，也促進了羅馬人和義大利人的融合。

E 蘇拉獨裁

蘇拉原是馬略手下的一個部將，因在同盟者戰爭中立下赫赫戰功，逐漸聲名大噪。西元前 89 年，蘇拉在與馬略爭奪米特拉達弟的戰爭指揮權中，取得勝利。隨後，蘇拉便在元老院的支持下，被「選舉」為終身獨裁官。他為了鞏固自身的獨裁統治，恢復元老政體，使得貴族重獲舊日的特權，導致羅馬共和國形同虛設。蘇拉獨裁是在羅馬奴隸制城邦處於嚴重危機的情況下，元老貴族企圖挽救其衰敗命運而採取的個人軍事專政。但是，蘇拉的獨裁統治並沒有解決羅馬面臨的問題，反而使局勢更加惡化。西元前 79 年，蘇拉放棄獨裁官職位，選擇隱退，次年死去。在蘇拉死後不久，他所頒佈的法律隨即被廢棄。但是，蘇拉獨裁統治的形式已為後來的野心家開創先例。

09 斯巴達克斯抗爭

關鍵字：斯巴達克斯、奴隸

　　西元前 73—前 71 年，義大利本土爆發舉世聞名的斯巴達克斯抗爭，這是在西西里奴隸抗爭的 25 年後，又一場轟轟烈烈的奴隸抗爭。連續不斷的奴隸抗爭沉重打擊羅馬的貴族階級，削弱羅馬的政治軍事力量，亦加速羅馬政體由共和制走向帝制。

斯巴達克斯抗爭

背景	1 奴隸主的殘酷統治導致階級矛盾激化。 2 導火線為劍鬥士（古羅馬競技場上的鬥士）不堪忍受非人待遇，遂爆發抗爭。
領袖	斯巴達克斯，約生活於西元前 120—前 70 年，色雷斯人，曾服役於羅馬軍隊，後為爭取自由而逃走，被俘賣為奴。🅐
經過	西元前 73 年，斯巴達克斯領導卡普亞的劍鬥士發動抗爭，至西元前 72 年，抗爭隊伍已壯大至 12 萬人。西元前 71 年，抗爭被羅馬貴族，也就是後來的前三頭之一克拉蘇鎮壓。🅑
影響	1 打擊羅馬貴族階級，削弱羅馬的政治軍事力量。 2 動搖羅馬共和國的統治秩序，加速羅馬由共和走向帝制。 3 改變奴隸制生產關係，導致隸農制的剝削形式逐漸增多。

🅐 斯巴達克斯

斯巴達克斯是色雷斯人，曾服役於羅馬軍隊，後為爭取自由而逃走，但被羅馬軍隊俘虜，淪為劍鬥士。西元前 73 年，斯巴達克斯被賣到卡普亞城劍鬥士訓練所，他們必須在角鬥場上互相殘殺或與野獸相搏，以供羅馬人取樂。斯巴達克斯和他的夥伴們不堪忍受劍鬥士的悲慘境地，遂決定抗爭。

🅑 斯巴達克斯抗爭

西元前 73 年，斯巴達克斯在卡普亞發動抗爭，得到奴隸們的熱烈響應，隊伍一度壯大至 12 萬人，活動範圍幾乎遍及義大利南部。受到威脅的羅馬統治者任命大奴隸主克拉蘇全力鎮壓，西元前 71 年，斯巴達克斯在戰鬥中犧牲，但是，其餘部隊仍繼續戰鬥達十年之久。

圖為斯巴達克斯的雕像。

10 前三頭同盟與凱撒獨裁

關鍵字：克拉蘇、龐培、凱撒

在斯巴達克斯抗爭平息後，羅馬進入「前三頭同盟」的政局。「三頭」分別指克拉蘇、龐培、凱撒。其中，克拉蘇於西元前53年在帕提亞陣亡，「前三頭同盟」遂成為「兩頭對峙」。在克拉蘇死後，於高盧節節勝利的凱撒氣勢漸長，引起龐培與元老院的恐慌，遂決定聯手壓制凱撒。但是，反被凱撒率兵佔領羅馬，爆發內戰。西元前45年，這場內戰以凱撒的勝利暫告結束，元老院被迫任命凱撒為終身獨裁官。繼蘇拉之後，羅馬又一次迎來獨裁統治。

前三頭同盟

前三頭同盟	❶ 斯巴達克斯抗爭平息後，羅馬便被凱撒、克拉蘇、龐培三巨頭把持。ⒶⒷⒸ
	❷ 西元前60年，三人結成祕密政治同盟，史稱「前三頭同盟」。Ⓓ
	❸ 西元前56年，為加強同盟團結，三人在伊特魯里亞的路卡舉行會議，史稱「路卡會議」。
	❹ 西元前53年，克拉蘇在帕提亞陣亡，「前三頭同盟」遂成為「兩頭對峙」。
兩頭對峙	❶ 西元前49年，凱撒勢力逐漸擴大，遭到元老院和龐培的壓制。而後，凱撒進軍羅馬，龐培和元老貴族逃亡希臘。
	❷ 西元前48年，雙方在法薩盧展開決戰，龐培戰敗，逃至埃及後被殺。Ⓔ
凱撒獨裁	❶ 西元前45年，凱撒被元老院任命為終身獨裁官。
	❷ 凱撒進行政治改革，調整元老院結構，選取非貴族出身的官員進入元老院。
	❸ 在經濟上實行直接稅，並在各行省分配土地給退伍老兵和貧苦農民。
	❹ 西元前44年，凱撒被刺於元老院議事廳，凱撒獨裁結束。Ⓕ

Ⓐ 凱撒勝利歸來

凱撒出身於名門貴族，與民主派領袖有著密切關係，在平民中頗有威望。出於政治需要，他成為前三頭同盟的一員，並於西元前59年當選為執政官。執政官期滿後，凱撒便出任高盧總督，於西元前52年鎮壓高盧，使高盧併入羅馬版圖，此役導致凱撒權勢增長，名聲大噪。

圖為文藝復興時期的油畫，描述凱撒打敗高盧後，凱旋而歸的場景。

Ⓑ 克拉蘇

克拉蘇是古羅馬著名的軍事家和政治家，曾協助蘇拉在內戰中奪權，並建立獨裁統治。透過奴隸貿易、經營礦產等手段，克拉蘇積攢了萬貫家財，成為羅馬的大富豪。西元前72—前71年，克拉蘇帶領羅馬軍隊殘酷鎮壓斯巴達克斯抗爭，從此在政治舞台上嶄露頭角，成為前三頭同盟的一員。

D 前三頭同盟

前三頭 同盟協議	1 凱撒當選西元前 59 年的執政官。 2 凱撒在任期內,批准龐培在東方所實行的各項措施,並通過許多有利於騎士的法案。
路卡會議	1 凱撒續任高盧總督五年。 2 龐培和克拉蘇則出任西元前 55 年的執政官。任滿後,龐培出任西班牙總督,克拉蘇則為敘利亞總督。

C 龐培

龐培是羅馬統帥,他驍勇善戰,於西元前66—前65 年征服本都,平定敘利亞一帶。西元前 60 年,龐培當選為執政官,成為前三頭同盟的一員。此時,凱撒勢力的增長引起龐培嫉妒,元老院也對此感到恐慌。西元前 52年,龐培與元老院合作,共同壓制凱撒,龐培被任命為「沒有同僚的執政官」,開始他在羅馬的獨裁統治。

▌圖為龐培的半身雕像。

E 法薩盧之戰

西元前 53 年,克拉蘇在對安息帝國的戰爭中陣亡。克拉蘇死後,前三頭同盟只剩兩頭對峙。凱撒在高盧節節勝利後,勢力日漸坐大,引起元老院和龐培的恐慌。西元前 49 年,元老院意圖撤銷凱撒的權力,令其在高盧任期滿後解散軍隊,否則以公敵論處。凱撒斷然拒絕,進軍羅馬,龐培和元老貴族被迫逃亡希臘。西元前 48年,雙方在法薩盧展開決戰,龐培戰敗,逃至埃及後被殺。自此,前三頭只剩凱撒一人獨大。

F 刺殺凱撒

西元前 45 年,凱撒被元老院任命為終身獨裁官。為加強統治,凱撒在元老院內安插親信,並將土地分給各行省的退伍老兵和貧苦農民,這些舉措觸犯元老院貴族的既有利益,遭到強烈反對。西元前 44 年,共和派貴族將凱撒刺死,結束凱撒獨裁。

▌圖為《凱撒的暗殺》,畫中描繪凱撒在元老院被刺殺的場景。

11 後三頭同盟與共和國覆滅

關鍵字：屋大維、安東尼、後三頭同盟

　　凱撒的統治結束後，羅馬又迎來政壇上的三位重要人物，分別是凱撒的大將安東尼、凱撒的直接繼承人屋大維、騎兵長官雷必達。三人於西元前 43 年公開結成政治同盟，史稱「後三頭同盟」。

　　「後三頭同盟」後期，另一位後起之秀龐培之子的勢力日益增強。西元前 36 年，屋大維聯合雷必達肅清龐培之子，又在此過程中，趁機解除雷必達的軍權。接著，屋大維又在亞克興海角戰役中除去安東尼，順利掌握羅馬的統治權。而後，在屋大維的一系列改革中，羅馬迎來帝制時代。

後三頭同盟

後三頭同盟

1. 凱撒死後，羅馬政壇上又出現了三位重要人物，分別是屋大維、安東尼、雷必達。🅐🅑

2. 西元前 43 年，屋大維，安東尼、雷必達公開結成政治同盟，史稱「後三頭同盟」。🅒

3. 西元前 40 年，三頭重新畫分勢力範圍。安東尼統治高盧；屋大維統治阿非利加、西西里、撒丁尼亞；雷必達統治西班牙；義大利則由三人共管。

4. 西元前 36 年，屋大維肅清龐培之子的勢力，又解除雷必達的軍權，形成屋大維與安東尼兩頭對峙的局面。

兩頭對峙

1. 西元前 37 年，安東尼與埃及女王克麗歐佩特拉七世結婚，成為屋大維進攻埃及的藉口。

2. 西元前 32 年，屋大維正式向埃及宣戰。🅓

3. 西元前 31 年，屋大維與安東尼在亞克興海角決戰，屋大維勝利。🅔

4. 西元前 27 年，屋大維凱旋羅馬，元老院贈予他「奧古斯都」的稱號。🅕

🅐 屋大維

屋大維是凱撒的甥孫（姐姐之孫），西元前 44 年，他被凱撒收為養子並指定為繼承人。凱撒遇刺後，他便接管凱撒的部分權力。西元前 43 年，他與安東尼、雷必達結成後三頭同盟，三方協議分治天下五年。這個瓜分而治的協議被羅馬公民大會正式批准，從此之後，此種違反共和原則的三頭政治便具有公開法定的性質。

丨 圖為屋大維的雕像。

🅑 安東尼

安東尼本是凱撒的支持者，在凱撒獨裁後，他便成為凱撒最重要的軍隊指揮官和管理人員之一。凱撒被刺後，作為凱撒的騎兵統帥，安東尼、屋大維、雷必達組成後三頭同盟。西元前 33 年，後三頭同盟分裂。西元前 30 年，安東尼與埃及女王克麗歐佩特拉七世一同自殺身亡。

C 後三頭同盟

1 安東尼統治高盧。

2 屋大維控制了阿非利加行省、西西里，以及撒丁尼亞。

3 西元前 42 年，雷必達擔任執政官，掌握西班牙。

4 義大利和羅馬由三人共治。

E 亞克興海角戰役

西元前 31 年，屋大維與安東尼於希臘西海岸的亞克興海角展開激戰。亞克興海角戰役是羅馬內戰史上最重要的一次海戰，也代表著羅馬內戰的結束。戰爭以屋大維的勝利告終，安東尼與克麗歐佩特拉逃往埃及並雙雙自殺。此後，埃及便被併入羅馬版圖，成為羅馬帝國的一個行省。

| 圖中描繪亞克興海角戰役，雙方士兵正手持長矛在戰船上奮勇迎戰。

D 向埃及宣戰

西元前 36 年，在屋大維解除雷必達的軍權後，遂與安東尼呈兩頭對峙。安東尼與埃及女王的婚禮正好成為屋大維向東方進軍的藉口。西元前 32 年，屋大維正式向埃及女王宣戰。

| 圖中描繪安東尼與克麗歐佩特拉女王相見，女王正坐在裝飾華麗的小舟上。

F 屋大維勝利歸來

亞克興海角戰役之後，長期陷於內戰和分裂的羅馬終於再度統一。西元前 27 年，屋大維凱旋羅馬後，元老院贈予他「奧古斯都」的稱號。之後，屋大維建立元首制，實行個人軍事獨裁，羅馬正式走入帝制時代。

| 圖為西元前 13 年的浮雕，表現羅馬人民慶祝奧古斯都返回羅馬的場景。

12 羅馬共和國的文化

關鍵字：共和國、文化

　　早期羅馬受伊特魯里亞和希臘文化的影響，特別是希臘半島對羅馬影響深遠。隨著不斷對外擴張，羅馬先兼併了南義大利的希臘殖民城邦，又征服了希臘半島，於是，優秀的希臘藝術作品和各種科學著作便大量傳播至義大利，對羅馬文化發展產生巨大的影響。羅馬在吸收許多民族文化的基礎上，創造出獨特的拉丁文化。

共和時期的文化

宗教	1 多神教是羅馬的原始宗教信仰。Ⓐ 2 與東方國家接觸後，羅馬也出現對東方神祇的信仰。Ⓑ 3 盛行祖先崇拜。Ⓒ
文學	1 西元前三世紀，羅馬才開始出現真正的文學創作，安德羅尼庫斯是羅馬歷史上第一位詩人，他首次將《奧德賽》譯為拉丁文。 2 西元前二世紀，羅馬戲劇百家爭鳴，阿克齊烏斯和普勞圖斯分別是著名的悲劇和喜劇作家。Ⓓ
史學	直到布匿戰爭期間，羅馬才出現真正的歷史著作。老加圖是羅馬史學的奠基者，其代表作為《創始記》。Ⓔ
哲學	1 羅馬哲學注重實用，共和後期，羅馬調和希臘哲學的各種思想，形成羅馬的折中主義。西塞羅是其中典型的代表人物。Ⓕ 2 盧克萊斯是共和後期唯物主義哲學的主要代表人物，他繼承伊比鳩魯的「原子論」，認為世界都按物質的特有規律發展。
法律	羅馬最古老的成文法是《十二銅表法》，制定於西元前五世紀中葉，成為後來羅馬法發展的基礎。

Ⓐ 卡比托利歐山三神

羅馬的原始宗教是多神教，受到希臘的影響後，才開始出現擬人化的神像。羅馬人信奉的神祇多模仿希臘，如羅馬的守護神——卡比托利歐山的三神，原型就是來自於希臘宗教，希臘的天神宙斯和天后希拉被附會為朱庇特和朱諾，雅典娜被附會為彌涅爾瓦。

▌圖為卡比托利歐山的三神雕塑，中央為天神朱庇特，左側為朱諾，右側為象徵智慧的彌涅爾瓦。

Ⓑ 伊西斯

羅馬的宗教不僅具有濃厚的希臘色彩，同時也受到東方國家的影響。在與東方國家接觸後，羅馬也開始出現對東方神祇的崇拜，其中之一就是埃及女神伊西斯，她是專門負責生育和繁殖的女神。

▌圖為出土於埃爾科拉諾的濕壁畫，描繪祭祀女神伊西斯的場景，從畫面中我們可以感受到羅馬人對待祭祀儀式的嚴肅和虔誠。

C 亡人的祭拜

羅馬人相信死者的亡靈會成為家族的保護者，所以盛行祖先崇拜，在宗教儀式中，也屬葬禮留下的記載最多。羅馬人認為人死之後仍是城邦的一部分，他們的神靈存在於世界的邊緣地帶，如果家屬虔誠祭祀，亡人就可以繼續存在，所以祭拜亡人是羅馬重要的宗教儀式。

圖為表現羅馬人祭拜亡者場景的雕塑，祭祀的人正帶著祭品站在墳墓入口。

D 羅馬戲劇

羅馬的戲劇分為悲劇、喜劇，因受到希臘影響，戲劇取材多模仿希臘，但也有一些反映羅馬歷史和現實生活。西元前二世紀，羅馬出現許多戲劇，一批優秀的劇作家應運而生，普勞圖斯就是其中之一。他的一生共寫了 130 部喜劇，可惜流傳下來的僅有 20 部，較為知名的有《孿生兄弟》、《一壇黃金》、《撒謊者》等。

圖為出土於蘇斯城的三世紀馬賽克畫像，表現普勞圖斯戲劇中的某個場景。

E 老加圖

老加圖在拉丁文學的發展方面具有重大影響，他是第一個使用拉丁語撰寫歷史著作的羅馬人，也是第一個值得一提的拉丁語散文作者。老加圖的著作《創始記》是一本歷史著作，講述羅馬自建城以來到第二次布匿戰爭結束的歷史，也包括義大利其他城邦和部落的歷史。該書分為七卷，其中第四、五卷專門記述布匿戰爭，全書已佚，僅存一些被其他古典作家引用的片斷。另一本《農業志》，則是論述奴隸制莊園經濟的作品，全文尚存，是老加圖最受讚譽的著作，約完成於西元前 160 年。

F 西塞羅

哲學思想方面，羅馬人不像希臘人善於思辨，而是專注於實用。共和國後期，羅馬人調和希臘各派哲學中的思想，形成羅馬的折中主義，西塞羅便是其中最典型的代表，他在哲學方面的創作有《論至善和至惡》、《論神性》等。西塞羅是第一個將古希臘哲學術語翻譯成拉丁文的人，他的文體被譽為拉丁文的典範。

圖為西塞羅的雕像。

13 奧古斯都的統治

關鍵字：奧古斯都、屋大維

　　西元前 27 年，屋大維成為內戰最後的勝利者，被元老院贈予「奧古斯都」的美譽，成為羅馬唯一的掌權者。屋大維在統治期間開創「元首制」，用首席元老和第一公民的名義統治羅馬。他保留了共和時期的各種政治機構和官職，利用舊有的統治形式，行新的君主統治之實，這一制度使羅馬和平延續了數個世紀。在屋大維統治之後，羅馬政治穩定、經濟繁榮、文化昌盛，被稱為羅馬的「黃金時代」。

　　西元 14 年，屋大維病逝，其繼子提貝里烏斯繼承元首位。

奧古斯都的統治

政治	1 保護貴族及有產平民，對奴隸實行嚴厲統治。 2 建立中央集權的官僚制度，借地方總督的權威直接監控行省官吏，對貪污受賄嚴加懲處。 Ⓐ 3 增設元首親自監督的「中央集權制法庭」。 4 擴大兵種、整頓軍隊、建立近衛軍，所有部隊皆是長期服役的職業兵。
經濟	1 改造財政制度。 Ⓑ 2 注重公共設施建設，興建眾多劇場、水道、浴池等。 Ⓒ
文化	1 頒佈法令，整頓社會道德，復興羅馬傳統風尚。 2 恢復羅馬舊宗教，力圖在此基礎上尋求全帝國統一。

Ⓐ 奧古斯都的神廟

屋大維建立元首制後，便利用首席元老和第一公民的名義統治羅馬，正式建立元首制的統治形式。在屋大維的權力達到頂峰時，他也被神格化，在義大利和諸多行省都建造有供奉他的神廟。

| 圖為義大利北部城市威尼西亞的屋大維神廟。

Ⓑ 稅收改革

西元前二世紀中葉，行省稅收便成為羅馬的主要經濟來源。有鑒於此，屋大維開始重新對各行省實行人口和財產普查，在此基礎上確定稅收的穩定。在他成功改革財政制度後，也促進了羅馬經濟的繁榮發展。

| 圖為萊茵蘭地區公民繳稅場景的浮雕。

Ⓒ 修建廣場

屋大維在統治期間頒佈了一系列法令，復興羅馬古時的淳樸風尚，並且大興土木，興建神廟、劇場、水道、浴池，使得羅馬城煥然一新。

| 圖為奧古斯都廣場上居高臨下的半圓形後殿，象徵國家的至高權力。

14 羅馬帝國的繁榮

關鍵字：帝國版圖、商業發展

　　奧古斯都統治結束之後，至三世紀前，羅馬先後經歷了儒略‧克勞狄王朝、弗拉維王朝、安敦尼王朝的統治。在安敦尼王朝時，羅馬帝國進入全盛時期，此時期的帝國疆域達到鼎盛，內政建設也進一步促進帝國經濟的發展和繁榮。其中的哈德良統治時期，更是羅馬國家制度官僚化的重要發展階段，這一時期的元首權力持續加強和擴大，官僚機構日趨完善，帝國實力達到鼎盛。

帝國的繁榮

政治

1 儒略‧克勞狄王朝：西元前 14—西元 68 年。此王朝的數代元首或暴虐或孱弱，最後一位尼祿皇帝更是歷史上著名的暴君。最終，人民因不堪其殘暴統治，紛紛揭竿而起，結束儒略‧克勞狄王朝的統治。

2 弗拉維王朝：西元 69—96 年。羅馬進入帝國發展的中期，元首被賦予更廣泛的權力。

3 安敦尼王朝：西元 96—192 年。羅馬帝國進入全盛時期，被稱為羅馬的「黃金時代」，主要是由圖拉真和哈德良兩位元首締造。ⒶⒷⒸ

經濟

1 農業：普遍採用輪作制，並種植豆類恢復土壤肥力。出現新的工具，如帶輪的犁和水磨。

2 手工業：生產人數顯著增加，產品種類繁多，分工更加細緻。Ⓓ

3 帝國的統一使各地交通暢通無阻，商業活動活躍。Ⓔ

4 在手工業和商業發展的基礎上，城市也達到前所未有的繁榮。Ⓕ

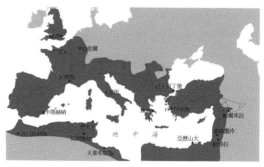

Ⓐ 帝國的版圖

安敦尼王朝時，在圖拉真的擴張政策下，整個西方世界幾乎都被囊括進羅馬的版圖之中。無限擴張的疆域彰顯著羅馬貴族的野心，同時也代表羅馬帝國國力的強盛。林立的行省和殖民地使帝國盛極一時，但是，如何保護如此龐大的帝國也成為帝國軍團所面臨的新難題。

┃ 圖為二世紀的羅馬帝國版圖，線條代表道路系統的覆蓋範圍。

Ⓑ 元老院

哈德良統治時期改變了圖拉真的擴張政策，轉而致力於內政建設，是羅馬國家制度官僚化的重要發展階段。元首顧問會議成為國家機構的一部分，在「能者為官」的政策下，官僚機構日趨完善，帝國的管理效力也提升至新的水準。

┃ 圖為哈德良所設計建造的維納斯和羅馬神廟。

ⓒ 哈德良長城

在哈德良統治時期，因為羅馬帝國的過度擴張，使其不得不面臨來自帝國自身的危險，如何維持現有的統治，成為羅馬面臨的新課題。在這種情況下，哈德良下令停止對外擴張，開始謀求和平，建立長城，並以哈德良命名。

圖為位於不列顛島的哈德良長城，是羅馬帝國在佔領不列顛時所修建。

ⓓ 磨石工

帝國鼎盛時期，手工業生產部門增加，產品種類繁多，技術分工細密。當時，羅馬的手工業多達八十餘種，生產以小工作坊為主。工作坊皆臨街而設，前有店鋪，便於銷售。使用奴隸生產的大工作坊則以外銷為主，其產品遠銷義大利各地，甚至直達諸多行省。

圖為二世紀至三世紀的浮雕，描繪切石廠工作的畫面。磨石工人正在切割小礫石，其中一個工人遵從工頭的命令，將石頭扛在肩上運到工地。

ⓔ 羅馬的港口

帝國統一後，各地的交通暢通無阻，商業活動活躍，區域性貿易和對外貿易都興旺發達。海上航道、陸路通道和古老商道皆成為帝國貿易的動脈，商隊來往，絡繹不絕。

圖為在羅馬港口奧斯提亞發現的墳墓圖畫，描繪搬運工正往小商船上裝載糧食，運往首都羅馬。

ⓕ 羅馬的城鎮

在手工業和商業發展的基礎上，帝國的城市達到前所未有的繁榮，諸如羅馬和亞歷山大港等大城市，皆成為內外貿易的樞紐和商業集散地。而在西部行省方面，新的城市也紛紛興起，成為手工業和商業中心。

圖為薩迪斯體育館的複合建築，該城是羅馬在小亞細亞中最富有、繁華的殖民地。

15 羅馬帝國的文化

關鍵字：自然科學、哲學、文學、史學、建築

　　羅馬文化是在吸收並繼承希臘文化、東方文明的基礎上形成，同時又結合了羅馬社會的種種特點，進而發展出羅馬自身的文化特色。在帝國繁榮的基礎上，羅馬帝國的文化發展也進入興盛時代。

帝國的文化

自然科學	❶ 大普林尼是羅馬自然科學方面最具代表性的人物，其代表作為《自然史》，內容包括天文、地理、歷史等方面。 ❷ 羅馬的地理學成就突出，斯特拉波是當時著名的地理學家，於一世紀初編有《地理學》。Ⓐ ❸ 在天文學方面，二世紀的托勒密創作《天文學大全》，完善地心說。 ❹ 羅馬的醫學深受希臘影響，二世紀時，御醫蓋倫對解剖學、醫療學等方面的研究對西方醫學影響深遠。
哲學	❶ 羅馬帝國前期，唯心主義哲學佔據統治地位，最具代表性的便是主張個人道德修養的新斯多葛派。Ⓑ ❷ 二世紀時，唯物主義哲學的代表人物琉善抨擊宗教，並推崇伊比鳩魯的唯物論。
文學	羅馬帝國初期被認為是羅馬文學的「黃金時代」，著名詩人有維吉爾、賀拉斯、奧維德等。ⒸⒹ
史學	帝國時代的著名歷史學家有李維、塔西陀、普魯塔克、阿庇安等。阿庇安的《羅馬史》是西方史學「紀事本末體」的創始者。
建築	帝國時期，羅馬的建築達到空前規模，多採用希臘營造法，普遍使用石拱結構，經久耐用且威嚴肅穆。ⒺⒻ

Ⓐ 地理學

　　在羅馬帝國擴張的同時，地理學也有極大的發展。一世紀初，希臘人斯特拉波就繪製了一幅包括歐洲、非洲、亞洲的世界地圖，同時還把當時西方所累積的地理知識總結，編成《地理學》。

Ⓑ 新斯多葛派

在帝國前期的哲學流派裡，唯心主義佔據統治地位，因此，新斯多葛派拋棄早期的唯物論，轉而宣揚宿命論和禁欲主義，蛻變為宗教倫理思想。隨著帝國趨於衰落，新斯多葛派的思想也更加消沉，新柏拉圖派和神秘主義思潮逐漸興起。

　圖為新斯多葛派的哲學家愛比克泰德，他正與哈德良皇帝談論哲學。

C 維吉爾

維吉爾是古羅馬奧古斯都時期最重要的詩人之一，他生於阿爾卑斯山南高盧，近曼圖亞的安得斯村中，一個富足的農民家庭。富裕的生活使維吉爾受到良好的教育，少年的維吉爾先後被送進克雷莫納和米蘭的學校學習。十七歲時，維吉爾赴羅馬學習，跟隨當時最優秀的老師學習修辭學和哲學。約西元前 44 年，維吉爾回到故鄉，一邊務農，一邊從事詩歌創作。其著名代表作有《牧歌集》、《農業詩》和史詩《埃涅阿斯紀》。

D 艾費茲的圖書館

羅馬帝國時的文學仍局限於狹窄的知識份子之間，作品的傳播必須透過閱讀或贈送書本。此時，圖書館的產生則為文學的傳播提供另外一種方式。

圖為修建於艾費茲的圖書館，建築物以書卷櫥櫃的樣貌為設計概念，頗具特色。當時的圖書館已有專業人員負責借閱雙語書籍，有些圖書館甚至還規定開館、閉館的時間。

E 阿芙羅迪西亞的劇場

羅馬人在忙碌的同時，也充分享受他們的閒暇生活，觀看戲劇便是普羅大眾的娛樂之一。受到希臘文化的影響，羅馬的劇場裡大多上演希臘作品，但反映羅馬生活的戲劇也逐漸流行。羅馬的劇場不僅用來演出劇碼，還常被用作舉行競技比賽的場所，如為人所熟知的「羅馬競技場」。

圖為位於阿芙羅迪西亞的劇場，劇場為半圓形，基座為大理石，看台上的石凳大約能容納 8000 名觀眾。

F 圖拉真紀功柱

圖拉真廣場是羅馬最宏大的廣場，整座廣場的主體建築於西元 112 年建成，而圖拉真圓柱則於次年落成，宏偉和壯麗的廣場包含了羅馬帝國時代的精髓。廣場上的圖拉真紀功柱刻有螺旋式的大理石浮雕，是為了紀念皇帝的功績。

圖為圖拉真廣場上的圖拉真紀功柱，上面的浮雕描繪羅馬軍團與中亞大夏人作戰的場景。

16 三世紀危機

關鍵字：羅馬帝國、三世紀危機

　　三世紀之後，羅馬的隸農被強制與土地綑綁，喪失自由身份，導致羅馬農業、手工業衰落，而農業、手工業的衰落又引起商業和城市的蕭條。這時的統治集團內部也紛爭不斷，帝位更迭頻繁，地方勢力崛起，導致中央政權衰弱，外族的入侵更加劇政局的混亂。從三世紀開始，羅馬社會爆發全面危機，史稱「三世紀危機」。

三世紀危機

政治	1 帝位更迭頻繁，政治混亂。三世紀中期更出現「三十僭主」的分裂局面，中央政府名存實亡。Ⓐ 2 國內民眾抗爭不斷，西元 270 年爆發的巴高達運動規模最大。 3 日耳曼族的入侵為帝國帶來嚴重威脅。 4 社會激烈矛盾導致羅馬兵源不足，日耳曼人逐漸掌握軍事大權，軍隊外族化使帝國危機雪上加霜。
經濟	1 奴隸制日漸腐朽，奴隸抗爭頻繁，導致農業萎縮。 2 奴隸生產率低下，手工業衰落。 3 農業和手工業衰退，導致商業蕭條、城市沒落。
文化	1 統治者驕奢淫逸，貪圖享樂。ⒷⒸ 2 公民道德喪失，好逸惡勞，基督教成為民眾的精神寄託。

Ⓐ 被殺的皇帝

德西烏斯統治時期，帝國政府陷入癱瘓狀態，且北方邊境還受到日耳曼族的嚴重威脅。西元 251 年，德西烏斯在抗擊外族的戰爭中陣亡。

圖中描繪德西烏斯皇帝正在檢閱自己的軍隊。德西烏斯作為抗擊外族戰爭中，第一個被殺的皇帝，他的死亡亦是帝國衰亡的前兆。

Ⓑ 千禧年慶典

西元 248 年，菲力浦皇帝舉行了一場不合時宜的千禧年慶典。當時的羅馬正處於內憂外患的境地，國內政局混亂，而帝國邊境也時常受到外族的威脅。菲力浦皇帝在位僅有五年，西元 249 年即被德西烏斯取代。

圖為菲力浦皇帝的雕像。

Ⓒ 競技場

在羅馬帝國陷入經濟危機後，眾人才驚覺官僚體系會耗費龐大的經費，使得國家財政越發困難。統治階級的奢侈浪費，也使羅馬的社會危機進一步惡化。

圖為修建於北非突尼斯的圓形露天競技場，即使受到三世紀危機的影響，羅馬政府仍然修建了一座龐大的露天競技場。

17 基督教的發展與演變

關鍵字：基督教、宗教迫害、演變

　　基督教大約發展於一世紀中葉，最早出現於羅馬統治下的猶太下層群眾之間，不久便傳遍整個羅馬帝國。基督教發展初期，因其反對階級壓迫的戰鬥精神，受到羅馬統治者的殘酷鎮壓。但是，隨著基督教的流傳，教義也逐漸發生變化，原始基督教的戰鬥精神日趨淡化，逆來順受的教義逐漸受到重視，甚至開始美化皇權，承認現存社會制度的合理性。

　　三世紀時，基督教開始竭力宣傳帝國和基督教利益一致，力圖向帝國政權靠攏。而帝國的統治階級對基督教也不再鎮壓迫害，轉而採取寬容政策，至此，基督教完全成為統治階級進行思想統治的工具，基督教與帝國政權正式結合。

基督教的發展與演變

產生

1. 西元前二世紀，猶太下層居民之間開始流行某種宣揚「救世主」將會降臨的祕密教派，基督教就此產生。

2. 由於原始的基督教不信奉羅馬舊神，也不禮拜皇帝，遂遭到羅馬統治集團的迫害和鎮壓。Ⓐ

發展和演變

1. 二世紀下半葉，基督教的性質和地位發生變化，希冀來世的消極思想逐漸佔上風，羅馬當局對基督教的政策也由鎮壓轉為恩威並用。Ⓑ

2. 西元 313 年，羅馬皇帝君士坦丁頒佈米蘭敕令，承認基督教的合法地位。

3. 西元 325 年，尼西亞宗教會議統一基督教教義。

4. 西元 392 年，狄奧多西皇帝定基督教為國教。

Ⓐ 宗教迫害

原始基督教不信奉羅馬舊神，也不禮拜皇帝，因此遭到羅馬統治集團的迫害和鎮壓。他們禁止教徒舉行禮拜，沒收他們的財產，甚至屠殺傳教者。

▎圖為猶太教堂的壁畫，描繪基督教被壓迫的場景，地上是被毀壞的容器以及被殺害的教眾。

Ⓑ 被接受的基督教

二世紀至三世紀，基督教進一步發展，教會日益增多，許多貴族階級都加入基督教，羅馬境內的教堂遍佈帝國各地。羅馬統治者也逐漸瞭解基督教，改壓迫為寬容政策。

▎圖為熱羅姆的《基督殉教者最後的祈禱》，畫中描繪迫害基督教徒的情景。

18 走向專制的戴克里先改革

關鍵字：戴克里先、四帝共治

　　三世紀末期，經過克勞狄、奧勒良等四位伊利里亞軍人皇帝的統治後，羅馬帝國的政治危機有所緩解，再次出現統一穩定的局面。西元 284 年，宮廷近衛軍首領戴克里先被擁立為王，他在統治時期進一步加強中央集權，正式確立君主專制制度。

　　戴克里先在位時，進行政治、軍事、財政等方面的一系列改革。同時，為了統一國民思想，還主張復興羅馬古老宗教，打擊並迫害基督教。戴克里先的專制統治雖然緩解了帝國的社會危機，但終究挽回不了羅馬奴隸制社會的衰落。

戴克里先改革

背景	1 克勞狄、奧勒良等四位軍人皇帝在位時，全力鎮壓國內抗爭，並採取「以蠻制蠻」政策遏制外族進攻，帝國再次出現統一穩定的局面。 2 西元 284 年，宮廷近衛軍首領——戴克里先登基為王，並進行一系列改革。A
政治	1 廢棄元首制，正式確立君主專制制度。 2 將帝國分為四個地區，由戴克里先及其三個助手分別統治，史稱「四帝共治」。B 3 重組軍隊，吸收外族人入伍，實行志願兵和義務兵兩種徵兵形式。
經濟	1 改革稅制，將帝國分為若干個固定稅區，農村居民一律課徵人頭稅和土地稅，城市無地者只納人頭稅。 1 頒佈限制最高價格法，限定商品的最高價格。
文化	主張復興羅馬古老宗教，大肆迫害基督教。C

A 戴克里先

戴克里先稱帝後，將元首的稱號改為「多米努斯」，正式確立君主專制制度。為了拯救羅馬危機，並加強貴族階級的統治，戴克里先遂進行一系列改革，包括畫分行省、重組軍隊以及稅制改革等措施。

▎圖為刻有戴克里先頭像的金幣。

B 四帝共治

戴克里先稱帝後，為了應付內外的緊張局勢，以小亞細亞的尼科米底亞為界，將帝國的西部事務交由馬克西米安管理，兩人成為共同統治者。之後，兩人又各自任命一名副手，將自己管轄的一部分地區交由其掌管，帝國就被分為四個統治地區，史稱「四帝共治」。

▎圖為戴克里先與他的副帝馬克西米安。

C 宗教迫害

戴克里先在加強專制統治的同時，還主張復興羅馬古老宗教，並加以迫害基督教。但是，戴克里先的宗教政策並沒有得到其統治集團的支持，在他退位之後，羅馬便停止迫害基督教的政策。

▎圖為義大利別墅上的山牆楣飾，描繪基督教徒在羅馬皇帝腳下被處死的情景。

19 君士坦丁的集權統治

關鍵字：君士坦丁、集權統治

戴克里先退位後，帝國經過一番奪權鬥爭，最後，君士坦丁於西元 324 年成為帝國唯一的統治者。君士坦丁統治時，依然持續加強中央集權的專制統治，強化國家對社會經濟生活的干預和限制。他維護隸農制，並力圖將隸農降到和奴隸同等的地位，並於西元 313 年頒佈《米蘭敕令》，承認基督教存在的合法性。

君士坦丁的集權統治

背景	西元 324 年，君士坦丁登上羅馬帝國的皇位，開始著手進行改革。Ⓐ
政治	1 廢除四帝共和制，獨掌全國。Ⓑ 2 將帝國畫分為四大行政區，分別為高盧、義大利、伊利里亞、東方。各行政區的民政長官則分別由四個近衛軍首領擔任。 3 進一步擴充官僚機構，由國王直接任免官吏。 4 進行軍事改革，在行省中實行軍政分治的政策，以宮廷近衛軍代替近衛軍，使軍事大權掌握在國王手中。 5 為加強對多瑙河和幼發拉底河防務的監督，遷都拜占庭，並將之更名為君士坦丁堡。ⒸⒹ
經濟	維護隸農制，並力圖將隸農降到和奴隸同等的地位。
文化	西元 313 年，頒佈《米蘭敕令》，承認基督教的合法性。Ⓔ

Ⓐ 權力之爭

西元 305 年，戴克里先讓位，君士坦丁之父君士坦提烏斯一世成為羅馬帝國西半部的君主。翌年，君士坦提烏斯一世去世，其子君士坦丁擊敗勁敵，成為羅馬帝國西半部名正言順的統治者。與此同時，帝國的東半部則由將軍李錫尼統治。西元 323 年，君士坦丁主動出擊，西元 324 年，君士坦丁在亞德里雅那堡和克里索普利斯打敗李錫尼，君士坦丁贏得最後的權力之爭，成為羅馬帝國唯一的君主。

Ⓑ 君士坦丁大帝

西元 323 年，君士坦丁登上羅馬帝國的皇位後，便開始加強中央集權，廢除四帝共治，成為帝國唯一的統治者。同時，他還擴充官僚機構，由國王直接任免官吏，繼續加強中央集權的專制統治。

圖為刻在金幣上的君士坦丁頭像。

ⓒ 君士坦丁堡

西元 330 年，為加強對多瑙河和幼發拉底河防務的監督，君士坦丁遷都到東方的拜占庭，並將其更名為「君士坦丁堡」，號為「新羅馬」。他在新都又建立了一個元老院，但此時的元老院已有名無實，正式確立君主專制制度。

圖為君士坦丁堡的遺址，位於伊斯坦布爾海峽的古城牆面朝著蔚藍大海。

ⓓ 君士坦丁堡的水渠

圖為君士坦丁在位時修建的高架渠，作用為供給君士坦丁堡的用水。後來，這項工程經由瓦倫斯皇帝接手，直到西元 378 年才全部完成。修建高架渠使得這座新都——君士坦丁堡，可以憑藉著一面臨山、兩面靠水的地勢，防禦來自各方面的進攻。

ⓔ 米蘭赦令

西元 312 年，君士坦丁為了成為羅馬帝國的唯一統治者，遂與另一位羅馬皇帝馬克森提在羅馬郊外的米爾維安大橋展開血戰。這場米爾維安大橋戰役的一開始，是因為君士坦丁夢到基督的記號，並以基督為名開戰。最後，君士坦丁戰勝馬克森提，大獲全勝。而後，君士坦丁便藉此事件發表《米蘭赦令》，宣佈羅馬帝國境內皆享有信仰基督教的自由，並且發還曾經沒收的教會財產，亦承認基督教的合法地位，成為羅馬帝國的國教。《米蘭赦令》是基督教歷史上的重要轉捩點，代表羅馬帝國的統治者對基督教的態度，從鎮壓和寬容並存的政策轉為保護和利用的政策；從被戴克里先迫害的「地下宗教」轉為被正式承認的宗教。在此之後，基督教也開始與帝國政府的政權合流。

20 走向滅亡的羅馬帝國

關鍵字：帝國分裂、日耳曼族入侵

在君士坦丁的統治結束後，統治集團內部便展開長期的王位爭奪混戰，最終，依靠鎮壓抗爭崛起的狄奧多西取得了羅馬政權。狄奧多西去世後，便將帝國一分為二，交給他的兩個兒子掌管，羅馬帝國正式分裂為東羅馬帝國和西羅馬帝國。

東羅馬帝國又稱拜占廷帝國，它成功渡過危機，成為封建社會；而西羅馬帝國則在此起彼伏的人民抗爭和勢不可擋的外族侵襲中土崩瓦解。西元 476 年，西羅馬末代皇帝羅慕路斯被日耳曼雇傭軍將領奧多亞塞廢黜，西羅馬帝國正式走入歷史的墳墓。

羅馬的衰亡

分裂

1　西元 337 年，君士坦丁去世，帝國再次陷入權力之爭。後來，依靠鎮壓抗爭崛起的狄奧多西取得了羅馬政權。

2　西元 395 年，狄奧多西去世，他將帝國分為東、西兩部分，羅馬帝國正式分裂。其中，東羅馬渡過危機，成為封建社會。

衰亡

1　四世紀起，西羅馬帝國腐朽，人民抗爭運動興起，並且迅速襲捲帝國各地，加速帝國的滅亡。Ⓐ

2　四世紀下半葉，日耳曼族成群遷徙，大舉攻入帝國，西羅馬皇帝遂成為日耳曼族將領的傀儡。Ⓑ

3　西元 476 年，日耳曼雇傭軍將領廢黜西羅馬最後一位皇帝，西羅馬正式走向滅亡。

Ⓐ 斯提里科

斯提里科是狄奧多西一世麾下的大將，戰功顯赫，後來被任命輔佐西羅馬帝國幼主——霍諾留。傳言他與亞拉里克祕密結盟，縱容日耳曼族侵入高盧，因此遭到霍諾留的猜忌，並於西元 408 年將他處死。斯提里科被處死後，西羅馬折損一名大將，加速西羅馬的滅亡。

圖為斯提里科的象牙雕像。

Ⓑ 西哥德王亞拉里克

四世紀末，羅馬帝國分裂後，西哥德人在其首領亞拉里克的率領下，進軍義大利。西元 410 年，亞拉里克進攻羅馬，在城中奴隸的幫助下，第一次攻陷這座被譽為「永恆之城」的羅馬城。西羅馬帝國的大部分領土也在不久之後，被入侵的日耳曼人瓜分殆盡。

圖中描繪亞拉里克攻陷羅馬的情景，預告西羅馬的滅亡。

第 4 章

西羅馬崩潰與
西歐封建社會的發展

　　五世紀時，西羅馬帝國在日耳曼族的入侵中分崩離析，日耳曼族紛紛建立自己的王國，其中又以法蘭克王國最為強大。當時，法蘭克王國的宮相丕平建立加洛林帝國，統一西歐。西元 843 年，法蘭克帝國一分為三。而與歐洲大陸隔海相望的不列顛島，在經過數個世紀的混戰後，也終於在十世紀統一。在制度方面，西歐大多數地區開始實行封建制度，從十一世紀開始，諸如威尼斯、佛羅倫斯等城市也逐漸興起，使西歐經濟進一步發展。

01 民族大遷徙與日耳曼王國

關鍵字：民族大遷徙、日耳曼王國

　　古希臘人和羅馬人把周邊不甚開化的民族統稱為「蠻族」，其中大部分為日耳曼族。一世紀初，羅馬帝國正式將日耳曼人定居的萊茵河與多瑙河上游畫入帝國版圖。二世紀時，日耳曼人為尋求新的謀生空間，開始襲擊羅馬邊境。四世紀起，日耳曼人掀起征服羅馬帝國的「民族大遷徙」浪潮，使得羅馬帝國的統治危機日漸加劇。

　　「蠻族」入侵對垂死掙扎的羅馬攻下致命一擊。西元 476 年，西羅馬皇帝被日耳曼族將領奧多亞塞廢除，西羅馬帝國隨之土崩瓦解，南下的日耳曼諸族則分別在此建立王國。

歐洲民族大遷徙

原因	1 日耳曼人的原始部落解體，首領渴望向外掠奪新的土地和財富。 2 人口增長的壓力使日耳曼人不得不向外地遷徙。 3 羅馬帝國衰落，無力抵禦外族入侵，使日耳曼族得以深入帝國腹地。
過程	1 西元 376 年春，日耳曼民族中的西哥德人移居色雷斯，為民族大遷徙的開端。西元 418 年，西哥德人以土魯斯為中心建立西哥德王國。A 2 西元 406 年底，蘇維匯人、汪達爾人、阿蘭人湧入羅馬，先後建立蘇維匯王國和汪達爾—阿蘭王國。 3 約西元 457 年，勃艮第人在高盧東南部建立勃艮第王國，定都里昂。 4 西元 486 年，法蘭克人佔據高盧北部，建立法蘭克王國。 5 五世紀中葉，盎格魯、撒克遜、裘特部落進入不列顛，建立諸多小王國。
結果	日耳曼民族大遷徙摧毀羅馬帝國，建立日耳曼諸王國。B

A 民族大遷徙

西哥德人是最早進入羅馬帝國的日耳曼族，他們於西元 376 年以「同盟者」身份移居巴爾幹半島北部的色雷斯，為民族大遷徙的開端。

繼西哥德人之後，日耳曼民族的蘇維匯人、汪達爾人和非日耳曼民族的阿蘭人也湧入羅馬帝國；緊接著是勃艮第人和法蘭克人；然後是盎格魯、撒克遜、裘特各部落；最後是倫巴底人，他們建都拉文納，為民族大遷徙的終結。

B 日耳曼族國家的建立

進入羅馬的日耳曼部落摧毀了羅馬帝國，建立日耳曼諸王國，先後確立新的封建制度，其中又以力量最強、存在最久的法蘭克王國為典型。其他的日耳曼王國還有西哥德、汪達爾、勃艮第、東哥德、倫巴底、奧多亞克等王國。

| 圖為五世紀至七世紀，哥特人與倫巴底人的所建立的國家。

02 克洛維與墨洛溫王朝

關鍵字：克洛維、查理・馬特

　　法蘭克人是日耳曼人中的一支，四世紀起，法蘭克人便越過萊茵河，進入高盧，不斷擴張。西元 486 年，法蘭克人中的薩利克人，在其首領克洛維的率領下擊敗羅馬人，相繼佔領盧瓦爾河、塞納河沿岸地區，建立法蘭克王國。由於克洛維出身於墨洛溫家族，所以其建立的王國便被稱為「墨洛溫王朝」，也是統治法蘭克王國的第一個王朝。在克洛維死後，國土由其兒子們瓜分，王權在內戰中衰落，王國的統治權落入宮相（掌管宮廷政務以及輔佐君王的親近官員）之手。西元 715 年，查理・馬特繼任宮相，在全國推行采邑制度改革，進一步建立法蘭克王國的封建制。

墨洛溫王朝
西元四八一年	克洛維成為法蘭克人酋長之一，但勢力僅局限於萊茵河口以南的濱海一帶。Ⓐ
西元四八六年	克洛維消滅了羅馬在高盧的殘餘勢力後，開始確立王權，並將王朝勢力擴展到高盧大部分地區和萊茵河東岸。
西元五一一年	克洛維死後，其子分別以巴黎、奧爾良、蘇瓦松、梅斯為中心，平分王國領土。
西元六八七年	在長期混戰中，王權逐步被削弱，實權落到宮相手中。西元 687 年，宮相丕平二世統一全國。
西元七三三年	宮相查理・馬特擊退阿拉伯人的進犯，加強宮相之權。Ⓑ
西元七五一年	宮相查理・馬特之子矮子丕平廢墨洛溫王朝，自立為王，開創加洛林王朝。

Ⓐ 克洛維

克洛維是墨洛溫王朝的開創者，在位期間皈依天主教，利用教會勢力鞏固自身的統治。在羅馬教會的支持下，他對西哥德人發動戰爭，征服高盧。西元 511 年，東羅馬皇帝封其為執政官。克洛維還將薩利克人的習慣彙編成《薩利克法典》，在他的統治下，法蘭克成為當時西歐最強大的新興國家。

▎圖為克洛維攻克羅馬城的場景。

Ⓑ 查理・馬特

宮相原是主管王室田產的官吏，後來逐漸成為總攬國家事務的重要大臣。西元 715 年，查理・馬特繼承宮相之職。查理・馬特在位期間，首先擊退阿拉伯人的入侵，接著又在全國推行采邑制，一系列措施都有力加強了中央王權的統治。

▎圖為圖爾之戰中的查理・馬特，此次戰爭的勝利減緩了阿拉伯對西歐的入侵步伐。

03 加洛林帝國

關鍵字：查理大帝、加洛林王朝

　　西元 747 年，查理·馬特之子丕平繼承父位，任宮相之職，獨攬政權。西元 751 年，丕平逼退墨洛溫王朝的最後一位國王——希爾德里克三世，成為法蘭克國王。丕平死後，其子查理在位期間將領土擴展到最大，加洛林家族復辟了名義上西羅馬帝國的統治區域，查理本人也被稱為「查理大帝」。西元 800 年，查理接受羅馬教皇為其舉行的加冕典禮，被稱為「羅馬人的皇帝」。西元 814 年，查理大帝去世後，「虔誠者」路易繼位。路易死後，其子為爭奪領土而發生內戰。西元 843 年，路易諸子簽訂《凡爾登條約》，正式瓜分加洛林帝國。

加洛林王朝

崛起

1　西元 751 年，矮子丕平加冕為王，開始加洛林王朝。

2　西元 768 年，查理大帝繼位，推行對外擴張政策。🅐🅒

3　西元 800 年前後，查理大帝統治下的法蘭克王國版圖大致與原西羅馬帝國的歐洲版圖相當，史稱「查理帝國」，也稱「加洛林帝國」。🅑

4　西元 800 年，教皇利奧三世為查理加冕，稱查理曼，即查理大帝。🅓

5　西元 814 年，路易繼位，被稱為「虔誠者」路易，勉強維持查理帝國的統一。

分裂

1　西元 840—843 年間，路易諸子為爭奪帝國領地發生內戰。

2　西元 843 年，路易諸子締結《凡爾登和約》，加洛林帝國解體，分為三個獨立王國。🅔

🅐 查理大帝

查理大帝在位時，加洛林王朝因其擴張而盛極一時。為了統治遼闊的疆域，他繼續推行采邑制度，讓受封的貴族效忠於自己，並提供軍役等義務，使封建制度成為王權統治的基礎。同時，他還獎勵文化教育，促成基督文化的復興，即「加洛林文藝復興」。

▍圖為查理大帝的畫像。

🅑 查理帝國

查理大帝即位不久後，就在羅馬教會的支援下，對周邊地區展開曠日持久的討伐戰爭。在他統治的四十六年中，法蘭克的領土便擴大一倍，成為一個囊括西歐大部分地區的龐大帝國，其版圖大致與原西羅馬帝國版圖相當。

▍圖為正在觀看他人獻上作品的查理大帝。

C 加洛林王朝的擴張

1 西元 774 年，擊敗倫巴底人，控制義大利北部。

2 西元 772—804 年，多次侵略薩克森人，使其皈依基督教並奪取易北河流域的廣大土地。

3 西元 787 年和西元 801 年，兩次出兵西班牙，奪得尼布羅河以北土地，建立西班牙邊區。

4 西元 787 年，佔領巴伐利亞。

5 西元 796 年，征服多瑙河中游的潘諾尼亞。

D 羅馬人的皇帝

西元 800 年，查理大帝遠赴羅馬，在聖彼德堡大教堂接受羅馬教皇為之舉行的塗油加冕典禮。加冕後的查理大帝頭戴金冠，接受朝拜，被稱為「羅馬人的皇帝」。西元 814 年，拜占庭帝國皇帝也承認這一稱號，加洛林王朝被稱為「加洛林帝國」或「查理帝國」。

| 圖為查理大帝的雕像。

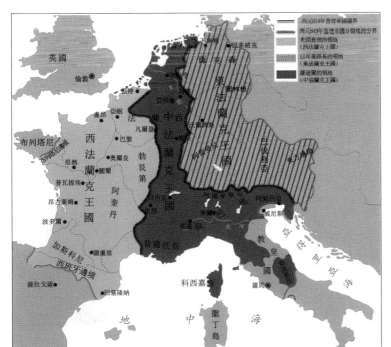

E 帝國的瓦解

查理大帝死後，其子路易繼位。路易死後，路易諸子在西元 843 年的《凡爾登條約》裡決定三分法蘭克帝國，地理上的德意志地區為東法蘭克王國，地理上的法蘭克西地區為西法蘭克王國，介於東、西法蘭克之間的地區在後來形成義大利，這一條約大致奠定了日後的法、德、義三國疆界。

| 圖為西元 843 年法蘭克帝國分裂的情況。

屢弱的法王

關鍵字：休‧卡佩、諸侯割據

　　加洛林王朝分裂後，西法蘭克王國的諸侯割據日益嚴重，國力日趨不振。九世紀至十世紀時，西法蘭克又遭到北歐諾曼人的侵襲，貴族們趁機擴張自己的勢力，使得分裂更加惡化。九世紀後期，抗擊諾曼人有功的羅伯特家族逐漸崛起。西元 987 年，加洛林王朝的末代國王路易五世死後無嗣，羅伯特家的休‧卡佩被推舉為王，開創卡佩王朝。

　　卡佩王朝初期，割據嚴重，王權屢弱，休‧卡佩之後的幾任國王開始利用最高封建宗主權，逐步加強王權。

屢弱的法王

卡佩王朝	西元 987 年，巴黎伯爵休‧卡佩被大領主們推舉為王，開創卡佩王朝。🅐
屢弱的王權	1 卡佩王朝初期，法國依然處於割據狀態，有六十多位大領主分別統治諾曼第公國、安茹伯公國、佛蘭德伯國、勃艮第公國、阿奎丹公國、土魯斯伯國等領地。🅑 2 大領主們享有各種貴族特權，除了鑄造貨幣外，大領主在領地內還擁有司法、行政等若干權力，且國王不得干預。

🅐 休‧卡佩

查理帝國分裂後，加洛林王朝的統治者大多屢弱無能，無法駕馭勢力趨強的地方大貴族。九世紀後期，貴族羅伯特因抵抗諾曼人有功，被封為法蘭西公爵。隨後，羅伯特公爵之子——巴黎伯爵厄德也因抗擊諾曼人有功，逐漸控制加洛林王朝的實權。西元 987 年，巴黎伯爵休‧卡佩被法國大領主們推舉為王，開創卡佩王朝。

| 圖為巴黎伯爵休‧卡佩的畫像。

🅑 諸侯割據

卡佩王朝初期，國家仍處於王權屢弱、諸侯割據的狀態，國內的六十多個大領主享有各種特權，時常不理會王命。這些貴族在自己的領地行使獨立的司法權和行政權，國王不得干預。在此種狀況下，如何於全國形成唯一的政治權威，已成為此時的法王所面臨的最大難題。

| 圖為法王羅貝爾二世的畫像。

05 神聖羅馬帝國的皇帝

關鍵字：奧托一世、神聖羅馬帝國

　　西元 843 年，在《凡爾登條約》後分裂出的東法蘭克王國，構成後來德國的基礎。西元 911 年，加洛林王朝的最後一位君主——查理三世去世，加洛林王朝終結。西元 919 年，薩克森公爵亨利開創薩克森王朝，為亨利一世。亨利一世死後，其子奧托即位，為奧托一世。奧托在位期間，國王權力空前強大，他先透過武力或聯姻的方式平息各地公爵的叛亂，而後又於西元 951 年起，三次出兵義大利，結束當地封建無政府的狀態，成為義大利國王。西元 962 年，他接受羅馬教皇的加冕，成為「神聖羅馬帝國的皇帝」，開啟中世紀神聖羅馬帝國的歷史。

　　東法蘭克王國君主侵略義大利後，利用教皇的政治資源控制德國教會。而後，從十一世紀至十二世紀，神聖羅馬帝國便陷入教權與皇權相互衝突的政治局面。

十一世紀前的德國

亨利一世

1. 即位：西元 919 年，亨利一世被選為東法蘭克國王，開創薩克森王朝。
2. 政策：扶植教會勢力，依靠騎士、家臣與諸侯們對抗。西元 933 年，大敗馬紮爾人，使其不再侵襲，從而鞏固王權。

奧托一世

1. 即位：西元 936 年，奧托一世即位，繼續加強王權。
2. 政策：打敗北歐丹麥人和馬紮爾人，鞏固邊防，多次平定國內叛亂，鞏固王朝統治。分別於西元 951 年、西元 961 年、西元 966 年三次出兵義大利，成為義大利國王。西元 955 年，擊潰匈牙利，捍衛王朝統一。西元 962 年，接受教皇約翰十二世加冕，成為「神聖羅馬帝國的皇帝」，開啟中世紀神聖羅馬帝國的歷史。ＡＢ

A 平定叛亂

奧托一世即位後，便不斷採取措施加強王權，公爵們也常常為此發動叛亂。西元 929—941 年，奧托一世鎮壓其弟巴伐利亞公爵亨利一世的叛亂。西元 944 年，

奧托一世封女婿康拉德為洛林公爵，但西元 953 年，洛林公爵與士瓦本公爵發動叛亂，被奧托一世迅速鎮壓。

| 圖為奧托一世集結軍隊鎮壓洛林公爵的場景。

B 奧格斯堡之戰

除了平定國內叛亂外，奧托一世還要經常應對來自外界的入侵。西元 862 年，匈牙利人開始出現在巴伐利亞東部邊境，劫掠德意志地區。西元 955 年，在萊希河畔奧格斯堡附近，奧托

一世率軍將匈牙利人徹底擊潰，阻止匈牙利人的西進，捍衛王國的獨立。

| 圖為奧托一世率領軍隊與匈牙利人作戰的場景。

06 盎格魯—撒克遜人的不列顛島

關鍵字：不列顛島、七國時代

　　從五世紀開始，「民族大遷徙」的浪潮全面襲捲不列顛，日耳曼人中的盎格魯—撒克遜人進入這個島嶼。六、七世紀時，盎格魯—撒克遜人建立了七個小王國，史稱「七國時代」。在這七個王國中，以威塞克斯王國實力最強。

　　九世紀末，威塞克斯國王阿弗烈即位，於西元 879 年迫使丹麥簽訂《威德摩爾和約》，統一丹麥區之外的英國領土。到了十世紀時，英格蘭已形成統一的王國。

十世紀前的英國

七國時代	1 五世紀時，羅馬帝國放棄英格蘭，盎格魯—撒克遜人進入不列顛島。
	2 西元六、七世紀時，不列顛島上建立了七個小王國，被稱為「七國時代」。 **A**
	3 這些國家逐漸形成幾個較大的王國，並轉化為初期的封建王國。
威塞克斯王	1 西元 802 年，埃格伯特成為威塞克斯國王。他四處擴張，於西元 829 年逐步統一各王國，也是從此時開始使用「英格蘭」一詞。 **B**
	2 八世紀後期，丹麥人開始侵略不列顛。九世紀末，阿弗烈即位，經過數次大戰後，統一丹麥區之外的英國領土。
	3 十世紀，英格蘭形成統一王國。

B 威塞克斯王

西元 802 年，埃格伯特成為威塞克斯國王後，便開始四處擴張，於西元 829 年逐步統一各王國。英國從此時開始使用「英格蘭」一詞，埃格伯特也成為英格蘭史上第一位名符其實的國王。西元 871 年，後繼者阿弗烈即位，他成功遏制丹麥人的進攻，統一丹麥區之外的英國領土。

圖為埃格伯特的畫像。

A 七國時代

五世紀，盎格魯—薩克遜人進入不列顛島，建立起諸多王國。當時所建立的王國數目遠遠不止七個，但隨著時間推移，一些大國逐漸吞併周邊小國，最後才形成「七國時代」的局面，英格蘭王國的雛形便是由此而來。

圖為「七國時代」時的不列顛。

諾曼征服

關鍵字：威廉一世、末日審判書

　　十世紀末，丹麥人再度入侵英格蘭。西元 1018 年，丹麥王卡紐特即位英國王位，並兼任挪威和丹麥國王。卡紐特死後，英國統治權落入戈德溫家族手中。西元 1042 年，「懺悔者」愛德華即位英國王位。

　　西元 1066 年，愛德華死後無嗣，哈羅德伯爵被推選為王。同年，愛德華的表弟法國諾曼第公爵威廉入侵英國，打敗哈羅德伯爵，在倫敦加冕稱王，是為威廉一世。威廉即位後，便在英國推行封建制度，王室成為最大的地產擁有者，為君權的發展奠定物質基礎。同時，他還讓教會為其舉行加冕典禮，加強王權的神聖性。

諾曼征服

卡紐特	① 西元 1018 年，丹麥王卡紐特即位英國王位，並兼任挪威和丹麥國王。 ② 卡紐特統治期間，奉行基督教，制定法典，並按阿弗烈的舊制統治英國。
愛德華	① 西元 1042 年，愛德華打敗丹麥人，登上王位。Ⓐ ② 愛德華對基督教信仰虔誠，被稱為「懺悔者」。西元 1045—1065 年間，他更修建西敏寺。
威廉一世	① 西元 1066 年，法國諾曼第公爵威廉入侵英國，打敗英王哈羅德並加冕稱王，被稱為「諾曼征服」。Ⓑ ② 「諾曼征服」將歐洲大陸的封建制度引進不列顛，加速英國的封建進程，使英國正式確立其封建制度。 ③ 西元 1086 年，威廉一世清查全國地產、資源、所有權，並將結果載入《末日清查冊》，作為納稅和施政的依據。Ⓒ

Ⓐ 懺悔者愛德華

西元 1042 年，愛德華即位為英國國王，在其統治時期，威撒克斯伯爵權勢顯赫，壟斷朝政。愛德華為此形勢所迫，遂逐漸疏於政務，醉心宗教事業。西元 1045—1065 年間，他更修建西敏寺，也由於他對宗教的虔誠，歷史上稱他為「懺悔者」愛德華。

Ⓑ 征服者威廉

西元 1066 年，英王愛德華去世，諾曼第公爵威廉集結諾曼第貴族和法國各地騎士，以自己是王位合法繼承人為由，發兵攻打英國。同年，威廉被加冕為英國國王，為英王威廉一世。隨後，又經過五年征戰，威廉徹底征服英格蘭，也被稱為「征服者」威廉。

| 圖為臣民呈上《末日審判書》給威廉的場景。

Ⓒ 末日審判書

西元 1086 年，威廉一世組成專門委員會，在全國調查各級封臣及自由人的財產狀況，以此加強對領主的控制。此次調查結果被載案入冊，於次年編成《土地賦役調查手冊》。該調查過程十分嚴格，清查的專案也非常詳細，此調查冊又被稱為《末日審判書》。

| 圖為《土地賦役調查手冊》的片段。

08 金雀花王朝的亨利二世

關鍵字：亨利二世、王權和神權衝突

西元 1087 年，威廉二世即位，他和後繼者亨利一世統治時期，英國王權又更加集中化，皇家賦稅由郡守統一徵收，國王的司法統治權遍及全國。西元 1135 年，亨利一世死後，王權便被亨利一世之侄斯蒂芬掌握，而遠嫁法國的馬蒂爾達公主為爭奪王權，與斯蒂芬展開長達十九年的內戰。長期的戰亂削弱了王權，也毀滅了亨利一世時期所建立的安定與繁榮。

西元 1154 年，亨利一世的長孫繼位，是為亨利二世，他開創金雀花王朝，又名「安茹王朝」。

亨利二世	
即位	西元 1154 年，亨利二世加冕為英格蘭國王。Ⓐ
政治	夷平貴族擅自建造的城堡，解散貴族的雇傭軍。
軍事	頒佈《軍事條例》，規定為王室服役是自由人的義務，並允許貴族以繳納「盾牌錢」代替服役。
司法	西元 1166 年，頒佈《克拉倫登條例》，規定王室法庭可起訴和檢舉地方罪犯。擴大王室巡迴法官的職權，使其定期視察地方村鎮。西元 1164 年，亨利二世因為試圖收回教會的司法權，而與坎特伯雷大主教發生衝突。西元 1170 年，坎特伯雷大主教被殺害。Ⓑ
經濟	西元 1166 年，徵收「個人財產稅」。西元 1188 年，在英格蘭地區推行「十一稅」。

Ⓐ 亨利二世

亨利二世即位後，為鞏固王權，首先摧毀貴族在內戰中修建的私家城堡，收回王室被侵佔的領地，接著又著手整頓王國的政府機構，強化御前會議的政治功能。西元 1166 年，亨利二世頒佈《克拉倫登條例》，規定王室法庭可起訴和檢舉地方罪犯，建立完備而固定的司法系統，使得亨利二世成為英國憲政的奠基者之一。

圖為亨利二世的畫像。

Ⓑ 貝克特主教

亨利二世的改革推動了王權強化，也因此與羅馬教廷的神權產生矛盾。貝克特原是英王亨利二世的密友兼臣僚，西元 1162 年，他被任命為坎特伯雷大主教。但貝克特在接受亨利的委任後，卻一改往常，轉而維護教會的自由和利益，反對王室特權，雙方發生激烈衝突。最後，貝克特主教被亨利派的四名武士刺死。

圖為貝克特主教的畫像。

09 大憲章與國會

關鍵字：大憲章、英國議會

　　理查一世在位期間，窮兵黷武，長期在外征戰，王權因此由盛轉衰。其弟約翰統治時期，英國的王權遭遇空前的統治危機，西元 1215 年，貴族以武力迫使約翰簽訂《大憲章》。西元 1216 年，約翰死亡，其子亨利三世繼位後，又與貴族發生矛盾。西元 1262 年，貴族起兵反叛，俘虜亨利三世。西元 1265 年，亨利三世之子愛德華擊敗貴族，亨利復位。西元 1272 年，愛德華一世即位，英國行政和司法制度得到進一步發展。從十四世紀起，由於英國的財政和形勢需要，導致國王不斷召集議會，使得議會的作用逐漸被凸顯。

大憲章與國會
理查一世	1 西元 1189—1199 年在位。 2 西元 1189 年，理查即位為英國國王，稱「理查一世」。Ⓐ 3 理查一世為徵收長期在外征戰的軍費，向城市大量出售特許狀，「地方自治體」因而興起，成為英國政治中的新興結構。
約翰	1 西元 1199—1216 年在位。 2 西元 1199 年，理查之弟約翰即位為英國國王。Ⓑ 3 西元 1204 年，在與法王奧古斯都腓力的首次鬥爭中，喪失法國的諾曼第。 4 西元 1213 年，在與教皇英諾森三世的鬥爭中失敗，被迫承認教皇的宗主權。 5 西元 1214 年，在布汶戰役中再次敗給法王。 6 西元 1215 年，貴族以武力迫使約翰簽訂《大憲章》。Ⓒ
亨利三世	1 西元 1216—1272 年在位。 2 西元 1216 年，約翰九歲的幼子亨利三世即位。Ⓓ 3 西元 1258 年，為限制王權，貴族提出《牛津條例》。 4 西元 1261 年，亨利獲教皇支持，廢除《牛津條例》。 5 西元 1265 年，由勒斯特伯爵西蒙領導的軍隊擊敗王室軍隊，西蒙隨即組建政府，以國王的名義治理英國。 6 西元 1265 年，亨利之子愛德華擊敗西蒙，亨利復位。
愛德華一世	1 西元 1272—1307 年在位。 2 西元 1272 年，愛德華即位並進行改革，中央政府由大法官法庭、財務署、諮議會、王室組成。Ⓔ 3 在王室的控制下，議會成為一個稅收機構。Ⓕ 4 司法體制方面，重大案件在議會或諮議會協同下，由國王處理，一般案件由巡迴法官或在三個皇家法庭處理。

A 理查一世

理查一世在位期間,長期在外征戰,且多住在其於法國的領地,疏於國政,王權由盛轉衰。同時,由於需要大量的金錢支援戰爭,理查開始無限制地向城市大量出售特許狀,從而使一批自治市、「地方自治體」迅速興起,成為英國政治中的新興組織。

▌圖為理查一世的畫像。

B 約翰

約翰被後人普遍視為英國歷史上最不成功的君王之一,他在位期間,國土淪喪、稅賦加重、通貨膨脹嚴重,不論平民、王室、教會都與他發生衝突。西元 1216 年,在對外戰爭失敗、國內叛亂不休的內憂外患中,約翰死去,留給年幼的亨利三世一個混亂的國家。傳說,約翰是被一名修士下毒,毒藥中包含狼頭草,會使中毒者化身狼人。約翰下葬不久後,便有人聲稱看見化為狼人的國王在森林中遊走。

C 大憲章

西元 1215 年,在大主教蘭頓和輿論的支持下,貴族以武力迫使約翰在拉尼米德接受《大憲章》。《大憲章》主要目的是確認各等級人民的權利不受侵犯、要求皇室放棄部分權力,以及尊重司法過程、使王權受法律的限制等。《大憲章》亦是英國建立憲法政治長遠歷史的開端。

▌圖為約翰簽署《大憲章》的情形。

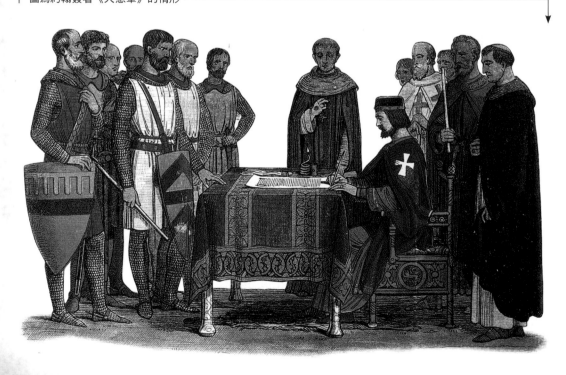

⒟ 亨利三世

西元 1216 年，亨利三世即位，他為了徵收新稅而屢次召開議會，引起貴族們的強烈不滿。西元 1265 年，亨利在內戰中被俘，貴族首領西蒙隨即組建政府，以國王的名義治理英國。西元 1265 年初，西蒙召開首次議會，成員包括大貴族、王室成員、每郡騎士兩人、每市市民兩人，是君主立憲制的開端。同年，亨利之子愛德華領兵在伊夫夏姆擊敗西蒙，亨利復位。

| 圖為伊夫夏姆戰役的場景。

⒠ 愛德華一世

愛德華一世是金雀花王朝最重要的代表人物之一，他於在位期間奉行積極的內外政策，完備英格蘭的軍事制度。英國正是憑藉著愛德華一世所締造的英格蘭軍隊和戰術，才能在幾十年後的英法百年戰爭前期取得輝煌勝利。其次，《大憲章》制度也在愛德華一世時確立。在愛德華一世統治之下的英國，無疑是當時歐洲最強大的國家。

⒡ 英國議會

愛德華即位後，隨即恢復與貴族的合作。西元 1295 年，愛德華一世為籌措對威爾士、蘇格蘭、法國進行戰爭的軍費而召開國會，此次會議的成員結構完全仿效西元 1265 年的國會。此後，便經常召開此種模式的議會，是為英國形成君主立憲制的重要指標。

| 圖為愛德華一世召開議會的場景。

10 法國王權的崛起

關鍵字：法國王權、路易六世、腓力二世

　　西元 1108 年，法王路易六世即位，法國王權開始逐漸強大。路易六世即位後，便以武力鎮壓領地內不服從的貴族，恢復國王對王室領土的統治。西元 1180 年，法國腓力二世即位，進一步拓展王權。法國領地在腓力二世的統治之下，擴大了三倍，使得此時期的法國國勢超越德意志和英國，成為十三世紀基督教世界的大國。

法國王權的崛起

路易六世 Ⓐ

1 西元 1108—1137 年在位。

2 以武力鎮壓領地內不服從的貴族。

3 頒發特許狀，支持教會和貴族土地上的城市，試圖結合王朝與市民的利益。

4 設置御前會議，由國王召集，並任用無受封身份但有能力的教士、市民等級的人員參加。

5 制止英王亨利一世在諾曼第的進一步擴張。

腓力二世 Ⓑ

1 西元 1180—1223 年在位。

2 鞏固對諾曼第、安茹及其領地的統治，將王室領地擴大三倍。

3 以領有薪俸的「行政官」取代封建制度的「教長」，為全國性的行政體制奠定基礎。

4 有計畫地實行王室財政制度化，系統性地徵收關稅、過境稅和「薩拉丁十一稅」，逐步強化法蘭西的王權。

Ⓐ 路易六世

路易六世致力於鞏固法國的王權，其在位時透過頒發特許狀、支持教會和其他貴族土地上的城市，從而取得市民和貴族的支持。在此基礎上，路易剷除了貴族城堡，恢復王室對領土的統治。此外，路易六世還設置「御前會議」，兼有諮詢、立法、司法的功能。經過路易六世的改革之後，卡佩王朝逐漸趨於穩定。

Ⓑ 腓力二世

腓力二世是法國國王路易七世之子，在位期間，積極對外擴張，使法國王室的領地擴大三倍。在王室領地上，他以領有薪俸的「行政官」取代封建制度的「教長」，為全國性的行政體制奠定基礎。同時，他還透過王室財政的制度化，逐步加強法蘭西的王權。

| 圖為腓力二世的加冕儀式。

腓力四世的三級會議

關鍵字：腓力四世、三級議會

　　西元 1285 年，腓力四世即位，進一步加強法國王權。他推行強硬的兼併政策，以加強君主集權的統治。在擴張王權的過程中，由於戰爭增多和官僚機構的開支增大，王國財政日顯拮据。腓力四世為了籌措經費，開始向教會徵稅，從而與教皇發生衝突，他為了爭取全國民眾的支持，首次召開三級會議。同時，腓力四世為了爭奪領土，也多次與英國發生戰爭，為英法百年戰爭埋下伏筆。

腓力四世

1 西元 1285—1314 年在位。

2 在位期間，腓力四世致力於擴大王室領地並統一法國。但由於諸侯頑強抵抗和英國的干涉，成果有限。

3 腓力四世統治期間，對法國的行政、司法、財政機構皆進行改革，加強中央集權。Ⓐ

4 為了籌措軍費，腓力四世沒收法國教會財產並強征「十一稅」，與教皇發生激烈衝突。

5 西元 1302 年，為了獲得全國支持，腓力四世召開三級會議，也是法國歷史上第一次三級會議。Ⓑ

Ⓐ 腓力四世的法庭

腓力四世為了提高法律權威，致力於完善國家的司法制度，他任用了一批精通羅馬法的法律專家，並制定一系列法律。在其改革下，巴黎法院成為常設的司法機構，扮演當時最高法院的角色。同時，地方司法和行政系統也逐步完善。

| 圖為中世紀法國法庭審判時的情景。

Ⓑ 三級議會

腓力四世為了爭取支持，於西元 1302 年首次召開有高級教士、貴族、市民三個等級代表參加的三級會議，被視為法國由封建社會邁向君主立憲制的里程碑，使得法國王權建立在更為廣泛且牢固的基礎上。

| 圖為某位官員正在會議中口述報告。

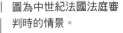

103

英法百年戰爭

關鍵字：百年戰爭、聖女貞德

　　西元 1337—1453 年，因王位繼承和領土爭議問題，英國與法國展開了一場長達 116 年的戰爭，史稱「百年戰爭」。百年戰爭是自「諾曼征服」之後，英、法兩國領土之戰的延續。戰爭期間，兩國經濟均受到嚴重破壞，導致經濟衰退、人口減少。但是，長期戰爭也使得民族情感升溫，訴求國家統一的意識逐漸深入社會各階層，促使英、法兩國形成統一的民族國家。

英法百年戰爭

第一階段	1 西元 1337—1360 年。 2 西元 1340 年，英軍在斯魯伊斯海戰中打敗法軍，奪得制海權。 3 西元 1346 年，英軍在克雷西會戰中大勝。Ⓐ 4 西元 1358 年 5 月底，法國爆發札克雷抗爭，同年 8 月被貴族鎮壓。Ⓑ
第二階段	1 西元 1360—1400 年。 2 法王查理五世展開復仇行動，在多場戰役中大敗英軍。Ⓒ 3 西元 1380 年，英軍退守沿海區域，與法國簽署停戰協定。 4 西元 1381 年，英國爆發瓦特・泰勒抗爭，後被統治者鎮壓。Ⓓ
第三階段	1 西元 1415—1429 年。 2 西元 1415 年，英軍於阿金庫爾戰役大敗法軍。Ⓔ 3 西元 1420 年，法王查理六世簽訂《特魯瓦和約》，法國淪為英法聯合王國的一部分。
第四階段	1 西元 1429—1453 年。 2 西元 1428 年，聖女貞德指揮法軍擊敗英格蘭，扭轉戰局。Ⓕ 3 西元 1437—1453 年，法國收復加萊以外的全部領土。 4 西元 1558 年，法軍攻陷加萊，結束英法百年戰爭。

Ⓐ 克雷西會戰

圖為英法雙方在克雷西會戰的場景。

Ⓑ 札克雷抗爭

西元 1356 年，英、法雙方會戰於普瓦提埃，法軍大敗，法王約翰二世及眾臣被俘。王子查理為了籌集贖金，強行增加農民的捐稅，不堪重負的農民於西元 1358 年，在法國北部博韋區叛亂。但在抗爭後，便馬上被殘酷鎮壓，近二萬農民死亡，抗爭領袖吉約姆也遭殺害。

圖為被抗爭軍隊俘虜者。

ⓒ 反敗為勝的查理五世

西元 1364 年，法王查理五世即位，隨即對英國展開復仇。查理五世改革了稅制和軍制並加強炮兵，逐步收復失地，僅剩下少數沿海據點被英國佔領。西元 1396 年，雙方締結協定，約定休戰二十年，英國僅保留加萊等幾個沿海城市。西元 1399 年，英王查理三世被殺，金雀花王朝為蘭加斯特王朝所取代。

| 圖為貝特朗・杜・蓋克蘭。法國百年戰爭初期傑出的軍事領袖，被譽為「布列塔尼之鷹」。

ⓓ 瓦特・泰勒抗爭

ⓔ 阿金庫爾戰役

西元 1415 年，在亨利五世的率領下，英軍以由步兵弓箭手為主力的軍隊，於阿金庫爾戰役中擊潰法國由大批貴族組成的精銳部隊。此戰是英法百年戰爭中，著名以少勝多的戰役，法軍在戰爭中損失慘重，僅貴族就戰死五千多人，法軍大元帥也被俘。這場戰役扭轉英國之前被動的形勢，在此之後，英軍節節勝利，直到聖女貞德出現再次扭轉戰局。

百年戰爭期間，英國統治者為了進行戰爭而不斷增稅，接踵而來的沉重賦稅導致階級矛盾劇烈激化。西元 1381 年，英國爆發由瓦特・泰勒領導的抗爭，不久便擴大到二十五個郡，超過全國的二分之一。英王查理二世雖然迫於情勢，假意作出承諾，頒佈釋放農奴的命令，但卻趁機在領袖瓦特・泰勒與國王談判期間刺殺他，最終抗爭宣告失敗。

| 圖為瓦特・泰勒軍隊面見理查二世的場景。

ⓕ 聖女貞德

西元 1428 年，英軍包圍奧爾良。西元 1429 年，法軍在聖女貞德的領導下，於奧爾良戰爭中反敗為勝。此次法國的勝利為百年戰爭的轉捩點，此後，法軍逐步收復失地。西元 1453 年，法國終於實現領土統一。

| 圖為聖女貞德被英軍俘虜並以異端和女巫罪被判處火刑的場景。

13 神聖羅馬帝國的政教衝突

關鍵字：教權、皇權、額我略七世

　　十世紀至十一世紀時，神聖羅馬帝國侵略義大利並建立帝國，進一步強化對德國教會的控制。當時的教會通常從屬於國王的統治之下，羅馬教廷的勢力日漸衰微。另一方面，教士的墮落腐化也威脅著教會精神權威的地位，為此，天主教會內部展開了一次重大的改革運動，因這次改革以法國克呂尼修道院為中心，故名為「克呂尼運動」。藉著這場改革，教皇的權威逐漸崛起，從而引起皇帝與教皇之間的權力衝突。

政教衝突

背景	1 神職人員的腐化墮落威脅到教會的精神權威地位，教會因此計畫改革。
	2 宗教理想與社會現實的巨大衝突，導致十一世紀的基督教革新運動。
權力之爭	1 西元 1049 年，神聖羅馬帝國皇帝亨利三世所任命的教皇利奧九世，開始全力推動改革。 A
	2 西元 1056 年，亨利三世早亡，年僅六歲的亨利四世繼位，王權衰微。
	3 西元 1059 年，拉太朗宗教會議通過《教皇選舉法》，宣佈將由紅衣主教選舉教皇。
	4 西元 1073 年，額我略七世被選為教皇。 B
	5 西元 1075 年，額我略七世頒佈《教皇敕令》，宣佈教會只能由教皇管理。
	6 西元 1056 年，亨利四世成年後，為鞏固王權與額我略的改革發生衝突。
	7 西元 1077 年，亨利四世前往義大利向教皇懺悔，額我略恢復亨利的教籍。 C
	8 西元 1083 年，亨利出兵義大利並包圍羅馬。1085 年，額我略客死薩勒諾。
	9 烏爾班二世主持教會改革工作，繼續奉行額我略的政策。 D
	10 西元 1106 年，亨利五世即位，因教皇拒絕為其加冕，遂囚禁教皇和諸紅衣主教。 E
	11 西元 1122 年，德皇和羅馬教皇關係有所緩和，雙方簽訂《沃爾姆斯宗教協定》，政教衝突告一段落。 F

A 教皇利奧九世

西元 1049 年，亨利三世任命的教皇利奧九世開始全力推動教會改革。不同於要求建立神權政治體制的激進派，利奧九世屬於改革中的溫和派，主張改革教會本身，要求教士嚴格執行獨身的教規，提高教士的道德水準。在西元 1049 年的羅馬宗教會上，利奧九世更當眾處死買賣聖職的蘇特里地區主教，但激進派並不滿意利奧九世的改革，依然持續抗爭。

| 圖為十一世紀的利奧九世與國王畫像，右為利奧九世。

B 額我略七世

西元 1073 年，額我略以全票當選教皇，即額我略七世。額我略認為教皇的權力來自上帝，不僅在教會內擁有至高無上的權力，在整個基督教社會中也遠遠超越國家的國王。額我略在位期間，持續厲行改革，直到西元 1083 年，亨利四世出兵義大利，額我略困守羅馬城，後棄城南逃，西元 1085 年客死薩勒諾城。

ⓒ 皇帝的懺悔

額我略被選為教皇後，其推行的改革大大損害皇帝的權力。亨利四世與其反目，被額我略開除教籍，這一決定當即引起帝國的混亂。亨利四世迫於形勢，於西元 1077 年前往義大利向教皇懺悔，在等待三天之後，才終於獲得教皇的原諒。

| 圖為亨利四世身披罪衣，赤足冒雪，請求教皇原諒。

ⓓ 烏爾班二世

西元 1088 年，原克呂尼修道院院長烏爾班二世當選為教皇，繼續奉行額我略的政策。而後，他支持亨利的諸子和諸侯叛亂，造成帝國政局動盪。西元 1098 年，在義大利皮亞琴察宗教會議上，通過烏爾班二世的《改革法》，這些改革大多數都條例成十二世紀教會法典的一部分，在羅馬教會中沿用數百年。

| 圖為烏爾班二世的畫像。

ⓔ 囚禁教皇

西元 1106 年，亨利五世即位。西元 1110 年，亨利五世領兵進入義大利，囚禁教皇和諸紅衣主教，迫使教皇承認皇帝的權力。翌年，教皇恢復自由，隨即推翻被囚禁時的承諾，雙方矛盾激化，直到亨利五世當政末期，皇帝和教皇的立場才有所緩和。

| 圖為亨利五世囚禁教皇的場景。

ⓕ 沃爾姆斯宗教協定

西元 1122 年，教皇加里斯都二世和神聖羅馬帝國皇帝亨利五世在德國的沃爾姆斯簽訂《沃爾姆斯宗教協定》。該協定規定，德意志境內的主教和修道院長由教士選舉，且選舉時須有皇帝或其代表參加；主教在領地上的權力由皇帝授予，以權戒及牧杖作為其象徵；宗教權力由教皇授予，以指環作為其象徵。自此，神聖羅馬帝國的政教衝突才終於告一段落。

14 紅鬍子腓特烈一世

關鍵字：腓特烈一世、征伐義大利

　　西元 1152 年，腓特烈即位為霍亨斯陶芬王朝的羅馬人民的國王。西元 1155 年，加冕為神聖羅馬帝國皇帝。於在位期間，一方面採取措施加強對諸侯統治，另一方面積極對義大利進行擴張，目的是為了有效地控制羅馬教廷。而義大利為了抵抗腓特烈一世的入侵，在教皇的支持下組成倫巴底同盟，使得腓特烈一世對義大利的侵略以失敗而告終。腓特烈一世為了在與教皇的爭鬥中獲得支援，給予諸侯過多權力和領地，造成之後的皇權衰落。

腓特烈一世

國內政策	西元 1152 年，腓特烈即位為「羅馬人民的國王」，採取一系列措施加強對諸侯的統治。Ⓐ
入侵義大利	1 西元 1154 年，義大利爆發抗爭，腓特烈一世出兵鎮壓，並重申他對義大利的統治權。 2 西元 1158 年，義大利城邦組成同盟反抗腓特烈一世，被腓特烈鎮壓。 3 西元 1160 年，腓特烈一世再次入侵義大利，佔領米蘭。Ⓑ 4 西元 1167 年，義大利城邦組成倫巴底同盟，擊敗腓特烈一世的入侵。 5 西元 1174 年，腓特烈一世捲土重來，被義大利城市同盟擊敗。西元 1177 年，腓特烈一世與亞歷山大三世簽訂《威尼斯和約》，同意不再插手教宗國家的內部事務。 6 西元 1186 年，腓特烈一世發動對義大利的最後一次遠征，仍以失敗告終。

Ⓐ 腓特烈一世

腓特烈一世即位後，於西元 1158 年頒佈采邑法令，要求所有接受采邑者為皇帝服兵役。他為了將王室直轄的領地連成一片，還把大諸侯的領地分割成多塊。

圖為腓特烈一世的畫像。

Ⓑ 征伐義大利

腓特烈一世為了征服倫巴底諸城市，從西元 1154－1186 年間，先後六次出兵義大利，摧毀許多城市和鄉村，掠奪大量財富。但是，長期的戰爭也造成皇權弱化，諸侯的勢力日益坐大，為今後的諸侯割據埋下伏筆。

15 德國大空位時代

關鍵字：大空位時代、選帝侯

　　因為德國長期對外擴張，導致王室無暇內顧，使得國內諸侯的勢力增長，皇權日漸衰落。因此，在十三世紀中葉以後，德意志便長期處於分裂割據的狀態，各諸侯爭權奪利，混戰不休。從西元 1254—1273 年間，國家進入空位時期。此時的德意志已分崩離析，由三名教會諸侯和四位世俗諸侯組成的選帝侯控制皇帝選舉權，把持中央權力。帝國的君主政體轉變為貴族聯邦政體，中央集權已不復存在。

大空位時代與諸侯割據

大空位時代

1 在腓特烈二世去世後，其子康拉德四世即位，但在四年後也去世，其子康拉丁亦在與教廷的鬥爭中死於非命。 **A**

2 康拉德四世去世至西元 1272 年間，由於諸侯們權勢顯赫，各自為政，混亂不堪，導致德意志出現無法選出國王的「大空位時代」。

3 西元 1273 年，哈布斯堡伯爵魯道夫一世當選為德意志國王，結束大空位時代。 **B**

諸侯割據

1 西元 1312 年，亨利七世加冕為神聖羅馬帝國皇帝。在此之前的西元 1308 年，他已被推選為盧森堡王朝的第一位羅馬人民的國王。 **C**

2 西元 1355 年，查理四世被加冕為神聖羅馬帝國皇帝，於他在位期間，國王進一步向選帝侯妥協。 **D**

3 西元 1356 年，查理四世頒佈《黃金詔書》，從法律上正式肯定選帝侯擁有選舉皇帝的特權。 **E**

A 被斬首的康拉丁

西元 1211 年，腓特烈二世即位為德意志皇帝，對德意志諸侯做出諸多重大讓步，使得諸侯們在自己的領土上享有許多自治權，勢力更加顯赫。繼位的康拉德四世死亡後，德意志出現了近二十年的大空位時代。西元 1268 年，康拉丁被斬首示眾，也代表霍亨斯陶芬王朝的終結。

圖為康拉丁在拿坡里被斬首的場景。

B 魯道夫一世

西元 1273 年，在世俗諸侯和教會諸侯的幫助下，哈布斯堡的魯道夫一世打敗波希米亞國王奧托卡二世，登上皇位，結束德意志歷史上的「大空位時代」。這位 55 歲的皇帝致力於擴大自身王室領地的勢力，促使哈布斯堡王室成為德意志最重要的家族之一。西元 1298 年，在魯道夫之子阿爾伯萊希特被選為皇帝後，德意志皇位便相繼落入盧森堡和巴伐利亞家族手中。

圖為魯道夫一世的畫像。

109

ⓒ 亨利七世

亨利七世是盧森
堡王朝的第一位
德意志國王,他
於西元 1310 年
進入義大利,西
元 1312 年,在
羅馬由教皇正式
加冕為神聖羅馬
帝國皇帝。許多
義大利志士都希
望亨利七世能領導四分五裂的義大利,實現統一,但亨利
七世其實是想恢復領主人們在義大利的權力。這一行徑導
致許多商業城市群起反對亨利七世,以至於他沒能取得任
何重要戰果。

▎圖為亨利七世的畫像。

ⓓ 選帝侯

在皇權屢弱的情勢下,德意志許多諸侯和自由城市的權力與
日俱增,與此同時,著名的七大諸侯開始壟斷皇帝的選舉權。
而為了保護自己的權益,避免強大的王權出現,這些諸侯往
往會選擇小邦諸侯作為皇帝。至此,諸侯遏制王權的形勢已
成定局。

▎圖為騎著馬的查理四世和選帝侯之一的特里爾主教。

	ⓔ 黃金詔書
內容	**1** 皇帝由當時權勢最大的七位選帝侯在法蘭克福城選舉產生。 **2** 選舉會議由美因茨大主教召集並主持,神聖羅馬帝國皇帝不再需要羅馬教皇的承認。 **3** 世俗選帝侯由長子繼承,領地不可分割。 **4** 選帝侯在其領地內政治獨立,擁有徵稅、鑄幣、開採鹽和鐵礦等國家主權,以及最高司法裁判權。 **5** 選帝侯擁有監督帝國的職權。
影響	《黃金詔書》從法律上正式確認七大諸侯選舉皇帝的特權,從此之後,皇帝便完全喪失政治集權的可能性。

16 義大利城市

關鍵字：佛羅倫斯、威尼斯

十一、十二世紀，義大利出現許多高度自治的城市，這些城市一般都有教皇頒發的特許狀，享有立法、司法、行政等多項政治權力，儼然是獨立的政治共同體。西元 1254 年，霍亨斯陶芬王朝崩潰後，這些高度自治的城市便成為城市共和國，都成為工商業繁榮的國家。十三世紀至十五世紀是義大利城市共和國最繁榮的時期，其中最典型的是威尼斯和佛羅倫斯共和國。

義大利城市

1 十一、十二世紀，義大利出現許多高度自治的城市。

2 西元 1254 年，霍亨斯陶芬王朝崩潰，義大利中部變為教皇轄地，北義大利脫離帝國，一些城市則發展為城市共和國。

3 十三世紀至十五世紀，義大利城市共和國進入繁榮時期，出現許多著名的城市，包括威尼斯、佛羅倫斯等地。Ⓐ Ⓑ

Ⓐ 威尼斯

十二至十三世紀時，威尼斯取得在東方貿易中的優勢地位，逐漸發展成一個以從事東西方仲介貿易為主的國際大都市。擁有二十萬工商業居民的威尼斯，於西元 1284 年鑄造貨幣——杜卡特，成為當時國際市場上通用的貨幣。威尼斯號稱共和國，但實際上是實行以商人貴族為主的寡頭政治，政權掌握在少數城市貴族手中，國家元首被稱為總督，從威尼斯豪門貴族中選出，終身任職。

| 圖為安東尼奧・卡拉的作品，畫中穿梭不停的船隻和雄偉的建築都展現當時威尼斯的繁華。

Ⓑ 佛羅倫斯

佛羅倫斯原是羅馬殖民城市，它是當時紡織業、銀行業、信貸業的中心。十四世紀至十五世紀，佛羅倫斯的毛紡織業出現工廠，鼎盛時高達 200 多家，其所鑄造的貨幣——佛羅林，亦成為地中海區域的通用貨幣。佛羅倫斯實行的也是寡頭政治體制，由最富有的工廠業者、銀行家、大商人們掌握國家政權。

| 圖為兩名佛羅倫斯放債人在櫃台上進行交易，此種櫃台在義大利語中為工作台，「銀行」一詞便是由此而來。

17 西班牙的統一

關鍵字：收復失地、西班牙統一

中世紀的西班牙持續著反對阿拉伯的收復失地運動（位於北伊比利半島的基督教各國戰勝南部穆斯林政權的運動），並且隨著這一運動的進行，基督教諸王國和公國的勢力不斷增強。至十五世紀，卡斯蒂王國和亞拉岡王國已成為西班牙上最強大的國家，兩個王國的統治者開始與葡萄牙、法國和其他鄰近國家展開政治聯姻。政治上的聯姻促進了西班牙國家的統一，最終，卡斯蒂王國與亞拉岡王國的聯姻使得西班牙王國正式形成。

西班牙的統一

背景

1 西元 711 年，阿拉伯人入侵伊比利半島，佔領西班牙，將其變為阿拉伯帝國的行省。

2 八世紀時，西班牙北部和沿海的西哥德人逐漸形成小王國。

3 九世紀至十一世紀，伊比利半島出現卡斯蒂、亞拉岡、那瓦爾等王國。

收復失地運動

1 八世紀開始，西班牙人展開反抗阿拉伯人的「收復失地運動」。

2 十一世紀初，阿拉伯的後倭馬亞王朝割據嚴重，為西班牙的反抗提供有利時機。十三世紀末，收復失地運動取得勝利，阿拉伯人只剩下南部的格拉納達。Ⓐ

3 西元 1492 年，阿拉伯殘餘勢力被完全驅逐出境，西班牙的收復失地運動大獲全勝。

西班牙王國的形成

1 西元 1469 年，卡斯蒂王位繼承人嫁給亞拉岡王子裴迪南，兩國聯姻。

2 西元 1479 年，兩國正式合併，形成西班牙王國。

3 西元 1512 年，西班牙王國又合併那瓦爾王國南部，除葡萄牙以外，已完全統一伊比利半島。Ⓑ

Ⓐ 收復失地運動

十一世紀至十三世紀，西班牙人展開反對阿拉伯佔領的收復失地運動，在此期間，西班牙的基督教王國亦開始逐漸形成。十三世紀初，基督教諸王國聯軍在西歐各國十字軍的支援下，在托洛薩戰役中大敗穆瓦希德王朝的軍隊，收復失地運動取得決定性的勝利。

圖為托洛薩戰役的場景。

Ⓑ 西班牙國家的形成

西元 1469 年，卡斯蒂王位繼承人伊莎貝拉與亞拉岡斐迪南聯姻，加速西班牙王國的統一。西元 1479 年，兩國合併，西班牙王國正式形成。

圖為格拉納達的最後一位君主向伊莎貝拉和斐迪南投降的場景。

18 貪婪的十字軍東征

關鍵字：十字軍東征、洗劫君士坦丁堡

進入十一世紀後，西歐人民普遍處境悲慘，強烈渴望擺脫困苦；而對於統治階級而言，當時西歐土地已被諸侯們瓜分，統治階級都渴望向外擴張，另闢財源。在人們普遍要求改變環境的刺激下，此時期的宗教熱情也隨之高漲，因此，當教會宣稱參加十字軍東征的士兵可以獲得赦免時，人們便將東征看成是一條拯救靈魂的道路，毫不遲疑地加入十字軍「聖戰」。西元 1095 年，在烏爾班二世的支持下，展開歷時近兩個世紀的十字軍東征。

十字軍東征

背景

1. 十一世紀末，西歐領主渴望向外攫取土地和財富。Ⓐ
2. 羅馬天主教會企圖確立教皇的無限權威。

十字軍東征路線

1. 第一次：西元 1096—1099 年。西元 1099 年，十字軍佔領耶路撒冷，建立若干國家。ⒷⒸ
2. 第二次：西元 1147—1149 年。此次遠征未達到任何目的，於西元 1149 年以失敗告終。Ⓓ
3. 第三次：西元 1189—1192 年。此次遠征未達到任何目的，耶路撒冷仍在穆斯林手中。Ⓔ
4. 第四次：西元 1202—1204 年。攻陷君士坦丁堡，建立拉丁帝國。
5. 第五次：西元 1217—1221 年。英諾森三世東征，進攻埃及，最終失敗。
6. 第六次：西元 1228—1229 年。取得耶路撒冷等地的控制權，聖地暫回到基督教徒手中。
7. 第七次：西元 1248—1254 年。法王路易九世企圖東征埃及，西元 1250 年，兵敗被俘。
8. 第八次：西元 1270—1272 年。西元 1270 年，法王路易九世企圖奪取突尼斯，途中死於瘟疫。Ⓕ

Ⓐ 戰船

人們參加十字軍東征的原因有很多，例如為了擺脫債務或不幸的婚姻、為了得到教會的賜福、為了掠奪和刺激等等。在巨大的誘惑下，十字軍東征不止煽動普通民眾的熱情，同時也得到諸侯們的支援。

圖為西元 1099 年，主教和法國、英國、安茹、西西里國王正乘船前往「聖地」。

Ⓑ 第一次東征

西元 1096 年 2 月，展開第一次東征，這支主要由農民組成的十字軍分別從法國北部、中部和德意志西部出發，向拜占庭帝國的君士坦丁堡前進。由於毫無紀律且未受作戰訓練，幾萬人的十字軍遭到匈牙利、保加利亞和拜占庭人的還擊，在到達小亞細亞後，就被塞爾柱土耳其人殲滅，生還者僅 3000 人。

圖為隊伍壯觀的十字軍。

● 攻陷耶路撒冷

西元 1099 年，由西歐各國諸侯、騎士和農民組織的十字軍抵達耶路撒冷城下，他們利用東方攻城戰術攻陷耶路撒冷。大部分的十字軍在掠奪之後，便返回故鄉，僅留下數千人守衛被征服的領土。而後，塞爾柱人捲土重來，十字軍的據點又紛紛陷落。於是，教廷和西歐各國諸侯再度開始策畫新一波十字軍東征。

▌圖為十字軍攻陷耶路撒冷的場景。

● 第二次十字軍東征

西元 1147 年，在德皇康得拉和法王路易七世的率領下，西歐又發動了第二次十字軍遠征。這次遠征未達到任何目的，一連串的失敗、饑餓和瘟疫為十字軍帶來沉重的打擊。與此同時，東方穆斯林在埃及首相薩拉丁的率領下，展開奪回耶路撒冷的戰爭。西元 1187 年，薩拉丁進入耶路撒冷，正式宣告十字軍所建立的國家滅亡。

▌圖為發動第二次十字軍東征的路易七世。

● 第三次十字軍東征

西元 1189─1192 年，在德意志皇帝腓特烈一世、法王腓力二世和英王理查一世的率領下，進行第三次十字軍東征。由於三方內部矛盾重重，此次遠征也沒有達到任何目的。德意志十字軍一路上傷亡慘重，腓特烈一世在小亞細亞渡河時即被淹死，其軍隊也隨之瓦解，英王理查一世佔領阿克城後也無力向前推進。

▌圖為查理一世佔領阿克城的場景。

● 第八次十字軍東征

1 西元 1270 年，十字軍在突尼斯登陸後，全軍染上瘟疫，大批士兵死亡，殘部返回法國，法王也死於瘟疫。其子腓力三世下令馬上撤退。

2 西元 1271─1272 年，英格蘭的愛德華王子趕到北非試圖救援路易九世，但卻失敗。隨後，愛德華王子在阿卡簽訂停戰協議，並於西元 1272 年返回英格蘭繼承王位，結束十字軍東征時代。

3 西元 1291 年，十字軍的最後一個據點阿克城淪陷，十字軍東征徹底失敗。

過程

19 基督教的異端裁判

關鍵字：英諾森三世、異端審判

　　十一世紀中期，克呂尼運動日益興盛，為羅馬教皇權威的崛起提供契機。到了教皇英諾森三世時，教廷神權達到頂峰。在教權興起的同時，羅馬天主教會更在西歐內部展開大規模的反異端活動，對教會所認為的「異端」展開嚴厲審判和殘酷迫害，揭開羅馬天主教史上慘烈的一頁。

教廷確立一統神權

背景	十一世紀中葉以來，受宗教改革影響，已確立教皇高於世俗君主的政治地位。
教權極盛時期	❶ 西元 1197 年，德國霍亨斯陶芬家族和威爾夫家族為爭奪王位，爆發內戰。霍亨斯陶芬家族為取得英諾森三世支持，給予其腓特烈二世的保護人地位。 ❷ 西元 1207 年，英諾森三世制定教皇獨攬神職人員任免權的制度。 ❸ 西元 1214 年，奧托四世與腓力二世激戰於布汶，奧托戰敗，英諾森的被監護人腓特烈二世登上王位。 ❹ 西元 1215 年，英諾森三世親自主持第四次拉特蘭宗教會議，制定大量重要的宗教決定。
異端裁判所	❶ 西元 1207 年，英諾森三世開始武力鎮壓異端。Ⓐ ❷ 西元 1215 年，在英諾森三世的支持之下，成立托缽僧團，作用為偵破異端，鞏固正統神權。 ❸ 法王路易九世於西元 1228 年曾頒佈懲處異教徒的法令，德皇弗里德里希二世也於西元 1220 年頒佈。 ❹ 西元 1232 年起，額我略九世加強宗教法庭的權威，形成異端審判制度。Ⓑ ❺ 西元 1233 年，額我略設立中央審判法庭，統一訴訟程序。

Ⓐ 英諾森三世

西元 1198—1216 年，英諾森三世任教皇時期，教廷神權達到鼎盛。他於在位期間，組織十字軍鎮壓阿爾比派，展開武力鎮壓異端的先例。西元 1215 年，英諾森三世召開第四次拉特蘭會議，通過許多重要決議，使教會在其後三百年間得以克服內外危機。

圖為英諾森三世的畫像。

Ⓑ 異端審判

西元 1220 年，教皇洪諾留三世鑒於地方主教鎮壓異端不力，下令建立直屬教皇的「宗教法庭」或「宗教裁判所」。西元 1227 年，教皇額我略九世即位後，迅速推動宗教裁判所的活動。西元 1233 年發佈通諭，規定地方主教要全力協助教皇審判異端的宗教裁判所。隨後，羅馬教會各統轄區內便開始普遍成立宗教裁判所。

圖為正在宗教裁判所判決的場景。

20 信仰時代的終結

關鍵字：教權衰落、亞維儂之囚

　　羅馬教廷神權的鼎盛時期並沒有維持很久，十三世紀後期，十字軍東征的失敗，以及教廷貪婪的嘴臉都使教皇的政治形象大損，使得虔誠的教徒開始成立各種崇尚嚴肅道德，並帶有向教會正統觀念挑戰傾向的宗派組織，這些組織被教會稱為「異端」。異端運動的興起，嚴重衝擊教廷的統治地位，同時，西歐王權的發展也遏制了教皇的權勢，教廷的神權自此由盛轉衰。

衰落的教權

背景

1 十三世紀，各國政權逐步完善對社會的統治，教會對世俗事務的干預開始引起人民反感。

2 隨著社會秩序越來越完整，世俗事務與宗教事務分離的思想也逐漸形成。

過程

1 西元 1296 年，教皇博義八世發佈《教俗敕諭》，禁止君主或貴族向教會徵捐稅，遭到法王抵抗，博義八世抑鬱而終。Ⓐ

2 西元 1309 年，法國腓力四世綁架教皇，將其軟禁於南部小城亞維儂。在此後的一百年間，教皇一職便一直由法國的傀儡擔任，教宗國從此由盛轉衰。Ⓑ

3 西元 1378 年，羅馬教廷和亞維儂教廷同時選出兩位教皇，西方基督教分裂為兩個敵對的陣營，教會權威更加衰落。

4 西元 1417 年，康斯坦茨會議選出新教皇馬丁五世，教廷分裂局面暫時結束，但再難恢復從前的權威。

Ⓐ 博義八世

法國腓力四世即位後，即對本國教會徵稅。因為這項措施威脅到教會的利益，教皇博義八世遂公開發出敕令，反對法王向教會徵稅，否則將開除他的教籍。法王不顧威脅，轉而攻擊博義八世，最後，博義八世被軟禁於羅馬三日，後憤懣而死。從教皇博義八世與法王腓力四世的鬥爭中可以看出，國家君主已不受教廷擺佈，教皇的權勢明顯衰落。

▌圖為博義八世的畫像。

Ⓑ 亞維儂之囚

西元 1305 年，在腓力四世的壓力下，法國波爾多大主教當選為教皇，並於西元 1308 年被迫將教廷遷往法國南部小城亞維儂。此後近百年間，連續七任主教都是法國人，教皇儼然成為法王的御用工具，這在教會史上被稱為屈辱的「亞維儂之囚」。西元 1377 年，雖然新選的教皇重新將教廷遷回羅馬，但亞維儂教皇依然存在，雙方互不承認，造成西元 1378—1418 年天主教會大分裂局面，教皇的權勢從此轉衰。

▌圖為囚禁教皇的亞維儂。

21 封建制度與莊園農奴

關鍵字：封建制度、莊園農奴

　　十世紀時，西歐大多數地區盛行封建，在政治上被稱為「封建制度」，在經濟上則被稱為「莊園農奴制」。封建制度是諸侯管理階級內部的等級制度，規定各個層級的權利和義務，在維持和協調階級內部關係上，發揮重要作用。而莊園農奴制則被當成領主壓迫剝削的手段，成為西歐封建社會的經濟基礎。

西歐封建社會的制度

形成	1 最初分封的土地稱為「采邑」，法國墨洛溫時期就已存在。 2 法國查理·馬特時期大規模封臣，「采邑」開始變為封土，封建制度逐漸固定。Ⓐ
義務	1 領主維持封臣生計，保證封臣安全。 2 領主必須維護封臣的社會榮譽和名聲。 2 封臣提供軍役，為領主服兵役。 4 封臣為領主提供經費資助。 5 封臣向領主提供建議和勸諫。
莊園農奴制	1 莊園一般採用以勞役繳納地租的方式，農奴皆依靠小塊份地維持生計。 2 莊園中的勞動者主要是佃農和農奴。Ⓑ 3 十四世紀起，隨著商品經濟向城鄉滲透，領主開始改徵貨幣地租，農奴也透過贖買等方式獲得人身自由，勞役制莊園趨於瓦解。Ⓒ

Ⓐ 封建制度

西歐封建制度指的是，歐洲中世紀時期，與貴族騎士相對應的法律地位及軍事責任制度。主要有領主、封臣、土地，是構成西歐封建社會的基礎。封臣履行的義務即封君的權利，封君履行的義務即封臣的權利。此處對於「封建」定義與後來社會主義所說的「封建」有明顯差異，應特別注意。

Ⓑ 莊園農奴

歐洲的莊園中，主要是由各種不同身份的佃農組成。這些農奴沒有土地所有權，為了使用土地必須為領主服沉重勞役，且不能自由遷徙，在許多方面皆沒有自主權。

| 圖為莊園中農奴收割、儲藏的工作場面。→

Ⓒ 賦稅

賦稅是中世紀農民徭役的內容之一。初期是繳納實物，到中世紀中期，實物地租和徭役逐漸被貨幣取代。農民除了要繳納地租之外，還需要繳付形形色色的賦稅，這些繁雜的賦稅使得農民的負擔日益加重。從十四世紀起，勞役制莊園趨於瓦解。

| 圖為中世紀的法國在統一使用圖爾貨幣之前，商人稱量錢幣重量以確定金銀含量的情景。

22 城市與行會

關鍵字：城市興起、行會制度

　　大約從十一世紀開始，西歐的社會經濟便開始逐漸復甦，城市也隨之發展。當時，城市獲得自由的途徑各有不同，有的城市是透過武裝鬥爭獲得自治權，有的城市則是向國王或大領主繳納一筆鉅款而得到自治權利。而獲得自主權的各階層市民，則紛紛開始建立屬於自己的組織，以集體的力量維護自身的利益，像是行會或同業公會。

城市與行會

城市興起背景	1 從十一世紀開始，生產力的發展促使社會分工日漸明確，產品交換也日益頻繁，為城市的興起打下基礎。🅐
	2 農業和手工業推動農產品和手工藝品交易市場的形成，以此為中心產生城市。🅑
城市形成	1 透過武裝鬥爭獲得自治權，如義大利的米蘭。
	2 透過向國王或領主繳納鉅款獲得自治權。
城市發展	1 資產階級從市民階層中產生。
	2 為對付諸侯的侵襲和維護共同的商業利益，形成城市同盟。🅒
行會	1 隨著商品經濟的發展，城市手工業者為了捍衛共同利益，遂組成行會。🅓
	2 隨著貿易的發展，獨立的商人階層也逐漸興起。城市商人為了保證貿易獨佔權及其他利益，也組成自己的團體，即商人工會。🅔

🅐 城市的興起

十一世紀後，社會的安定和經濟的復甦為貿易發展創造絕佳條件。地方農產品和手工藝品的交易市場逐漸變成常態性的市集，作為工商業交易的集中場所，城市就在這種環境下應運而生。

│ 圖為中世紀城鎮的商業區。在城市發展的帶動下，鄉村集市的規模也逐漸增大，商人在沿街的店鋪裡叫賣，吸引來往顧客。

🅑 主教展銷會

大貿易區之間的頻繁交往，產生許多著名的集市。十三世紀時，一個國際性的香檳市集在法國興起，成為溝通歐洲南北兩大貿易區的樞紐。

│ 圖為十四世紀法國插畫，描繪在法國鄧尼斯平原舉辦的主教展銷會場景，商人在各自的攤位上出售綿羊、葡萄酒和啤酒等。

C 城市同盟

產生原因	1 為了在城市競爭中維護共同利益。 2 為了與封建領主們和國王對抗。
萊茵同盟	1 西元 1226 年，萊茵河城市成立以美因茲為首的萊茵同盟，包括科隆、沃姆斯、施佩耶爾等 60 多個城市。 2 西元 1254 年，同盟發表宣言，規定同盟成員應選出代表四人，組成同盟大會，決定相關事項。 3 西元 1239 年，萊茵同盟遭到領主攻擊，於西元 1450 年解散。
士瓦本同盟	1 西元 1331 年，由奧格斯堡、紐倫堡及部分瑞士城市組成。 2 西元 1378 年，加盟士瓦本同盟的城市達到 84 個，後因與領主鬥爭失敗，於西元 1388 年被迫解散。
漢薩同盟	1 十三世紀中期形成。西元 1293 年，盧貝克被選為同盟總部所在地。 2 西元 1370 年，漢薩同盟戰勝丹麥，訂立《斯特拉爾松德條約》，壟斷波羅的海地區貿易。 3 十五世紀時，漢薩同盟轉衰，西元 1669 年解體。

D 行會

隨著城市的興起和手工產業的繁榮，為了對付領主的侵擾和捍衛同業者的共同利益，城市手工業者按行業，組成特殊的團體，即行會組織。十二世紀以前，行會組織開始爭取城市獨立，並保護脆弱的城市手工業，皆有顯著的效果。但是隨著生產發展，行會的種種規定便逐漸成為生產力的絆腳石。十四世紀起，西歐的行會紛紛解體。

E 商人公會

商人公會指的是，歐洲中世紀時期從事國際貿易的商人所組成的協會。十一世紀末，法國聖奧梅爾的一個團體章程上，已使用「商人公會」這一名稱，而此時的多數商人公會，只收同一城市的居民為會員。十五世紀初，歐洲的商人公會大都已湮沒無聞，或只是一種徒具形式的組織團體，已沒有任何實際的經濟作用。

圖解
歐洲史

A.D. 500　　　　　　A.D. 1400

23 中世紀的西歐文化

關鍵字：經院哲學、基督教文化

　　羅馬帝國的衰亡使得西歐和中歐陷入一片混亂，強而有力的中央集權政府不復存在，經濟狀況也被徹底打亂。社會的動盪導致學術文化的衰退，造成歐洲文化水準急劇下跌，此時的基督教會遂成為歐洲文化不亡的唯一希望。在中世紀最初的幾百年間，基督教士是西歐古典文化的唯一繼承者，只有基督教士依然持續鑽研著古典文化的各項研究。西歐中世紀的文學詩歌、建築藝術也都與基督教會密切相關，整個中世紀西歐文化都是以基督教為題材，以基督教思想為背景。可以說，西歐中世紀文化的主體就是基督教文化。

中世紀西歐文化

教會	學術活動集中在對《聖經》的繁瑣考證。Ⓐ
哲學	哲學與神學二位一體，被稱為「經院哲學」，代表人物為湯瑪斯・阿奎那。ⒷⒸ
文學	❶ 拉丁詩歌是較早出現的文學作品，創作者主要來自教會的修士。 ❷ 十二世紀時，學生和教師也開始寫作，大大增加方言文學作品的數量。作品主要分為四大類：英雄史詩、騎士抒情詩、騎士傳奇、寓言。
建築	此時期的藝術成果集中表現在教堂建築上，哥德式教堂建築便是中世紀西歐藝術的典型。哥德式教堂一般用石頭建造，裝飾有雕刻和繪畫。ⒹⒺ

Ⓐ 聖經

隨著基督教的傳播，中世紀西歐出現了查理曼時代的「加洛林文藝復興」，這一運動初步改變了中世紀西歐在文化領域上的蠻荒狀態。其中比較重要的是，查理大帝委託學者阿爾昆修訂由拉丁教父聖・哲羅姆編訂的《通俗拉丁文本聖經》。從西元797年起，經過三年的時間，阿爾昆終於編訂出新版《聖經》。

圖為保加利亞歷史博物館的十四世紀耶穌受難圖，耶穌基督的死亡和復活是《新約聖經》的重要主題。

Ⓑ 經院哲學

經院哲學產生於十一世紀至十四世紀，是集結天主教教會在經院中所教授的理論，所綜合而成的哲學，因此與宗教神學緊密結合。經院哲學屬於唯心主義哲學，是中世紀歐洲特有的哲學形態。中世紀早期對基督教的聖經、信條加以闡述，進行注釋。而十一世紀時，人們開始運用理性形式，透過辯證方法去論證基督教信仰的合理性。經院哲學家們圍繞共相與個別、信仰與理性的關係，展開長期爭論。

ⓒ 湯瑪斯・阿奎那

湯瑪斯・阿奎那是中世紀經院哲學的代表人物，也是自然神學最早的提倡者之一，其代表作為《神學大全》，書中詳細闡述他的神學系統。阿奎那認為神學是一種科學，其最終目標是運用理性的方法來瞭解上帝的真相，並且透過真相獲得最終的救贖。同時，阿奎納還主張君權神授，認為教權高於王權。

ⓓ 教堂

中世紀西歐藝術主要表現在教堂建築藝術上。教堂既是神權統治的堡壘，也是當時人們交往活動的主要場所。西歐的教堂共分為羅馬式和哥德式兩種，從中世紀初期到十二世紀流行的是羅馬式，自十二世紀起，隨著經濟復甦、物質生活改善、人們審美情趣提高，逐漸出現哥德式建堂建築，十三世紀時蔚為風潮。

| 圖為建於十三世紀的沙特爾大教堂。

ⓔ 雕塑

中世紀西歐的教堂也是雕塑、繪畫的藝術中心，教堂的壁畫大部分都以《聖經》中的人物和故事為題材。

| 圖為建於西元 1135 年的喬治大教堂門楣上的雕塑。

第 5 章

拜占庭之光
東歐封建社會的發展

在西羅馬帝國崩潰後，東羅馬帝國依舊保持政治、經濟上的繁榮，成為東地中海的強國之一。直到西元 1453 年，穆罕默德二世攻克君士坦丁堡，才結束這個存在十一個世紀之久的大帝國。而在東歐方面，斯拉夫人先後建立起基輔羅斯、沙俄、波蘭、捷克、保加利亞等王國，開始統一、融合、獨立的進程。

01 查士丁尼的復辟之夢

關鍵字：查士丁尼、對外擴張

　　從西元 527─565 年，拜占庭皆處於查士丁尼的統治之下。查士丁尼是一個野心勃勃的皇帝，他在即位之初就著手編纂法典，並於西元 529 年頒佈《查士丁尼法典》，且著力於恢復羅馬舊制，西元 533 年，查士丁尼更展開了長達 20 年的西方征服戰爭。但是，查士丁尼的復辟政策並不得人心，使得他在西方的統治極不穩固，國內叛亂不斷，外族亦長期騷擾帝國邊境。他的繼承者查士丁二世統治時期，帝國已不斷喪失在西方的領地。

查士丁尼

立法	1 查士丁尼即位之初，即組織法典編纂委員會，由大臣、法學家特里波尼安主持。**A**
	2 西元 529 年，編成《查士丁尼法典》。**B**
	3 西元 533 年，編成《法學匯纂》五十卷，收錄歷代法學家論文。
	4 西元 533 年，編成《法理概要》四卷，成為法學原理的教材。
	5 西元 565 年，編成《新法典》。
對內政策	1 全國設有行政區，行政區的長官直接向帝國皇帝負責。**C**
	2 嚴格管理手工業和商業。**D E**
	3 宣佈東正教為國教，奉行嚴格控制教會的政策。**F G H**
對外戰爭	1 西元 533 年，大將貝利撒留進攻北非汪達爾王國，佔領迦太基。**I J**
	2 西元 535 年，貝利撒留進攻義大利東哥德王國。西元 554 年，征服義大利。
	3 西元 554 年，查士丁尼攻佔西哥德人佔據的西班牙東南部沿海。

A 查士丁尼

查士丁尼是一位頗有政治抱負的君主，在位期間征服汪達爾王國和東哥德王國，不僅阻擋日耳曼族對帝國的侵擾，也恢復了昔日羅馬帝國的榮耀。因此，這段時間也被稱為拜占庭帝國的第一個黃金時代。

圖為鑲嵌畫中的查士丁尼，他身穿皇袍、頭戴王冠，頭頂的光輪象徵天穹。

B 查士丁尼法典

查士丁尼最大的功績便是西元 529 年發表的《查士丁尼法典》，總共十卷，內容包括自羅馬皇帝哈德良以來，四百多年間，歷代皇帝的法令，對今後法律的制定有著深遠的影響。

ⓒ 帝國的內政

查士丁尼在位時，推行政治集權的改革，在他的統治之下，拜占庭繼承了羅馬帝國高效的行政管理制度。查士丁尼將全國設為四個行政區，行政區的長官直接向帝國皇帝負責，實行軍政分治。他更建立常備守邊部隊，沿著邊界構築堡壘，以抵禦蠻族的入侵。

> 圖為聖維泰爾教堂的一幅鑲嵌畫，圖中的查士丁尼身著華服向教會獻禮，圍繞他左右的是其餘宮廷顯要人物。

Ⓓ 帝國的經濟

帝國人口稠密，手工業和商業都十分發達。在經濟繁榮的情況下，城市也隨之興起，帝國東部發展出許多大城市，如首都君士坦丁堡。中世紀時，君士坦丁堡的人口已達八十萬，是歐、亞兩大洲的經濟交通中心。東部的工商業城市不僅為帝國提供充分的經濟基礎，也提供大量的雇傭軍以對付日耳曼族的入侵。

> 圖為拜占庭帝國首都君士坦丁堡。

Ⓔ 行會制度

1 拜占庭的各個手工業和商業都有行會組織。

2 政府制定各種行業管理規則，透過行會管理各個行業。

3 政府會賦予特定行會相關的行業壟斷權，或賦予某些特殊行業免除軍事勞役的特權，從而保證行會成員的穩定生活。

4 作為帝國政府在經濟管理上不可或缺的工具，行會幾乎無所不在，甚至連奴隸也有屬於自己的公會。

5 行會有時還承擔公共工程的建造、稅款徵集等政府職能。

Ⓕ 東正教

東正教又稱正教、希臘正教、東方正教，是基督教的一個派別，主要是指拜占庭帝國所流傳下來的傳統基督教教會，它與天主教、基督新教並立為基督教三大派別之一。「正教」的希臘語是正統，與天主教不同的是，正教的教會是一些被稱為「自主教會」或「自治教會」的地方教會，教會之間彼此獨立，但有著共同的信仰。

Ｇ 宗教政策

1 拜占庭帝國繼承羅馬帝國的傳統，奉行嚴格控制教會的政策。
2 帝國的君主亦成為教會的保衛者。
3 基督教被視為帝國不可缺少的意識形態。
4 教會佔有大量土地，免除稅賦，並享有徵收十一稅的特權。
5 政府的宗教政策在正教派的兩性論（基督的神性和人性並存）和一性論（基督的神性取代人性）之間搖擺不定，並試圖使雙方和解。

Ｈ 聖索菲亞大教堂

查士丁尼是東正教的保護者，他宣稱要杜絕一切異端宗教，要求所有的異教徒都必須信奉基督教，並沒收他們的寺院交給東正教，而後，東正教便成為拜占庭皇權的支柱。查士丁尼統治時期還大興土木，在首都君士坦丁堡修建恢弘的宮殿和富麗堂皇的聖索菲亞大教堂。

| 圖為查士丁尼重建的聖索菲亞大教堂，教堂裝飾非常華麗，建築物幾乎被鑲嵌畫和昂貴的大理石覆蓋。

Ｊ 帝國的兵工廠

拜占庭的軍隊具有當時極為先進的技術，他們的兵工廠不僅能建造划槳戰船，還能製造攻城的靈活武器。例如，為了便於攻城，拜占庭製造鷹架或巨大的梯子，使軍隊能爬到城牆之上投射武器。

| 圖為拜占庭人製造的鷹架。

Ｉ 征服蠻族王國

查士丁尼在位期間，立志恢復羅馬舊制，並於西元 533 年開始，展開長達 20 年的西方征服戰爭。西元 533 年，查士丁尼派遣大將貝利撒留進攻北非汪達爾王國，佔領迦太基，成為帝國征服西歐的開始。西元 554 年，拜占庭又攻佔伊比利半島東南部，使得地中海幾乎成為羅馬的內海。

| 圖為拜占庭的軍隊，他們裝備精良，訓練有素，從衛隊到胸甲騎兵皆手持長矛。

02 帝國的戰爭

關鍵字：帝國戰爭、軍事改革

　　查士丁尼死後，其征服的土地逐漸喪失。六世紀末，遊牧民族開始進犯拜占廷，外患頻繁。七、八世紀時，為了拯救帝國於危亡，拜占庭開始實行軍區制改革，建立軍屯制度，並對軍隊上層分封土地，由此形成軍事貴族。經過軍區制的改革後，拜占庭帝國解決了兵源和軍費的困難，為其軍力的興起創造基礎，但也使軍事貴族佔有大量土地，屯田兵和自由農淪為佃農和農奴，進一步加強帝國的封建制度。

七、八世紀的拜占庭帝國

席哈克略王朝

1 西元 610 年，席哈克略擊敗福卡斯，建立席哈克略王朝。ＡＢ

2 西元 611 年，波斯佔領卡帕多細亞，隨後又佔領敘利亞行省和安提阿，並且入侵埃及和巴勒斯坦。不久之後，席哈克略又重新奪回這些東部省份。

3 西元 636 年，因為伊斯蘭教而團結的阿拉伯人佔領了敘利亞、埃及和巴勒斯坦。Ｃ

4 七世紀中期，席哈克略為防禦外敵，開始實行軍區制改革，加強帝國的軍事力量。Ｄ

5 西元 678 年，阿拉伯艦隊攻至君士坦丁堡城下，但其一半以上的艦隻皆毀於希臘，阿拉伯被迫與拜占庭帝國簽訂三十年和約。Ｅ

伊蘇里亞王朝

1 西元 717 年，敘利亞軍事指揮官利奧廢黜君主狄奧多西三世，創立伊蘇里亞王朝。

2 為了抵禦外敵，利奧三世進一步完善軍管區制度。Ｆ

Ａ 席哈克略

查士丁尼死後，拜占庭帝國的國力開始衰落。西元 602 年，軍隊發生暴動，百夫長福卡斯登上帝國皇位。福卡斯即位受到帝國元老院和大貴族們的激烈反對，挑起長達八年的內戰。西元 609 年，阿非利加省督之子席哈克略發動抗爭，反對福卡斯，次年順利進軍帝都，奪取王冠並建立席哈克略王朝。

圖為刻著席哈克略和君士坦丁三世的金幣。

Ｂ 席哈克略王朝

席哈克略王朝是東羅馬帝國的第四個王朝。席哈克略王朝時期，拜占庭帝國改革了軍事和行政管理制度，鞏固帝國的軍事力量。王朝末期，拜占庭帝國再度出現內亂，西元 694—716 年，帝國皇帝便更換了六次。到了八世紀早期，拜占庭帝國更瀕於無政府狀態，帝國的疆域也逐漸縮小，最後，僅剩下君士坦丁堡及其周圍的一部分地區。

Ⓓ 軍事貴族

在席哈克略統治時期，他為了抵禦波斯人和阿拉伯人的入侵，改革軍政分治的政治體制，建立軍事長官領導的地方軍事行政區，世襲兵役的士兵可以從國家公共土地和沒收的地產中領到一部分封地。在這個制度實施後，許多因軍功而進入上層社會的軍事貴族由此崛起。

Ⓒ 拜占庭帝國版圖

查士丁尼死後，拜占庭帝國便無力應付邊境上的新敵人。西元565年，倫巴底人湧向義大利並佔領義大利北部，斯拉夫人則佔領巴爾幹半島大部分地區。西元610年，波斯人入侵並佔領東部行省，雖然席哈克略後來又奪回這些地區，但當時拜占庭帝國的南部行省幾乎全部被阿拉伯人佔領。七世紀中葉，敘利亞、埃及徹底淪為阿拉伯帝國的一部分。

▍圖為六、七世紀拜占庭帝國的版圖。

Ⓔ 希臘火

在抵禦外族入侵時，拜占庭的海軍主要依靠以石油為原料的「希臘火」（一種可在水上燃燒的液態燃燒劑）燒毀敵方的艦隊，並擊退敵人。拜占庭的軍隊通常使用自己製作的槳和帆，操作非常靈活，且由訓練有素的水手駕馭，並在船首安置噴射「希臘火」的管子。

▍圖為拜占庭海軍用「希臘火」燒毀敵艦的場景。

Ⓕ 伊蘇里亞王朝的軍區制

內容	1 在全國設立 11 個軍區，以軍區代替行省，由主管軍事的將軍統治。 2 建立「軍屯制」，將農民編入軍隊，並分配得以世襲的份地，使其成為「兵農合一」的屯田兵。 3 將土地分封給軍事首領，也因此產生軍事貴族。
影響	1 解決兵源和軍費的困難，使其有足夠兵力應對戰爭。 2 由於軍區制的推行，小農經濟逐漸蓬勃，國家稅收穩定，國庫豐盈，以城市為中心的工商業日漸繁榮。 3 透過推行軍役土地制和屯田制穩定社會各階層，使人口流動所產生的尖銳社會矛盾獲得控制。

聖像破壞運動

關鍵字：利奧三世、狄奧朵拉

　　拜占庭帝國進行軍事改革後，隨即需要大量土地和財產以保障新興軍事貴族的利益、安定軍士生活，但當時帝國的大部分土地都掌握在教會和修道院之手，同時，它們還享有免稅和免徭役特權，嚴重影響國家稅收。西元 726 年，為了打擊教會勢力，利奧三世下令禁止供奉聖像，但是遭到大部分人反對，國家發生暴亂，八世紀末，帝國曾一度放棄反聖像崇拜的政策，但在九世紀初，聖像破壞運動重現。直至西元 843 年，攝政皇太后狄奧朵拉宣佈恢復聖像崇拜，這一運動才告終，但皇權高於教權的政治型態依然沒有改變，教會被沒收的土地也無法再收回。

聖像破壞運動

背景
1. 人們對聖像、聖物的崇拜引起利奧三世不滿。Ⓐ
2. 利奧三世對教會累積巨額財富，而又不納稅的態度深感不滿。Ⓑ
3. 為了改革軍管區制度，需要大量土地和財富。

過程
1. 西元 726 年，利奧三世宣佈反對聖像崇拜，掀起聖像破壞運動。
2. 西元 730 年，利奧三世召集御前會議，強迫高級貴族在反對聖像崇拜的法令上簽字，正式展開聖像破壞運動。
3. 運動開始後，教會和修道院的聖像、聖物被搗毀，教士也遭到迫害。ⒸⒹ
4. 聖像破壞運動在帝國各階層間引發激烈鬥爭。Ⓔ

高峰
1. 西元 753 年，君士坦丁五世在查爾西頓召開的宗教會議上，通過反對聖像崇拜的決議。
2. 西元 787 年，伊琳娜女皇在尼西亞宗教會議上宣佈恢復聖像崇拜，第一階段運動結束。
3. 西元 813 年，利奧五世繼位，聖像破壞運動再度興起，運動進入第二階段。
4. 西元 843 年，狄奧朵拉宣佈恢復聖像崇拜，聖像破壞運動至此終止。Ⓕ

Ⓐ 聖物

基督教在西歐沒有聖像，只有十字架，而在東歐卻有許多聖像。八世紀初，拜占庭人非常崇拜基督、聖母和聖徒聖像，九世紀時，聖物逐漸佔據拜占庭人信仰中的重要位置，成為宗教儀式中不可缺少的物品。這些聖物通常是直接和基督有關的珍貴物品，如耶穌受難的器具、遺骨等。

| 圖為施洗約翰的手遺骨。

Ⓑ 利奧三世

拜占庭人對聖像和聖物的崇拜，讓利奧三世感到不安；同時，教會累積巨額財富而又不納稅的情況，也使利奧三世深感不滿。於

是，在西元 726 年，利奧三世便展開聖像破壞運動。

| 圖為刻有利奧三世頭像的金幣。

ⓒ 破壞聖像

聖像破壞運動開始後，教會和修道院的聖像、聖跡和聖物被相繼搗毀，土地和財產被沒收。許多堅持崇拜聖像的教士被囚禁、流放甚至處死，修道院遭到封閉，教會的土地、財產被沒收。而軍事貴族和作戰有功的官兵則因此獲得土地。

▎圖為聖像破壞運動中被迫害的教士。

ⓓ 裝飾

在聖像破壞運動中，教會以十字架和單線條紋的花飾代替人物形象。而當時大部分的裝飾都已被破壞，現在，只能在土耳其卡帕多西亞岩石間的教堂看到類似花紋。

▎圖為卡帕多西亞教堂上的十字架裝飾。

ⓔ 國內抗爭	
支持者	主要是東方各軍區的軍事貴族、開明教士、保羅派信徒以及其他反教會的下層群眾。
反對者	主要是正教高級教士、舊貴族、修士以及歐洲地區的民眾，還有君士坦丁堡的工商界人士。

ⓕ 狄奧朵拉

西元 842 年，年幼的米海爾三世繼位，皇太后狄奧朵拉攝政，她是堅定的崇拜聖像派。次年，在狄奧朵拉控制朝政之後，便馬上宣佈恢復聖像崇拜，實行宗教安撫政策，為在此運動受到迫害的人士平反，結束聖像破壞運動。與此同時，也再次確定皇權對教權的控制和對宗教事務的干涉權。

04 黃金時代

關鍵字：黃金時代、對外征服

　　九至十一世紀，在馬其頓王朝諸皇帝的統治下，拜占庭帝國臻於極盛，被稱為拜占庭帝國的「黃金時代」。這一時期，政治和經濟的穩定使皇帝們有實力再次發動對外征服戰爭。十世紀，拜占庭對阿拉伯的戰爭持續保有優勢，獲得亞得里亞海的制海權，佔領義大利的一部分和保加利亞的大部分地區。西元 1018 年，巴西爾二世打敗保加利亞人，徹底消滅第一保加利亞王國。同時，拜占庭教會在此時期亦生機勃勃，巴爾幹及東斯拉夫人相繼加入基督教，並被納入拜占庭文化的範疇。

黃金時代

政治	1 聖像破壞運動結束，君權得以加強，法統觀念已牢固確立。Ⓐ 2 宮廷裝飾豪華，禮儀繁縟。ⒷⒸ 3 在加強中央集權後，地方軍事管理也有相應的改善。Ⓓ 4 建立專門處理外交事務的機構。Ⓔ
經濟	1 以君士坦丁堡為中心的商業貿易活動十分繁榮。ⒻⒼⒽⒾ 2 商業的發達和豐富的農業賦稅使帝國國庫十分充實。
對外戰爭	1 軍事力量增強，對阿拉伯人的戰爭保有優勢，西元 961 年，消滅阿拉伯海軍。ⒿⓀ 2 西元 975 年，收復巴勒斯坦、小亞細亞。 3 西元 1014 年，巴西爾二世打敗保加利亞人。西元 1018 年，兼併保加利亞王國。ⓁⓂ
宗教	1 西元 865 年，保加利亞大公伯里斯接受君士坦丁堡的基督教。 2 加速對南斯拉夫和東斯拉夫的傳教活動。Ⓝ 3 西元 1204 年，十字軍東征並攻陷君士坦丁堡，拜占庭與羅馬教廷衝突加劇。Ⓞ 4 西元 1054 年，君士坦丁堡教會和羅馬教會徹底分裂，分裂後，稱君士坦丁堡教會為「東正教」。Ⓟ

Ⓐ 皇帝的權威

馬其頓王朝時期，拜占庭帝國的法統觀念已牢固確立。新君主被稱為「上帝在人間的執行者」，由主教在教堂為其加冕，象徵著其神聖的統治權是由上帝授予的。

> 圖為西元 829 年登基的君主狄奧菲魯斯，身邊圍繞的是帝國的重要大臣，他們身著華服，簇擁在寶座周圍。

Ⓑ 宮廷禮節

神聖的君權也體現在宮廷禮儀上，皇帝在豪華的宮廷裡接見帝國的高官們時，被接見者要身穿皇帝賜予的華服，爬上大廳與寶座之間的階梯，並且跪在皇帝面前行完大禮才得以站立。

> 圖為高官顯貴對皇帝行禮的場景。

C 宮廷顯貴

按照拜占庭帝國的宮廷禮儀，皇帝宴請高官與顯貴時，會按照每個人的等級高低安排他們的座位，越尊貴者的座位與皇帝離得最近。

▎圖為聖尼古拉教堂的《卡娜的婚禮》，皇帝模仿基督邀請最顯要的人物到宮廷進餐。

D 行政系統

拜占庭繼承羅馬帝國的高效率行政管理系統，並隨著情況變化而加以改變。官員的頭銜與實際的官職相同，他們的職位由皇帝任命，並且可以隨時撤回。從九世紀開始，低等級的頭銜便可以買賣，君士坦丁七世所發佈的《禮儀書》附錄甚至列有頭銜價目表。

▎圖為君士坦丁七世的畫像。

E 帝國的外交

拜占庭人心中一直存在著統一的觀念，因為他們所指的城邦是所有人居住的地方，所以對拜占庭人來說，並不存在真正意義上的外國人。而拜占庭帝國的外交活動都交由外交事務署辦理。

▎圖為拜占庭的外交大使正在謁見一位阿拉伯國王。

F 君士坦丁堡

君士坦丁堡原名為拜占庭，位於巴爾幹半島東端，地處歐、亞交通要塞，戰略地位十分重要。西元330年，羅馬帝國皇帝君士坦丁一世定都於此，遂將此地命名為君士坦丁堡。西元395年，東、西羅馬帝國正式分裂，君士坦丁堡作為東羅馬帝國的首都，成為地中海東部政治、經濟、文化的中心。西元476年，西羅馬滅亡，但拜占庭帝國依然十分強大，成為存在長達十一個世紀的帝國，一直是世界上最輝煌的文明之一。

Ⓖ 光明之城

拜占庭帝國的中心就是其首都君士坦丁堡，
拜占庭人對它懷著強烈的喜愛之情，又稱它
為「美麗之城」、「光明之城」。君士坦丁
堡是拜占庭人心目中的萬城之冠，而對於那
些虎視眈眈的敵人來說，奪得君士坦丁堡就
等於扼住帝國的咽喉。

| 圖為馬尼亞凱斯皇帝攻打君士坦丁堡的場
景，但最後仍無法推翻馬其頓王朝。

Ⓗ 帝國的商業

從十世紀開始，越來越多威尼斯商
人湧向君士坦丁堡，他們在「黃金
角」海灣建立威尼斯區，裡面建有
住所和教堂。儘管拜占庭剝奪商人
們的部分權利，但他們依然趨之若
鶩地前來此處貿易。

| 圖為十五世紀描繪君士坦丁堡威
尼斯區貿易的場景。

Ⓘ 威尼斯

威尼斯原是拜占庭的一個城市，
十一世紀時從拜占庭獨立。獨立
後的威尼斯仍將君士坦丁堡視為
他們的主要商埠，許多威尼斯人
都選擇到君士坦丁堡生活。

| 圖為威尼斯的聖馬可大教堂，
聖馬可廣場上正在進行儀式。
此教堂深受拜占庭藝術的影
響，教堂的牆壁覆蓋著鑲嵌
畫，正面則仿照聖使徒教堂。

Ⓙ 軍事力量

經過七、八世紀的軍區制改革後，拜占庭的軍事力量逐漸增強。屯兵制使帝國統帥可以隨時徵用兵員，迅速投入戰鬥。這些軍隊訓練有素，裝備精良，並且擁有輕騎兵和步兵。同時，拜占庭還組成中央軍隊和艦隊，用於防衛和反擊。

▎圖為正與敵人作戰的軍隊。

Ⓚ 攻打阿拉伯

位於敘利亞北部的安提俄克被稱為「上帝之城」，在信奉基督教的拜占庭人心中，這是一座不可冒犯的神聖城市。但是，自西元 636 年開始，此城就一直被阿拉伯人佔領，直到進入馬其頓王朝後，帝國對阿拉伯人的戰爭才逐漸趨於優勢。西元 961 年，帝國消滅阿拉伯海軍，西元 969 年，拜占庭終於奪回這座「上帝之城」。

▎圖為十三世紀的希臘文手稿插圖，描繪拜占庭軍隊海戰的場景。

Ⓛ 保加利亞王國

據研究，保加利亞人應屬於西伯利亞的突厥種族，原本為突厥族歐諾古爾人的一個分支部落。後來，由於氣候變遷，保加利亞人遂遷徙到東歐的亞速海一帶。西元 681 年，保加利亞人在多瑙河南岸打敗拜占庭皇帝查士丁尼二世的軍隊，拜占庭遂將多瑙河以南與巴爾幹山脈之間的地區割予保加利亞人。此後，保加利亞人便在多瑙河下游建立汗國，即保加利亞第一王國，在其鼎盛時期，疆域東至黑海，南至愛琴海和亞得里亞海。

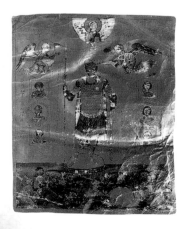

Ⓜ 保加利亞屠夫

從九世紀開始，拜占庭與保加利亞便展開長達兩個多世紀的鬥爭。西元 976 年，拜占庭皇帝巴西爾二世即位，經過十六年的浴血奮戰，在東方鞏固其統治地位，並於西元 1018 年兼併保加利亞王國，一些羅斯公國也先後稱臣。巴西爾二世征服保加利亞後，對待俘虜極其殘忍，因此獲得「保加利亞屠夫」的稱號。

▎圖為巴西爾二世的畫像，腳下躺著的是被他打敗的敵人。

Ⓝ 聖尼古拉教堂

斯拉夫民族接納了自拜占庭帝國傳播而來的基督教。

> 圖為位於蘇茲達爾的聖尼古拉教堂，是斯拉夫人最早建立的基督教堂之一。

Ⓞ 攻陷君士坦丁堡

拜占庭與羅馬教廷之間，長期以來一直處於衝突狀態，因為君士坦丁堡的主教無法容忍教皇對拜占庭事務的干預。在雙方決裂後，十字軍東征一度將攻佔拜占庭作為目標。

> 圖中描繪西元 1204 年十字軍攻佔君士坦丁堡的場景。

Ⓟ 東西教會分裂	
背景	❶ 羅馬和君士坦丁堡在文化、語言和政治上都存在分歧。 ❷ 雙方在宗教信仰的問題上一直鮮有共識。
《尼西亞信經》的爭議	❶ 《尼西亞信經》本提到「聖靈是由父而出」，羅馬教廷則在《尼西亞信經》裡插入一個拉丁文字，改為「聖靈是由父和子而出」。 ❷ 拜占庭教會反對未經普世會議就於《尼西亞信經》中添加任何字句。
基督的神性與人性論爭	❶ 羅馬教廷堅持基督兩性論，即基督的神性和人性並存。 ❷ 拜占庭堅持基督一性論，即基督的神性取代人性。
崇拜圖像的論爭	❶ 羅馬教廷盛行圖像崇拜。 ❷ 拜占庭禁止崇拜圖像，掀起「聖像破壞運動」。
結果	西元 1054 年，羅馬教會和君士坦丁堡教會徹底分裂。

05 拜占庭最後的歲月

關鍵字：鄂圖曼土耳其帝國、拜占庭帝國滅亡

從十一世紀中期起，隨著塞爾柱土耳其人在中東出現，拜占庭就已呈江河日下之勢。在馬其頓王朝結束後，新建立的科穆甯王朝開始推行普洛尼亞制，但卻導致分裂割據日益嚴重。帝國內部的衰落也招來外部侵略，十四世紀末，鄂圖曼土耳其佔領巴爾幹的絕大部分地區和整個小亞細亞，君士坦丁堡成為孤城。最後，西元 1453 年，土耳其人攻陷君士坦丁堡，拜占庭帝國正式滅亡。

最後的歲月

內部衰落

1 十一世紀中期起，隨著塞爾柱土耳其人的入侵，大量農民破產，動搖帝國的經濟基礎。

2 西元 1081 年，科穆甯王朝建立，推行普洛尼亞制，形成特權世襲貴族階層，使得分裂割據傾向加劇。 Ⓐ

外來侵略

1 西元 1055 年，塞爾柱帝國建立，開始向拜占庭進攻。

2 西元 1071 年，塞爾柱軍隊在幼發拉底河大敗拜占庭軍隊，接著攻佔小亞細亞。

3 諾曼人趁帝國衰敗之際，佔領義大利南部領地，西元 1071 年，成功奪取拜占庭在西方的最後一個據點——巴里。 Ⓑ

4 十一世紀末，為了對付外部威脅，拜占庭帝國向西方求助，引來十字軍的入侵。 Ⓒ

5 西元 1204 年，十字軍攻佔君士坦丁堡，西元 1261 年，君士坦丁堡被邁克爾八世奪回。 Ⓓ

6 十四世紀上半葉，鄂圖曼土耳其帝國迅速崛起，土耳其人開始征服拜占庭帝國的領土。 Ⓔ

7 西元 1373 年，拜占庭皇帝向鄂圖曼土耳其帝國稱臣納貢。

8 西元 1393 年，土耳其人圍攻君士坦丁堡，直到西元 1402 年才撤兵。

9 西元 1453 年，土耳其人攻陷君士坦丁堡，拜占庭帝國正式滅亡。 Ⓕ

Ⓐ 普洛尼亞制

科穆甯王朝時期，拜占庭帝國確立普洛尼亞制，又稱「恩准制」，與法蘭克王國的「采邑制」相似。普洛尼亞制是帝國的監領地制度，帝國將土地分給貴族監領，監領主必須為國家服役，相應的也擁有對監領地上農民的支配權，自由農民因此成為依附農，拜占庭徹底成為封建社會。而後，隨著普洛尼亞制的發展，監領主又取得領地的行政和司法權，分裂割據進一步加劇。

Ⓑ 威尼斯的港口

從十一世紀起，威尼斯的艦隊就日趨強大，以至於科穆甯王朝的皇帝阿歷克塞一世也向其尋求援助，以對付諾曼人的入侵。十二至十三世紀時，威尼斯利用十字軍打擊並削弱拜占庭的力量，取得東方貿易中的優勢地位。

圖為西元 1486 年的威尼斯港口。

ⓒ 來自基督教的敵人

十一世紀末，為了對付土耳其的攻擊，拜占庭帝國開始向西方求助，反而引來帝國的敵人——十字軍。在利益的誘惑下，一開始為帝國提供兵源的十字軍，很快地便從救兵變成敵兵。西元 1098 年，十字軍奪去安提俄克城，並拒絕交還給拜占庭帝國。

| 圖為萬桑・德・博維的手稿，描繪十字軍佔領安提俄克城的情景。

ⓓ 失而復得

西元 1024 年，經過十字軍和威尼斯的瓜分後，拜占庭的領土縮小至尼西亞。但是，拜占庭並沒有放棄希望，他們在尼西亞重新崛起，又開始新的征服行動。西元 1261 年，帝國收復君士坦丁堡，打敗伊庇魯斯，恢復帝國。但這時的拜占庭已經四分五裂，苟延殘喘。

| 圖為米海爾八世鑄造的拜占庭金幣，表明失而復得的統治權。

ⓔ 鄂圖曼土耳其帝國

鄂圖曼土耳其帝國是土耳其人創立的國家，奉伊斯蘭教為國教，最初居於中亞一帶，後遷至小亞細亞。鄂圖曼土耳其帝國極盛時，勢力橫跨歐、亞、非三大洲，西達摩洛哥，東至裏海和波斯灣，北及奧地利和羅馬尼亞，南及蘇丹。西元 1453 年，鄂圖曼土耳其帝國攻佔君士坦丁堡，並將其作為自己的新都，改名伊斯坦布爾。鄂圖曼土耳其帝國在延續伊斯蘭文明的同時，又繼承了拜占庭帝國的文化，使東西文明得以融合。

ⓕ 攻陷君士坦丁堡

十四世紀末，土耳其已佔領巴爾幹的絕大部分和整個小亞細亞。十五世紀，土耳其的勢力又進一步逼近，帝國岌岌可危。到了西元 1453 年，在經過兩年的包圍後，穆罕默德二世終於攻克君士坦丁堡，拜占庭皇帝君士坦丁十一世戰死，拜占庭帝國正式滅亡。

| 圖為本雅曼・貢斯當的《土耳其人進入君士坦丁堡》，描繪穆罕默德率大軍攻入君士坦丁堡的場景。

 06 包羅萬象的帝國文化

關鍵字：拜占庭帝國、文化

　　中世紀日耳曼族的入侵使西歐的文化發展遭受致命打擊，但古希臘、羅馬的文獻典籍卻在拜占庭成功保存下來，這些文物對西歐的文化復興產生了重要影響。藝術上，拜占庭人既受古希臘、羅馬風格的影響，也受到古代中東等地藝術的薰陶，他們成功將生動的色彩和精緻的造型設計融為一體，並經常選用宗教故事或宗教人物為題材。此種建築風格也由東正教傳教士帶往東歐等地，成為希臘、巴爾幹地區與俄羅斯盛行的建築藝術。

帝國文化

文學	1 拜占庭繼承希臘、羅馬的古典文化，高度重視圖書館建設，積極收集並整理古代圖書。**ⒶⒷⒸⒹ** 2 拜占庭文學包括小說、故事集、詩歌等，十二世紀的《馬紮利斯》和《莊園之主》皆是諷刺散文的代表作，小說則主要翻譯古印度作品。**Ⓔ**
哲學	1 新柏拉圖主義：論證宇宙從高到低的「存在」層次，代表人物為普洛科路斯。**ⒻⒼ** 2 新亞里斯多德主義：代表人物為菲洛普諾斯。**Ⓗ**
史學	繼承古典史學的傳統，並取得豐碩成果，代表人物為普羅科匹厄斯，代表作為《戰爭史》等。**Ⓘ**
音樂	1 源自古希臘、羅馬音樂，目前保留下來的主要有東正教的宗教音樂。**Ⓙ** 2 出現自行創作的聖歌。**Ⓚ**
宗教	1 受到猶太教神學和古典希臘哲學的影響。西元325年，確立基督教的基本信條，即《尼西亞信經》。**Ⓛ** 2 基督教傳入斯拉夫民族，產生深遠影響。
科學	1 繼承古希臘人重視科學和教育的傳統。**ⓂⓃ** 2 在應用科學中，土木工程學、冶金學、地理學、化學都得到高度發展。
建築	1 教堂建築繼承羅馬的風格，其突出的半球形穹頂風格，即仿造羅馬的半圓拱頂牆壁。 2 城市的引水道、地下排汙管道等都借鑒了羅馬建築的經驗。

Ⓐ 藏書室

書籍是拜占庭貴族的日常用品，一些知識淵博者或富人都藏有數以百計的圖書。而且，除了皇宮和主教宮殿之外，當時的修道院也擁有自己的圖書館。

| 圖為貴族的藏書室。

Ⓑ 書籍

影響中世紀歐洲文化最劇烈的就是基督教文化，拜占庭也不例外。帝國書籍中最受歡迎的莫過於教堂神父的傳道解經集，這些著作被一再印製並且反復傳誦。

| 圖為九世紀的拜占庭經書，從此書可以發現，在拜占庭人眼中，這不僅僅是一本書，更是一件宗教信仰物，因此必須如同聖物一樣裝飾著金子和寶石。

ⓒ 草楷小寫體

西元 800 年左右，書寫速度更快、更適合閱讀的草楷小寫體逐漸代替安色爾字體的大寫體。草楷小寫體的出現使書籍可以用更加低廉的價格印製，這一改進對於文化傳播來說，是一個革命性的創新。

▏圖為使用草楷小寫體抄寫的福音書。➡

ⓓ 抄書人

古希臘的古典著作是透過不斷傳抄而保存下來，七世紀後，莎草紙被羊皮紙取代，使得書籍便於保存。九至十二世紀時，由於書籍保存的便利和文字使用的規範化，人們已可以從輕便的書籍中閱讀古希臘哲學家的著作。

▏圖為抄書人在工作的畫像。

ⓕ 新柏拉圖主義

新柏拉圖主義認為世界有兩極，一端是被稱為「上帝」的神聖之光，另一端則是完全的黑暗。世間唯一存在的就是上帝，祂照耀著神聖之光，但就像光線會逐漸變弱一樣，神聖之光也無法普照整個世界。靈魂可以受到神聖之光的照耀，但物質則位於神聖之光照不到的黑暗世界。新柏拉圖主義強調，世間一切事物都有此種神聖之光，但最接近上帝光芒的則是人類的靈魂。

ⓔ 作家

當時很多書籍的作者都是修士，因此修士們在書籍著作中佔有重要地位。而且，修道院同時還具有複印書籍的功能，成為複製書籍的大工廠，幾乎壟斷當時的出版業。

G 新柏拉圖主義三大本體

太一	1 「太一」有肯定和否定兩重規定性，肯定是指「太一」是神本身，是善本身。「太一」的否定性同時也是它的不可知性。 2 「太一」不具備多樣性，是不可分割的、最初的「一」。
理智	1 理智是最先從「太一」中流出的本體。 2 理智既是思想活動，也是思想物件。
靈魂	作為第三本體的靈魂，即柏拉圖所說的世界靈魂，它既可以作用於與自己本性相一致的理智和「太一」，也可以作用於與自己本性不一致的低級物件。

H 新亞里斯多德主義

新柏拉圖主義興起之後，新亞里斯多德主義哲學也隨之興起。這一流派的哲學主要運用演繹法與三段論邏輯的形式，去推理論證其觀點。新亞里斯多德主義認為，世界上既存在永遠是第一位的個別事物，同時也存在著一個有著決定作用的「靈魂世界」。新亞里斯多德主義其實就是對亞里斯多德實體論的全新闡述，這一哲學流派對拜占庭帝國後來的哲學發展產生巨大影響。

I 普羅科匹厄斯

出生於凱撒利亞（今屬以色列）。西元527年，拜占庭皇帝查士丁尼一世登基，普羅科匹厄斯成為查士丁尼最重要的軍事將領貝利撒留的法學顧問。直到西元531年，貝利撒留在戰役中戰敗被召回君士坦丁堡為止，普羅科匹厄斯一直與貝利撒留在東方戰線上。在隨後的二十餘年中，他追隨貝利撒留經歷了在汪達爾王國、義大利、西班牙的戰爭。六世紀中期開始，普羅科匹厄斯長期寓居君士坦丁堡，完成數部歷史著作，代表作有《戰爭史》、《建築史》、《秘史》。

J 音樂

音樂對於拜占庭人來說是一種世俗的消遣，跳舞則是宮廷最喜愛的娛樂方式之一，樂師們通常演奏管弦樂器。而且，此時的音樂已走入教堂。

圖為正在表演的舞蹈家和演奏家。

Ⓛ 尼西亞信經

西元 313 年，君士坦丁大帝頒佈《米蘭敕令》，基督信仰從此合法化。但當時的亞歷山大教會主教阿里烏堅持否認耶穌的神性，認定基督與聖父並不屬於「同質」，阿里烏主教的主張為當時的神學帶來極大爭議。為了平息爭端，君士坦丁大帝遂於西元 325 年召開尼西亞宗教會議，這次會議共有 300 多名來自東、西方的教會人士出席。會議中駁斥阿里烏否認耶穌基督神性的謬誤，並制定《尼西亞信經》，確定神為聖父、聖子、聖靈三位一體的神，同受敬拜。

Ⓚ 聖歌

拜占庭帝國最大的貢獻之一便是保存了古希臘、羅馬的文化，但少有創新，其真正具有創造性的作品就是聖歌。七至八世紀時，聖歌被歸入科學範疇，到了九世紀，又配上音樂以加強效果，十二世紀時，聖歌更融入豐富靈活的大眾語言，為這一藝術形式帶來生機。

| 圖為布拉歇爾教堂的聖像，聖歌作者羅馬斯諾出現在聖母下方。羅馬斯諾是當時成就最高的聖歌作者，被稱為「敘利亞的音律大師」。

Ⓜ 基礎教育

拜占庭的基礎教育普及程度相當高，即使在小亞細亞最偏遠的小鎮上也可以找到老師。當時的基礎教育一般會教授古希臘語法的基本知識，通常是私人付費制，有些修道院中也設有學校，主要用來培養未來的修士。

Ⓝ 學校

幾個世紀以來，拜占庭學校的課程幾乎都沒有變化，主要是語法、詩歌和修辭的練習。對於官員來說，除了學習修辭之外，還需要學習必要的法律知識，因此，在某些享有盛名的機構中學習時，還會有專門的法學家授課。不僅如此，教育課程中也加強了哲學教學。

| 圖為十三世紀的希臘文手稿，描繪學生上哲學課的情形。

07 基輔羅斯公國

關鍵字：基輔羅斯、雅羅斯拉夫

　　八至九世紀時，東斯拉夫人的社會階級分化日益擴大，各部落之間互相攻伐，戰爭不斷。西元 862 年，諾曼人留里克征服了東斯拉夫人，建立留里克王朝。西元 882 年，東斯拉夫人建立基輔羅斯公國。十世紀初，基輔羅斯多次進攻拜占庭帝國，迫使其屈服，並獲得免交貿易稅的特權。十世紀中葉，基輔羅斯皈依希臘派基督教，開始與拜占庭交好。雅羅斯拉夫統治時期，更在拜占庭的影響下修訂《羅斯法典》。西元 1054 年，雅羅斯拉夫死亡，國土為其諸子瓜分，基輔羅斯瓦解。

基輔羅斯公國

建立

1 六世紀，東斯拉夫人逐漸向俄羅斯的歐洲部份遷徙。

2 九世紀，東斯拉夫人的原始社會解體，各部落之間互相攻伐，戰爭不斷。

3 西元 862 年，諾曼人留里克征服東斯拉夫人，建立第一個羅斯王國。

4 西元 879 年，留里克去世，奧列格繼任王公。西元 882 年，遷都基輔，稱「基輔羅斯」。

發展

1 十世紀，基輔羅斯征服周圍的斯拉夫人和非斯拉夫人部落，形成以東斯拉夫人為主體的國家。🅐

2 十世紀，基輔羅斯多次進攻拜占庭帝國，迫使其簽訂商業性條約，保障東斯拉夫人在拜占庭的商業特權。

3 十世紀，在弗拉基米爾一世統治時期，基輔羅斯達到鼎盛，成為東歐強國，並將基督教奉為國教。🅑

滅亡

1 十一世紀中期，在雅羅斯拉夫統治時期，實施封建制，國內鬥爭日趨激烈。

2 西元 1054 年，雅羅斯拉夫死後，國土為其諸子瓜分，基輔羅斯瓦解。

🅐 基輔羅斯

基輔羅斯建國初期，因為沒有統一的行政體制，所以將對外征戰和掠奪作為發展的政策。基輔大公透過原始的「索貢」來徵收賦稅，作為國家的財政收入。

圖為建立羅斯王國的留里克畫像。

🅑 弗拉基米爾一世

　　在弗拉基米爾一世的統治之下，基輔羅斯達到鼎盛，被認為是基輔羅斯最有作為的君主之一。在位期間攻打了波蘭和立陶宛，向西擴展國土，並加強大公對全國的控制。西元 987 年，弗拉基米爾援助拜占庭皇帝，鎮壓小亞細亞的暴亂，隨後皈依基督教，宣佈基督教為國教，成為羅斯第一位基督教君主。自此，羅斯的文化便一直深受拜占庭影響，沿用至今的「沙皇」一詞也源於拜占庭，意為最高統治者。

08 蒙古的征伐與莫斯科公國

關鍵字：莫斯科公國、伊凡三世

　　十一世紀至十三世紀中葉，在基輔羅斯瓦解後，此地區逐漸形成十幾個相對獨立的羅斯公國。就在各公國之間混戰時，蒙古又趁亂入侵，於西元 1204 年佔領羅斯公國中較大的基輔。至此，基輔羅斯徹底解體，被日益強盛的莫斯科公國取代。

莫斯科公國

1 莫斯科是弗拉基米爾—蘇茲達爾王公的領地，於西元 1147 年見諸於史冊，成為莫斯科建城的開端。

2 十三世紀，蒙古入侵羅斯，莫斯科從弗拉基米爾—蘇茲達爾公國中分裂，成為獨立的一個公國。

3 十四世紀初期，莫斯科公國陸續合併四周王公領地，國勢逐漸增強。

4 十四世紀中期，莫斯科公國接受蒙古金帳汗國冊封，取得代征全俄貢納的權力。

5 十四世紀後期，莫斯科公國成為全羅斯最強的公國。Ⓐ

6 十五世紀後期，伊凡三世兼併雅羅斯拉夫公國和羅斯托夫公國。

7 西元 1480 年，伊凡三世在烏格拉河戰役中擊退蒙古，結束蒙古對羅斯諸國的統治。Ⓑ

Ⓐ 莫斯科公國

莫斯科公國原是弗拉基米爾王公的領地，西元 1147 年開始建城，並於十三世紀合併周圍地區，形成獨立的莫斯科公國。十四世紀初，莫斯科公國因成功討好蒙古統治者，而獲得為其徵收稅賦的權力。此後，莫斯科公國的領地便不斷擴大，成為全羅斯最強的公國。

| 圖為基輔大公尤里‧多爾戈魯基的雕像。西元 1147 年，尤里‧多爾戈魯基在爭奪基輔王位的戰爭中獲勝，邀請盟友前往莫斯科慶祝，這是史書上第一次提及莫斯科。也因為如此，尤里‧多爾戈魯基遂被認為是莫斯科城的奠基人。

Ⓑ 伊凡三世

十四世紀時，羅斯人對蒙古人展開進攻，並且取得連續勝利。西元 1472 年，伊凡三世即位，開始使用「沙皇」的稱號。西元 1480 年，伊凡三世的軍隊與蒙古軍隊在烏格臘河兩岸對峙，由於當時已是冬季，在天寒地凍之下，蒙古人被迫提早撤兵，伊凡三世因此不戰而勝，蒙古貴族就此結束對羅斯人約兩個世紀的統治。

09 俄國沙皇

關鍵字：伊凡四世、俄國沙皇

　　十六世紀初，俄羅斯終於達成政治上的獨立和統一，但是各地王公的割據勢力依然十分強大，國家的官僚機構也不夠完善，難以有效控制地方。所以，當伊凡四世加冕為沙皇後，便開始大刀闊斧地進行改革，削弱大貴族的權力以加強王權。

伊凡四世	
背景	西元 1547 年，莫斯科公國大公伊凡四世加冕，被稱為「沙皇」，「沙皇俄國」就此誕生。Ⓐ
對內政策	**1** 西元 1549 年，伊凡四世建立重臣會議，編纂新法典。 **2** 西元 1549—1560 年，伊凡四世改革中央和地方的政治、行政、軍事等方面，強化中央集權。 **3** 西元 1565 年，伊凡四世建立沙皇特轄地區制，消除領主政體，確立沙皇專制政體，建立中央集權。
對外政策	**1** 西元 1547—1552 年，伊凡四世滅喀山汗國。Ⓑ **2** 西元 1556 年，伊凡四世併吞阿斯特拉罕汗國，然後又併吞大諾蓋汗國和巴什基爾亞，使北高加索地區許多民族歸順於俄羅斯。 **3** 西元 1572 年，伊凡四世粉碎克里木汗國政權，和鄂圖曼土耳其統治俄羅斯的圖謀。 **4** 西元 1579 年，佔領西伯利亞汗國。

Ⓐ 伊凡四世

西元 1547 年，伊凡四世加冕，被稱為沙皇。西元 1549 年，宣佈對全國實行改革。西元 1549—1560 年是俄羅斯的改革時期，軍事改革使得俄羅斯越來越強大。西元 1565 年，伊凡四世在全國推行沙皇特轄區制，打破領主政體對沙皇的權力限制，建立沙皇專制政體。

Ⓑ 對外擴張

伊凡四世在位時，不僅對國內實行專制統治政策，對外也積極展開軍事擴張。西元 1547 年，俄羅斯向東進軍，並於西元 1552 年征服喀山汗國。西元 1556 年，伊凡四世先是併吞了阿斯特拉罕汗國，後又征服大諾蓋汗國和巴什基爾亞，北高加索的許多民族亦歸順俄羅斯，俄羅斯逐漸成為多民族國家。

圖為紀念西元 1552 年成功佔領喀山而建的聖巴西利亞大教堂。

10 波蘭統一

關鍵字：波蘭立陶宛大公國

　　波蘭的形成較晚，直到十世紀末才初具雛形。九世紀中葉，位於中歐的西斯拉夫部落形成政治共同體，分為小波蘭公國和大波蘭公國。十世紀末，大波蘭公國統一其他部落，建立古波蘭國家。進入十二世紀後，波蘭逐漸陷入諸侯割據，直到十四世紀初，瓦迪斯瓦夫一世才終於完成統一大業。西元 1385 年，波蘭透過王室聯姻，和立陶宛合併。十五世紀，波蘭更一度與匈牙利、捷克等國家聯合，成為歐洲實力較強的國家之一。但是，波蘭在中小貴族的制約之下，始終未能建立強大的君主集權制國家。

波蘭的統一

1 六世紀至七世紀時，西斯拉夫人居住於維斯瓦河與奧得河流域。

2 十世紀中葉，西斯拉夫的原始部落逐步解體，開始實施封建制。

3 十世紀末，波蘭部落逐漸統一其他部落，建立早期封建國家。

4 西元 996 年，波蘭接受基督教。

5 西元 1025 年，博萊斯瓦夫一世加冕為波蘭國王，波蘭成為統一國家。

6 十二世紀中葉，波蘭分裂為數個公國，開始達兩百年之久的諸侯割據時期。

7 瓦迪斯瓦夫一世統一大波蘭和小波蘭，並於西元 1320 年正式加冕為波蘭國王。A

8 西元 1385 年，為抵抗條頓騎士團的侵略，波蘭王國和立陶宛大公國聯合，立陶宛大公瓦迪斯瓦夫二世成為波蘭國王。B

9 西元 1410 年，波蘭一立陶宛聯軍在葛蘭瓦爾德戰役中，給予條頓騎士團毀滅性的打擊。

10 西元 1466 年，收復東波莫瑞。

A 瓦迪斯瓦夫一世

瓦迪斯瓦夫一世是波蘭恢復王國地位後的第一位國王，在位時間為西元 1320—1333 年。他於西元 1296 年被貴族們選舉為波蘭大公，之後展開一連串統一國家的戰爭，終於在西元 1320 年結束波蘭長達兩個世紀的分裂局面。

| 圖為瓦迪斯瓦夫一世。

B 波蘭立陶宛大公國

進入十二世紀後，波蘭陷入諸侯割據的狀態。西元 1226 年，為了對付入侵的蒙古人，波蘭引入條頓騎士團，但在此之後卻成為國家統一的長期隱患。十三世紀，由於條頓騎士團的威脅，波蘭和立陶宛決定聯合，並於西元 1385 年締結《克列沃協定》。西元 1410 年，波蘭一立陶宛聯軍在葛蘭瓦爾德大敗條頓騎士團。從此，騎士團遂一蹶不振。

| 圖為條頓騎士團位於馬爾堡的城堡總部。

11 捷克的鬥爭

關鍵字：胡司宗教改革、農民抗爭

　　捷克屬於西斯拉夫人的一支，六世紀末至七世紀初，捷克由部落聯盟發展成國家，但並未延續。九世紀初，此處出現一個大摩拉維亞公國，捷克就是此公國中的一個部落聯盟。西元906年，大摩拉維亞公國為匈牙利所滅，捷克成為獨立的王國。十一世紀，捷克依附於神聖羅馬帝國之下，十三世紀，捷克成為神聖羅馬帝國的重要領地之一，在各方面一直保有很高的獨立性。

　　十四世紀至十五世紀，捷克封建制度崩潰，社會矛盾加劇，遂爆發以胡司宗教改革為導火線的農民抗爭。這場農民抗爭的規模之大，不僅襲捲整個捷克，甚至還波及德國，使捷克逐步脫離德意志的控制，促進捷克民族獨立意識的覺醒。

捷克的鬥爭

1 五世紀至六世紀，斯拉夫人西遷至捷克和斯洛伐克地區。

2 西元623年，斯拉夫部落聯盟——薩摩公國形成，成為歷史上第一個西斯拉夫王國。

3 西元830年，莫伊米爾一世建立大摩拉維亞公國。

4 十世紀上半葉，以布拉格為中心的捷克公國成立。

5 西元1086年，神聖羅馬帝國授予捷克王公「波希米亞國王」的稱號，此後，捷克公國便臣服於神聖羅馬帝國。

6 十二世紀後半葉，捷克公國改稱為捷克王國。

7 十五世紀初，捷克掀起胡司宗教改革運動。Ⓐ

8 西元1415年，胡司被教會以異教徒罪名處以火刑而死，引爆捷克反抗羅馬教廷、德意志貴族和封建制度的胡司戰爭。Ⓑ

Ⓐ 胡司宗教改革

揚·胡司是捷克著名的宗教改革家，受到英國宗教改革家威克里夫的影響，對高級教士的腐敗與殘暴極為不滿，並且反對天主教會及德意志帝國對捷克的控制。他將

《聖經》譯為捷克文，提倡用自己的語言傳道。西元1415年，胡司因異端罪名被宗教法庭處死，引發胡司戰爭。

| 圖為揚·胡司的雕塑，周圍是胡司派鬥士們。

Ⓑ 捷克農民抗爭

從西元1419—1434年，捷克人民以為胡司復仇為名，爆發胡司戰爭。這場戰爭引起歐洲其他統治勢力的恐慌，從西元1420—1431年，德意志皇帝共組織了五次十字

軍，用以鎮壓捷克的農民戰爭，但都在優秀的指揮官傑士卡的痛擊下被擊退。胡司戰爭更波及德國，對整個歐洲都產生巨大的影響，最後，胡司教會成功獲得獨立的地位。

戰火中的保加利亞

關鍵字：保加利亞

現代保加利亞人的祖先是保加利亞人和斯拉夫人的混血後裔。保加利亞人屬於古突厥族，二世紀時，他們從中國西域遷移到東歐南俄草原，七世紀初，保加利亞人組成部落聯盟，稱「大保加利亞」。不久之後，聯盟瓦解，其中一支保加利亞人進入今保加利亞東北部，保加利亞人和從多瑙河北岸遷來的斯拉夫人逐漸聯合，並於西元 681 年建立「斯拉夫保加利亞王國」，即「第一保加利亞王國」。九世紀末，保加利亞實行封建，十世紀初，建立了完整的封建制度。

保加利亞

1. 西元 681 年，斯拉夫人和保加利亞人在多瑙河流域建立斯拉夫保加利亞王國，史稱第一保加利亞王國。Ⓐ
2. 西元 1018 年，拜占庭佔領第一保加利亞王國。Ⓐ
3. 西元 1185 年，第二保加利亞王國建立。Ⓑ
4. 西元 1396 年，鄂圖曼土耳其帝國侵佔第二保加利亞王國。

Ⓑ 保加利亞的紀念銀幣

西元 1187 年，阿森王朝建立，代表保加利亞在第一王國崩潰後的再次獨立。十三世紀初，第二保加利亞王國進入極盛期，城市工商業迅速發展。西元 1258 年，蒙古人大規模入侵，阿森王朝滅亡，此後，王公貴族紛爭不已。西元 1330 年，保加利亞淪為塞爾維亞的附屬國，後又分裂為數個公國。至十四世紀末，保加利亞又被併入新興的鄂圖曼土耳其帝國版圖。

圖為第二保加利亞王國的紀念銀幣。

Ⓐ 驍勇的鬥士

在第一保加利亞王國的歷史中，始終貫穿著與拜占庭帝國的戰爭。雙方時戰時和，互有勝負，直到西元 1018 年，保加利亞被併入拜占庭帝國，雙方的戰爭才告一段落。

圖為十三世紀的希臘文手稿，描繪保加利亞人與拜占庭軍隊激烈戰鬥的場景。

147

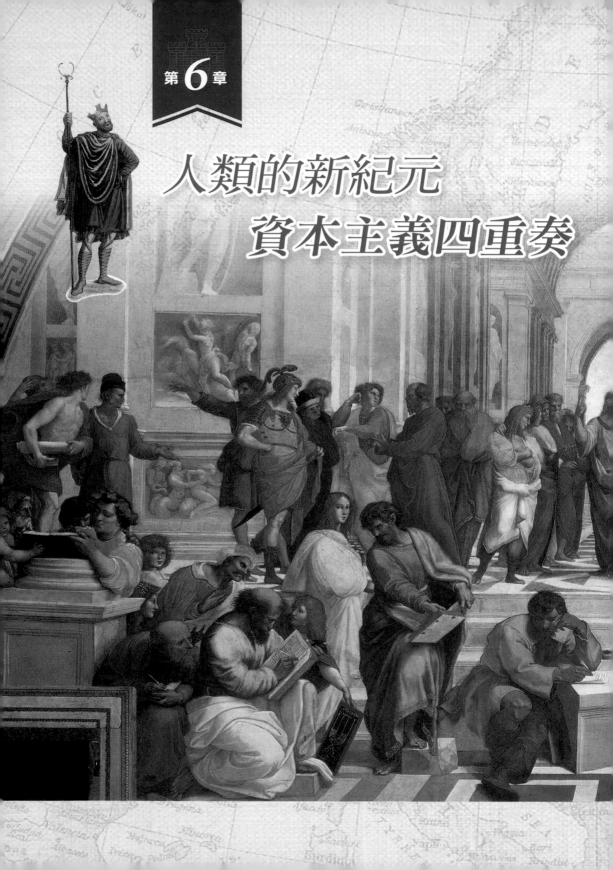

第**6**章

人類的新紀元
資本主義四重奏

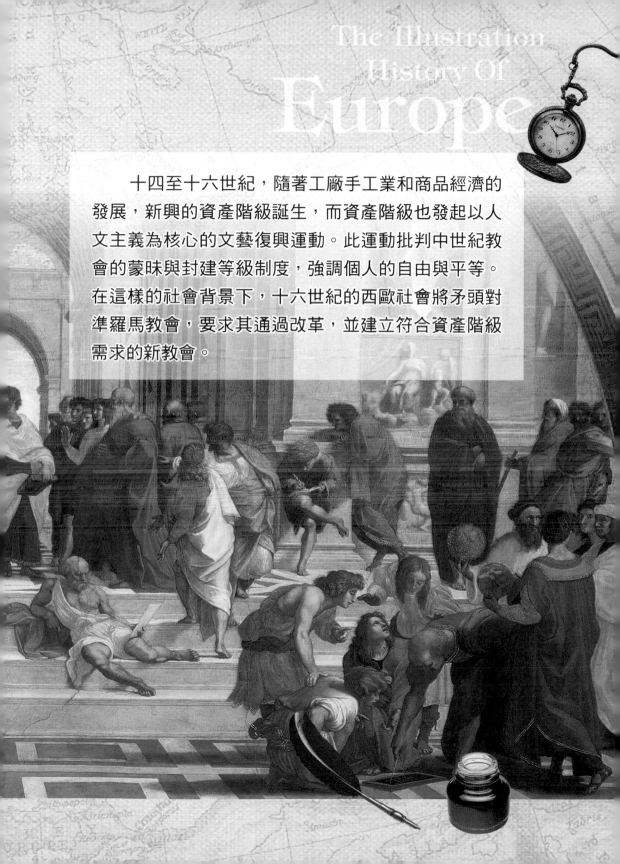

　　十四至十六世紀，隨著工廠手工業和商品經濟的發展，新興的資產階級誕生，而資產階級也發起以人文主義為核心的文藝復興運動。此運動批判中世紀教會的蒙昧與封建等級制度，強調個人的自由與平等。在這樣的社會背景下，十六世紀的西歐社會將矛頭對準羅馬教會，要求其通過改革，並建立符合資產階級需求的新教會。

图解
欧洲史

A.D. 1300　　　A.D. 1600

01 活躍的產業活動

關鍵字：農業、手工業、商業

　　十四至十六世紀，隨著莊園制度的解體和商品經濟的發展，西歐社會的生產力快速提高，動力技術和生產技術的改進尤為引人注目。而生產力的提高更推動專業化的社會分工，商品的生產和交換也日漸興盛，手工業和農業商品化的程度也迅速提高。

活躍的產業

生產力的發展

1. 農業：西歐各國普遍開墾良田，農業技術進步，出現多田輪作制。Ⓐ
2. 手工業：手工業發展，紡織技術進步。廣泛應用風力，並發明上射式水車。Ⓑ
3. 科學技術：流行製作槍炮，出現活字印刷技術，航海技術進步。Ⓒ

商品經濟的發展

1. 農業：貨幣地租代替實物地租，貨幣成為主要的繳納地租形式。
2. 手工業：行業分工專業化，在城市形成工業中心。ⒹⒺ
3. 商業：信貸業和銀行業相繼發展，並出現國際性貿易區。

Ⓐ 開墾良田

十四至十五世紀，西歐的農業生產有了較大的進展，透過開墾森林、排乾沼澤、圍海造田等方式，西歐各國的耕地面積大大增加。十六世紀中期，在英國和荷蘭這些農業發達地區已開始實行多田輪作制，農產品的產量明顯增加，專業化程度也不斷提高。而農業的發展也為手工業和商業奠定良好基礎。

圖為十五世紀法國農業耕作的場景。

Ⓑ 手搖紡車

自十四、十五世紀開始，西歐各國的生產力便顯著提高。而在手工業領域，生產技術變革更加快速，紡織業的進步尤為顯著。此時已廣泛流行十三世紀出現的手搖紡車，代替原始的手撚紡錘；十五世紀末，自動紡車也開始流行，新改良的臥式織布機則代替立式織布機。紡織技術的進步促進毛紡織業在西歐的興盛，同時也促進絲織業和棉織業的發展。

圖為紡織女工正在操作手搖紡車。

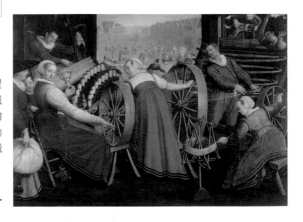

150

ⓒ 槍炮

十四、十五世紀，中國的四大發明（造紙術、指南針、火藥、印刷術）已在歐洲廣泛傳播。至十六世紀初，各種火器已普遍流行，領主再也無法築堡自立，有利於君主加強集權統治。這時，航海技術也進步迅速，為十五世紀末的地理大發現埋下伏筆。科學技術的進步亦促進新需求的產生，從而推動經濟發展和新的產業出現。

❘ 圖為十四、十五世紀西歐國家製造的大炮。

ⓓ 紡織業

十五世紀時，生產技術的顯著進步使得社會分工專業化，西歐諸國的手工業遂分成許多專業部門，在某些城市中的手工行業數目也明顯增多。生產分工的專業，使得越來越多手工業脫離農業，成為獨立的行業，如紡織、釀酒、農具製造等。

❘ 圖為十四世紀時，英國紡織工人正在梳理羊毛。當時的男工和女工已有明顯分工，女工主要負責剪羊毛。

ⓔ 葡萄酒

獨立手工業出現的同時，糧食和原料的商品生產也日漸興盛，形成以各自特產著名的農、牧業區域。西班牙的卡提斯盛產羊毛；荷蘭則輸出奶油和乳酪；法國的萊茵地區種植葡萄，以釀造美酒聞名。

❘ 圖為十四世紀時，法國釀造葡萄酒所需的工序。

151

02 資本主義萌芽與手工業發展

關鍵字：資本主義、手工業

　　中世紀後期，在生產商品的競爭中，某一部分商人逐漸開始富裕，並脫離生產勞動階層成為資本家。而幫工和學徒以及部分破產的商人則淪為被雇傭的工人，形成資本主義的雇傭關係。

　　在農業方面，十四世紀時，以貨幣繳納地租已成為主流，貨幣逐漸滲入農村。十五世紀以後，貴族地主開始將土地出租給其他人使用，自己則坐收地租，由傳統收取封建義務的地租，轉變為收取資本的地租。

　　這時，西歐的資本主義還處於手工業階段，盛行的工廠有分散和集中兩種形式，分散型工廠多在紡織業，而集中型工廠則多在採礦、冶金和造船業等。

資本主義萌芽

商業	① 富裕的商人成為資本家，行會制度解體。
	② 出現包買商（向小手工業者供應原物料、工具，並給予酬金，然後收取成品轉向市場銷售者），小生產者淪為雇傭工人。
	③ 大商人設置作坊或工廠，商業資本轉化為工業資本。Ⓐ
農業	① 出現分成制，原始地租轉為資本主義地租。
	② 鄉紳逐漸資產階級化，成為新貴族。Ⓑ

Ⓐ 絲織工廠

西歐最初的資本主義是產生於小商品生產者分化的基礎上，在商品競爭中逐漸富裕的商人日漸脫離生產勞動，和雇傭的幫工和學徒之間形成資本主義的雇傭關係。而隨著商人資本的擴大，一些大商人開始設置作坊和工廠，雇傭他人生產，在這種情況下，商業資本逐漸轉變為工業資本。

┃圖為十六世紀德國絲織工廠裡正在勞作的工人。

Ⓑ 牧場

十五世紀時，以貨幣繳納地租已成為主流，農村的封建生產制度日趨衰落，資本主義開始萌芽。這時，貴族地主開始將自己擁有的土地改為資本主義的農場或牧場，有些則直接把土地出租給其他人，自己坐收地租。其中一些小貴族，即鄉紳階級，則直接雇工開辦農場和牧場，成為新興貴族。

┃圖為牧場裡的農民正在收割牧草。

03 義大利的文藝復興

關鍵字：義大利、文藝復興

　　十四至十六世紀，資產階級在復興希臘、羅馬古典文化的名義下，掀起一場思想改革運動，被稱為「文藝復興」。義大利是歐洲資本主義最早萌芽的國家，同樣也是文藝復興的發源地。而義大利的文藝復興又分為兩個時期：前期為十四至十五世紀中葉，後期為十六世紀之後。

義大利文藝復興代表人物

前期文壇三傑	1 但丁（西元 1265—1321 年），代表作《神曲》。Ⓐ
	2 彼得拉克（西元 1304—1374 年），代表作《歌集》。
	3 薄伽丘（西元 1313—1375 年），代表作《十日談》。Ⓑ
繪畫藝術	1 喬托（西元 1266—1336 年），代表作《猶大之吻》。Ⓒ
	2 馬薩喬（西元 1401—1428 年），代表作《失樂園》。
後期文學	1 馬基維利（西元 1469—1527 年），代表作《君王論》。Ⓓ
	2 康帕內拉（西元 1568—1639 年），代表作《太陽城》。Ⓔ
藝術三傑	1 李奧納多·達文西（西元 1452—1519 年），代表作《蒙娜麗莎的微笑》。Ⓕ
	2 米開朗基羅（西元 1475—1564 年），代表作《大衛像》。Ⓖ
	3 拉斐爾·聖齊奧（西元 1483—1520 年），代表作《西斯廷聖母》。Ⓗ

Ⓐ 神曲

但丁是義大利文藝復興的先驅，他出生於佛羅倫斯的沒落貴族家庭，熟諳希臘羅馬的古典文化，一生著作頗豐，《新生》和《神曲》是其最為著名的代表作。《神曲》主要描寫詩人夢游地獄、煉獄、天堂的過程，作者以隱喻的手法描繪教會統治的黑暗。

> 圖為十九世紀浪漫主義畫家德拉克洛瓦《但丁的小舟》，畫中描繪但丁隨維吉爾遊地獄的場面。

Ⓑ 十日談

薄伽丘是義大利文藝復興前期的著名人文主義作家，短篇小說集《十日談》是他的代表作。《十日談》描述西元 1348 年，佛羅倫斯遭到瘟疫肆虐時，十個青年男女逃到郊外的別墅，在此別墅居住的十天中輪流講述的一百個故事。故事取材廣泛，涉及社會各階層的人物，既讚揚市民和下層群眾的機智勇敢，同時也大膽揭露教會的腐化和貪婪。

> 圖為義大利文藝復興初期畫家波提切利的作品，描繪《十日談》中老實人納斯塔基奧的第一篇故事。

153

ⓒ 猶大之吻

義大利文藝復興前期，繪畫藝術有長足的發展，傑出的畫家、雕刻家喬托就是此一時期的代表人物。喬托最主要的成就是壁畫，代表作有《金門相會》、《猶大之吻》等。他打破中世紀繪畫的傳統模式，用寫實的手法描繪人物，並採用自然景色代替中世紀繪畫中慣用的金色或藍色背景。喬托的創作對歐洲近代現實主義繪畫有深刻的影響，被譽為「歐洲繪畫之父」。

▎圖為喬托《猶大之吻》，畫中的猶大正在親吻耶穌。

ⓓ 君王論

馬基維利是文藝復興時期傑出的人文主義政治思想家，代表作是《君王論》，該書於西元 1513 年問世。在本書中，馬基維利主張結束義大利的政治分裂，建立強大的中央集權，強調君主的主要任務是奪取和鞏固政權，因此必須制定有效的法律、重視軍事。更重要的是，馬基維利認為君主為達到目的可以不擇手段。

▎圖為《君王論》的書籍封面。

ⓔ 康帕內拉

康帕內拉是著名的烏托邦社會主義者和哲學家，西元 1582 年，他加入多明尼克會修道院。西元 1591—1597 年，他因發表反宗教著作，三次被捕，先後服刑六年，西元 1597 年 12 月獲釋。後來，他又因領導南義大利人民反對西班牙王室，於西元 1599 年被當局逮捕，度過 27 年的監獄生活，並在獄中寫成《太陽城》一書。在此書中，康帕內拉構思了一個理想的國家，即「太陽城」，這個國家財產公有，人人平等，對後來的烏托邦社會主義產生深遠的影響。

NICOLAI
MACHIAVELLI
PRINCEPS.

EX
SYLVESTRI TELII
FVLGINATIS TRADVCTIONE
diligenter emendata.

Adiefta funt eiufdem argumenti, Aliorum quorundam
con-ra Machiauelium fcripta de poteftate &
ofiiio Principum, & conira tyrannos.

BASILEAE
Ex officina Petri Pernæ.
M D XXC.

Ⓕ 蒙娜麗莎的微笑

達文西是義大利文藝復興的「藝術三傑」之一，也是整個歐洲文藝復興時期最典型的代表人物。他不僅是一位多才多藝的畫家，而且在科學、哲學、文學領域也頗有建樹，《蒙娜麗莎的微笑》和《最後的晚餐》皆是他的代表作。達文西一方面熱衷於藝術創作和理論研究，另一方面也研究自然科學，他的藝術實踐和科學探索精神都對後世產生重大而深遠的影響。

圖為達文西的《蒙娜麗莎的微笑》。———➤

Ⓖ 大衛像

米開朗基羅是文藝復興時期偉大的繪畫家、雕塑家、建築師和詩人，他的作品也是文藝復興時期雕塑藝術的最高峰。米開朗基羅作品中的人物以健美著稱，即使是女性的身體，也被描繪出健壯的肌肉，舉世聞名的《大衛像》便是他的雕塑代表作，其他著名作品還有《摩西像》、《大奴隸》等。西元 1564 年，米開朗基羅在羅馬去世。

圖為米開朗基羅的《大衛像》。

Ⓗ 西斯廷聖母

拉斐爾是「藝術三傑」中最年輕的一位，他的一生共為世人留下三百多幅珍貴的藝術作品。拉斐爾的作品博採眾家之長，形成自己獨特的風格，也代表當時人們崇尚的審美趣味，成為後世古典主義者不可企及的典範。其代表作有《西斯廷聖母》、《雅典學院》等。

圖為拉斐爾的《西斯廷聖母》。

04 西歐諸國的文藝復興

關鍵字：西歐、文藝復興

　　十三世紀末，文藝復興運動在義大利各城市興起，而後，逐漸擴展到西歐各國。文藝復興運動使得當時的人們思想發生變化，也為後來的啟蒙運動奠定基礎。歷史學家們認為後來的科學革命、地理大發現、民族國家的誕生都是源自於文藝復興，文藝復興發揮了銜接中世紀和近代的作用，揭開近代歐洲歷史的序幕。

西歐諸國文藝復興代表人物

德國	1 文學：勒克林（西元 1455—1522 年），代表作《蒙昧者書簡》。烏爾里希·馮·胡滕（西元 1488—1523 年），代表作《羅馬的三位一體》。Ⓐ
	2 藝術：阿爾布雷希特·杜勒（西元 1471—1528 年），代表作《基督大難》。小漢斯·霍爾拜因（西元 1497—1543 年），代表作《英王亨利八世》。Ⓑ
法國	1 文學：杜·貝萊（西元 1522—1560 年），代表作《悔恨集》。拉伯雷（西元 1494—1553 年），代表作《巨人傳》。Ⓒ
	2 人文主義：蒙田（西元 1533—1592 年），代表作《蒙田隨筆全集》。波丹（西元 1530—1596 年），代表作《國家論》。
英國	1 文學：喬叟（西元 1343—1400 年），代表作《坎特伯雷故事集》。湯瑪斯·莫爾（西元 1478—1535 年），代表作《烏托邦》。莎士比亞（西元 1564—1616 年），代表作《哈姆雷特》。ⒹⒺ
西班牙	1 文學：賽凡提斯（西元 1547—1616 年），代表作《唐吉訶德》。維加（西元 1562—1635 年），代表作《羊泉村》。Ⓕ
荷蘭	1 文學：伊拉斯謨（西元 1466—1536 年），代表作《愚人頌》。ⒼⒽ

Ⓐ 勒克林與胡滕

　　十五世紀中葉，文藝復興運動開始在德國大學生中醞釀，十六世紀時達到高潮。德國文藝復興最傑出的代表人物是勒克林和烏爾里希·馮·胡滕。勒克林熟諳哲學與神學，是歐洲第一位希伯來語學者。後來，勒克林及其追隨者形成勒克林學派，他們發表《蒙昧者書簡》，揭露羅馬教會的愚昧與貪婪。胡滕則是《蒙昧者書簡》第二部的主要撰稿人，他於西元 1520 年發表《羅馬的三位一體》，抨擊當時諸侯的專斷和教會的貪婪。勒克林和胡滕的人文主義動搖了羅馬教皇的權威，為十六世紀德國宗教改革的開端。

Ⓑ 基督大難

　　在藝術方面，德國文藝復興也有豐碩的成果，誕生傑出的油畫家、版畫家、雕刻家阿爾布雷希特·杜勒。他的作品中，以版畫最具影響力，主要畫作有《啟示錄》、《基督大難》等。杜勒受到人文主義思潮的影響，於西元 1495—1505 年前後兩次訪問義大利，將義大利文藝復興思想帶進德意志。

▌圖為阿爾布雷希特·杜勒《基督大難》。

⑥ 拉伯雷

弗朗索瓦‧拉伯雷是法國文藝復興時期的傑出人文主義作家，代表作為《巨人傳》。該書塑造理想的君主形象，歌頌新興資產階級「巨人」般的力量，同時也揭露貴族的貪婪和殘暴，宣揚自由和人性，具有鮮明的時代特點。

| 圖為拉伯雷的畫像。

⑩ 湯瑪斯‧莫爾

英國的文藝復興稍晚於西歐大陸，直到十六世紀才正式開始。十六世紀末至十七世紀初，英國的文藝復興運動達到高潮，主要的代表人物有湯瑪斯‧莫爾和莎士比亞。西元 1561 年，莫爾用拉丁文撰寫《烏托邦》，批判當時英國社會的黑暗。他在書中假想了一個理想的「烏托邦」，主張建立公有制和按需求分配物資，莫爾也因此成為近代烏托邦社會主義的開拓者。

| 圖為湯瑪斯‧莫爾的畫像。

⑥ 莎士比亞

莎士比亞是歐洲文藝復興時期人文主義文學的集大成者，最著名的代表作便是他的四大悲劇。此外，他還寫過 154 首十四行詩，2 首長詩，被稱為「人類中最偉大的戲劇天才」。莎士比亞的作品從真實生活出發，深刻反映十六、十七世紀英國社會的面貌，抨擊英國封建制度的腐朽和黑暗，傾吐新興資產階級的訴求和人文主義者的心聲。

| 此圖據傳為莎士比亞的畫像，詳細情形尚有待專家考證。

F 唐吉訶德

西班牙的文藝復興直到十六世紀初才姍姍而來，且深受宗教文學和騎士文學影響。這時的西班牙湧現一批傑出的人文主義作家，主要代表人物為賽凡提斯和維加。賽凡提斯最著名的代表作便是《唐吉訶德》，該作品描寫一個酷愛騎士文學的小貴族，在冒險途中所發生的許多趣事，多角度地描繪出十六至十七世紀西班牙社會的生活場景。

| 圖為《唐吉訶德》書中的插圖，騎士正在與風車戰鬥。

G 愚人頌

《愚人頌》是文學史上最為精彩的諷刺體篇章之一，據說是伊拉斯謨前往英國拜訪莫逆之交湯瑪斯‧莫爾爵士時，在短短七天內完成的。該書透過「愚人」登台演說以嘲弄教皇和貴族的愚昧無知、揭露神職人員與貴族的腐朽與貪婪、歌頌人類的自由本性和對世俗生活的追求。《愚人頌》發表後，在歐洲各地廣泛傳播，伊拉斯謨因此被譽為「歐洲文藝復興的紀念碑」。

H 伊拉斯謨

伊拉斯謨，荷蘭哲學家，十六世紀荷蘭人文主義運動的主要代表人物，被譽為「十六世紀的伏爾泰」。伊拉斯謨知識淵博，忠於教育事業，終生以追求個人自由為目標。西元 1524 年，他撰成《論自由意志》，代表作為《愚人頌》。

| 圖為伊拉斯謨的畫像。

文藝復興的果實

關鍵字：文藝復興、成果

　　十五世紀末開始，在文藝復興的影響下，自然科學終於從中世紀的神學桎梏中解脫，在天文學、醫學、數學和物理學方面皆產生革命性的理論，進而促進思想啟蒙，推動西歐從封建制度向近代資本主義發展。近代自然科學的興起促使人們打破神學的禁錮，試圖從物質本身去解釋世界，因此，人們紛紛摒棄經院哲學的唯心主義，轉而擁護哲學唯物論。也因為這一時期的自然科學還處於前期的研究階段，所以新哲學也受其影響帶有機械、形而上學的特點，形成英國的經驗論和西歐大陸的理性主義兩大流派。

	文藝復興成果
天文學	① 哥白尼（波蘭，西元 1473—1543 年），提出日心說，代表作《天體運行論》。Ⓐ ② 喬爾丹諾・布魯諾（義大利，西元 1548—1600 年），代表作《論無限性、宇宙和諸世界》。 ③ 伽利略（義大利，西元 1564—1642 年），代表作《關於托勒密和哥白尼兩大世界體系的對話》。Ⓑ ④ 約翰・開普勒（德國，西元 1571—1630 年），代表作《新天文學和天體物理學》。
醫學	① 維薩留斯（比利時，西元 1515—1564 年），代表作《人體結構圖》。Ⓒ ② 塞爾維特（西班牙，西元 1511—1553 年），代表作《基督教會的復興》。 ③ 哈威（英國，西元 1578—1657 年），代表作《心血管運動論》。
數學	① 卡爾達諾（義大利，西元 1501—1576 年），發表可以解開三次方程的公式。 ② 韋達（法國，西元 1540—1603 年），代表作《數學公式和三角法及附錄》。Ⓓ
物理	① 威廉・吉伯特（英國，西元 1544—1603 年），代表作《論磁石》。 ② 伽利略（義大利，西元 1564—1642 年），代表作《論兩種科學》。
哲學	① 英國的經驗論：法蘭西斯・培根（英國，西元 1561—1626 年），代表作《新工具》。湯瑪斯・霍布斯（英國，西元 1588—1679 年），代表作《利維坦》。ⒺⒻ ② 西歐大陸的理性主義：勒奈・笛卡爾（法國，西元 1596—1650 年），代表作《哲學原理》。斯賓諾莎（荷蘭，西元 1632—1677 年），代表作《倫理學》。Ⓖ

Ⓐ 日心說

在哥白尼的日心說發表之前，地心說被教會奉為和《聖經》一樣重要的經典，長期居於主流地位。西元 1545 年，哥白尼出版《天體運行論》一書，書中認為地球只是引力中心和月球軌道的中心，並不是宇宙的中心，事實上，所有天體都是圍繞太陽運轉，創立日心說。哥白尼的理論闡明天體運行的現象，推翻長期居於主流地位的地心說，從根本上否定上帝創造一切的想像，開創自然科學的新時代。

| 圖為西元 1660 年的《天體圖》，描繪哥白尼的宇宙體系。

Ⓑ 月亮的面貌

隨著自然科學的深入研究，科學家對天體現象的瞭解逐漸加深，天體中許多不為人知的現象都被觀察、解析。西元 1609 年，義大利天文學家、物理學家伽利略用自製的望遠鏡觀察到月亮表面有高山和深谷、太陽能自轉等現象，開闢天文學的新時代，同時也為哥白尼學說提供基礎理論。

| 圖為西元 1660 年的《天體圖》，描繪不同時期的月亮變化。

Ⓒ 人體結構

十六世紀時，在文藝復興的影響下，不少醫學家勇於向傳統神學挑戰，興起科學領域中的「醫學革命」。比利時著名解剖學家維薩留斯就是醫學

革命中的代表人物，他曾擔任神聖羅馬帝國的宮廷醫生，醫學知識、經驗豐富，且是最早使用屍體進行解剖的醫生，是近代解剖學的奠基人。西元 1543 年，維薩留斯發表《人體結構》一書，論述男女肋骨數相同，從而否定神學中「女人由男人肋骨所創造」的說法，打破神學對醫學的禁錮。

| 圖為《人體結構》中的插圖。

Ⓓ 韋達

韋達是十六世紀最有影響力的數學家之一，被尊稱為「現代數學之父」。他是最早系統性地引入代數符號的數學家，推進方程的發展，他用「分析」一詞概括當時代數的內容和方法，同時也創設大量的代數符號，用字母代替未知數，系統性地闡述並改良三、四次方程的解法。此外，韋達還專門寫了一篇論文，初步討論正弦、餘弦、正切弦的一般公式，首次把代數變換應用在三角學中。主要著作有《分析法入門》、《論方程的識別與修正》、《分析五章》、《應用於三角形的數學定律》等。

ⓔ 法蘭西斯‧培根

法蘭西斯‧培根出生於貴族家庭，是英國文藝復興時期最重要的散文家、哲學家之一。他作為資產階級的代表，極力批判經院哲學和神學權威，渴望探索真理、發展科學，培根的唯物主義哲學對近代哲學發展產生重大影響。主要著作有《新工具》、《學術的進步》、《新大西島》等。代表作《新工具》在近代哲學史上具有劃時代的意義和影響，後世哲學家皆認為培根是古代唯物論轉向近代唯物論的先驅。

ⓕ 經驗論哲學

法蘭西斯‧培根同時也是英國經驗論哲學的代表人物，他繼承並發展古代原子唯物主義的思想，認為世界是由物質所構成的，運動是物質的屬性。

| 圖為法蘭西斯‧培根《新亞特蘭堤斯》中的一幅插圖，一隻小船正在探索知識的海洋，此小船暗喻探索真理的可貴精神。

ⓖ 理性主義

理性主義注重的是懷疑精神，即「懷疑是獲得真理的根本方法」。法國著名的哲學家、數學家、物理學家勒內‧笛卡爾是理性主義的代表人物，他主張對一切事物採取懷疑態度，認為人的理性是知識的泉源，唯有從正確的理性出發，才能認識世界。此觀點以理想取代經院哲學的信仰，對近代知識論的發展具有重要意義。

| 圖為笛卡爾正與瑞典女王克利斯蒂娜進行有關懷疑論談話的情景。

06 德國的宗教改革

關鍵字：馬丁‧路德、宗教改革

　　十五世紀末至十六世紀初，德國經濟顯著發展，個別工業已開始發展資本主義。但是，長期以來的分裂割據仍是德國經濟發展的主要障礙，另一方面，羅馬天主教會對德國的壓榨也使得國內的階級矛盾日益尖銳。領主與羅馬教會不僅在經濟上剝削並壓迫民眾，更為了維護其統治，對農民施以酷刑。在種種情況下，農民的反抗情緒越發激烈，進而掀起以馬丁‧路德為首的宗教改革運動。

德國宗教改革

背景	1 德國資本主義發展。 2 教皇利奧十世加強對德國的掠奪。
代表人物	1 馬丁‧路德（西元 1483—1546 年）。 2 托瑪斯‧閔采爾（西元 1489—1525 年）。**D**
經過	1 西元 1517 年 10 月 31 日，馬丁‧路德發表《九十五條論綱》。**AB** 2 西元 1520 年，馬丁‧路德公開發起宗教改革。**C** 3 西元 1524—1525 年，德國爆發大規模農民抗爭。**E** 4 西元 1555 年，簽訂《奧格斯堡和約》，路德新教合法化，諸侯割據嚴重。**F**
影響	1 產生新教派，限制了天主教的權力。 2 強化並鼓勵資產階級擁有獨立自由的精神。

A 九十五條論綱

西元 1517 年，教皇利奧十世派人到德意志兜售贖罪卷，成為德國宗教改革的導火線。西元 1517 年 10 月 31 日，馬丁‧路德為反對教皇兜售贖罪卷，發表《九十五條論綱》，當中所提出的論題立刻傳遍德國，全國展開激烈爭辯。

| 圖為馬丁‧路德將《九十五條論綱》張貼在維登堡城堡大教堂門上的場景，引起眾人圍觀。

B 焚燒訓令

《九十五條論綱》發表後，隨即激起德意志民族反對羅馬教廷的浪潮。由於這一主張符合領主擺脫羅馬教廷的要求，所以馬丁‧路德很快地便獲得薩克森諸侯的支持。而後，羅馬教廷對他的行為嚴加譴責，並開除他的教籍，馬丁‧路德堅持鬥爭並與教皇進行公開辯論，他更將教皇的訓令當眾焚毀，以示與天主教決裂。

| 圖為馬丁‧路德正在焚毀教皇的訓令。

C 沃姆斯帝國議會

路德宗教改革引起羅馬教廷的恐慌，教皇開始要求德國的王室予以鎮壓。而當時的皇帝查理五世也擔心動盪的局勢將危及其統治，遂決定在西元 1521 年召開沃姆斯帝國議會，對馬丁·路德施壓，迫使其懺悔。馬丁· 路德毅然赴會，並在會議上表明自己忠於《聖經》的決心。查理五世惱羞成怒，發佈《沃姆斯赦令》，限期捉拿馬丁·路德並焚毀其著作。會議之後，馬丁·路德在薩克森諸侯的庇護下隱居在瓦特堡中。

D 托瑪斯·閔采爾

馬丁·路德貼出《九十五條論綱》後，閔采爾便開始跟隨馬丁·路德進行宗教改革運動。西元 1521 年，他發表《布拉格宣言》，表示自己與教會以及領主勢不兩立。之後，由於馬丁·路德改變立場，與諸侯們合流，閔采爾遂與其反目。西元 1524 年，農民們在閔采爾改革思想的號召下爆發抗爭。西元 1525 年，農民抗爭失敗，閔采爾死於貴族的刀刃之下。

▎圖為托瑪斯·閔采爾的畫像。

F 奧格斯堡和約

農民抗爭後，馬丁·路德開始建立新教組織，諸貴族也紛紛建立不同的聯盟反對或支持馬丁·路德。西元 1555 年，皇帝查理五世為了解決這一宗教的紛爭，在神聖羅馬帝國會議上簽訂《奧格斯堡和約》，因會議地址在奧格斯堡，故以此為名。和約中制定「教隨國定」的原則，承認各諸侯有權自由選定信仰天主教或路德宗新教。此約雖然暫時中止新、舊教諸侯之間的戰爭，但也進一步擴大諸侯的權勢，導致德國的分裂局面越演越烈。

E 農民抗爭

隨著宗教改革的深入，馬丁·路德轉而投入諸侯的懷抱，部分民眾遂開始支持激進的閔采爾。西元 1524—1525 年，德意志爆發大規模農民抗爭，戰爭遍及德意志的大部分地區，全國超過半數農民皆參與鬥爭。雖然這場抗爭最終遭到鎮壓，但教會的許多教堂被搗毀，嚴重打擊天主教會，動搖其在德意志的統治地位。

▎圖為西元 1525 年帕維亞戰爭的場景。

07 瑞士的宗教改革

關鍵字：茨溫利、加爾文

　　十三世紀時，瑞士聯邦脫離哈布斯堡王朝的控制，在政治上享有獨立自決的權力。瑞士的蘇黎世和日內瓦受德國路德宗教改革的影響，相繼興起由茨溫利和加爾文提倡的宗教改革。西元 1559 年，加爾文創立日內瓦學院，加爾文教開始在西歐資本主義較發達的國家和地區廣泛傳播。

瑞士宗教改革	
背景	1 具有政治獨立的傳統。 2 受德國宗教改革影響。
代表	1 烏利希‧茨溫利（西元 1484—1531 年）。 Ⓐ 2 約翰‧加爾文（西元 1509—1564 年）。 Ⓑ
過程	1 西元 1523 年，茨溫利發表《六十七條論綱》。 2 西元 1524 年，茨溫利在蘇黎世進行宗教改革。 3 西元 1525 年，茨溫利發表《論真假宗教》。 4 西元 1528 年，天主教聯盟成立，反對宗教改革。 5 西元 1529 年，新教聯盟成立，向天主教聯盟宣戰。 6 西元 1531 年，茨溫利在卡佩爾戰爭中犧牲。 7 西元 1536 年，加爾文出版《基督教原理》，在日內瓦進行宗教改革。 8 西元 1538 年，加爾文被日內瓦驅逐。 9 西元 1540 年，加爾文重返日內瓦領導宗教改革。 10 西元 1555 年，歸正教會在日內瓦佔統治地位。 11 西元 1555—1559 年，加爾文排除異己。 12 西元 1559 年，日內瓦學院成立。
影響	為十六世紀的尼德蘭革命和十七世紀的英國革命提供精神動力和組織方式。

Ⓐ 茨溫利

　　烏利希‧茨溫利是瑞士著名的宗教改革家，被稱為「民眾之父」。他曾就學於維也納大學和巴塞爾大學，深受唯名論哲學和人文主義思潮的影響。西元 1523 年，茨溫利發表《六十七條論綱》，主張以《聖經》為信仰最高準則，否定天主教教義和教階制度。西元 1531 年 10 月，茨溫利在蘇黎世的新教軍隊與天主教同盟軍交戰中陣亡。此後，瑞士宗教改革的中心便轉移至日內瓦，由其繼任者加爾文完成。

Ⓑ 加爾文

西元 1536 年，加爾文出版《基督教原理》，主張上帝在創世以前即預先選定哪些人得救、哪些

人沉淪。西元 1540 年，加爾文建立日內瓦歸正會。西元 1555 年，歸正教會在日內瓦已佔絕對統治地位。加爾文雖主張教會民主，但對非本派的教徒依舊實施殘酷鎮壓。西元 1553 年，他更以異端罪名下令燒死反對三位一體說、發現人體血液小迴圈的西班牙醫生塞爾維特等人。

08 天主教會的反宗教改革

關鍵字：天主教會、反宗教改革

　　西歐諸國的宗教改革運動導致基督教內部大分裂，羅馬教廷的神權權威更受到嚴重衝擊。在此嚴峻的形勢下，天主教內部的改革呼聲漸高。羅馬教廷為了確保自身的權威和地位，採取一系列應變措施與新的宗教派別進行鬥爭。這一系列旨在自救的活動被稱為「反宗教改革」，但是由於宗教改革運動已深入人心，羅馬教廷終難再恢復昔日的權威。

反宗教改革	
背景	1 基督教內部分裂。 2 羅馬教廷權威下降。
代表人物	1 十六世紀，羅馬教廷內部發起自救的改革運動。 2 西元 1545 年，羅馬教廷召開特蘭托天主宗教會議。 3 西元 1564 年，教皇頒佈《特蘭托會議信綱》。Ⓐ 4 西元 1566 年，教皇組織編撰《羅馬教理問答》。 5 西元 1559 年，教廷編訂第一部《禁書目錄》。
耶穌會	1 西元 1534 年，西班牙貴族伊格納修·羅耀拉在巴黎成立耶穌會。 2 西元 1540 年，教皇頒令承認耶穌會。 3 西元 1582 年，利瑪竇在澳門傳教。 4 西元 1601 年，利瑪竇在北京建堂，開始傳教。Ⓑ
影響	耶穌會的成立為天主教的發展產生巨大影響，更促進東西方的文化交流。

Ⓐ 反宗教改革

十五世紀上半葉，天主教會內部吹起一股「公會議至上」的改革勢力，主張用公會議制度取代腐朽的教皇權力，但在教皇的抵制下，改革失敗。十六世紀，羅馬教皇展開以整個天主教為範圍的「反宗教改革運動」。西元 1545 年，羅馬教廷召開特蘭托公會議，直到西元 1563 年會議才宣告結束。西元 1564 年，教皇頒佈《特蘭托會議信綱》，該信綱被認為是天主教最重要的文獻之一。羅馬教廷的反宗教改革運動，使得天主教的地位重新鞏固，各修會競相向外擴展也使得天主教勢力擴及至美洲、亞洲、非洲等地區。

Ⓑ 耶穌會

耶穌會是天主教的主要修會之一，於西元 1535 年 8 月 15 日，由西班牙貴族聖依納爵·羅耀拉創建，西元 1540 年，正式獲得羅馬教廷教宗的許可。耶穌會最主要的任務是教育與傳教，在歐洲興辦許多大學，而耶穌會會士在向東方佈道的過程中，也充當文化傳播的媒介，義大利利瑪竇就是典型的代表人物。利瑪竇抵達中國後，便開啟了晚明士大夫學習西學的風氣，從明代萬曆至清代順治年間，共有 150 餘種西方書籍翻譯成中文，為中國帶來許多先進的科學知識和哲學著作。

▌圖為身著儒服的利瑪竇。

09 開闢新航路

關鍵字：航海技術、新航路

　　十五世紀時，鄂圖曼土耳其帝國控制亞洲和歐洲的陸上通道，歐洲新興資產階級為了開闢新商路和籌集經濟快速發展所需的貨幣，開始尋找通往中國和印度的新航路。在歷經迪亞士、麥哲倫、哥倫布和達伽馬等人的探索後，歐洲人終於開闢了一條通往印度和美洲的航路，並抵達美洲大陸。開闢新航路不僅加強了西歐與世界各地區間的聯繫，更為資本主義提供廣闊的市場，但隨之而來的殖民掠奪也為美洲和亞洲等國家帶來嚴重災難。

開闢新航路	
背景	1 亞洲和歐洲的陸上通道落入鄂圖曼土耳其帝國的控制。
	2 對新殖民地和財富的渴望。
	3 對黃金的渴求。
	4 航海技術的進步。Ⓐ
	5 地理知識的傳播。Ⓑ
代表人物及過程	1 十五世紀末至十六世紀初，歐洲人開闢通往印度和美洲的航路，並發現美洲新大陸。Ⓒ
	2 西元 1595 年，西班牙人曼達那經過馬薩克斯群島。Ⓓ
	3 西元 1606 年，托雷斯航行經新幾內亞。Ⓔ
影響	1 加強西歐與世界各地區間的聯繫，形成世界市場。
	2 為資本主義提供廣闊市場。
	3 為美洲和亞洲等國家帶來嚴重的災難。

Ⓐ 遠洋帆船

十五世紀時，為擺脫鄂圖曼土耳其帝國對東西方傳統商路的控制，西歐的新興資產階級開始積極尋找通往中國和印度的新航路。當時的西歐已能製造載重數百噸，甚至上千噸的遠航大船，中國的四大發明之一指南針也傳入歐洲，這些航海技術的進步都使得遠航不再只是夢想，為新航路的開闢打下良好基礎。

| 圖為十五至十六世紀時葡萄牙人的大帆船，船尾的建築物是指揮部。

Ⓑ 航海圖

隨著科學技術的發展，地理知識也逐漸普及，地圓說也被越來越多人接受。當時的航海地圖也日漸精準，標明有港灣和航線。

| 圖為十五世紀的地圖，選自托勒密的《地理學指南》，是哥倫布發現新大陸以前，歐洲最權威的世界地圖。

ⓒ 新航路的開闢

西元 1298 年後，《馬可‧波羅遊記》在歐洲廣泛流傳，激起歐洲人對東方財富的嚮往。該書對印度和中國財富的誇張描述，進一步激起歐洲富人們到東方尋金的渴望，最終開啟了新航路。十五世紀末，歐洲的新興資產階級開始向外尋找通往中國和印度的新航路，在歷經迪亞士、麥哲倫、哥倫布和達伽馬等人的探索後，終於找到通往亞洲的通道。

| 圖為十五世紀中葉馬略卡島的地圖，該圖採用航海圖的記錄方法，將地圖繪製在榴線上。

ⓓ 從亞洲到美洲的航路

在麥哲倫的環球航行後，西班牙人便多次出航，試圖尋找從亞洲到美洲的航路，探險家曼達那就是其中之一。西元 1595 年，曼達那從秘魯出發，經過波利尼西亞的馬克薩斯群島，抵達一個無名島嶼，並將其命名為聖克魯斯島。不久之後，曼達那去世，船隊由其妻子指揮，全部返回墨西哥。西班牙從哥倫布開始的冒險活動，就此告一段落。

ⓔ 未知的南方土地

西元 1605 年，基羅斯與西班牙航海家托雷斯一起出航，前往南太平洋探險。西元 1606 年，托雷斯行經新幾內亞以南海域，可能也有看到澳洲的極北處，但當時並沒有確切的紀錄證明。他在沿途發現數百個島嶼，島上居民的生活方式充滿著異域風情。

| 圖為島上居民的生活情形。

10 大航海時代

關鍵字：哥倫布、達伽馬

　　十五世紀末期，歐洲已形成許多強大的民族國家，同時也出現一批航海家和贊助者，在發現新大陸的過程中，哥倫布是當時最典型的代表人物。西元 1492 年，哥倫布在西班牙王室的贊助下，開始他的海上探險旅程，經過先後四次的出海遠航後，他發現了美洲大陸，並開闢橫渡大西洋到美洲的航路，證明地圓說的正確性。

　　同時，葡萄牙人也不斷地向南尋找通往東方的航路。西元 1487 年，葡萄牙的迪亞士在國王的資助下，組織船隻沿著非洲海岸向南航行，到達好望角。西元 1497 年，達伽馬從里斯本出發，繞過好望角；次年，到達莫三比克；而後，經阿拉伯領航員的幫助，抵達印度西南部的卡利庫特。西元 1502 年、西元 1524 年，達伽馬又兩次遠航印度，他所航行的新航路促進了歐亞之後的貿易發展。

葡萄牙和西班牙的海上探險

恩里克王子	西元 1394—1460 年，探索非洲西北部，陸續佔領馬德拉群島、亞速爾群島和維德角一帶。Ⓐ
迪亞士	西元 1450—1500 年，發現非洲的好望角。
哥倫布	❶ 西元 1492 年，從西班牙帕洛斯港出航。ⒷⒸ ❷ 西元 1492 年 10 月，發現巴哈馬群島中的一個海島。Ⓓ ❸ 西元 1493 年，返回西班牙，被封為將軍。Ⓔ ❹ 西元 1498 年 5 月 3 日，第三次探索。西元 1502 年 5 月 1 日，第四次遠航。 ❺ 西元 1506 年，哥倫布病逝。Ⓕ
達伽馬	西元 1460—1524 年，到達印度卡利卡特，成功開闢印度航路。ⒼⒽ

Ⓐ 恩里克王子

葡萄牙是最早開始探尋東方航路的國家，早在西元 1415 年，葡萄牙航海家恩里克王子的遠征船隊就開始探索非洲西北部。接著，西元 1487 年，葡萄牙迪亞士在國王的鼓勵下，率領三艘載重一百噸的雙桅大帆船，沿非洲海岸向南航行，抵達非洲最南部的好望角。

圖為恩里克王子的畫像。

Ⓑ 聖瑪利亞號出航

在葡萄牙人沿非洲海岸向南航行的同時，西班牙人選擇向西探險。西元 1492 年，在西班牙王室的贊助下，哥倫布率領三艘百噸帆船從西班牙帕洛斯港揚帆出海。經過七十個晝夜的艱苦航行，哥倫布終於到達巴哈馬群島中的一個海島，抵達美洲新大陸。哥倫布以西班牙國王的名義將其佔領，命名為「聖薩爾瓦多」。

圖為哥倫布乘坐著聖瑪利亞號，正在帕洛斯港準備揚帆起航。

ⓒ 四次遠航

哥倫布是義大利航海家，他的一生都奉獻給航海活動。在西班牙國王的支持下，哥倫布曾先後四次出海遠航（西元1492—1493年、西元1493—1496年、西元1498—1500年、西元1502—1504年），開闢了橫渡大西洋到美洲的航路。在這四次遠航中，他先後到達巴哈馬群島、古巴、海地、多明尼加、千里達等島，並在帕里亞灣南岸首次登上美洲大陸。

ⓓ 不平等的貿易

哥倫布是第一個在美洲的歐洲殖民者，他還沒有像後來的殖民者那般殘忍地搶奪印第安人，而是進行不平等的貿易。哥倫布和他的船員們用自己帶來的小飾品、玻璃片等，換取印第安人貴重的黃金物品。印第安人將這些歐洲人當成遠方來的貴客，然而，正是這些「貴客」為他們帶來意想不到的災難。

| 圖為十八世紀《東印度群島征服記》，印第安人
| 正拿著從哥倫布船員手中換來的金屬小鈴鐺。

ⓔ 哥倫布的榮耀時刻

發現新大陸後，哥倫布率領船隊繼續南下，先後到達古巴、海地，並在海地建立第一個殖民據點，將其命名為「聖誕城」。西元1493年，哥倫布的船隊返回西班牙，同年4月，哥倫布被召進宮，獲得將軍的封號，成為風雲一時的英雄。此後，哥倫布又相繼於西元1493年、西元1498年和西元1502年登上美洲的許多海岸。

| 圖為德拉克洛瓦的作品，
| 描繪哥倫布受封的場景。

ⓕ 臨終之景

哥倫布的第一次遠航在歐洲引起
轟動，哥倫布也成為西班牙的貴
族。不久之後，哥倫布受西班牙
國王的命令，再次遠航。在此後
的探險中，哥倫布先後到達多明
尼加、海地等地，後又兩次到達
美洲。但由於他並未給西班牙國
庫帶來收入，因此遭到貴族的忌
恨和排擠。西元 1506 年，哥倫
布病逝於西班牙的瓦里阿多里德
城，享年約 55 歲。

▎圖為路易吉‧夏里洛於十九世
紀的作品，描繪哥倫布臨終的
場景。

ⓖ 達伽馬

達伽馬為葡萄牙航海家，他是從歐洲
繞行好望角，最終抵達印度的開拓
者。西元 1497 年 7 月 8 日，達伽馬
受葡萄牙國王派遣，率船從里斯本出
發，尋找通向印度的海上航路。他於途中經過
加那利群島，再繞行好望角，經莫三比克等地，
最後於西元 1498 年 5 月 20 日到達印度西南部
的卡利卡特。同年秋天，達伽馬離開印度，於
西元 1499 年 9 月 9 日回到里斯本。

ⓗ 達伽馬的收穫

西元 1499 年，達伽馬回到里斯本時，所帶回的貨
物純利潤是全部航行費用的六十倍。達伽馬通航
印度不僅促進歐亞貿易的發展，也成為葡萄牙和
歐洲其他國家在亞洲殖民的開端。在之後的航行
中，葡萄牙人在沿途建立了許多商業和軍事據點，
控制這條通往東方的航路。

▎圖為達伽馬的畫像。

麥哲倫的環球旅行

關鍵字：麥哲倫、環球航行

　　西元 1519 年 9 月 20 日，葡萄牙人麥哲倫在西班牙國王的資助下，率領船隊沿著已知的路線向西航行，開始人類歷史上第一次環球航行的壯舉。之後，船隊沿著美洲大陸南下，抵達美洲南部的海峽，即麥哲倫海峽。在橫渡太平洋途中，麥哲倫的船隊發動叛亂，但很快地被麥哲倫平定，並將叛亂的首領拋在途中的荒島上。西元 1521 年 3 月，麥哲倫船隊抵達菲律賓群島，麥哲倫在干涉島上內部戰爭時，被當地的原住民殺死。後來，船隊繼續進入印度洋，沿著葡萄牙人所發現的航路返回西班牙。西元 1522 年 9 月，船隊順利返回西班牙，完成第一次環球航行。

麥哲倫的環球旅行 CH

經過

1　西元 1518 年 3 月 22 日，與西班牙國王查理五世簽訂協議。Ⓐ

2　西元 1519 年 9 月 20 日，船隊離開西班牙，開往茫茫大洋。Ⓑ

3　西元 1519 年 12 月 13 日，抵達巴西里約熱內盧。Ⓓ

4　西元 1520 年 3 月 31 日，抵達聖胡利安灣。

5　西元 1520 年 4 月 7 日，麥哲倫平定聖胡利安灣叛變。

6　西元 1520 年 8 月底，麥哲倫抵達某一海峽，後被稱為麥哲倫海峽。Ⓔ

7　西元 1520 年 11 月 28 日，進入太平洋。

8　西元 1521 年 3 月 6 日，抵達強盜島，和島民發生爭鬥。

9　西元 1521 年 3 月 16 日，抵達菲律賓群島。

10　西元 1521 年 3 月 28 日，抵達馬薩瓦群島，證實地球是一個圓球體。

11　西元 1521 年 4 月 27 日，介入島上部落間的戰鬥，在麥克坦島死亡。Ⓕ

12　西元 1522 年 9 月 6 日，船隊返回西班牙，完成歷史上第一次環球航行。Ⓖ

Ⓐ 世界的樣貌

西元 1518 年 3 月，西班牙國王查理五世答應麥哲倫的航海請求，麥哲倫終於得以實現他的航海大夢。不久之後，他便組織了一支船隊準備出航。

　圖為一幅地球平面圖，是葡萄牙早期的典型航海圖。在麥哲倫遠航之前，歐洲人對美洲海岸只有一些零散的認識，在他們眼中，世界就是圖中這個樣貌。

Ⓑ 掛帆遠航

西元 1519 年 9 月 20 日，在西班牙國王的資助下，麥哲倫率船隊從塞維利亞的聖盧卡爾港出發南航，開始人類歷史上第一次環球航行。在前人探索的基礎上，麥哲倫完成了空前壯舉，他成為第一個橫渡太平洋的歐洲人，也是第一位完成環球航行的航海家。

　圖為十六世紀的葡萄牙大帆船。

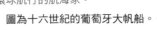

ⓒ 麥哲倫

麥哲倫，全名斐迪南‧麥哲倫，葡萄牙著名航海家。早年，他曾向葡萄牙國王曼努一世提議進行環球航行，但並沒有引起葡萄牙國王的重視，最終被否決。而後，麥哲倫於西元 1517 年來到西班牙，向西班牙國王提出環球航行的建議，得到國王的支持。在獲得資助後，麥哲倫從西班牙出發，率船隊繞過南美洲，抵達麥哲倫海峽。之後，他又帶領船隊橫渡太平洋，其後在菲律賓介入部落爭鬥而被殺害。麥哲倫死後，他的船隊繼續西航，最終順利回到西班牙，完成第一次環球航行。雖然麥哲倫在航行途中意外身亡，但他仍被認為是第一個完成環球航行的人。

ⓓ 抵達巴西里約熱內盧

麥哲倫的船隊在大西洋中航行七十天後，於西元 1519 年抵達巴西海岸，隨行的義大利人安東尼奧‧皮加費塔為這次歷史性的航行留下詳細且珍貴的記錄。據皮加費塔的描述，巴西土地肥沃、地產豐富，居民們沒有信仰，他們按照自然規律生活。

| 圖為西元 1519 年所作的巴西地圖，現存於巴黎國立圖書館。

ⓔ 麥哲倫海峽

西元 1520 年 3 月，麥哲倫的船隊駛入聖胡安港過冬。在此期間，麥哲倫成功平定船上的叛亂，於 8 月率領船隊繼續出發。8 月底，船隊在南緯 52 度發現一個海灣，麥哲倫派遣船隻前去探察時，找到一條通往「南海」的峽道，即後人所稱的「麥哲倫海峽」。

| 圖為麥哲倫海峽。據皮加費塔描述，因為當天正逢聖女節，所以又將此處稱為「聖女角」。

F 麥哲倫之死

在離開麥哲倫海峽後，麥哲倫的船隊就此進入太平洋，並於西元 1521 年 3 月，抵達菲律賓群島，麥哲倫此次橫渡太平洋，也證實地球是一個圓球體。西元 1521 年 4 月 27 日，麥哲倫進入菲律賓群島中的麥克坦島，因為介入島上部落之間的戰鬥而被殺害。

| 圖為泰韋的《通用宇宙志》，描繪島上內鬨的場景。

H 麥哲倫生平年表

1 西元 1480 年，麥哲倫於葡萄牙出生。

2 西元 1505—1512 年，在東印度服兵役。

3 西元 1513 年，在非洲服兵役，並參與戰爭。

4 西元 1515 年，提出西航計畫，但卻被葡萄牙國王曼努一世拒絕。

5 西元 1518 年，與西班牙國王查理五世簽訂協議。

6 西元 1519 年，船隊離開塞維利亞，抵達巴西里約熱內盧。

7 西元 1520 年，抵達聖胡利安灣，進入太平洋。

8 西元 1521 年，抵達馬薩瓦群島，證實地球是一個圓球體。

9 西元 1521 年 4 月 7 日，抵達宿霧。

10 西元 1521 年 4 月 27 日，介入島上部落間的爭鬥，在馬克坦島喪生。

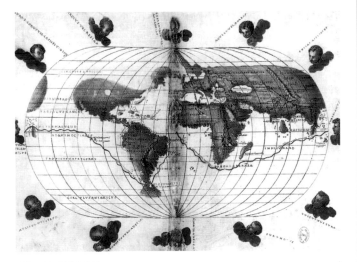

G 環球航行

麥哲倫死後，他的同伴們繼續航行，終於在西元 1522 年 9 月 6 日返抵西班牙，完成人類歷史上首次環球航行。在西、葡兩國爭奪霸權的過程中，麥哲倫的遠航為西班牙佔盡先機，在麥哲倫之後，西班牙航海家的探險活動一直持續至十六世紀末。西班牙也因此成為歐洲強國之一，勢力範圍一直從美洲擴展到菲律賓群島。

| 圖為西元 1543 年所作的標有麥哲倫航線的地圖。

12 葡萄牙和西班牙的海外擴張

關鍵字：海外擴張、殖民活動

隨著大航海時代的興盛和新航路的開闢，西方開始殖民亞洲、非洲和美洲等地，而葡萄牙和西班牙率先登上殖民侵略的舞台。葡萄牙的殖民區域主要在亞洲和非洲，早在十五世紀，葡萄牙就在非洲西海岸設置殖民據點，十六世紀中葉，葡萄牙的海外殖民達到鼎盛，壟斷當時歐、亞、非之間的主要貿易通道。

西班牙的殖民區域則是美洲，他們在美洲開採大量金銀，並奴役印第安人為其勞動。十六世紀末，西班牙在美洲開採的重金屬就佔世界總產量的83%。而為了補充勞動力，西班牙殖民者還從事奴隸貿易。

但是，大量金銀的流入並沒有促進西、葡兩國的經濟發展，反而引起國內物價上漲，導致經濟衰退。十六世紀末，兩國的海上霸主地位就逐漸被荷蘭和英國取代。

殖民擴展方向及特點

葡萄牙	**1** 特點：侵佔軍事據點，壟斷商路，進行欺詐性貿易。 **2** 過程：十五世紀初，在非洲西岸建立殖民據點，開始掠奪黃金和販賣奴隸。西元1496年，畫定「教皇子午線」。西元1506—1508年，控制印度航線。西元1510年，佔領果亞作為東方殖民地的首都。西元1511年，佔領麻六甲。西元1517年，與中國通商。西元1543年，到達日本海岸。西元1557年，佔領澳門為殖民據點。西元1548年，在日本九州設立歐洲人的第一個商站。**ⒶⒷⒸ**
西班牙	**1** 特點：佔領全境，直接掠奪財富。開採金銀、建立大型種植區、奴隸貿易。 **2** 過程：西元1519年，建立巴拿馬城。西元1521年，征服墨西哥阿茲特克帝國。西元1533年，征服印加帝國。西元1534—1535年，探索今日的加州，並開始逐步深入北美內陸。**ⒹⒺⒻ**

Ⓐ 掠奪非洲

十五世紀初，葡萄牙人在非洲西岸建立殖民據點，掠奪黃金並販賣奴隸。西元1480—1530年，葡萄牙人在幾內亞灣所掠奪的黃金就高達十萬英鎊，佔當時世界總量的10%。十五世紀中期，葡萄牙殖民者開始販賣黑人為奴，西元1510年，西班牙公開出售「販奴特許證」，壟斷美洲的奴隸貿易，在當時的黃金海岸一帶，貿易奴隸的據點便多達三、四十個。後來，奴隸貿易更擴展到非洲東岸的莫三比克、坦尚尼亞和馬達加斯加島。

Ⓑ 教皇子午線

葡、西兩國為了殖民地而發生許多糾紛，教皇遂出面調解，兩國於西元1496年簽訂條約，從北極到南極畫一條分界線，史稱「教皇子午線」，線東歸葡萄牙，線西歸西班牙。

ⓒ 侵入亞洲

在達伽馬開闢通往印度的新航路後，葡萄牙便開始殖民亞洲。十六世紀中葉，葡萄牙在阿拉伯半島、印度、馬來半島和印尼都設有軍事據點和商站，他們透過向當地人民徵稅、勒索香料和欺詐性貿易等方法進行掠奪。西元 1553 年，葡萄牙人進入澳門，西元 1557 年，佔領澳門為殖民據點。西元 1543 年，葡萄牙殖民者到達日本並在九州設立商站。

ⓓ 登陸墨西哥

西元 1492 年，哥倫布踏上新大陸，西班牙開始在加勒比海和美洲沿岸陸續設立據點，並向內陸推進。西元 1519 年，西班牙人登陸墨西哥，建立韋拉克魯斯城，並開始深入內陸。西元 1521 年，西班牙人征服阿茲特克帝國，為原住民帶來嚴重災難，他們不僅在經濟上瘋狂掠奪，更不斷地驅趕、屠殺當地原住民。

| 圖為西班牙主教記錄下西班牙人在墨西哥的暴行。

ⓔ 征服印加

在登陸墨西哥的同時，西班牙殖民者也建立了巴拿馬城，由此開始入侵南美的太平洋沿岸地區。西元 1533 年，西班牙冒險家法蘭西斯科·皮薩羅征服印加帝國。西元 1535 年，西班牙人在秘魯建利馬城，以此為開端逐步控制南美。西元 1534—1535 年，西班牙北上控制北美西岸，侵略步伐開始深入北美內陸。

| 圖為皮薩羅與印加國王第一次見面的場景。

ⓕ 勞作的黑奴

在西班牙統治美洲的數個世紀中，殖民者不斷屠殺並驅趕當地原住民，使得原住民的人口大為減少。為了補充勞動力，西班牙不得不從非洲引進大量黑人奴隸，從而促成興盛一時的奴隸貿易。由於西、葡只將殖民地作為原料產地加以掠奪，因此無法促進本國資本主義發展，反而造成本國經濟衰退，這也是後來兩國的強國地位被取代的原因之一。最終，西班牙、葡萄牙的霸主地位被荷蘭、英國所取代。

| 圖為正在開採銀礦的奴隸。

第 7 章

封建解體後的西歐諸國

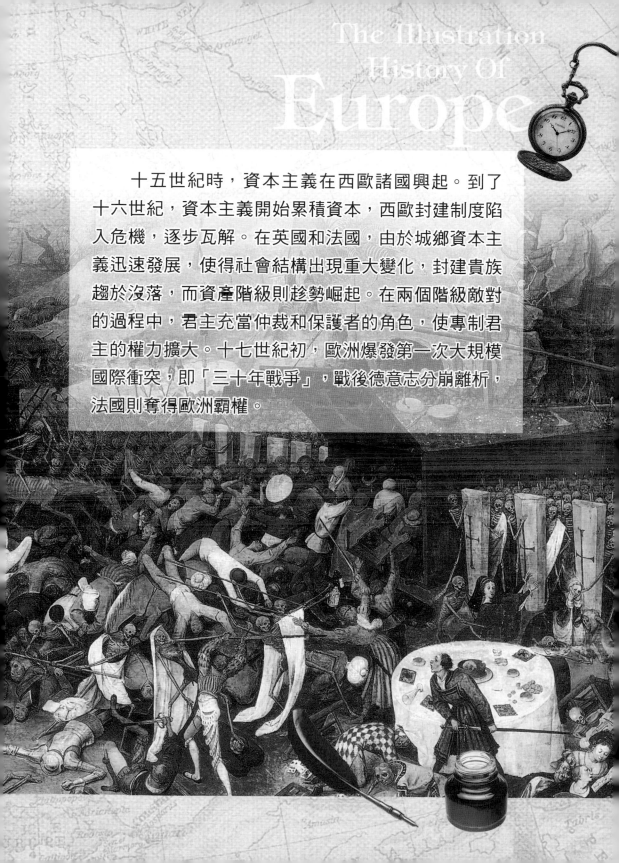

　　十五世紀時，資本主義在西歐諸國興起。到了
十六世紀，資本主義開始累積資本，西歐封建制度陷
入危機，逐步瓦解。在英國和法國，由於城鄉資本主
義迅速發展，使得社會結構出現重大變化，封建貴族
趨於沒落，而資產階級則趁勢崛起。在兩個階級敵對
的過程中，君主充當仲裁和保護者的角色，使專制君
主的權力擴大。十七世紀初，歐洲爆發第一次大規模
國際衝突，即「三十年戰爭」，戰後德意志分崩離析，
法國則奪得歐洲霸權。

01 亨利七世的集權統治

關鍵字：亨利七世、集權統治

西元 1455—1487 年，金雀花王朝的分支——蘭開斯特王朝和約克王朝為了爭奪王位而展開長期內戰，由於這兩個家族的族徽分別是紅玫瑰和白玫瑰，所以這場戰爭也被稱為「玫瑰戰爭」。西元 1485 年，蘭開斯特家族的支裔——里奇蒙伯爵亨利·都鐸，在法國和約克家族勢力的支持下獲得勝利並奪取王位，稱為亨利七世，開啟都鐸王朝的統治。亨利即位之初，為了穩定國內的秩序，和避免殘存的大貴族勢力再次挑起內戰，選擇依靠新興資產階級和新貴族，採取一系列措施以加強王權，英國遂開始實施專制君主制。

亨利七世的統治

行政	起用中等階層，重用新貴族和資產階級。
司法	設立「星室法庭」，懲治不順服的貴族，並任用治安法官恢復社會秩序。Ⓐ
經濟	改革財務制度，並獎勵工商業發展。
文化	支持文化事業，並修建國王學院。Ⓑ

Ⓐ 亨利七世

亨利七世即位後，為了加強王權，遂開始鎮壓貴族叛亂，並於西元 1487 和西元 1504 年先後頒令，解散大貴族的私兵，摧毀貴族堡壘，又另外特設「星室法庭」懲治叛亂貴族。在行政上，亨利七世依靠新興資產階級和新貴族，進一步抑制大貴族勢力並加強君權。上述措施皆為都鐸王朝的專制統治奠定基礎。

▎圖為亨利七世的畫像。

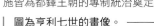

Ⓑ 國王學院

劍橋大學的國王學院是由亨利六世於西元 1441 年創立，但在建設過程中爆發「玫瑰戰爭」，亨利六世淪為階下囚，工程被迫停止。之後，亨利七世再度調撥資金，重新開始工程，直到亨利八世去世的西元 1547 年，國王學院才正式竣工。國王學院內的國王禮拜堂是劍橋建築的代表之一，禮拜堂四面的彩色玻璃窗皆以聖經故事為背景，是中世紀晚期英國建築的重要典範。

▎圖為劍橋大學的國王學院。

02 英國的宗教改革

關鍵字：宗教改革、英國國教

　　都鐸王朝統治初期，英國教會仍屬羅馬教廷控制，當時的教會掌握著全英國三分之一的地產，所擁有的財富約佔全國總財富的五分之一。羅馬教廷不僅從英國攫取大量錢財，更干預英國教俗事務。但是，隨著人文主義和宗教改革思想的傳播，英國社會各階層的反教會情緒日益高漲，新興資產階級和新貴族開始要求教會放棄土地和其他財產，而日漸強大的專制王權則力圖將教會轉變為自身的統治工具。在這樣的背景下，亨利八世拉開了英國宗教改革的序幕。

英國的宗教改革

背景	1 資產階級要求打破教會的經濟特權，進行宗教改革。 2 日益強大的王權力圖擺脫羅馬教權的桎梏。
起因	教會拒絕亨利八世的離婚請求，成為亨利八世進行宗教改革的藉口。
亨利八世	1 西元 1529 年，亨利八世多次召開議會，最終通過改革法令。 2 西元 1533 年，亨利八世與教皇決裂。Ⓐ 3 西元 1534 年，通過《至尊法案》，明定國王為英國教會的最高領導者。 4 西元 1536 年，通過《叛逆法》。 5 西元 1536—1539 年，通過解散修道院並沒收其財產的法令。Ⓑ
瑪麗女王	1 瑪麗一世：西元 1516—1558 年。Ⓒ 2 恢復天主教，殘酷迫害新教徒，被稱為「血腥瑪麗」。ⒹⒺⒻ
伊莉莎白	1 伊莉莎白女王：西元 1533—1603 年。Ⓖ 2 恢復國教，國王為教會最高領導者。Ⓗ 3 十六世紀中葉起，英國開始出現清教徒。
影響	1 打破教皇對英國的控制。 2 重新確立教會與國家的關係。 3 激發英國民眾的民族意識。

Ⓐ 公開決裂

亨利八世統治時期，都鐸王朝的君主專制已日益完善。亨利八世為了擺脫教會對英國的控制，遂掀起宗教改革。西元 1529 年，亨利八世通過一系列改革法令，限制教會權力。西元 1533 年，他公開與教皇決裂，並重用許多改革派人士，取代舊貴族和高級教士。

| 圖為亨利八世的畫像。

Ⓑ 關閉修道院

西元 1536 年，亨利八世下令封閉修道院，沒收一切財產歸王室所有。西元 1536 —1539 年間，英國共封閉男女修道院 630 餘所，遣散 8000 餘人。教會的土地被拋售，轉移到資產階級和新貴族手中，為英國的經濟變革帶來巨大影響。

| 圖為受迫害的天主教徒密謀反抗亨利八世。

C 瑪麗一世

　　瑪麗一世為英格蘭和愛爾蘭女王，都鐸王朝的第四位君主。她在繼任為英國君主後，開始積極復辟羅馬天主教，下令燒死 300 名宗教異端人士，此舉動使她得到「血腥瑪麗」的綽號。從此以後，「血腥瑪麗」一詞在英語中就成為女巫的同義詞。但是，在瑪麗一世過世後，她的宗教政策大部分都被繼任者伊莉莎白一世所廢除。

D 天主教的復辟

　　亨利八世死後，愛德華六世即位，並進一步推行宗教改革政策。西元 1553 年，瑪麗一世即位，她是虔誠的天主教徒，在位時期重用舊貴族和天主教高級教士。西元 1554 年，國會下令全英國恢復天主教信仰，並宣佈新教各派均為非法，英國天主教勢力一度恢復。

|　圖為瑪麗一世的畫像。

E 異端裁判

　　在亨利八世與王后凱薩琳離婚後，瑪麗一世作為凱薩琳的女兒，受到許多不公平的待遇。也正是瑪麗一世早年不幸的生活，造成她對新教的怨恨。西元 1555 年，瑪麗一世開始在國內鎮壓新教徒，並設立異端裁判法庭，殘酷鎮壓新教勢力。

|　圖為被關押在監獄裡的異教徒。

G 伊莉莎白一世

伊莉莎白一世是都鐸王朝的第五位，也是最後一位君主。她即位時，英格蘭正處於由宗教分裂引起的混亂狀態中，她不但成功地維持英格蘭的統一，更使英格蘭成為歐洲最強大且富有的國家之一。後世將伊

莉莎白一世所統治的近半個世紀稱為「伊莉莎白時期」，亦稱為「黃金時代」。

▎圖為伊莉莎白一世的畫像。

F 燒死異教徒

在瑪麗一世血腥統治期間，以異端罪名被燒死者多達 300 餘人，其中包括為她父親主持離婚判決儀式的克萊默。瑪麗一世的政策遭到國內各階層民眾的強烈反對，因此，在她妹妹伊莉莎白一世登基後，又重新恢復了亨利八世的宗教改革政策。

▎圖為被處以火刑的異教徒。

H 國王的權威

改革後的英國教會遂成為都鐸王朝專制統治的工具，國王成為教會最高領導者。但是，英國的這一連串宗教改革並不徹底，在十六世紀中葉，英國教會內部發起剷除天主教影響的「清教運動」，這些派系又被稱為「清教徒」。清教徒所代表的是資產階級和新貴族的利益，因此屢遭國家殘酷鎮壓，但清教徒的勢力依舊持續擴大。十七世紀中葉，資產階級舉著「清教」的大旗，掀起一場改變歷史的大革命。

▎圖為大臣簇擁下的伊莉莎白一世。

03 羊吃人的圈地運動

關鍵字：貿易發展、圈地運動

　　十五世紀末至十六世紀，隨著國際貿易的擴大，英國的毛紡織工廠開始迅速發展，市場上的羊毛價格猛漲，養羊業遂有利可圖。為了獲得更多的土地以從事養羊業，貴族開始強佔農民的份地及公有地，將強奪的土地圈佔為私有的牧場或農場，也就是英國歷史上的「圈地運動」。英國文藝復興代表人物湯瑪斯‧摩爾在《烏托邦》中提到，這是牧業對農業的侵佔，指責是「羊吃人」。但是，當此運動使大批喪失土地的農民成為一無所有的雇傭勞動者時，也成為英國累積資本的重要基石。

圈地運動

背景

1 十五世紀後，英國毛紡織業迅速發展，羊毛價格猛漲，需要大片土地養羊。

2 新航路開闢後，英國對外貿易急劇擴大，進一步刺激英國羊毛出口業和毛紡織業的發展。A

3 英國存在大量公有地。

4 資本主義地租的高額利潤刺激圈地運動的發展。B

5 政府支持圈地運動。西元 1593 年，國會廢除反圈地法令，引起圈地狂潮。

過程

1 在工商業發達的英國東南部農村，貴族地主首先開始圈佔公有土地。

2 隨後，貴族地主又圈佔小佃農的租地和自耕農的份地。

3 此後，其他貴族也相繼加入圈地行列，農民失去土地，為市場提供大量勞動力。

A 發達的對外貿易

新航路開闢後，英國羊毛出口和毛紡織業進一步發展。羊毛利潤的暴漲刺激養殖業的發達，英國的貴族地主見有利可圖，遂開始在農村中圈佔土地。

圖為十六世紀航海手冊的卷首插圖，畫中的兩個水手正拿著測深錘。十六世紀時，英國正處在大西洋航線的中心，對外貿易獲得極大的發展。

B 城市興起

十六世紀，英國工廠手工業興盛，城市興起，也因為城市對農產品的需求增加，導致圈地運動進一步高漲。此運動使許多小農的土地被圈佔，大量農民被迫與自己原本的生存資本分離，成為無產階級，他們必須依靠出賣勞動力才能生存，為市場提供勞動力來源。

圖為倫敦橋的入口處，背後就是貿易發達的倫敦。

04 海上霸權爭奪戰

關鍵字：英國、西班牙、海戰

　　都鐸王朝統治時期，英國政府推行重商政策，使得海外貿易迅速發展。但是，十六世紀的海上霸主本來是西班牙，英國海外貿易的發展導致二國之間的矛盾日益尖銳。在伊莉莎白女王統治時期，英國與西班牙之間展開了長達半個世紀的鬥爭。

　　十六世紀中葉，伊莉莎白女王鼓勵英國的海盜劫掠西班牙商船和西屬殖民地。十六世紀末，二國的鬥爭進入白熱化。西元 1588 年，爆發英西戰爭，西班牙的「無敵艦隊」在英吉利海峽被徹底打敗，從此喪失海上霸權，英國則成功奪得大西洋航線的控制權，侵略勢力開始滲透至美洲。

海上霸權爭奪戰	
背景	❶十六世紀時，英國海外貿易迅速發展。Ⓐ ❷西班牙獨佔美洲，掌握歐美之間的制海權。
前期	英國海軍力量較薄弱，主要劫掠西班牙商船和西屬殖民地。Ⓑ
後期	矛盾激化，雙方在英吉利海峽展開海戰。ⒸⒹⒺⒻⒼ
影響	❶西班牙喪失海上霸權。 ❷英國奪得大西洋航線的控制權，其殖民勢力開始滲透至美洲。

Ⓐ 遠洋商隊

圖中漂洋過海的大帆船就是英國的遠洋商隊。由於英國歷代君王皆推行重商政策，鼓勵海外貿易，所以在都鐸王朝時期，這種商船在海上隨處可見。亨利七世在位時期便透過頒發經營特許狀等措施鼓勵商人遠航，亨利八世和伊莉莎白統治時期也繼續沿用這些措施，推動英國海外貿易迅速發展。

Ⓑ 女王的海盜

伊莉莎白統治初期，英國的海軍力量比較薄弱，還不敢與西班牙的「無敵艦隊」公開較量。所以，女王便鼓勵英國海盜劫掠西班牙商船和西屬殖民地，以此打擊西班牙強大的海上勢力。

圖為英國海盜首領德雷克。他曾多次奉女王之命，襲擊西班牙商船，擄獲大量財富。西元 1577 年，德雷克成功完成環球航行，並在沿南美海岸航行時，大肆搶劫西班牙商船，這一行為得到女王的讚賞，德雷克因此被授予爵士頭銜。

ⓒ 處決瑪麗·斯圖亞特

在英國與西班牙爭鬥早期,伊莉莎白就利用西班牙與法國、尼德蘭之間的矛盾削弱西班牙的勢力。在尼德蘭革命爆發後,英國公開支持尼德蘭對抗西班牙;西班牙則扶持英國天主教勢力,企圖擁立瑪麗·斯圖亞特為新女王。但是,伊莉莎白女王率先洞察這一陰謀,於西元 1587 年下令以謀反罪處決瑪麗·斯圖亞特,英、西之間的矛盾就此激化。

| 圖為瑪麗·斯圖亞特被執行死刑的場景。

ⓓ 女王的鼓勵

瑪麗·斯圖亞特遭到處決一事,嚴重挑戰歐洲天主教會的權威,教皇因此頒發特別詔書,號召天主教徒與英國對抗。為了維護西班牙「海上霸王」的地位,同時也為了報復英國的搶劫之仇,西班牙國王腓力二世首先響應此號召,他為了遠征英國,特別整備了一支「無敵艦隊」。此時的英國也處於備戰狀態,伊莉莎白女王甚至親赴前線動員作戰。

| 圖為正在對士兵講話的伊莉莎白女王。

ⓔ 無敵艦隊

新航路開闢後,西班牙透過掠奪金銀財寶成為歐洲最富有的海上帝國。據統計,從西元 1545—1560 年間,西班牙海軍從海外運回的黃金多達 5500 公斤,白銀達 240000 公斤。至十六世紀末,世界貴重金屬中的 83% 皆為西班牙所得。在如此龐大的利益之下,西班牙組建了一支擁有 100 多艘戰艦、3000 餘門大炮、數以萬計士兵的海上艦隊,藉此保障其海上交通線及海外利益。在極盛時期,這支西班牙艦隊甚至擁有千餘艘艦船,橫行於地中海和大西洋,被西班牙驕傲地稱為「無敵艦隊」。

❺ 出海迎擊

西元 1588 年 7 月，腓力二世的「無敵艦隊」從里斯本港啟程，於 7 月 21 日逼近英國西南海岸擺開戰鬥隊形。英國也派出龐大艦隊，任命德雷克等人指揮，準備出海迎擊。7 月下旬，雙方艦隊在英吉利海峽相遇，形成對峙局面，英國與西班牙之間的海上霸權爭奪戰就此拉開序幕。

▌圖為英國、西班牙戰艦在英吉利海峽對峙的場景。

❻ 英西海戰

在英西海戰中，英國艦隊利用輕便靈活的戰船，採取機動戰術，使用遠射程大炮攻擊「無敵艦隊」。經過兩周的爭戰後，西班牙「無敵艦隊」遭到重創，幾乎全軍覆沒。「無敵艦隊」的毀滅代表了西班牙海上霸權地位不再，此後，西班牙便一蹶不振。戰後，英國一躍而成海上強國並大力發展海上貿易，推動本國資本主義的發展。

▌圖為被炮火圍攻的西班牙「無敵艦隊」。

05 法王的集權統治

關鍵字：強化君權、義大利戰爭

　　英法百年戰爭結束後，法蘭西逐漸形成民族國家，國家的統一和穩定促進資本主義的進一步發展，法國社會也開始經歷新的轉變。趨於衰落的貴族與新興資產階級都希望強化王權，以鎮壓下層人民的反抗，促使法國確立君主專制的制度。

　　法國的君主專制始於路易十一時期，在法蘭索瓦一世統治的前期明顯強化。西元 1539 年，法蘭索瓦一世頒佈《維萊科特雷法》，規定在官方文書中必須使用法語，不得再用拉丁語。但是，法國建立君主專制的過程並不順利，從西元 1494 年開始，綿延半個世紀的義大利戰爭嚴重延緩法國君主集權的進程。在此之後，法國國內的矛盾也日益加劇，陷入長達三十年的宗教戰爭。

法王的統治

背景	1 形成統一的民族國家。 2 貴族與新興資產階級渴望加強王權。
法蘭索瓦一世	1 法蘭索瓦一世：西元 1515—1547 年。Ⓐ 2 停止召開三級會議，設立御前會議掌管行政大權。Ⓑ 3 剝奪貴族司法審判權，著手創設常備軍。 4 控制本國教會。 5 鼓勵商業發展，支持人文學者的文化活動。
義大利戰爭背景	1 官僚機構和建立常備軍使法國財政負擔加重，因此覬覦富庶而長期分裂的義大利。 2 為鞏固法國在地中海的商業地位，法王渴望征服義大利。
義大利戰爭過程	1 第一階段：西元 1494—1508 年。西元 1494 年，法王查理八世入侵義大利，西元 1503 年底，法軍被西班牙逐出義大利。Ⓒ 2 第二階段：西元 1509—1515 年。教皇重訂「神聖同盟」，法國再次被擠出義大利。 3 第三階段：西元 1516—1547 年。法國為爭奪義大利主導權，和西班牙展開戰爭。Ⓓ 4 第四階段：西元 1548—1559 年。法國和西班牙簽訂《卡托—康布雷齊和約》，正式結束義大利戰爭。Ⓔ

Ⓐ 法蘭索瓦一世

法國在國王路易十一在位時，已著手強化君權，至法蘭索瓦一世統治時，法王已集大權於一身並控制本國的教會，使教會成為君主統治的御用工具。同時，法蘭索瓦一世還支持商業和文化事業的發展，這些政策都有助於樹立君主的權威。

| 圖為法蘭索瓦一世的畫像。

Ⓑ 強化君權

法蘭索瓦一世為了強化君權，不再召開三級會議，轉而設立御前會議掌握行政大權，重大問題皆由君主本人和近臣商討決策。此外，更取消有自治權的城市，進一步強化王權。

| 圖為法蘭索瓦一世的宮殿。

ⓒ 入侵義大利

法國一直覬覦富庶而長期分裂割據的義大利，西元 1494 年，法王查理八世率軍入侵義大利，義大利戰爭爆發。為了抵抗法國，教皇、威尼斯、米蘭、西班牙和神聖羅馬帝國於西元 1495 年結成「神聖同盟」，同年 7 月大敗法軍。法王路易十二登基後，破壞「神聖同盟」，轉而與西班牙結盟，又派兵先後佔領米蘭和拿坡里。但因分臟不均，西元 1503 年底被西班牙逐出義大利，結束第一階段的義大利戰爭。

| 圖為法國大軍入侵義大利的場景。

ⓓ 帕維亞戰役

西元 1509 年春天，第二階段的義大利戰爭開始，但在幾經戰鬥之後，法國再次被擠出義大利。西元 1515 年，法蘭索瓦一世即位並重啟戰端，進入義大利戰爭的第三階段，法國為爭奪義大利主導權，而和歐洲大陸霸權西班牙進行殊死較量，此時期主要是法蘭索瓦一世與西班牙國王查理五世之間的戰爭。西元 1525 年，法軍大敗於帕維亞，法蘭索瓦一世被俘，其獲釋後依舊繼續與西班牙鬥爭。

| 圖為法國、西班牙會戰於帕維亞。

ⓔ 結束戰爭

西元 1547 年，法蘭索瓦一世之子亨利二世繼位，義大利戰爭進入最後階段，亨利二世繼續反對西班牙國王查理五世。西元 1556 年，西班牙國王查理五世退位，戰爭成為亨利二世和西班牙國王腓力二世之間的對決。西元 1559 年 3 月 12 日，連綿達 65 年之久的義大利戰爭終於結束，亨利二世與腓力二世簽訂《卡托─康布雷齊和約》。

| 圖為法軍攻陷義大利北部城市的場景。

A.D. 1562   A.D. 1598

06 法國宗教戰爭

關鍵字：加爾文教、胡格諾戰爭

　　十六世紀中葉，法國開始流行加爾文教，又被稱為胡格諾教。信奉加爾文教的法國南部貴族們企圖利用宗教改革運動，以達到奪取羅馬教會地產的目的，但法國北部的貴族則是信奉天主教，二者之間因此產生嚴重的利益衝突。後來，宗教糾紛逐漸演變為兩個教派的貴族們爭權奪利的武裝衝突，最終導致法國長期內戰。西元 1562 年，爆發胡格諾戰爭。直到西元 1598 年，亨利四世頒佈寬容胡格諾派的《南特敕令》，正式承認一國兩教，歷時 36 年的宗教戰爭才終於宣告結束，這場宗教戰爭對法國的破壞程度，甚至遠遠超越英法百年戰爭。

法國宗教戰爭

背景	❶ 西歐宗教改革波及法國，形成新教。 ❷ 法王控制本國天主教會，迫害新教徒。
過程	❶ 第一階段：西元 1562—1570 年。西元 1570 年，法國卡特琳簽署《聖日耳曼敕令》，設立新教的設防安全區。Ⓐ ❷ 第二階段：西元 1572—1585 年。西元 1572 年，天主教派展開聖巴多羅買大屠殺，第二階段戰爭開始。西元 1577 年，兩派締結《貝日拉克和約》，新教徒的自由和權利遭到限制。Ⓑ ❸ 第三階段：西元 1585—1598 年。西元 1589 年，亨利四世即位。西元 1593 年，亨利四世重新加入天主教。西元 1598 年，亨利四世頒佈《南特敕令》，承認一國兩教，結束內戰。
影響	❶ 振興王權。 ❷ 打破天主教一統的局面。

Ⓐ 迫害新教徒

十五、十六世紀，人文主義思想和加爾文教迅速在法國傳播，加爾文教又被稱為胡格諾派。十六世紀中葉，新教勢力引起法王的恐慌，法王開始對新教徒實施迫害政策。西元 1559 年，法蘭索瓦二世繼位，實權落入軍功顯赫的吉斯家族手中，新舊教派之間的衝突越演越烈。西元 1562 年，吉斯公爵對在瓦西鎮的新教徒展開大屠殺，此事件遂成為胡格諾戰爭的導火線。

▎圖為被處以火刑的胡格諾派教徒。

Ⓑ 聖巴多羅買大屠殺

西元 1572 年，法國王室為結束宗教戰爭，決定與新教徒的首領納瓦爾國王亨利聯姻。就在眾人於巴黎歡慶婚禮之時，法國王太后卡特琳策畫了一場針對新教徒的大屠殺，就是歷史上著名的聖巴多羅買大屠殺。

▎圖為聖巴多羅買紀念日的前夜，新教徒被血腥屠殺的場景。

07 尼德蘭革命

關鍵字：尼德蘭、革命

　　「尼德蘭」意為低地，指的是萊茵河、斯海爾德河下游，及北海沿岸地勢低窪的地區，包括今日的荷蘭、比利時、盧森堡和法國北部的一小部分。十五世紀末期，尼德蘭處於德國哈布斯堡王朝的統治之下。十六世紀初，尼德蘭又轉而隸屬於西班牙的君主，由其派總督治理。

　　早在十三、十四世紀，尼德蘭的農牧業和工商業就相當發達，十六世紀時，尼德蘭已迅速發展資本主義經濟。尼德蘭經濟上的發達使西班牙將其作為重要的財政來源，進行殘酷的掠奪和統治，嚴重阻礙其生產力的發展。而後，隨著加爾文教的傳播和尼德蘭新興資產階級的形成，尼德蘭的革命一觸即發。

尼德蘭革命

背景	1 尼德蘭資本主義迅速發展。 2 加爾文教的傳播。 3 西班牙當局殘暴統治。ＡＢ
過程	1 革命前期：西元 1566—1568 年。西元 1566 年 8 月中旬，革命在弗蘭德爾市爆發，但由於貴族背叛，革命於西元 1568 年陷入低潮。Ｃ 2 北方的遊擊戰：西元 1569—1572 年。西元 1569 年，尼德蘭北方的民眾組織遊擊隊繼續戰鬥。西元 1572 年底，北方群眾在奧蘭治親王威廉的指揮下大敗西班牙軍隊，迫使其撤兵。Ｄ 3 南方抗爭：西元 1576—1578 年。西元 1576 年，革命中心轉移到南方。西元 1578 年 1 月，威廉被任命為西班牙副總督。1 月 31 日，西班牙軍隊大敗尼德蘭三級會議軍，形勢急轉。Ｅ 4 南北分裂和聯省共和國的誕生：西元 1579—1609 年。西元 1581 年，北方成立荷蘭共和國。西元 1609 年，西班牙與荷蘭共和國簽訂《十二年休戰協定》，承認此共和國。Ｆ
影響	1 嚴重打擊西班牙和羅馬天主教會，為資本主義的發展打下基礎。 2 成為英、法等國革命的先導。

Ａ 死亡的勝利

尼德蘭革命爆發的主要原因之一是西班牙當局的殘暴統治，當時的西班牙國王查理五世不僅對尼德蘭橫徵暴斂，而且還頒佈《血腥法令》，殘酷迫害新教徒。

圖為彼得勃魯·蓋爾十六世紀的《死亡的勝利》。

Ｂ 殘酷統治

在尼德蘭革命的前十年，尼德蘭的人民早已不滿西班牙哈布斯堡王朝統治。不滿的原因除了西班牙對當地居民徵收沉重的稅賦，西班牙更實施嚴格的羅馬天主教會統轄政策，並以西班牙宗教裁判所強制執行。

189

ⓒ 伯利恆的戶口調查

查理五世退位後，其子腓力二世即位，他再度重申西元 1550 年頒佈的《血腥法令》，大肆迫害革命者。面對統治者的殘酷迫害，尼德蘭人民終於在西元 1566 年爆發聲勢浩大的革命，以聖像破壞運動為開端，迅速蔓延到全國一半以上的地區。

| 圖為彼得·勃魯蓋爾的《伯利恆的戶口調查》，表面上看似取自《聖經》的故事，實際上乃是藉題發揮，揭露西班牙軍隊對尼德蘭的鎮壓。

ⓓ 北方遊擊隊

風起雲湧的革命運動使得西班牙當局非常震驚，也令貴族陷入恐慌，他們紛紛退出運動，使得革命陷入嚴重的危機之中。此時，北方各階層的人們組織遊擊隊，活躍在海上（自稱「海上乞丐」）和森林中（自稱「森林乞丐」），機動靈活地打擊敵人，而知名貴族奧蘭治親王威廉也發表聲明支持北方革命。西元 1572 年 7 月，荷蘭省的 12 個城市代表舉行會議，選舉奧蘭治親王為尼德蘭北方行省總督。同年底，西班牙軍隊在鎮壓北方革命時被打敗，被迫撤兵。

| 圖為彼得·勃魯蓋爾的《絞刑架下的舞蹈》，描繪遊擊隊戰鬥的場面。

ⓔ 南方抗爭

北方革命的勝利鼓舞了南方各省的民眾，西元 1576 年，布魯塞爾爆發抗爭，革命中心轉移至南方。同年 10 月，尼德蘭南、北方的代表在根特舉行三級會議，公佈《根特和解協定》，號召南北團結，共同進行反西班牙的鬥爭。西元 1577 年 10 月，布魯塞爾市民發動抗爭，三級會議任命奧蘭治·威廉為副總督。但在西元 1578 年 1 月 31 日，三級會議軍被西班牙新總督唐·約翰率領的軍隊打敗，形勢因此急轉。

| 圖為奧蘭治·威廉的畫像，他為尼德蘭的獨立付出巨大貢獻。

ⓕ 尼德蘭七省共和國

西元 1579 年，阿多瓦和海諾爾兩省的貴族叛變，成立「阿拉斯聯盟」，公開投降於西班牙。就在此時，北方六省也於西元 1579 年成立「烏特勒支同盟」，奠定荷蘭共和國的基礎。西元 1581 年，聯省共和國宣佈廢黜西班牙國王腓力二世，正式獨立。西元 1609 年，遭到內外夾攻的西班牙當局被迫與共和國談判，簽訂《十二年休戰協定》，西班牙正式承認共和國。尼德蘭北方的革命至此勝利，而尼德蘭南方則在後來分別形成比利時和盧森堡兩個國家。

08 三十年戰爭

關鍵字：國際關係、三十年戰爭

　　「三十年戰爭」是歐洲第一次大規模的國際戰爭。戰役一開始是神聖羅馬帝國的內戰，後來，西歐和北歐的主要國家也先後被捲入此場戰爭。三十年戰爭以波西米亞人民反抗奧地利帝國哈布斯堡王朝為開端，以哈布斯堡王朝戰敗，並簽訂《西發里亞和約》而告終結。其間斷斷續續進行三十年之久，戰後德意志分崩離析，法國則奪得歐洲霸權。

三十年戰爭	
背景	❶十三世紀後，在哈布斯堡王朝統治下的神聖羅馬帝國日益衰微。 ❷各邦諸侯在宗教糾紛的掩飾下，紛紛割據稱雄。
導火線	西元 1618 年，布拉格抗爭的新教徒將兩名大臣從窗戶扔出，史稱「布拉格拋窗事件」。Ⓐ
波西米亞	西元 1618—1624 年，波西米亞為爭取獨立，與神聖羅馬帝國進行一連串戰役，最後以波西米亞失敗而告終。Ⓑ
丹麥	西元 1625—1629 年，波希米亞的獨立戰爭演變為歐洲國際戰爭，荷蘭與丹麥結成反哈布斯堡聯盟。ⒸⒹ
瑞典	西元 1630—1635 年，瑞典為爭奪波羅的海，與神聖羅馬帝國發生戰爭，以哈布斯堡王朝獲勝而告終。Ⓔ
全歐混戰	西元 1636—1648 年，進入全歐混戰階段，法國與瑞典聯合對哈布斯堡王朝作戰，神聖羅馬帝國被擊潰。西元 1648 年，簽訂《西發里亞和約》，結束三十年戰爭。ⒻⒼⒽ
影響	❶德意志分崩離析。 ❷法國興起，成為歐洲霸主。 ❸荷蘭與瑞士獨立，荷蘭成為歐洲新任的海上霸主。

Ⓐ 布拉格拋窗事件

　　西元 1526 年，波西米亞被神聖羅馬帝國併吞，成為哈布斯堡王朝諸侯中勢力最強的領地。西元 1617 年，哈布斯堡家族的斐迪南受封為波西米亞國王，當時的波西米亞盛行新教，但斐迪南卻是狂熱的耶穌會分子，因此一上台便開始迫害新教徒。西元 1618 年，波西米亞人民在布拉格發動抗爭，新教徒衝入王宮將斐迪南派遣的兩名大臣從高窗扔出，史稱「布拉格拋窗事件」，這一事件遂成為三十年戰爭的開端。

▎圖為大臣被擲出窗外的情景。

Ⓑ 陷落的波西米亞

布拉格拋窗事件後，波西米亞成立臨時政府，宣佈波希米亞獨立，暫時擺脫哈布斯堡王朝的統治。西元 1620 年，神聖羅馬  帝國不甘失敗，斐迪南二世依靠德意志天主教同盟軍，再次入侵波西米亞。同年底，波西米亞和普法茨聯軍在布拉格附近的白山為天主教同盟軍所敗，波西米亞重歸哈布斯堡王朝統治。至此，戰爭的第一階段結束。

▎圖為被神聖羅馬帝國佔領的布拉格。

ⓒ 丹麥方面的戰爭

神聖羅馬帝國皇帝的勝利，引發其他國家參戰，波西米亞的獨立抗爭遂演變為歐洲國際戰爭。西元1625年，丹麥在英國與荷蘭的支持下，攻入帝國境內。西元1628年，神聖羅馬帝國皇帝雇用波西米亞貴族華倫斯坦的雇傭軍，先後擊敗英軍和丹麥軍，控制薩克森，丹麥被迫於西元1629年5月簽訂《盧貝克和約》，神聖羅馬帝國的勢力延伸至波羅的海。

圖為華倫斯坦雇傭軍與英國聯軍作戰的場景。

ⓓ 華倫斯坦

阿爾伯萊希特·華倫斯坦是一名德國化的捷克貴族，信奉天主教，且為三十年戰爭的神聖羅馬帝國軍事統帥。西元1625年，信奉新教的丹麥克利斯蒂安四世在英、法、荷三國的支持下，與新教聯盟共同向神聖羅馬帝國發動進攻。華倫斯坦帶領著軍隊北上，與巴伐利亞軍配合，使丹麥節節敗退。西元1627年9月，兩軍擊退丹麥，收復神聖羅馬帝國在德意志的領地。西元1628年，華倫斯坦被封為梅克倫堡大公，後來又被封為北海與波羅的海大元帥。但是，華倫斯坦的得勢逐漸引起神聖羅馬帝國貴族的不滿，西元1630年8月，華倫斯坦被解除職務，返回自己的封地。

ⓔ 瑞典方面的戰爭

神聖羅馬帝國和天主教同盟的勢力逐漸北進，促使瑞典加速軍事行動，並與法國結為同盟。西元1630年7月，瑞典國王古斯塔夫二世·阿道夫率軍進入波美拉尼亞，聯合勃蘭登堡和薩克森選帝侯，在德意志西部和南部接連取勝。西元1634年，神聖羅馬帝國聯合西班牙打敗瑞典軍隊，凱旋回到波羅的海沿岸。

圖為瑞典與神聖羅馬帝國聯軍交戰的場景。

⑥ 簽訂和約

早在西元 1640 年，德國方面就已發出和談建議，西元 1644 年，各國開始和談。西元 1648 年，正式簽訂《西發里亞和約》，此和約導致哈布斯堡王朝失去大量領地，也削弱其對神聖羅馬帝國各邦國的控制，使德國陷入割據分裂的時代。此後，法國、荷蘭、瑞典三大歐洲新霸主趁勢崛起。

| 圖為簽訂《西發里亞和約》的場景。

⑥ 全歐混戰

瑞典的戰敗使法國大為震驚，終於直接出兵，並聯合瑞典進攻神聖羅馬帝國，三十年戰爭正式進入全歐混戰階段。西元 1636─1637 年，西班牙與神聖羅馬帝國聯合出兵法國，為法軍所敗。西元 1643─1645 年，丹麥與瑞典開戰，丹麥戰敗求和。西元 1645 年，神聖羅馬帝國南部被法國、瑞典所佔。西元 1648 年，神聖羅馬帝國被迫求和，三十年戰爭結束。

| 圖為瑞典軍被法軍打敗的場景。

⑪ 《西發里亞和約》內容

1. 重申西元 1555 年的《奧格斯堡宗教和約》和西元 1635 年的《布拉格和約》依然有效。
2. 哈布斯堡皇室承認新教在神聖羅馬帝國內的合法地位。
3. 神聖羅馬帝國內各諸侯邦國可自定官方宗教。
4. 神聖羅馬帝國內各諸侯邦國不得對皇室宣戰
5. 正式承認荷蘭聯省共和國和瑞士為獨立國家。
6. 哈布斯堡皇室被迫割讓部分奧地利領地。
7. 法國獲洛林內梅林、圖爾、凡爾登三個主教區。
8. 瑞典獲西波美拉尼亞地區，和維斯馬城、不來梅一維爾登兩個主教區。
9. 普魯士獲東波美拉尼亞地區和馬格德堡主教區。
10. 薩克森獲路薩蒂亞地區。
11. 普法茨公國一分為二，上普法茨與巴伐利亞合併，下普法茨維持獨立。
12. 聖羅馬帝國皇帝選舉不得在現任皇帝在世時進行。
13. 法國和瑞典在神聖羅馬帝國議會中享有代表權。

第 **8** 章

專制下的曙光
英國革命

The Illustration
History Of
Europe

　　十七世紀時，隨著市場擴大和財富增加，英國資本主義得進一步發展，資產階級和新貴族勢力大大增強，但當時斯圖亞特王朝的專制統治已成為資本主義的絆腳石。西元 1640 年，查理一世為了籌措軍費而鎮壓叛亂，被迫重新召開議會。資產階級和新貴族藉機聯合，利用議會與國王進行抗爭，爆發英國內戰。西元 1688 年，資產階級成功建立新政府，稱為「光榮革命」。此場革命不僅為英國資本主義掃除障礙，更揭開歐洲革命運動的序幕，成為世界近代史的開端。

01 革命前的英國

關鍵字：資本主義發展、矛盾激化

十五世紀末至十七世紀初，隨著英國海外貿易的發展和資本的累積，英國國內的資本主義迅速發展，形成資產階級新貴族。但在十七世紀時，斯圖亞特王朝厲行專制，波及資產階級的利益，宗教專制政策也進一步激化階級矛盾，最終導致西元 1640 年的英國內戰。

英國革命背景

經濟

1 圈地運動為英國的資本主義發展提供勞動力，促使英國的傳統農業轉向資本主義農業，並為之後的工業發展提供原料和市場。

2 十七世紀初，英國的舊工業和新工業皆迅速發展。Ⓐ

3 對外貿易發展迅速。Ⓑ

政治

1 新興資產階級提出強烈的政治訴求。

2 資產階級和新貴族日益壯大，他們不再甘心忍受專制君主的統治，與君主之間的矛盾日益擴大。Ⓒ

宗教

1 資產階級和新貴族逐漸感到英國國教不利於他們的發展，要求清除國教中的天主教，贊同這個主張的被稱為「清教徒」。Ⓓ

2 宗教專制激化階級矛盾。Ⓔ

Ⓐ 繁榮的倫敦橋

十六世紀至十七世紀初，英國的貿易發展迅速，倫敦成為當時最重要的出口中心。十六世紀末，英國更排擠漢薩同盟的商人，將對外貿易的主導權掌握在本國手中。同時，為了發展外貿，英國還成立許多擁有政府特許狀的股份貿易公司。

| 圖為十七世紀時倫敦橋上繁忙的景象。

Ⓑ 海外貿易

十七世紀時，英國已擁有廣大的海外殖民地，而市場的擴大亦促進國內工廠的迅速發展。隨著資本主義經濟的發達，資產階級和新貴族也開始要求政府在經濟上實行有利於資本主義的政策。而此時的君主專制統治則成為資本主義的最大障礙，也是英國內戰爆發的根本原因。

| 圖為英國開拓海外殖民地的場景。

◉ 專制統治

西元 1603 年，都鐸王朝的統治者伊莉莎白去世，遂由詹姆士一世展開斯圖亞特王朝。他鼓吹「君權神授」，在政治上實行專制統治，且不重視海外貿易，大大阻礙英國資本主義的發展。而後，查理一世繼位，依然獨斷專行，致使英國社會矛盾迅速激化，埋下英國內戰的伏筆。

▎ 圖為詹姆士一世的畫像。

◉ 清教徒

十六世紀下半葉，英國資產階級和新貴族日益壯大，他們為了反抗君主專制的剝削和壓迫，要求掃除國教中的天主教，這些「不從國教者」所開展的活動，被稱為「清教運動」。而加爾文所提倡的「預定論」、「信仰得救」等主張與資產階級和新貴族的利益相符，因而成為清教徒的理論基礎。清教徒主張宗教信仰自由，要求推翻暴君；強調節儉，以勤奮獲取財富；要求掃除一切偶像崇拜的儀式。

◉ 火藥陰謀

英國的清教發展於十六世紀後期，旨在抨擊貴族和教士的奢侈浪費、道德敗壞，成為英國資產階級思想的基礎。十七世紀時，清教徒在英國下議院佔有很大一部分的席位。而在清教徒的要求下，英國頒佈排斥天主教會神職人員的法令，使得天主教會憤怒至極，導致部分激進人士圖謀炸毀議會，被稱為「火藥陰謀」。後來，雖然陰謀被告發，參與者遭到處決，但是，連番的宗教矛盾也成為爆發內戰的另一個重要原因。

▎ 圖為「火藥陰謀」的參與者。

02 英國內戰與建立共和國

關鍵字：英國內戰、共和國

　　十七世紀中葉以前，英國資產階級與君權之間的矛盾日益尖銳，英國內戰形勢逐漸形成。西元1640年，查理一世為了籌措軍費而召開議會，使得情勢進一步惡化，反對派代表佔多數的新國會藉此機會與國王展開鬥爭，查理一世在抗爭中黯然離開倫敦。貴族對此表示不滿，於西元1642年向國會宣戰，英國內戰因此爆發。內戰結束後，英國建立共和國，由兩派共同執掌國家權力，分別是代表中等貴族和資產階級利益的圓顱黨（議會派），和代表貴族利益的保王黨（騎士黨）。

英國內戰	
戰爭之前	1 蘇格蘭爆發抗爭，查理一世為籌措軍費而召開「長期議會」。Ⓐ 2 革命開始之前，「長期議會」已展開反抗王權的抗爭。ⒷⒸ
第一次內戰	西元1642—1646年 1 第一階段：圓顱黨失利，查理一世退回牛津，準備來年再戰。Ⓓ 2 第二階段：圓顱黨重組軍隊，打敗保王黨。ⒺⒻⒼ
政治鬥爭	西元1646—1648年 1 保王黨與圓顱黨鬥爭。Ⓗ 2 圓顱黨與平等派鬥爭。 3 圓顱黨與平等派重新聯合。
第二次內戰	西元1648—1649年 1 議會與軍隊之爭。 2 保王黨叛亂，內戰再起。 3 保王黨失敗，內戰結束。Ⓘ 4 西元1649年，議會宣佈英國為共和國。Ⓙ

Ⓐ 召開長期議會

查理一世時期，英國王室債台高築。為了解決財政困難，他不經議會通過便強行徵收捐稅，此舉導致英國人民不滿。此時，蘇格蘭爆發抗爭，查理一世為了籌措軍費，遂於西元1640年召開議會。此屆議會持續至西元1653年，史稱「長期議會」，也是英國內戰的開端。

| 圖為西元1635年查理一世的畫像。

Ⓑ 審判斯特拉福德

長期議會開始後，許多反對保王黨人士當選議員。這些議員不僅抨擊國王的政策，還先後逮捕國王的寵臣斯特拉福德伯爵和勞德大主教，前者

更於西元1641年被處以極刑。此外，議會還通過了《三年法案》，撤銷君主專制的特權機構，以法律正式限制王權，初步建立後來的君主立憲原則。

| 圖為斯特拉福德被斬首的場景。

C 倫敦的勝利

議會在取得一連串的成功後，於西元 1641 年 11 月通過《大抗議書》，要求工商業自由、政府對議會負責等。而查理一世不僅拒絕批准《大抗議書》，更於西元 1642 年 1 月率人逮捕反對派領袖皮姆、漢普頓等人。但在倫敦群眾的反對下失敗，查理一世被迫離開倫敦，北上約克城。西元 1642 年 8 月，查理一世在諾丁漢挑起第一次內戰。

圖為查理一世到議會逮捕反對派領袖的場景。

D 圓顱黨失利

1 西元 1642 年 9 月 9 日，圓顱黨總司令埃塞克斯伯爵三世統率大軍從倫敦向北進攻，到達北安普敦。

2 西元 1642 年 10 月 23 日，雙方在埃吉山開戰，不分勝負。

3 西元 1643 年 10、11 月，王軍攻佔牛津，威脅倫敦。

4 西元 1643 年底，王軍已佔領英國一半以上的國土。

E 馬斯頓荒原之戰

在圓顱黨節節失利的情況下，軍中出現了一位傑出將領——克倫威爾，他組建了一支由許多平民百姓組成的軍隊。這支軍隊英勇善戰，逐步成為圓顱黨的主力。西元 1644 年，圓顱黨形勢好轉，7 月初，圓顱黨與王軍在馬斯頓荒原展開首次大規模會戰，圓顱黨大獲全勝，扭轉戰爭以來連續失利的局面，從此掌握主導權，此役也成為英國內戰的轉捩點。

圖為兩軍作戰的場景。

F 新模範軍

馬斯頓荒原之戰後，圓顱黨乘勝攻下北部地區，但由於圓顱黨的領導者貽誤戰機，使得王軍獲得喘息之機。以克倫威爾為首的圓顱黨軍官對保王黨的作戰不力提出抗議，在圓顱黨議員和廣大民眾的壓力之下，議會被迫改組軍隊。西元 1645 年，下議院通過《新模範軍法案》，建立一支新模範軍，任命湯瑪斯・費爾法克斯為總司令，克倫威爾為副總司令兼騎兵司令。自此之後，圓顱黨遂掌握軍隊實權。

圖為新模範軍的騎兵。

Ⓖ 納斯比之戰

在圓顱黨掌握軍權後，便開始採取主動進攻的戰略。西元 1645 年 4 月，圓顱黨統帥費爾法克斯率兵進攻國王的大本營——牛津。6 月 14 日，雙方在納斯比附近展開決戰。在此次戰役中，圓顱黨集結了 14000 人，王軍則只拼湊了 7500 人。這次戰役，王軍主力遭到毀滅性攻擊，從此一蹶不振。戰後，圓顱黨繼續對王軍殘部窮追猛打，於西元 1647 年攻佔王軍在威爾士的最後一個據點，查理一世也被囚禁於此，結束第一次英國內戰。

▎圖為納斯比之戰的作戰場景。

Ⓗ 圓顱黨

圓顱黨發跡與最盛時期約為西元 1642 －1651 年，也就是英國內戰時期。該黨的最大特色便是身為清教徒的這些國會議員皆將頭髮理短，外貌與當時的權貴極為不同。由於沒有長捲髮或配戴假髮，頭顱相較之下顯得很圓，因而得名。

▎圖為圓顱黨員的畫像。

Ⓘ 審判查理一世

第二次內戰期間，下議院掃除了主張與查理議和的和平派，之後的議會被稱為「殘缺議會」。內戰結束後，「殘缺議會」審判查理一世，以背叛國家和人民的罪名判處死刑。此時，英國實質上已成為共和國。

▎圖為查理一世在威斯敏斯特大廳受審的場景。

Ⓙ 掌權的克倫威爾

西元 1649 年 5 月，英國議會通過正式法案，宣佈英國為共和國，同時還成立國務議會處理行政事務，議會的大部分成員都是圓顱黨的領導者，共和國的權力遂掌握在圓顱黨的資產階級和新貴族手中。共和國的成立代表英國革命已發展到頂峰，但是以克倫威爾為首的圓顱黨在掌權後，卻開始鎮壓民間的民主力量，使英國革命又走上回頭路。

▎圖為西元 1649 年的克倫威爾。

03 克倫威爾的獨裁統治

關鍵字：克倫威爾、護國公制

　　英國的共和國建立後，圓顱黨不但沒有採取有效的措施以改善人民的生活狀況，反而繼續增加賦稅，引起人民的強烈不滿。為了爭取政治和經濟上的權利，以平等派和挖掘派為代表的民眾相繼展開鬥爭，但都被圓顱黨鎮壓。其後，圓顱黨的克倫威爾為了鞏固其統治地位，又發動征討愛爾蘭和蘇格蘭的戰爭。在戰爭勝利後，克倫威爾建立護國公制，開始個人獨裁統治。克倫威爾死後，其子繼任護國公，但無力維持其父的統治，被迫退位。而後，英國只能復辟斯圖亞特王朝，以求社會穩定。

克倫威爾

共和國初期	1 平等派和挖掘派對立。Ⓐ
	2 平等派在倫敦、牛津發動抗爭。
	3 挖掘派開墾荒地。
對外征服	1 西元 1649—1652 年，克倫威爾遠征愛爾蘭。
	2 西元 1650—1651 年，克倫威爾率軍征服蘇格蘭。ⒷⒸ
護國公制	1 克倫威爾權勢高漲，於西元 1653 年，建立護國公制。ⒹⒺ
	2 西元 1655 年，平定保王黨叛亂，建立軍區。
	3 西元 1658 年，克倫威爾去世。Ⓕ

Ⓐ 平等派與挖掘派

平等派代表小資產階級的利益，領袖為李爾本，其理論基礎是人民主權說和自然權說。共和國成立後，平等派依然繼續實現他們的理想，與新的當權者抗爭。西元 1649 年春季，平等派在倫敦和牛津發動抗爭，但均遭鎮壓，平等派也逐漸衰落，但其學說對後世的民主思想具有一定影響。挖掘派屬於烏托邦社會主義，代表貧農和部分城市貧民的利益，領袖為溫斯坦利。該派主張消滅土地私有制，實現社會平等。共和國建立後，在溫斯坦利和埃弗拉德的領導下，挖掘派在倫敦附近聚集，共同開墾荒地，並得到許多地方民眾的支持。

Ⓑ 頓巴爾之戰

西元 1649 年，克倫威爾在鎮壓平等派的抗爭後，開始遠征愛爾蘭。在佔領愛爾蘭沿海一帶的城市後，又率兵征討蘇格蘭。西元 1650 年，英軍與蘇格蘭軍在頓巴爾不期而遇。雖然英軍在數量上遠遠少於蘇格蘭軍，但在克倫威爾的指揮下，驍勇善戰的英軍仍然擊敗了蘇格蘭，頓巴爾之戰也成為戰爭史上以少勝多的經典戰例。

圖為頓巴爾之戰中兩軍對峙的場景。

201

ⓒ 征服蘇格蘭

西元 1645 年春天,查理·斯圖亞特在蘇格蘭組織了一支新軍隊,攻入英國境內。此時,正在蘇格蘭戰鬥的克倫威爾聞訊,馬上揮師南下追擊蘇格蘭軍。西元 1651 年 9 月 3 日,雙方在伍斯特交戰。在這場戰役中,克倫威爾徹底擊敗蘇格蘭軍,使蘇格蘭成為英國殖民地,也讓克倫威爾的聲望到達頂點。

| 圖為查理一世在蘇格蘭加冕的畫像。

ⓔ 護國公制

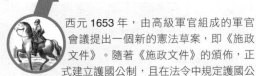

西元 1653 年,由高級軍官組成的軍官會議提出一個新的憲法草案,即《施政文件》。隨著《施政文件》的頒佈,正式建立護國公制,且在法令中規定護國公擁有對國務會議委員的任免權和最高行政決定權。因此,雖然護國公在形式上受到國務會議的限制,但實際上,護國公的權力已超越議會和國務會議。由於行政和立法權都掌握在護國公手中,而克倫威爾又掌握了軍事權,所以護國公制其實就是軍事獨裁制度,與君主專制沒有差別。

ⓓ 殘缺議會

一連串的戰爭告捷使得克倫威爾的權力日益增加,但國內中下層人民依舊對政府有許多不滿。即使在圓顱黨議員佔多數的「殘缺議會」中,也有少數激進的議員不願順服。有鑒於此,克倫威爾為了維護既得利益和防止中下層人民反抗,遂決定建立一個強而有力的政權,也就是「護國公制」。

| 圖為克倫威爾召開議會的場景。

ⓕ 克倫威爾生平

1 西元 1599 年,出生於英國亨廷登。

2 西元 1628 年,擔任亨廷登議員。

3 西元 1640 年,擔任劍橋郡議員。

4 西元 1644 年,領導馬斯頓荒原之戰。

5 西元 1645 年,議會授權建立新模範軍。

6 西元 1646 年,成為國會軍中最有威望的軍事指揮。

7 西元 1651 年,殲滅蘇格蘭軍,佔領蘇格蘭。

8 西元 1653 年,自命為大不列顛的護國公。

9 西元 1658 年,病逝於白廳。

04 王政復辟與光榮革命

關鍵字：復辟、光榮革命

　　克倫威爾去世後，高級軍官和議會之間展開了你爭我奪的權力鬥爭，英國政局再次陷入動盪。為了穩定社會秩序，新貴族和資產階級決定恢復君主統治，於是便與流亡法國的查理‧斯圖亞特達成復辟協定。西元 1660 年，查理回到倫敦即位，即查理二世，英國斯圖亞特王朝正式復辟。查理二世死後，其弟詹姆斯繼位，即詹姆斯二世。但是，信奉天主教的詹姆斯二世引發社會各階層的強烈不滿。西元 1688 年，議會中的輝格黨和托利黨發動「光榮革命」，廢黜詹姆斯二世，迎接其女兒瑪麗和女婿威廉，尊為英國女王及英國國王，正式確立英國君主立憲制。

君主復辟與光榮革命

復辟	1 西元 1660 年，查理二世即位，君主制復辟。🅐🅑
	2 出現輝格黨和托利黨。🅒
光榮革命	1 西元 1685 年，詹姆斯二世即位。🅓
	2 西元 1688 年，光榮革命。🅔🅕
	3 西元 1689 年，通過《權利法案》代表正式確立君主立憲制。

🅐 復辟後的舞會

西元 1660 年，新貴族和資產階級請求駐紮在蘇格蘭的蒙克將軍南下恢復秩序。在蒙克的授意下，查理發表《不列達宣言》，宣佈實行大赦免，宗教上則採取寬容政策。5 月，查理登上王位，稱查理二世，斯圖亞特王朝復辟。王政復辟後，議會又通過《人權保護法》，限制統治階級的胡作非為和任意迫害人民的行為。

　圖為英國王室在海牙舉辦的慶祝復辟舞會。

🅑 受到限制的君權

復辟後的君主制受到議會極大的限制，已無法再恢復革命前的君主專制。但在查理二世即位初期，以其為首的統治者仍有逐漸加強專制統治的傾向。在政治上，查理二世將不同政治態度的人都任命為最高領導機構——樞密會議的成員；在宗教上，任命一些非國教徒擔任教會領導職務，企圖取悅非國教徒，以加強君主專制。但王黨分子倒行逆施的政策，使其喪失人心，最終導致斯圖亞特王朝垮台。

　圖為查理二世的畫像。

ⓒ 輝格黨和托利黨

在西元 1679—1681 年所召開的議會中，議員們對於查理二世的弟弟詹姆斯公爵是否有權繼承王位產生嚴重分歧。「輝格黨」議員認為，信奉天主教的詹姆斯公爵無權繼承王位，他們提出《排斥法案》，主張將詹姆斯公爵排除在繼承權之外；而「托利黨」議員則主張詹姆斯公爵有繼承權。「輝格」一詞來源於蘇格蘭的蓋爾語，意為盜馬賊；「托利」一詞則來源於愛爾蘭語，意為不法之徒。這兩個派別的分歧代表當時英國不同階級的利益和政治觀點，輝格黨代表金融資本家、商人及部分土地所有者的利益，主張限制王權；而托利黨則代表土地所有者和英國國教高層教士的利益，主張加強王權。

ⓓ 詹姆斯二世

西元 1685 年，查理二世去世後，其弟詹姆斯即位，為詹姆斯二世。詹姆斯是狂熱的天主教徒，即位之初就決定賜予天主教徒信仰自由和平等的權利。但英國自宗教改革以來就有反天主教的傳統，詹姆斯二世的政策引起民眾不滿。西元 1688 年，不滿情緒爆發，英國各政治派別和宗教人士發起推翻詹姆斯二世統治的「光榮革命」。

| 圖為詹姆斯二世的畫像。

ⓔ 國王出逃

西元 1688 年 6 月，詹姆斯得子，其信仰國教的女兒瑪麗的即位希望破滅。而輝格黨和托利黨為了防止天主教徒繼承王位，遂出面邀請詹姆斯二世的女兒瑪麗和女婿——荷蘭執政奧蘭治親王威廉入主英國。威廉接受邀請，於西元 1688 年 11 月率軍登陸托爾灣，12 月進入倫敦。詹姆斯二世得到消息後，隨即逃往法國。

| 圖為逃出王宮的詹姆斯二世，正乘船渡過泰晤士河。

ⓕ 光榮革命

威廉進入英國後，即位為英國國王，稱威廉三世。由於這場革命並未流下任何一滴血，因此被稱為「光榮革命」。在這次革命後，英國逐漸建立起君主立憲制原則。同時，這場革命也使得資產階級與大地主相互妥協，在這之後的英國政權雖仍被地主們掌控，但他們卻不得不實行有利於資本主義發展的政策。

| 圖為威廉三世和他的妻子瑪麗二世。

05 十七世紀的英國文化

關鍵字：約翰‧彌爾頓、詹姆斯‧哈林頓

　　英國革命爆發後，傳統思想觀念遭受動搖，理性主義逐漸萌芽滋長，各種思想潮流和理論蓬勃發展。但在護國公制建立後，圓顱黨鉗制了言論自由，只有資產階級的思想得以公開傳播，而平等派和挖掘派的思想受到扼殺，只能以隱蔽的形式傳播。

　　西元 1660 年，在君主制復辟後，君主專制思想雖一度死灰復燃，但終究敵不過強大的資產階級思想。「光榮革命」後，資產階級和新貴族終於聯合擊敗專制勢力。經過一個世紀的漫長發展，資產階級的思想體系更臻完善成熟。

十七世紀英國文化的發展

背景	1 英國內戰爆發，封建專制制度被推翻。
	2 理性主義迅速滋長。
代表人物	1 約翰‧彌爾頓：西元 1608—1674 年。主張言論自由和主權在民，代表作有《論出版自由》、《失樂園》。Ⓐ Ⓑ
	2 詹姆斯‧哈林頓：西元 1611—1677 年。提出政治權力與經濟權力相平衡的理論，代表作有《大洋共和國》。Ⓒ

Ⓐ 約翰‧彌爾頓

英國內戰爆發前，彌爾頓就已發表大量詩歌和政論文章，抨擊英國國教主教制。西元 1644 年，為反對言論鉗制，彌爾頓撰寫《論出版自由》一書，認為言論自由是共和制度的必要條件。西元 1651 年，彌爾頓發表《為英國人民聲辯》，主張人民的主權應高於國王的權力。在王政復辟後，彌爾頓的書被焚毀，他轉而從事文學創作，以詩篇《失樂園》最為著名。

圖為約翰‧彌爾頓的畫像。

Ⓑ 失樂園

西元 1667 年，約翰‧彌爾頓的《失樂園》問世，內容取自《聖經‧舊約》中，撒旦反抗上帝，後被忠於上帝的天使打敗，最後墮入地獄的故事。在此詩中，上帝被描繪為獨斷的暴君，而撒旦則是愛好自由，具有反抗精神的人。作者借用撒旦的故事來表達對王政復辟的憤慨之情。

圖為《失樂園》中的插圖，站在後方有如魔鬼一般的人就是撒旦。

Ⓒ 詹姆斯‧哈林頓

詹姆斯‧哈林頓提出政治權力與經濟權力相平衡的理論，他認為當政治權力和財產權相一致時，政府就可以穩固統治。當這種平衡被破壞時，政府就只能靠武力才能建立秩序。而英國內戰正是經濟平衡被打破的結果，內戰後掌握經濟權力的人，也必然會掌握政治權力。哈林頓在《大洋共和國》一書中論述此種理論，對後世產生很大的影響。

06 光榮革命後的英國政治

關鍵字：內閣制、議會

　　「光榮革命」後，英國建立起君主立憲制，國家的實際權力轉移到議會手中。而後，在英國政治不斷發展的進程中，逐漸形成內閣制，但在西元 1714 年以前，內閣還不是一個正式的法定組織，它只是少數主要大臣參加的一種會議。

　　後來，由於君主權力受到限制，輝格黨也逐漸在政治舞台中佔有優勢，輝格黨領導人沃波爾甚至在議會中扮演近似於首相的角色。在輝格黨執政期間，英國實行積極的財政政策，經濟穩健增長。

　　十八世紀，與英國爭奪殖民地的主要敵手是法國。而在英國與法國的殖民爭奪戰中，英國最後戰勝法國，證明民主政治體制的優越性。

君主立憲制

君權衰落	1 西元 1689 年，議會制訂一系列法案以限制國王軍權。 Ⓐ 2 西元 1701 年，議會通過《王位繼承法》。 Ⓑ
內閣制	1 西元 1540 年，樞密院成立。 2 查理二世在位時，常召集樞密院少數重要大臣商討政策。 3 威廉三世時，經常召開內閣會議商討外交政策。 4 安妮女王時，內閣所通過的決定不再受到國王干涉。 5 漢諾威王朝時，國王不再出席內閣會議。 Ⓓ
議會權力	1 西元 1694 年，《三年法》規定議會至少每三年召開一次，正式規定議會召開時間。 2 改善議會選舉制度。 3 輝格黨具有政治優勢。
內外政策	1 首相沃波爾的國內政策。 2 英格蘭和蘇格蘭合併。 Ⓒ 3 西班牙王位繼承戰爭。 ⒺⒻ 4 歐洲七年戰爭。

Ⓐ 確立君主立憲制

西元 1702 年，威廉三世病逝，王位傳於瑪麗二世的妹妹安妮。此時，英國資產階級和土地貴族的勢力正逐漸擴大，他們透過議會的許多法案限制國王權力，逐漸形成國王「統而不治」的君主立憲制。在這一過程中，國王的權力逐漸被削弱，而議會則成為英國權力最高的政治機構。

| 圖為安妮女王的畫像。

Ⓑ 王位繼承法

　　在英國建立立憲君主制的過程中，西元 1701 年的《王位繼承法》具有重要意義。《王位繼承法》除了規定有關王位繼承的事項外，還規定國王所頒佈的任何法令都必須由同意該決定的樞密院成員簽署。此外，該法案還規定法官的更動權不再屬於國王，而屬於議會，凡被議會定罪者，國王都不能任意赦免。這些規定確立了議會高於王權、司法獨立於王權的原則，同時，也防止國王的專斷獨行。這一規定也使中世紀以來盛行的「國王不可能犯錯」原則有了新的解釋，即國王的錯誤應由簽署國王決定的大臣負責，確立追究國王錯誤的法律根據。

ⓒ 大不列顛王國

西元 1603 年，詹姆斯一世即位為英國國王，同時也是蘇格蘭國王，稱詹姆斯六世。而後，兩國共有一個君主，但蘇格蘭仍保持其獨立地位。在此後的一百年中，英國多次試圖合併英格蘭和蘇格蘭，但均未成功。威廉三世統治時期，議會提出英格蘭和蘇格蘭的合併議案。西元 1707 年，議案獲得雙方通過，英格蘭和蘇格蘭議會合一，兩國合併為大不列顛王國，但蘇格蘭仍保有自己的法律和宗教。

▌圖為蘇格蘭接受安妮女王的場景。

ⓓ 內閣制

內閣制是英國政治長期發展的產物，早期內閣指的是樞密院內部的小集團，由最有勢力的成員組成。威廉三世統治時，就經常召開內閣會議徵求大臣們的意見。安妮女王統治時，雖然經常參加內閣會議，但很少過問政事。到漢諾威王朝時，國王不出席內閣會議已成為慣例，最高行政權從國王轉移至內閣。

▌圖為漢諾威王室的第一個國王——喬治一世。

ⓔ 西班牙王位繼承戰爭

西元 1700 年，西班牙國王查理二世死後無嗣，為了爭奪西班牙王位的繼承權，歐洲各國之間展開激烈鬥爭，敵對雙方各自與友好國家結成同盟，形成兩派陣營。法國、西班牙、巴伐利亞、科隆、數個德意志邦國和薩伏依組成同盟；而神聖羅馬帝國、英國、荷蘭、勃蘭登堡、葡萄牙、數個德意志小邦國及大部分義大利城邦則組成反法同盟。西元 1702 年 5 月，反法同盟正式對法國宣戰。

▌圖為西元 1702 年，英國海軍上將在西班牙卡塔赫納港口指揮英軍作戰的場景。

ⓕ 烏特勒支條約

西元 1710—1714 年，反法盟軍雖有兵力上的優勢，卻不再主動進攻法國，雙方只打消耗戰，避免再度決戰。西元 1710 年，安妮女王任命托利黨人參與政府組織，托利黨人政府隨即與法國進行和談。西元 1711 年 12 月，雙方達成初步協定。西元 1713 年，法國與除了奧地利以外的反法同盟在烏特勒支訂立和約，條約中規定：法國承認英國新教國王的繼承權；割讓紐芬蘭、新斯科舍和哈德遜灣給英國；西班牙割讓直布羅陀、米諾卡島給英國；西班牙與英國訂立協議，規定英國有權每年將一船非洲黑人奴隸運往西屬美洲殖民地。《烏特勒支條約》使英國的國際地位進一步提升，隨後法國和西班牙又與反法同盟簽訂許多條約。西元 1715 年，西班牙王位繼承戰爭正式結束。

07 大英帝國的海上霸權

關鍵字：海上霸權、英荷戰爭

　　十六世紀上半葉，葡萄牙和西班牙是世界上最強大的商業殖民帝國。為了爭權奪利，兩國展開激烈的鬥爭，最後，葡萄牙失敗，地位一落千丈。但在十七世紀的尼德蘭革命後，西班牙也在失去霸主的地位，荷蘭取代其成為貿易強國。荷蘭的崛起引來英國、法國的奪位，十七世紀下半葉，英國擊敗荷蘭，導致荷蘭喪失海上霸權。其後，英國與法國展開長期鬥爭，最後法國慘敗，英國一躍成為世界上最強大的殖民帝國。

十七、十八世紀的海上爭霸

西班牙與葡萄牙	**1** 十六世紀，西班牙與葡萄牙展開海上霸權爭奪戰，西班牙獲勝。西元 1580 年，西班牙吞併葡萄牙。
	2 西元 1640 年，葡萄牙恢復獨立，但地位一落千丈，許多海外殖民地皆被荷蘭奪走。
英國與荷蘭	**1** 西元 1652—1654 年，第一次英荷戰爭。🅐🅑
	2 西元 1665—1667 年，第二次英荷戰爭。🅒🅓
	3 西元 1672—1674 年，第三次英荷戰爭。🅔🅕

🅐 導火線

十七世紀時，壟斷海上貿易的荷蘭成為英國拓寬海外市場的最大阻礙。在克倫威爾當政時期，便十分重視海軍建設，並成立「海軍委員會」。西元 1651 年，英國頒佈挑釁性質的《航海條例》，引起英國、荷蘭之間的摩擦，戰爭一觸即發。

| 圖為英國海軍將領布萊克。西元 1652 年，他與荷蘭軍在多佛爾海峽激戰，為第一次英荷戰爭的導火線。

🅑 第一次英荷戰爭

西元 1652 年 7 月 8 日，英國向荷蘭宣戰。戰爭初期，兩國艦隊在多佛爾、英吉利海峽及北海多次交戰，互有勝負，但裝備先進火炮的英艦隊逐漸佔據優勢。西元 1653 年春，英艦隊在波特蘭海戰中擊敗荷艦隊。同年 6 月，英海軍封鎖荷蘭。7 月 31 日，雙方在荷蘭泰瑟爾島海域激戰，荷蘭艦隊敗北。西元 1654 年 4 月，兩國締結《威斯敏斯特和約》，荷蘭被迫承認《航海條例》。在這場戰爭中，裝備落後和指揮不力是荷蘭艦隊戰敗的主要原因。

| 圖為第一次英荷戰爭中的戰船。

C 第二次英荷戰爭背景

雙方國內形勢	1 英國：查理二世即位後，頒佈苛刻的《航海條例》，向荷蘭展開攻勢。克倫威爾的長期征戰使英國債台高築，海軍預算不足，削弱海軍戰鬥力。 2 荷蘭：改組海軍，重整戰略，並建造大型戰艦。
雙方戰前行動	1 西元 1663 年，英國進攻荷蘭在非洲西岸的殖民地，並於西元 1664 年成功佔領。 2 西元 1664 年，英國佔領荷蘭在北美的新阿姆斯特丹，並將此地重新命名為紐約。 3 西元 1664 年，荷蘭收復被英國佔領的原荷屬西非據點。

D 第二次英荷戰爭

西元 1665 年 2 月 22 日，荷蘭正式向英國宣戰，第二次英荷戰爭爆發。6 月，英國艦隊在洛斯托夫特海戰中擊敗荷艦隊。西元 1666 年 1 月，法國與荷蘭結盟，向英國宣戰。6 月，荷蘭海軍在敦克爾克海戰中獲勝。8 月，荷蘭海軍在北福蘭角海戰中失利。西元 1667 年 6 月，荷蘭海軍封鎖泰晤士河口，迫使英國於 7 月簽訂《布雷達和約》。

| 圖為第二次英荷戰爭中，兩軍在海上交戰的場景。

E 海峽之戰

第三次英荷戰爭是雙方爭奪海上權力的最後階段，也是荷法戰爭的其中一部分。路易十四時期，法國便圖謀瓜分荷蘭，以鞏固其歐洲大陸霸主的地位，而英國也對之前的失敗心有不甘，希望捲土重來。西元 1672 年，兩國結盟對抗荷蘭。西元 1672 年 3 月，英國在英吉利海峽襲擊一支荷蘭的商船隊，第三次英荷戰爭爆發。事實上，此次戰爭已擴大為一場國際戰爭，參戰的國家還有法國、丹麥、瑞典、西班牙等。

| 圖為海峽之戰的海戰場景。

F 特塞爾海戰

西元 1673 年，在英、法艦隊企圖登陸特塞爾島時，遭遇荷蘭艦隊，雙方展開激烈海戰。在這場海戰中，因為法國的消極應戰使兩國聯軍慘敗，英國也因海戰失利而主動退出戰爭，西元 1674 年與荷蘭簽訂第二個《威斯敏斯特和約》，重申《布雷達和約》有效，英荷之間的三次戰爭就此畫下句點。雖然戰爭的結果是荷蘭獲勝，但英國透過這三次戰爭建立了海上優勢，逐漸成為歐洲海上霸主。而荷蘭則因耗費過多國力和財力，在經濟、貿易、海運方面實力下降，讓出海上霸主的地位。

| 圖為特塞爾海戰的場景。

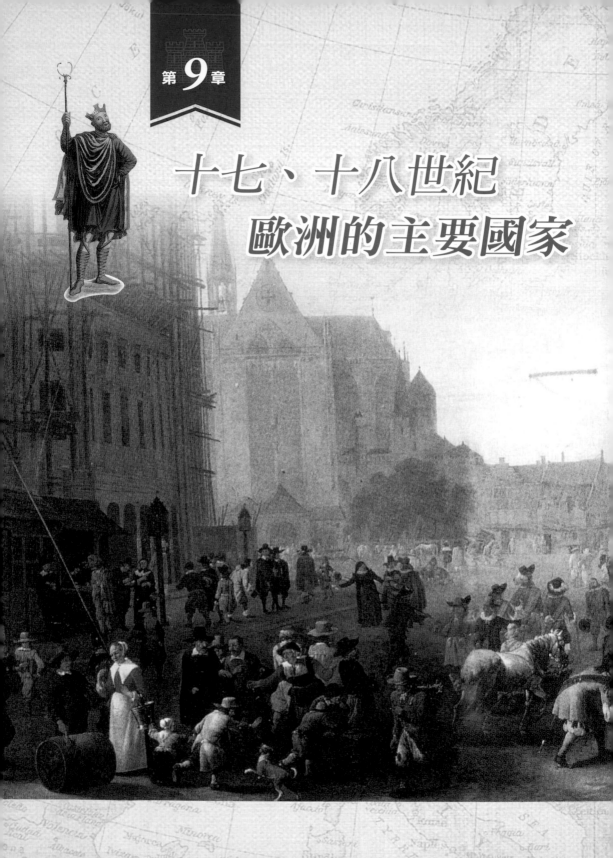

第 **9** 章

十七、十八世紀
歐洲的主要國家

　　十七至十八世紀，歐洲國家在資本主義的推動下，政治方面出現巨大的轉折和變革，而這些改革皆是由統治者發起，如法國路易十四、俄國彼得一世、普魯士腓特烈二世、奧地利「開明專制」等。改革的目的雖是為了維護封建統治，但在客觀上也促進資本主義的發展。

01 法國王權的鼎盛時期

關鍵字：路易十四、加強王權

　　中世紀時，法國和其他歐洲國家一樣是封建割據國家，地方貴族稱霸一方，與王權力量相抗衡。但從十五世紀末開始，法國國王便借助武力逐步削弱地方力量，開始加強王權，逐漸形成中央集權制度。法國的專制統治在十七世紀後半達到頂峰，即路易十四統治時期。路易十四在位時期宣稱「朕即國家」，並長期停開三級會議，實行專制統治。西元 1715 年，路易十四去世，其曾孫路易十五即位，繼續實行極端的君主專制。但是，隨著社會矛盾日益尖銳，法國的封建專制逐漸走向崩潰。

法國君主專制的鼎盛時期

路易十四	1 政治：宣揚「朕即國家」，在政治上獨攬大權。一切國事公文都由國王簽署，取消高等法院對國王旨意的異議權。建造凡爾賽宮，籠絡貴族。加強對教會的控制，並實行軍事改革。ⒶⒷⒸⒹⒺ
	2 經濟：保護並扶植國內手工業。實施保護關稅政策以發展商業，保護法國對外貿易。Ⓕ
侵略戰爭 Ⓗ	1 西元 1667—1668 年，對西班牙「遺產之戰」。
	2 西元 1672—1688 年，對荷蘭戰爭。
	3 西元 1688—1697 年，與神聖羅馬帝國皇帝之間的九年戰爭。
	4 西元 1701—1714 年，西班牙王位繼承戰爭。
農民狀況	1 受地主剝削。
	2 受教會、國家及高利貸者剝削。
	3 西元 1702—1705 年，卡米紮爾抗爭。Ⓖ

Ⓐ 太陽王路易十四

路易十四在位時，在政治上獨攬大權，獨斷專行，自稱「太陽王」。當時的立法、行政及司法大權都掌握在國王手中，一切國事公文皆由國王簽署，他甚至取消了高等法院對國王旨意的異議權。路易十四當政時期為法國專制制度的全盛時期。

圖為穿著加冕袍的路易十四畫像。

Ⓑ 凡爾賽宮

修建凡爾賽宮是路易十四實施集權統治的重要策略之一。他將貴族轉變為自己宮廷內的成員，解除他們在地方的權力，以此削弱貴族力量。貴族從早到晚都必須待在宮殿裡參加舞會、宴席和其他慶祝活動，在此種情況下，他們便無暇顧及地方管理，也就漸漸失去地方上的權力。

圖為凡爾賽宮。

ⓒ 奢華的王室

路易十四不僅使法國的君主專制達到頂峰，同時也在宮廷裡掀起奢華之風。以恢宏奢華而舉世聞名的凡爾賽宮，其所耗費的開支相當於法國全年稅收的一半，在富麗堂皇的宮殿裡住著高達一萬名朝臣和僕從。

▎圖為讓・諾克瑞特的作品，路易十四被描繪為阿波羅，其他成員被描繪為眾神。

ⓓ 宗教迫害

路易十四除了實行政治改革之外，還在宗教方面實行專制政策。西元 1685 年，他正式宣佈廢除《南特赦令》，公開進行宗教迫害，摧毀胡格諾派的教堂，關閉新教學校，共有將近二十萬的胡格諾派教徒被迫移居國外。由於這些逃亡者中有許多優秀的手工業者，因此這一決策使得法國的技術人才大量流失，在之後的很長一段時間裡，對法國的經濟發展產生不利的影響。

▎圖為路易十四在凡爾賽宮接受教皇的晉見。

⑤ 路易十四的海軍

在路易十四的統治下，法國的軍事制度逐漸完善，軍隊成為其維護政權的主要工具。路易十四親政後，便全力整頓軍備、擴充兵源，並引進新式武器和先進設備。除了擴充陸軍外，他更創建強大的海軍，由原來的 30 艘船艦擴展到上千艘。同時，他還在軍事上實行重大改革，將人民中的勇武分子吸收到軍隊中，不僅可以削弱人民反抗政府的機會，也加強鎮壓人民的力量。

圖為路易十四創建的海軍。

⑥ 繁榮的巴黎

西元 1665 年，商人家庭出身的柯爾柏被路易十四任命為財政總監，在他的宣導下，法國開始推行重商主義政策。柯爾柏積極推行財政改革，一方面徵收高額的保護關稅，阻礙商品進口；另一方面又努力發展本國工業，鼓勵出口。同時，柯爾柏還強迫貴族繳納部分捐稅，實行開源節流，使法國財政狀況大大好轉。路易十四統治前期，法國的資本主義經濟迅速發展，出現空前繁榮。

圖為路易十四時期的法國中心——巴黎。

⑥ 卡米紮爾抗爭

十七世紀的法國農民不僅受地主剝削，更受教會及高利貸者的盤剝，因此，法國大多數農民都過著極度貧困的生活。在層層壓迫下，農民便只能用武裝抗爭的方式反抗壓迫者。路易十四在位期間，法國農民抗爭不斷，其中規模最大的便是西班牙王位繼承戰爭中的「卡米紮爾抗爭」，「卡米紮爾」意為穿襯衫的人。西元 1702 年，在蘭格多克省的塞汶山區，爆發卡米紮爾抗爭，抗爭人數達兩千餘人。農民利用丘陵及森林的自然條件展開遊擊戰，屢挫政府軍。政府一方面野蠻鎮壓，另一方面分化抗爭者，終於在西元 1705 年平息抗爭。

⑪ 侵略戰爭

從西元 1667—1715 年，晚年的路易十四窮兵黷武，他將法國拖入長期的對外戰爭中，幾乎與整個歐洲為敵。而路易十四的侵略戰爭並沒有為法國帶來勝利，反而導致國庫空虛，民不聊生。他去世時，法國的國債已高達 25 億法鎊，相當於國庫 16 年的收入總和，法國有近乎十分之一的居民淪為乞丐。

圖為西元 1694 年被英軍打敗的法國海軍。

02 法國王權的衰落

關鍵字：路易十五、七年戰爭

　　路易十五時期，因為統治者的驕奢淫逸和昏庸無能，法國專制統治陷入全面危機。統治階級不僅本身腐朽墮落，又在國內實行殘酷的高壓政策，引起人民反抗。路易十五在位的六十年間，不斷發生農民騷動、工人罷工及城市平民的抗爭運動。再加上法國對外戰爭連連失利，逐漸失去以往商業殖民強國的地位，法國的君主專制走向衰落。與此同時，社會的劇烈變動遭到社會賢達的抨擊，從而形成一股強大的思想變革，即「啟蒙運動」，此運動的興起帶領法國進入全新的革命時代。

法國君主專制的衰落

統治腐朽	1 王室揮霍浪費，國王昏庸無能。Ⓐ
	2 貴族揮金如土，加倍剝削農民。Ⓑ
階級矛盾的激化	1 實行高壓政策，殘酷鎮壓人民。
	2 財政危機加深，農民賦稅加重。Ⓒ
	3 產業技術落後，工業停滯不前。Ⓓ
	4 社會各階層的不滿產生一批偉大的啟蒙思想家，為法國大革命奠定思想基礎。Ⓔ
對外戰爭	1 西元 1740—1748 年，奧地利王位繼承戰爭。
	2 西元 1756—1763 年，英法七年戰爭。ⒻⒼⒽ

Ⓐ 昏庸的國王

路易十五是個昏庸無能的君主，在他統治時期，法國政府始終無法解決路易十四時期留下的財政危機，而路易十五則將政事完全交付於寵臣及寵妾之手。他的寵臣們恃寵弄權，不僅能決定大臣的去留，甚至連對外政策及財政大權也掌握在他們手中。

圖為路易十五的畫像。

Ⓑ 奢侈的貴族

法國的貴族在路易十四時期就養成驕奢淫逸之風，揮金如土的習慣使得本來就拮据的貴族之家入不敷出。十八世紀下半葉，貴族們開始恢復封建制度的稅捐和勞役，企圖透過剝削農民以增加收入。此舉導致農民與統治階級之間的矛盾日益尖銳，動搖法國專制制度的基礎。

圖為十八世紀中葉，貴族舉辦的奢靡酒宴。

ⓒ 落後的農業

由於法國貴族從不致力於土地經營和農業技術改進，使得法國農業的組織方式和生產技術長期處於低下的水準，農民的生活日益艱辛。但在這種情況下，政府為解決財政危機，依然逐年增加稅收，西元1715—1789年，法國的直接稅收增加了67%，間接稅則增加兩倍。在種種措施之下，使得法國農民與統治階級的矛盾進一步激化。

| 圖為正在田中勞作的法國農民。

ⓓ 停滯不前的工業

路易十四時期，法國推行重商主義，努力發展本國工商業，一度使法國經濟達到空前繁榮。但到了路易十四晚期，法國的重商主義成果已付之東流，大部分工廠皆因無法維持而倒閉。以毛紡織工業為例，興起於中世紀的紡織業，到了路易十五時，技術依然沒有太大的進步，生產方式仍以手工為主，這也說明了法國產業的落後程度。

| 圖為紡織工人正在梳理羊毛。

ⓔ 沙龍

沙龍是義大利語，原意為大客廳，引入法國後，被引申為貴婦人在客廳接待名流或學者的聚會。十八世紀以後，法國的沙龍被稱為「革命的溫床」，沙龍談論的話題更為廣泛，不僅有文學、藝術，甚至還包括政治、科學。在沙龍中，參與者抨擊舊制度已成為風氣，並流行於各階層之間，就連貴族和達官貴人也開始批判現實。正是在此種背景下，誕生一批偉大的啟蒙思想家，為法國大革命奠定思想基礎。

F 七年戰爭的戰前形勢

英法矛盾	繼英國在十六世紀擊敗西班牙、十七世紀擊敗荷蘭後，英國在十八世紀爭奪殖民地的主要敵手遂變為法國。
普奧矛盾	神聖羅馬帝國分裂後，普魯士和奧地利成為強大的諸侯國。為了成為德意志諸侯國中的霸主，兩國的鬥爭日益激烈。
俄普矛盾	十八世紀初，俄國打敗瑞典成為歐洲強國，其推行擴張政策的首要目標便是東普魯士，使得兩國關係急劇惡化。

G 七年戰爭的歐洲戰場

西元 1756 年，普魯士在英國的援助下進攻薩克森，擊敗奧軍。次年，俄軍攻入東普魯士。西元 1757 年，普軍打敗法奧聯軍。西元 1759 年，俄奧聯軍重創普軍。同年，英軍突襲法國基伯龍灣，重創法軍。西元 1760 年，俄奧聯軍佔領柏林。西元 1762 年，俄國退出反普聯盟。最後，普軍擊退法奧聯軍，取得最終的勝利。西元 1763 年，普魯士、奧地利和薩克森簽訂《胡貝圖斯堡條約》，結束歐洲戰事。

圖為與奧地利作戰的普魯士軍隊。

H 七年戰爭的非歐洲戰場

在歐洲戰場進行的同時，英、法在美洲、印度等地也持續爭奪殖民地。在美洲，英軍於西元 1759 年佔領魁北克，西元 1760 年佔領蒙特利爾，征服全加拿大。在印度，西元 1761 年，英國完全取代法國，法國只保留數個貿易據點。在西非，英軍佔領塞內加爾的戈雷島。在西印度群島，英軍擊潰法西聯軍，佔領法屬馬丁尼克、格瑞那達和聖露西亞諸島。最後，法國被迫於西元 1763 年與英國簽訂《巴黎條約》，結束歐洲以外的戰事。

圖為英軍攻入美洲的場景。

03 多民族的奧地利

關鍵字：君主專制、改革

奧地利位於德意志東南隅，在中世紀早期曾是東法蘭克王國的一個區域，在十三世紀末落入哈布斯堡家族手中，此後便一直受哈布斯堡統治，直到第一次世界大戰結束。十六世紀初，奧地利已成為歐洲最早實行君主專制的國家之一，但尚未完全統一，只是共同擁有一位君主的領地共同體。

十六世紀時，奧地利成為德意志諸國中，除了普魯士以外最為強大的國家，共包括現在的奧地利、捷克和匈牙利三部分，同時，奧地利帝國還統治了南尼德蘭和義大利的大部分土地。十七世紀後半期，奧地利強化農奴制，導致階級矛盾激化，阻礙資本主義的進一步發展。十八世紀下半，奧地利在瑪麗亞‧特蕾莎及其後繼者約瑟夫二世的統治下，進行一連串改革。但是，在西元 1790 年約瑟夫二世逝世後，這些改革皆被貴族取消。

奧地利	
背景	**1** 十七世紀後半，奧地利帝國強化農奴制，阻礙資本主義發展。Ⓐ **2** 貴族竭力維護免稅特權，與專制政府產生矛盾。
改革者	瑪麗亞‧特蕾莎及其後繼者約瑟夫二世。
改革措施	**1** 實行開明專制。Ⓑ **2** 實行土地改革，減少農民的地租。 **3** 實行教會改革，沒收教會的財產。 **4** 限制地主的權力。 **5** 獎勵發展工商業，成立國家工廠。

Ⓐ 發展資本主義

十七世紀，奧地利就已出現資本主義分散的手工業工廠。十八世紀後，分散手工工廠轉變為集中手工工廠，麻布工業及呢絨工業都出現大規模工廠，而西里西亞和捷克是當時奧地利帝國最先進的工業中心。但是，農奴制的存在依然深深阻礙奧地利帝國資本主義的進一步發展。

▌圖為工人在金屬製品的工作坊中工作。

Ⓑ 開明專制

為了緩和階級矛盾，十八世紀下半葉，奧地利政府以「開明專制」的名義進行一連串改革。改革由女皇瑪麗亞‧特蕾莎發起，後繼者約瑟夫二世又持續推行許多政策，包括廢除農奴制、鼓勵工商業發展、剝奪帝國境內天主教主教的世俗權力等。但是，帝國內部的嚴重矛盾使得改革遭到強烈反對，約瑟夫二世逝世後，這些改革皆被貴族取消。

04 普魯士的興起

關鍵字：普魯士、腓特烈二世

從十七世紀開始，普魯士便一直影響著整個德意志的歷史，是德意志最重要的邦國之一。西元 1701 年，選帝侯腓特烈一世以參加西班牙王位繼承戰爭為條件，獲得「普魯士國王」的稱號，從此展開普魯士王國兩百多年的顯赫歷史。

十七世紀時，霍亨索倫王朝實行保護工商業政策，促進普魯士的經濟發展，使得普魯士在此基礎上逐漸強盛。普魯士的崛起也與它所推行的軍國主義政策密切相關，其政府自從十八世紀前期開始便高度中央集權化，所推行的行政管理制度為全歐樹立良好典範。綜合上述，專制主義加上軍國主義便構成了特有的「普魯士精神」，其支持者為容克地主階級（以普魯士為代表的德意志東部地區貴族地主）。

普魯士的興起

經濟	**1** 佔據有利的地理位置。 **2** 霍亨索倫王朝實行保護工商業政策。Ⓐ
軍國主義政策	**1** 加強軍備，建立常備軍。 **2** 建立高度集權化的管理制度。 **3** 容克地主階級支持軍國主義。
腓特烈二世的開明專制Ⓑ	**1** 內政：加強集權，發展工商業。促進普魯士的科學、藝術發展，重視教育事業。ⒸⒹⒺⒻⒼ **2** 外交：西元 1740—1745 年，奧地利王位繼承戰爭。西元 1756—1763 年，七年戰爭。ⒽⒾⒿⓀⓁⓂ

Ⓐ 霍亨索倫王朝

霍亨索倫家族是勃蘭登堡—普魯士及德意志的主要統治家族，其始祖布林夏德一世在約西元 1100 年時，受封為索倫伯爵，領地在今上內卡河、士瓦本山和上多瑙河之間。十六世紀中葉，該家族在索倫前冠以「霍亨」，稱為「霍亨索倫家族」。西元 1191—1192 年，索倫伯爵腓特烈三世與紐倫堡伯爵聯姻，成為腓特烈一世。而後，其子分割領地，康拉德三世和腓特烈四世分別獲得紐倫堡伯爵領地和士瓦本的原領地，形成信奉新教的弗蘭肯系，和信奉天主教的士瓦本系兩支。

Ⓑ 腓特烈二世

腓特烈二世是普魯士國王，西元 1740—1786 年在位，史稱腓特烈大帝。在他統治時期，普魯士的軍事大規模發展，領土不斷擴張，普魯士也因此取得在德意志的霸權。腓特烈二世不僅在軍事上具有傑出才能，在政治、法律甚至音樂諸多方面也都頗有建樹，可以說是一位全才的君主。

| 圖為腓特烈二世的畫像。

C 內政改革

腓特烈二世在位時，為了建設內政，因而推行一系列改革，其中包括農業改革、軍事改革以及教育改革等。他對法律的發展也貢獻良多，提出「法律面前，人人平等」的原則。對移民和宗教的寬容政策也是腓特烈二世當政時期的特色之一，而且普魯士也是歐洲第一個具有有限出版自由的君主國家。

圖為腓特烈二世與民眾交談的場景。

D 官僚機構	
腓特烈‧威廉一世 西元 1713—1740 年	1 組建軍事總部，替代原有的官僚行政系統。 2 西元 1723 年，設立直屬國王的「財政、軍事與王室領地最高總管理處」，作為國家的最高行政機構。
腓特烈二世 西元 1740—1786 年	1 改組「總管理處」，下設專賣局，並直屬於國王。 2 恢復內閣，國王總攬大權。

E 親民政策

腓特烈二世竭力避免封建制度的流弊，恪守「國王是國家的第一公僕」準則。所以，當時的普魯士人民可以透過上書或求見等方式向國王求助，他認為一個窮困的農民和一個顯赫的貴族之間，並沒有高低之分。

圖為腓特烈二世對於波茨坦公民的回答。

F 腓特烈的笛聲

腓特烈二世的開明專制也推動了普魯士藝術與文學的發展，同時，他也是一位多產的作曲家，經常在宮廷裡演奏自己的作品。腓特烈是一位好學的人，他對所有藝術都十分感興趣，並且收集許多名畫，還親自起草設計波茨坦的無憂宮。

圖為腓特烈二世在無憂宮中演奏長笛的場景。

⑤ 腓特烈的哲學思想

腓特烈二世不僅推動了普魯士文學藝術的
發展,同時,他也是十八世紀的一位重要
作家,寫有大量法文著作。他於西元 1740
年寫下《反馬基維利》,用進步角度分析
馬基維利的國家政治觀點。腓特烈二世還
經常在無憂宮中接待各式思想家,伏爾泰
就曾與腓特烈二世在波茨坦會面。

> 圖為伏爾泰在無憂宮中向腓特烈朗讀他
> 的作品。

⑪ 奧地利王位繼承戰爭

西元 1740 年,奧地利神聖羅馬帝國皇帝查
理六世去世,傳位給其長女瑪利亞・特蕾
莎。此舉引起企圖瓜分帝國的法國、普魯
士、巴伐利亞、薩克森、西班牙等國不滿,
引發一場混戰。這場戰爭為剛崛起的普魯士提供擴張的
良機,腓特烈二世最終為普魯士贏得富饒的西里西亞。
奧地利王位繼承戰爭持續到西元 1748 年才正式結束,
但普魯士在西元 1745 年就已退出戰爭,在這場戰爭
中,腓特烈盡顯他的軍事才華。

① 七年戰爭

在奧地利王位繼承戰爭結束後,歐洲享有暫時的和平。
但事實上,這場戰爭並沒有解決任何紛爭。普魯士陸軍
和英國海軍興起時,歐洲勢力均衡的局面馬上被打破。
西元 1756 年,歐洲各國又展開了一場持續七年之久的
歐洲大戰。

> 圖為一幅寓言式的版畫。畫中的歐洲各國正在一張繪
> 有歐洲地圖的桌子上進行檯球比賽,畫家用運動比賽
> 暗喻當時歐洲各國錯綜複雜的外交關係。

J 軍事天才

西元 1756 年，七年戰爭爆發，腓特烈的軍隊攻進薩克森王國。之後，普魯士又與奧地利、法國和俄羅斯三大鄰國作戰，戰爭幾次將普魯士拖入亡國邊緣，但憑藉腓特烈優秀的軍事才能，最終帶領普魯士成為贏家。腓特烈不僅保住德意志最為富庶的西里西亞，他個人也獲得了軍事史上的不朽英名，被稱為「軍事天才」。從此之後，普魯士一躍成為歐洲五巨頭之一。

| 圖為七年戰爭戰場上的腓特烈。

K 普魯士的遺孀

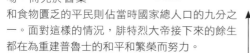

西元 1763 年 2 月，匈牙利與普魯士簽訂和平條約，結束七年戰爭。在這場大戰中，共有十八萬名普魯士軍人死於戰場，而死於醫藥和食物匱乏的平民則佔當時國家總人口的九分之一。面對這樣的情況，腓特烈大帝接下來的餘生都在為重建普魯士的和平和繁榮而努力。

| 圖為西元 1764 年的版畫，描繪一位普魯士士兵的遺孀正抱著自己的孩子乞討。

L 普魯士精神

腓特烈‧威廉一世統治時期，普魯士發展為高度集權的專制國家，軍營式的紀律與等級制度支配了整個普魯士社會，「普魯士精神」便是在此時形成。而腓特烈二世時期，藝術、文學的浪漫和哲學的一絲不苟成為普魯士精神發展的核心，在腓特烈‧威廉一世的基礎上，腓特烈二世將普魯士的軍事傳統進一步發揚光大，確立全民皆兵的國防動員體系，普魯士軍人幾乎成為這個國家的唯一臣民。腓特烈二世率領著他的軍隊戰無不勝，在他的統治之下，普魯士成為德意志中最強大的邦國。

M 重建後的柏林

腓特烈在建築方面也有著優越才華，他不僅親自起草設計波茨坦的無憂宮，更與他的建築師諾貝爾斯朵夫共同修建柏林的歌劇院，和巴洛克式宮殿。

| 圖為西元 1780 年的版畫，畫中描繪重建後的柏林，市民們正在市中心悠閒漫步。畫中左側的中心是腓特烈修建的科林斯式門廊歌劇院，右側則是他為弟弟修建的巴洛克式宮殿。

嶄露頭角的俄國

關鍵字：彼得一世、凱薩琳二世

　　十七、十八世紀，俄國還是一個落後的農奴制國家。十七世紀末，在彼得大帝上任後，他為了擴展領土、增強國力，進行了一系列改革，將落後的俄國帶入現代的門檻。其後繼者凱薩琳二世持續推行改革，並透過對外侵略戰爭，使得俄國的疆域大為擴張，國力也日漸增強。十八世紀末，俄國雖然在政治、經濟、文化方面仍落後於歐洲諸國，但在國際舞台上已佔有舉足輕重的地位。

俄國	
十七世紀的俄國	1 沙皇權力增強。 2 進一步加強農奴制。 3 工商業有所發展。 4 西方的思想文化開始傳入俄國。
彼得一世的改革	1 對內改革：在政治上，削弱大貴族，加強沙皇的專制權力。在軍事上，改進軍事設備，開辦各類軍事學校，建立並擴大海軍。在經濟上，鼓勵興辦手工工廠。在文化教育上，創辦報紙，建立科學院，推行學校教育。在社會習俗上，提倡西歐的服飾禮儀和生活方式。ⒶⒷⒸⒹⒺ 2 對外戰爭：西元 1696 年，伊凡五世去世，彼得一世第二次試圖佔據亞速並成功。西元 1700—1721 年，與瑞典爆發戰爭。Ⓕ
凱薩琳二世的開明專制	1 對內改革：鞏固專制權力，進行行政改革，加強農奴制。頒佈《貴族憲章》，籠絡貴族。鼓勵發展工商業，發展教育，積極學習西方文化。ⒼⒽⒾⒿⓀⓁⓂ 2 對外戰爭：三次瓜分波蘭。兩次土耳其戰爭，分別為西元 1768—1774 年、西元 1781—1791 年。ⓃⓄ

Ⓐ 彼得大帝

彼得一世是俄國羅曼諾夫王朝的第四代沙皇，於西元 1682 年即位。在位期間，他透過對外戰爭使俄國疆域不斷擴大，制定的西方化政策也使俄國擠身歐洲強國。他被認為是俄國最傑出的沙皇之一，後世皆尊稱他為「彼得大帝」。

| 圖為彼得一世的畫像。

Ⓑ 木匠彼得

十七世紀時，俄國還是落後的農奴制國家，與西歐國家的差距很大，於是彼得一世便下定決心進行改革。為此，他在西歐進行了長達 18 個月的考察，深入瞭解西歐各國情況，並旁聽英國議會。在西歐考察途中，彼得一世還在阿姆斯特丹的造船廠工作了四個月，並獲得修船工的證書。

| 圖為穿著荷蘭造船工裝束的彼得大帝。

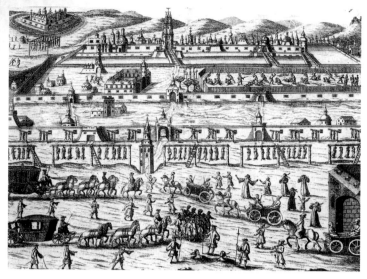

C 殘酷鎮壓

射擊軍是俄國的一支精銳軍隊，在彼得赴歐考察期間，國內的射擊軍曾發生叛變，試圖推翻他的統治。在彼得回國後，他殘酷地鎮壓了此次叛亂，並進行一連串政治改革，他更創立一套中央集權化的官僚機構，以此消除貴族的力量。在這些改革措施的推動下，沙皇的專制權力逐漸加強。

▌圖為彼得大帝鎮壓叛亂的場景。

D 俄國的新首都

為了保證軍備供應充足，彼得大力發展工商業，並針對工廠頒佈許多優惠政策。在他的統治下，俄國的工廠增加至 200 多個，並出現許多新興工業，如煉鋼業、造船業及絲織業等。彼得一世在位期間還修建了聖彼德堡，作為俄國的新首都。西元 1712 年，彼得大帝從莫斯科遷都至聖彼德堡。

▌圖為十八世紀中葉的作品，描繪如同遊覽勝地一般的聖彼德堡。

E 留鬍權

彼得大帝的改革首先從生活方式和行為習俗開始，他從西方考察歸來後的第一件事便是剪掉眾臣的鬍子，並下令全國男人都不許留鬍子。彼得認為俄國人的鬍子已成為與世界交流的障礙，但在俄國人眼中，鬍子是上帝賜予的禮物，所以引起民眾的強烈不滿。最後，彼得大帝讓步，允許出錢購買留鬍權，而購買的人則要佩戴刻有「錢收訖」的小銅牌，以備隨時查驗。

▌圖為彼得大帝正在剪斷大臣的鬍子。

F 北方戰爭

彼得大帝一生都以擴張領土為目標,西元
1700 年,他為了爭取在波羅的海的出海口,
向瑞典發起進攻,雙方展開長達 21 年的北
方戰爭。戰爭初期俄國失利,彼得因此進行
一連串軍事改革,同時,又引進國外先進的
武器和戰略。最終,俄國獲得勝利並稱霸波
羅的海,瑞典則從此衰退。

> 圖為彼得正在學習航海和築城技術,他所
> 創建的海軍和掌握的技術,皆為俄國的勝
> 利奠定基礎。

H 開明的假象

凱薩琳二世登上王位後,實行「開明專制」,繼續推行彼
得大帝的改革措施,但是政治上的「開明」,僅停留於女
皇的口頭上。西元 1767 年,凱薩琳二世成立立法委員會,
表示要全面改革國家的政治制度。委員會由 564 名代表組
成,其中的 536 名成員由選舉產生,除了農奴之外,還包括社會的各
個階層。女皇為會議擬定《訓諭》,內容大量引用啟蒙思想家的言論,
但卻始終把專制權力放在首要位置。俄國的專制思想引起歐洲各國的
震驚,當時革命最為徹底的法國甚至禁止《訓諭》傳播。由於當時俄
國的社會嚴重不安,各階層在會議上尖銳對立,這個立法委員會僅維
持一年半,就在西元 1768 年被女皇解散,俄國政治上的「開明專制」
就此宣告結束。

G 凱薩琳二世

彼得一世的改革都是以個人的權力強制
推行,因此,並沒有後繼者得以延續。
在彼得三世時期,頒佈《貴族自由宣
言》,使得貴族重新成為特權階層。西
元 1762 年,俄國發生宮廷政變,彼得
三世被廢黜,他的妻子凱薩琳被擁立為
女皇,即凱薩琳二世。

> 圖為凱薩琳二世的家庭畫像。

I 俄國的農民

雖然凱薩琳二世自詡為「開明君
主」,但卻大力發展農奴制。她不僅
將大量的土地和農民贈予貴族,也將
佔領的大規模新領土推行農奴制。到
了十八世紀初,俄國的農奴數量已佔
全國總人口的 49%。農奴制下的農
民生活艱苦、地位低下,農民不斷騷
動,終於在西元 1773 年爆發俄國歷
史上規模最大的農民抗爭,即「普加
喬夫農民抗爭」。

Ｊ 普加喬夫農民抗爭

普加喬夫生於一個貧窮的家庭，曾參加過多次對外戰爭。他為了反抗農奴制，在俄國南部的烏拉爾地區領導農民抗爭。他冒充被廢黜的彼得三世，宣佈要拯救農奴、分配土地，得到大批民眾擁護，抗爭的人數甚至高達兩萬多人。而後，在歷時一年的嚴酷鎮壓，女皇的軍隊終於在西元 1774 年平息抗爭。

| 圖為被逮捕的普加喬夫。

Ｋ 貴族憲章

普加喬夫農民抗爭是凱薩琳統治中，「開明」到保守的分界線。抗爭過後，女皇為了鞏固統治，進一步加強與貴族的聯繫，她向貴族作出重大讓步。西元 1785 年，她頒佈《貴族憲章》，賦予貴族許多特權，包括免除貴族的人頭稅和肉刑，並且規定若要剝奪貴族的身份、領地和生命，必須在法庭上才能判決。此外，《貴族憲章》還規定，只有年收入 100 盧布以上者才能當選為官。這些規定皆促進沙皇與貴族的聯合，從而鞏固君主專制的統治。

Ｌ 俄國的教育

凱薩琳對俄國的進步有許多貢獻，在她統治期間，不僅減少各種刑罰，且在省、區兩級建立龐大的司法系統，拉近司法與普通民眾的距離。同時，她還為貴族開辦許多學校，並鼓勵他們前往國外讀書。凱薩琳二世統治時期，共創辦 548 所官辦學校，約有 6.2 萬名兒童接受教育。

| 圖為凱薩琳女皇的畫像。

Ⓜ 彼得大帝的繼承者

凱薩琳女皇自詡為彼得大帝的繼承者，她的「開明專制」確實推動了俄國文化的發展，但是，她卻極力排斥西方的政治制度。在法國大革命爆發後，凱薩琳女皇甚至指責啟蒙思想是「法蘭西的瘟疫」，說明其內心專制統治的思想。

▎圖為女皇觀看彼得大帝青銅像揭幕的盛大場景。

Ⓝ 第一次土耳其戰爭

十七至十九世紀，俄國不斷向黑海和巴爾幹地區擴張，而與土耳其展開一連串戰爭。戰爭初期僅限於俄、土兩國之間，戰區集中在巴爾幹、克里木、高加索等地。西元 1768—1774 年間，由於俄國入侵波蘭，俄國和土耳其之間爆發戰爭。西元 1768 年，土耳其在法、奧兩國支持下對俄宣戰，俄國積極應戰。西元 1770 年，俄軍在亞速海區擊敗土耳其艦隊，並佔領克里木。西元 1772 年，俄國迫使土耳其於與其簽訂停戰協定，規定克里木脫離土耳其，成為俄國的保護國。西元 1774 年，俄軍越過巴爾幹，擊潰土耳其軍，雙方於 7 月 24 日簽訂《小凱納爾賈和約》，規定俄國可以自由進入黑海。

Ⓞ 第二次土耳其戰爭

西元 1787－1792 年間，因為土耳其大舉復仇，所以凱薩琳女皇又與土耳其爆發第二次戰爭。由於俄國在戰前做足準備，因此大獲全勝。土耳其被迫承認俄國兼併克里木和格魯吉亞，俄國終於實現稱霸黑海的野心。

▎圖為西元 1791 年的《凱薩琳女皇的夢想》。畫中的魔鬼正在誘惑女皇，暗示凱薩琳女皇的貪心。

第**10**章

自由與革命的風暴
啟蒙運動與法國大革命

　　十八世紀，隨著法國在爭奪歐洲霸權和海外殖民地戰爭中失利，法王專制陷入危機，而啟蒙運動中傳播的民主、三權分立等觀點，也對搖搖欲墜的專制統治造成致命一擊，再加上第三等級對特權等級十分不滿，終於釀成法國大革命。大革命雖然成功推翻法王專制，但革命黨卻分裂內鬨，政權更替頻繁，國家再次陷入危機。在這樣紛亂的時代下，拿破崙透過武力建立起一個強大的法蘭西帝國，橫掃歐洲，但最終還是以戰敗並被軟禁收場。

01 啟蒙運動的開端

關鍵字：牛頓、富蘭克林、庫克船長

　　十七、十八世紀，隨著資本主義的發展，資產階級的力量日漸壯大，已成為經濟上最富有的階級。此時，日益腐朽的封建制度遂成為資本主義發展的巨大障礙。為了掙脫獨裁專制的桎梏，資產階級發起一場思想上的改革運動，被稱為「啟蒙運動」。而十七、十八世紀的自然科學發展，也為啟蒙運動提供理論依據和思想方法，在種種條件下，啟蒙運動應運而生。

啟蒙運動的開端

背景	1 封建專制腐朽。 2 資本主義發展迅速。
數學與物理學	1 艾薩克・牛頓：西元 1643—1727 年。數學方面，發明微積分，創立二項式定理，發展方程式理論。物理方面，發現地球引力。ＡＢ 2 班傑明・富蘭克林：西元 1706—1790 年。發明避雷針。Ｃ
植物學	1 約翰・雷：西元 1627—1705 年。代表作《植物的歷史》、《昆蟲的歷史》。 2 李納烏斯：西元 1707—1778 年。發明植物和動物的分類方法。 3 布封伯爵：代表作《自然通史》。Ｄ
地理學	1 威廉・丹爾：西元 1698 年，探索澳大利亞。 2 詹姆斯・庫克：西元 1728—1779 年。西元 1768 年，探索太平洋。ＥＦ

Ａ 艾薩克・牛頓

牛頓出生於英國農民家庭，西元 1661 年，進入英國劍橋大學。西元 1665 年，發現二項式定理，是牛頓數學生涯中的第一項重大成果。除此之外，牛頓還發明微積分、發展方程式理論，對解析幾何與綜合幾何也都有所貢獻，西元 1736 年，牛頓出版《解析幾何》。也由於他在數學上的非凡成就，牛頓於 23 歲就被聘為劍橋大學的教授。

▌圖為牛頓的畫像。

Ｂ 牛頓的蘋果

牛頓的另外一大貢獻便是物理學，其中最重要的成就之一就是發現萬有引力。他受到蘋果落地現象的啟發，開始思考引力問題。西元 1687 年，發表著名的《自然哲學的數學原理》，書中根據大量數學理論提出引力法則，為世人揭開宇宙的神秘面紗，人們開始瞭解整個自然界都是按照一定法則運行的。

▌圖為牛頓在樹下思考蘋果因何而落下的情景。

ⓓ 自然通史

十八世紀早期，人們熱衷於對各種動植物進行分類編目，植物學和動物學應運而生，布封伯爵就是植物學方面的傑出人物。西元 1739 年，布封伯爵擔任皇家花園主任，將畢生精力投入於經營皇家花園，並耗費 40 年，寫成 36 卷的《自然通史》，將有關自然科學的資訊都彙編其中。他的作品常用人性化的筆觸描摹動物，也體現他的人文主義思想。

ⓒ 富蘭克林的避雷針

十八世紀上半期，由於發展出新式實驗方法，科學家們在許多領域內都取得重要的成就。這一時期的代表人物是美國科學家和發明家班傑明・富蘭克林。富蘭克林在靜電方面有著傑出貢獻，他冒著生命危險在雷雨中用風箏做實驗，發明避雷針。而後，避雷針相繼傳到英國、德國、法國，最後普及到世界各地。

┃ 圖為富蘭克林的畫像。

ⓔ 太平洋的植物

在植物學迅速發展的時期，地理學方面也有長足發展，人們開始對地球進行系統性的探測和研究。十七、十八世紀，西歐許多國家皆派遣眾多航海家探測未知的地域，而取得最大成就的就是英國的詹姆斯・庫克，他的足跡遍佈太平洋未知區域。在探險途中，庫克船長和船員會對太平洋的地理、動物和植物進行精確的觀察紀錄，為後人揭開這片水域的祕密。

┃ 圖為庫克船長的隨行者——英國藝術家悉尼・
帕金森所描繪的木槿。

ⓕ 動物學

隨庫克船長遠征的博物學家不僅記錄了未知海域的植物群，也記錄了當地的動物。

┃ 圖為悉尼・帕金森為一隻袋鼠所畫的作品。

02 啟蒙運動的代表人物與主張

關鍵字：洛克、孟德斯鳩、伏爾泰、百科全書派

在資本主義興盛和自然科學發展的基礎上，十八世紀的歐洲大陸掀起了一場思想變革運動，即為「啟蒙運動」。這場思想運動持續了將近一個世紀，它所宣傳的天賦人權、三權分立、自由、平等、民主和法制思想都大大推動了後來的資產階級革命，為歐美革命打下思想和理論的基礎。啟蒙運動遍及各個知識領域，如自然科學、哲學、倫理學、政治學、經濟學、歷史學、文學、教育學等等。

代表人物及主張

英國

1. 湯瑪斯霍布斯：西元 1588—1679 年。代表作為《利維坦》。🅐🅑
2. 約翰‧洛克：西元 1632—1704 年。主要思想是「三權分立」。🅒🅓

法國

1. 孟德斯鳩：西元 1689—1755 年。代表作為《論法的精神》。🅔🅕
2. 伏爾泰：西元 1694—1778 年。主張天賦人權、自由平等。🅖🅗
3. 狄德羅：西元 1713—1784 年。主編第一部法國《百科全書》。🅘🅙🅚
4. 尚‧雅克‧盧梭：西元 1712—1778 年。代表作為《社會契約論》。🅛
5. 法蘭索瓦‧魁奈：西元 1694—1774 年。代表作為《經濟表》。🅜

德國

伊曼努爾‧康德：西元 1724—1804 年。代表作為《純粹理性批判》。🅝🅞

🅐 湯瑪斯霍布斯

霍布斯是著名的啟蒙思想家，他主張社會契約論，認為君權是人民授予的，但他並不反對君主專制，甚至認為專制政權有權干涉臣民的財產。霍布斯代表的是英國內戰期間，上層資產階級的利益，他雖然提出一些最基本的啟蒙思想，但依然帶有明顯的君主專制意識。

▌圖為霍布斯的畫像。 ➡

🅑 利維坦

《利維坦》是霍布斯的代表作，此著作以怪獸利維坦命名，意在比喻一個強大的國家。書中著重闡述社會契約的觀點，即人們為了獲得和平安定的生活，而相互訂立契約，放棄個人的自然權利，把它託付給某一個強大的人或由多人組成的集體，眾人則服從他的意志和判斷。

▌圖為《利維坦》中的插圖，書中的利維坦凌駕於人們之上，象徵他的無上權力。

ⓒ 約翰·洛克

洛克的思想形成於英國內戰，他認同霍布斯的社會契約論，但對其進行修正，他認為國家的目的是為了保護私有財產，因此不應干涉公民。在哲學方面，洛克是英國經驗主義的開創者，他拋棄了笛卡爾等人的天賦觀念，認為人的思想和觀念都來自於人類的感官經驗。

| 圖為洛克的畫像。

ⓔ 孟德斯鳩

Ⓓ 威廉三世

荷蘭對洛克來說是一個非常重要的國家，他的重要理論著作大多是在荷蘭完成。西元 1681 年，洛克追隨的沙夫堡伯里伯爵在政治鬥爭中失敗被捕，洛克受到牽連。西元 1683 年，洛克逃亡荷蘭。在洛克逃亡荷蘭期間，英王曾向荷蘭提出引渡洛克的要求，但荷蘭政府沒有理會，洛克得以在荷蘭繼續居留，進行自己的創作。

| 圖為奧蘭治威廉三世的畫像，在洛克逃亡荷蘭期間，他給予洛克很大的幫助。

孟德斯鳩是法國偉大的啟蒙思想家和法學理論家，他提出「三權分立」學說，並特別強調「法」的功能，認為法律是體現理性的方式。孟德斯鳩的自然法理論和有關自由平等的論斷曾影響法國唯物主義者狄德羅、霍爾巴赫、愛爾維修等人。同時，他還提出「地理環境決定論」，認為氣候會對一個民族的性格、感情、道德、風俗等產生重大影響。

233

F 論法的精神

《論法的精神》是孟德斯鳩最重要,也是影響最大的著作,該書所宣導的法制、政治自由和三權分立的觀點成為此後資產階級革命的重要綱領。在這本書中,孟德斯鳩集中說明法的精神,而不是具體的法律規範。他將法律放在最崇高的地位,認為只有法律才能保障人民的自由權利,而專制則是對自由的踐踏。他深入探討自由得以存在的條件,並藉此找到恢復自由的手段,即「三權分立」,以權力制約權力來防止權力濫用。孟德斯鳩還提出在憲法統率下的權力分立與制衡的政治制度,結合法律、自由與憲法,奠定憲政理論的基本框架,成為孟德斯鳩對政治理論的最大貢獻。

G 伏爾泰

伏爾泰是法國啟蒙思想家、文學家和哲學家,也是十八世紀法國啟蒙運動的發起者,被譽為「歐洲的良心」。他提倡天賦人權,主張「法律面前,人人平等」,但他並不反對財產上的不平等,贊成實行「開明專制」。

圖為伏爾泰工作的場景。

H 漫步的伏爾泰

伏爾泰以其非凡的才智、睿智的思想享有崇高的聲望,受到當時統治者的青睞,路易十五、腓特烈二世和凱薩琳二世都曾待他為上賓。西元 1750 年,伏爾泰受普魯士國王弗里德里希二世的邀請來到柏林,在此期間,伏爾泰開始接近年輕一代的啟蒙思想家,並為《百科全書》撰稿。

圖為伏爾泰與弗里德里希二世在宮廷中散步的情景。

I 狄德羅

狄德羅是法國十八世紀傑出的啟蒙思想家,他的成就之一便是主編《百科全書》,此書概括十八世紀的啟蒙運動精神,將法國啟蒙運動推向高潮。同時,他也是傑出的唯物主義哲學家,代表作有《哲學思想錄》、《懷疑論者的散步》、《論盲人書簡》等。另外,狄德羅在文學、戲劇、文藝批評和美學思想等許多方面,也都有出色的成績。

圖為狄德羅的畫像。

Ⓙ 百科全書派

隨著啟蒙運動的發展，湧現出一批更加激進的思想家，其中最著名的就是以狄德羅為首的「百科全書派」。「百科全書派」指的是編寫《百科全書》的作者群，代表人物有狄德羅、達朗貝爾、伏爾泰、孟德斯鳩、盧梭、孔多塞、霍爾巴赫等等。百科全書派的核心思想是反對封建特權制度和天主教會，嚮往建立一個合理的社會。他們在哲學上大多是唯物論者，認為物質是既不能被創造也不能被毀滅，反對上帝造人說。同時，他們也反對愚昧無知，主張一切制度和觀點都必須受到理性的批判和衡量，推崇機械工藝，重視體力勞動。

Ⓚ 百科全書

西元 1751 年，狄德羅應邀主持編纂《百科全書》，全名為《百科全書：科學、藝術、工藝詳解辭典》。該書宣揚政治平等、思想自由等啟蒙思想，主張用科學成果對抗宗教謬誤。

| 圖為《百科全書》中的插圖，一位法國裁縫正在為年輕顧客丈量尺寸。

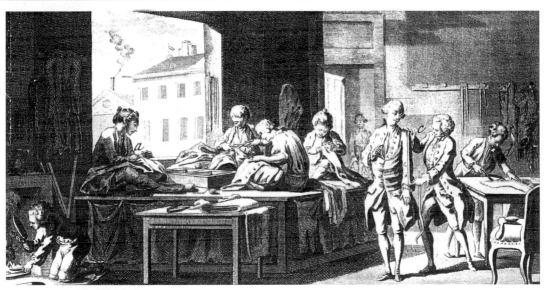

Ⓛ 尚・雅克・盧梭

尚・雅克・盧梭是十八世紀法國啟蒙運動的代表人物之一。在哲學上，他主張感覺是認識的來源，堅持「自然神論」的觀點，強調人性本善，信仰高於理性。在社會觀上，盧梭堅持社會契約論，主張自由平等，反對私有制。在教育上，他主張教育的目的是培養自然人，反映當時的人們從專制主義下掙脫後的訴求。主要著作有《社會契約論》、《懺悔錄》等。

| 圖為盧梭的畫像。

Ⓜ 重農派

重農派是法國啟蒙運動的一個分支，創始人為法蘭索瓦‧魁奈，其代表作為《經濟表》。重農派認為農業是社會唯一的生產部門，從事農業生產的人是唯一的「生產者階級」，因此，國家的捐稅應該由無所事事的土地所有者承擔。法蘭索瓦‧魁奈還提出許多經濟改革建議，包括鼓勵發展資本主義農業、允許自由競爭和貿易、只向地主徵稅的單一稅制等等。

Ⓝ 伊曼努爾‧康德

伊曼努爾‧康德是啟蒙運動時期重要的思想家之一，也是德國古典哲學的創始人。康德的核心三大著作被稱為「三大批判」，分別為《純粹理性批判》、《實踐理性批判》和《判斷力批判》。

| 圖為康德的畫像。

Ⓞ 星雲假說

康德不僅在哲學上取得重大成就，同時也是一位優秀的自然科學家。西元 1755 年，他發表論文《自然通史和天體論》，提出關於太陽系起源的星雲假說。康德大膽地否定一直以來解釋宇宙起源的神創論，提出「星雲假說」，第一次從科學觀點回答宇宙起源這一重大又基本的科學問題，為近代科學發展產生巨大貢獻。

| 圖為依據星雲假說所繪製的太陽系圖。

法國王權的危機

關鍵字：波旁王朝、第三等級議會

　　十八世紀時，法國部分地區的商品經濟已相當發達，資產階級擁有雄厚的金融資本，成為經濟上最富有的階級。但是，他們在政治上仍屬於被統治的第三等級，受到王朝的剝削和勒索。也因此，資產階級越來越強烈地要求平等的參政權利，加深法國王權的統治危機，舊制度已陷入無可挽回的絕境，於是，一場推翻舊制度的革命一觸即發。在這場法國大革命中，資產階級憑藉其經濟實力、政治才能和文化知識持續處於領導地位。

法國大革命爆發的背景

1 波旁王朝陷入統治危機。🅐🅑
2 商品經濟迅速發展。🅒
3 啟蒙運動為法國大革命提供思想基礎。
4 三個等級之間的尖銳矛盾。🅓
5 財政危機和召開三級會議。🅔🅕

🅐 路易十六

圖為畫家為法國國王路易十六繪製的肖像畫，畫中國王身著加冕禮服，顯得雍容華貴，氣度非凡，但當時的法國面臨的狀況顯然與國王的奢華格格不入。法國政府當時已債台高築、國庫空虛，財政處於破產的邊緣，但身處此番危機之中的路易十六卻渾然不覺，一如既往地驕奢淫逸。　　　　→

🅑 貴族的遊樂畫

十八世紀時，法國的王族和貴族生活奢侈而糜爛，宮廷中的貴族集團更是腐敗貴族的縮影。那時的貴族因厭倦了奢侈豪華的排場，開始流行「簡單生活」，在大自然中踏青尋歡，甚至因此發展出一種新的繪畫樣式，即圖中的遊樂畫。

C 工業的繁榮

圖為西元 1780 年建成的鐵橋，是世界上第一座鐵橋。西元 1779 年，這座橋由著名的製造商亞伯拉罕·達比所造。當時法國的商品經濟發展迅速，資產階級興起也成為法國大革命爆發的原因之一。

E 三級會議

在社會矛盾日益尖銳的情況下，從西元 1787 年開始，民眾要求召開三級會議的呼聲日漸強烈。西元 1789 年，路易十六終於在凡爾賽宮召開三級會議。

圖為召開三級會議的場景，貴族、教士和平民三個等級的代表聚會於凡爾賽宮。但是，這次議會絲毫沒有提及任何改革，反而讓第三等級與特權等級發生衝突。而後，第三等級自行組成國民議會，三級會議就此告終。

D 平民的不滿

十八世紀時，法國王室的收入來自於形形色色的稅收，但法國的特權等級——貴族和教會並沒有向國王納稅的義務。如此一來，巨大的稅務負擔便完全落到第三等級的平民身上，導致民眾對統治者的不滿越來越強烈，使得社會矛盾進一步加劇。

圖為法國農民在田中勞作的場景。

F 網球場宣誓

西元 1789 年的三級會議中，第三等級向統治者提出改革的訴求，國王隨即下令封閉會議，第三等級被拒之門外。民眾為了表達鬥爭到底的決心，在凡爾賽宮前的網球場上宣誓。7 月 9 日，國民議會宣佈改稱制憲議會，要求制定憲法，限制王權。路易十六這才意識到事態嚴重，遂與國民議會發生衝突，觸發法國大革命。

圖為網球場宣誓的場景。

法國大革命

關鍵字：君主立憲派、吉倫特派、雅各賓派

　　18 世紀時，法國部分地區的資本主義已相當發達，成為富有階層的資產階級在政治上卻仍處於無權地位。與此同時，法國第三等級與特權階級（第一、二等級）之間的矛盾也日益加劇，革命一觸即發。

　　西元 1789 年，巴黎人民攻佔巴士底監獄，爆發法國大革命。革命初期，君主立憲派掌握政權，維護君主立憲，阻礙革命的發展。因此，巴黎人民再次起義，推翻君主立憲派統治，吉倫特派取得政權，成立法蘭西共和國。但當時的法國正處於內憂外患的危急時刻，吉倫特派無力維持統治，巴黎人民再度發動第三次起義，建立雅各賓派專政。

　　雅各賓派實行的恐怖政策，使它走向分裂和內訌，最終，熱月黨人發動政變，成立督政府，建立資產階級的統治勢力，法國大革命自此結束。

法國大革命	
君主立憲派	❶ 西元 1789 年，巴黎人民攻佔巴士底監獄，奪得巴黎市政府的政權。Ⓐ Ⓑ Ⓒ
	❷ 西元 1789 年，通過《八月法令》。Ⓓ
	❸ 西元 1789 年 8 月，通過《人權宣言》。Ⓔ
	❹ 西元 1789 年 10 月，巴黎爆發群眾運動，黨派紛紛興起。Ⓕ Ⓖ
	❺ 西元 1791 年，路易十六出逃失敗。Ⓗ
	❻ 西元 1792 年，反法聯軍攻入法國，巴黎人民再次掀起共和運動。Ⓘ Ⓙ Ⓚ
吉倫特派	❶ 西元 1792 年 8 月，吉倫特派取得政權。
	❷ 西元 1792 年，爆發「九月屠殺」。Ⓛ
	❸ 西元 1792 年，法國在瓦爾密戰役中獲勝。Ⓜ
	❹ 西元 1792 年，法蘭西第一共和國成立，吉倫特派與山嶽派展開鬥爭。Ⓝ Ⓞ Ⓟ
	❺ 西元 1793 年 1 月，處死路易十六，出現忿激派。Ⓠ Ⓡ
雅各賓派	❶ 西元 1793 年 6 月，雅各賓派建立專政。Ⓢ
	❷ 雅各賓派平定各地叛亂，並頒佈土地法令。改組救國委員會，且將吉倫特派及其支持者斬首。Ⓣ Ⓤ Ⓥ Ⓦ Ⓧ
	❸ 西元 1794 年，雅各賓派內部發生激烈鬥爭。Ⓨ Ⓩ ⓐ ⓑ
結束	❶ 西元 1794 年 10 月，熱月黨人成立督政府。ⓒ ⓓ
	❷ 西元 1799 年，拿破崙發動霧月政變。ⓔ ⓕ

Ⓐ 攻佔巴士底監獄

巴士底監獄是法國王朝的象徵,十八世紀末期,它成為控制巴黎的制高點和關押政治犯的監獄。西元 1789 年,國王企圖解散議會,並調回軍隊準備逮捕第三等級代表。在群情激奮之下,人群攻佔政府許多陣地,於西元 1789 年 7 月 14 日攻克巴黎的最後一個堡壘——巴士底監獄,法國大革命正式爆發。

Ⓑ 群眾運動

攻佔巴士底監獄的勝利成為革命的信號,農村中的農民也紛紛響應,四處攻打領主的莊園並燒毀地契。

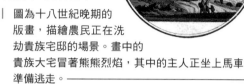

圖為十八世紀晚期的版畫,描繪農民正在洗劫貴族宅邸的場景。畫中的貴族大宅冒著熊熊烈焰,其中的主人正坐上馬車準備逃走。

Ⓒ 制憲議會

攻佔巴士底監獄後,資產階級奪得巴黎市政府的政權,並建立國民自衛軍,國王被迫承認制憲議會的合法地位。此時,制憲議會已成為法國的最高國家權力機關。因為制憲議會的領導人堅持主張君主立憲,所以又被稱為「君主立憲派」。

圖為法國的制憲議會。

Ⓓ 八月法令

在制憲議會掌握政權後,各地農民的暴動依然風起雲湧,使得制憲議會不得不正式廢除封建制。制憲議會於西元 1789 年 8 月通過《八月法令》,在法律上否定了封建制度,是革命者運用法律手段進行社會改造的第一步,具有重大意義。

圖為制憲議會的代表正在爭辯法令的具體條文。

Ⓔ 人權宣言

通過《八月法令》後,制憲議會又於西元 1789 年 8 月 26 日通過《人權宣言》。《人權宣言》是在法國大革命時期頒佈的法令,核心內容為人權與法治。它宣佈自由、財產、安全和反抗壓迫是不可剝奪的人權,將啟蒙思想正式列入法律之中,對日後歐美的革命產生廣泛而深遠的影響,更推動了其他國家的民主思想發展,加速全世界民主化的進程。

F 十月事件

制憲議會雖然通過《八月法令》和《人權宣言》，但路易十六拒不批准，更企圖利用軍隊鎮壓群眾。10月5日，由婦女們帶領著憤怒的巴黎人民向凡爾賽宮出發，進行遊行示威。最終，國王的計畫失敗，王室被迫從凡爾賽宮遷到巴黎，制憲議會也隨之遷移。

▌圖為婦女帶頭示威遊行的場景，她們高喊著「要麵包」的口號向凡爾賽宮出發。

H 逃跑的國王

十月事件後，制憲議會又通過一連串反專制的法令。國王路易十六難以接受這些法令，企圖出逃並借助其他君主干涉法國大革命。西元 1791 年 6 月 20 日的晚上，路易十六帶著王后和普羅旺斯公爵等人化妝逃出王宮，但在 21 日便於法國東部邊境被人認出，在不得已之下，只好返回巴黎。

▌圖為被押回巴黎的路易十六。

G 革命派別	
雅各賓派	雅各賓派的前身是由三級會議時期，部分在會外討論問題的代表所組成。西元 1791 年 7 月和西元 1792 年 10 月，由於黨派內部分裂，溫和的代表離開，遂成為民主革命派組織，被稱為雅各賓派，主要領導人為羅伯斯比爾。
哥德利埃派	成立於西元 1790 年 4 月，正式名稱為「人權之友協會」，因在哥德利埃修道院集會而得名。哥德利埃派屬於激進民主派，其中的許多成員同時也是雅各賓派的成員。
社會派	成立於西元 1789 年 10 月，具有平均共產主義的思想。

I 瑪律斯校場流血事件

國王路易十六出逃的消息傳出後，部分激進革命領袖和民眾馬上提出廢除王政、實行共和的要求，但保守的君主立憲派則主張維持現狀，並編造出國王出逃是因為被「劫持」的謊言，替國王開脫。議會的態度激起群眾不滿，人們連日在瑪律斯校場集會示威，要求廢除路易十六。巴黎市政府在制憲議會的授意下，率領國民自衛軍前往群眾聚集的瑪律斯校場向人群開槍，造成 50 多人被槍殺，數百人被打傷的慘案。至此，共和運動暫時被鎮壓，但君主立憲派也因此失去威信，走上背叛革命的道路。此後，君主立憲派自雅各賓派中分裂，另組斐揚派。

Ⓙ 馬賽曲

在平息共和運動後，制憲議會正式通過《1791 年憲法》，並解散制憲會議，召開立法議會，法國成為君主立憲制國家。法國的這場大革命導致周邊國家的君主不安，普魯士、奧地利隨即成立聯軍攻打法國。而後，由於法國王后洩密，法國戰敗，聯軍攻入法國。此時，巴黎人民再次掀起共和運動，各地聯盟軍也紛紛來到首都，其中的馬賽聯盟軍就是唱著《馬賽曲》進入巴黎。

| 圖為《馬賽曲》的曲譜，《馬賽曲》是法國大革命期間流行最廣的歌曲，也成為後來的法國國歌。

Ⓚ 無套褲漢

「無套褲漢」是法國大革命時期對城市平民的稱呼，由於平民只穿長褲，不穿貴族盛行的短套褲，故被稱為無套褲漢。無套褲漢主要由小手工業者和其他勞工組成，也包括一些富人。西元 1792 年 8 月 10 日，雅各賓派領導反君主制運動，推翻立憲派的統治。而無套褲漢正是城市革命的主力軍，同時也是後來大革命中的主要參加者。

| 圖為無套褲漢的畫像。

Ⓛ 九月屠殺

在波旁王朝被推翻後，政權便落入共和派手中，因為其中有很多人原是吉倫特省人，因此也被稱為吉倫特派。在吉倫特派掌權後，他們迫使立法會議廢除《1791 年憲法》，並強迫國王退位，實行普選制。正當民眾積極改革時，9 月 1 日傳來不倫瑞克公爵的普魯士軍隊攻陷法國凡爾登的消息，情緒過激的民眾衝進巴黎各監獄，盲目屠殺犯人，倖免者僅半數。

| 圖為卡姆監獄裡的貴族正被屠殺。

Ⓜ 瓦爾密戰役

「九月屠殺」後，軍隊開赴前線抵抗反法同盟的入侵。西元 1792 年 9 月 20 日，法蘭西軍隊與奧普聯軍在凡爾登附近的瓦爾密交戰。法蘭西軍隊與在敵人後方埋伏的武裝隊伍合作，遏制聯軍的侵入。至 10 月 5 日，奧普聯軍損失近半，最終被逐出法國。

| 圖為瓦爾密戰役的作戰場景。

Ⓝ 法蘭西第一共和國

西元 1792 年，當軍隊開赴前線時，法國正在舉行國民公會選舉。選舉按照普選方式進行，凡年滿 21 歲的男子都具有選舉權利。最後，吉倫特派和雅各賓派成為選舉的最大贏家。西元 1792 年 9 月 21 日，嶄新的國民公會正式開幕。在開幕會上，國民公會宣佈廢除君主制度，9 月 22 日，國民公會正式成立法蘭西共和國，即歷史上的法蘭西第一共和國。

Ⓞ 吉倫特派與山嶽派的鬥爭		
派別	吉倫特派	山嶽派
代表	共和派	雅各賓派左派代表
主張	實現共和即停止革命。	繼續推進革命。
對路易十六的態度	為防止招來更嚴重的外國干涉，不同意處死路易十六。	為了推動革命發展，主張處死路易十六。

Ⓟ 派系鬥爭

吉倫特派和山嶽派的鬥爭越演越烈，最後已惡化為兩派無法共處於一個組織。西元 1792 年 10 月，雅各賓派分裂，其中的吉倫特派成員全部離開，而山嶽派則成為雅各賓派的主導者。

| 圖為在街頭發生激烈爭執的吉倫特派和山嶽派。

Ⓠ 處決路易十六

西元 1793 年 1 月 16 日，國民公會進行量刑表決，贊成處死國王的票數過半，路易十六於 1 月 21 日被送上斷頭台。路易十六被處死後，歐洲各國隨即形成以英國為首的反法同盟。

圖為正被押往斷頭台途中的路易十六。

Ⓡ 忿激派

共和國成立後，投機商們開始大肆囤積與哄抬物價，導致物價上漲和物資短缺，成為吉倫特派和雅各賓派所面臨的最大問題。在這些要求限價的群眾中，出現了一批平民革命者，被稱為「忿激派」，主要領導人有雅克‧盧、勒克雷爾、瓦爾勒等。「忿激派」要求以政府法令的形式統管經濟、限制物價，並強制推行。

Ⓢ 雅各賓派執政

「忿激派」運動遭到吉倫特派反對，並頒佈法令鎮壓。而此時的雅各賓派則發覺民意的重要性，馬上頒佈穀物限價法令，取得廣大民眾的支持。與此同時，以英國為首的反法同盟開始對法國進行武裝干涉，這時的吉倫特派卻無力抵抗外國軍隊。激憤的巴黎人民於西元 1793 年 5 月 31 日至 6 月 2 日間發動抗爭，推翻吉倫特派的統治，轉由以羅伯斯比爾為首的雅各賓派掌握政權。

圖為雅各賓派領導人羅伯斯比爾的畫像。

Ⓣ 各地叛亂

雅各賓派掌權後，反法同盟的軍隊依舊持續進攻，法軍不斷敗退。在對外戰爭尚未平息的情況下，內部叛亂也依然風起雲湧，3 月的保王黨叛亂已控制旺代郡，並逐漸向外進攻，威脅南特。為了對付各郡叛亂，雅各賓派迅速頒佈三個土地法令，使大批農民得到土地，之後，他們又頒佈法國第一部共和制的民主憲法。

圖為保王黨旺代叛軍進軍南特的情景。

Ⓤ 救國委員會

救國委員會成立於西元 1793 年 4 月，實際領導人是著名的政治家丹敦，重要成員有巴雷爾、康邦、蘭代、聖茹斯特、庫通等。由於在推翻吉倫特派以及平息叛亂的鬥爭中，此委員會表現得不夠強而有力，因此受到雅各賓派的代表馬拉，以及忿激派的猛烈抨擊。7 月 10 日，國民公會開始著手改組救國委員會，部分被認為行動不力的委員落選，丹敦則自動退出委員會。7 月 27 日，羅伯斯比爾入選委員會，加強救國委員會的力量。7 月 28 日，救國委員會被授予逮捕反革命被告人和嫌疑犯的權力。鑒於當時的形勢，國民公會採納丹敦的建議，於 8 月 2 日加強救國委員會權力，此時的救國委員已具有臨時政府的作用。

Ⓥ 馬拉之死

被驅逐出國民公會的吉倫特派，部分成員逃出巴黎掀起叛亂，並謀畫刺殺雅各賓派的領袖。馬拉是雅各賓派的主要代表人物，他強烈反對吉倫特派的統治，因而被吉倫特派訂為首要謀殺目標。西元 1793 年 7 月 13 日，吉倫特派的夏洛特·科黛從岡城出發來到巴黎刺死馬拉，馬拉遂成為政治鬥爭下的犧牲品。

> 圖為雅克·路易·大衛西元 1793 年的《馬拉之死》，畫中馬拉被描繪成英俊的聖徒。

Ⓦ 雅各賓派的恐怖政策

經濟恐怖	1 西元 1793 年，頒佈限價法令。
	2 西元 1793 年 10 月 27 日，發佈建立供應委員會的法令。
	3 西元 1793 年 10 月 29 日，在巴黎實行麵包配給制法令。
	4 西元 1794 年 2 月 24 日，頒佈商品價目表，還有對批發商與零售商利潤額的限制，以及關於商品運輸費的規定。
政治恐怖	1 改組革命法庭。
	2 在巴黎和各地設立斷頭台。
	3 由革命委員會決定嫌疑犯身份。
	4 中央特派員在各地方和軍隊中擁有一切大權。
	5 無套褲漢的政治地位顯赫。
	6 加強各革命團體對敵鬥爭。

Ⓧ 處死王后

> 圖為路易十六的王后——瑪麗·安托瓦內特的畫像，畫中王后被孩子們圍繞，神態十分安詳。在法國大革命期間，王后因通敵叛國而受到敵視。波旁王朝被推翻後，她和國王一起被囚於當普爾監獄，後經革命法庭審判，於西元 1793 年 10 月 16 日被推上斷頭台，死時年僅 38 歲。

Y 埃貝爾派的主張

代表階級	埃貝爾是法國大革命中,雅各賓派的左派領導人,主要是代表無套褲漢的利益。
主要政治活動	1 積極參加巴黎人民的武裝示威,迫使國民公會限制物價,打擊投機商,成立由無套褲漢組成的革命軍,開始實行恐怖政策。 2 推行破壞信仰自由的「非基督教化」運動,將巴黎聖母院改為「理性廟」,強制人們「理性崇拜」。 3 強調地方自治,試圖發動新的抗爭,由巴黎公社直接掌權。

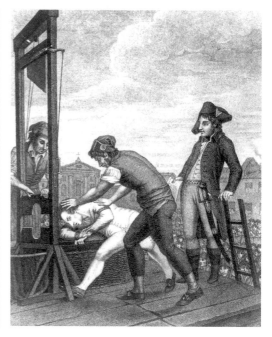

ⓐ 丹敦

丹敦是法國大革命時期著名的政治家,與馬拉、羅伯斯比爾同為革命時期的著名領袖。在對外政策上,他積極主張與英國議和,在對內政策上,反對恐怖擴大化,要求對一切反革命分子大赦。因為丹敦一派主張實行溫和政策,所以又被稱為「寬容派」。

▎圖為丹敦的畫像。

Ⓩ 處死埃貝爾

埃貝爾作為極端激進的革命分子,既反對丹敦派的寬容政策,又攻擊羅伯斯比爾政府採取的措施。他提出極左的口號與要求,試圖發動新的抗爭,實現地方自治。西元 1794 年 3 月 14 日,救國委員會逮捕埃貝爾及其追隨者,並以陰謀罪將他們送上斷頭台。埃貝爾的死使雅各賓派政府失去無套褲漢的支持,從而加速政權崩潰。

▎圖為被送上斷頭台的埃貝爾。

ⓑ 處死丹敦

丹敦結束恐怖統治、恢復法治的主張與羅伯斯比爾產生分歧。而後,吉倫特派乘機利用丹敦勢力發動政變,圖謀推翻雅各賓派的政權。而此時的羅伯斯比爾也無法容忍與他政見相左又享有較高威望的人,於是在西元 1794 年 3 月 30 日夜晚逮捕丹敦,以「企圖恢復君主制,顛覆共和國」的罪名將其送上斷頭台。丹敦死時年僅 35 歲。

▎圖為丹敦走上斷頭台前,與同伴告別的場景。

ⓒ 熱月政變

羅伯斯比爾對待不同政見者的殘暴手段令眾人畏懼，也使得以他為首的政權陷入孤立。西元 1794 年 7 月，國民公會中的反羅伯斯比爾力量組成熱月黨，於 7 月 27 日（熱月 9 日）發動政變，通過逮捕羅伯斯比爾的決議，也就是「熱月政變」。羅伯斯比爾及其追隨者遭到逮捕後，於 7 月 28 日下午被送上斷頭台，雅各賓派的恐怖統治至此結束。

| 圖為處死犯人的斷頭台。

ⓓ 葡月事件

熱月政變後，法國政局逐漸穩定，根據西元 1795 年 8 月 22 日通過的《共和三年憲法》，熱月黨人成立了督政府。西元 1797 年，立法機構選舉時，許多王黨分子當選，意在打擊王黨勢力的督政府馬上宣佈選舉無效。王黨分子遂於葡月 13 日發生暴動，稱為「葡月事件」。在此次事件中，拿破崙崛起，並就此進入了法國的政治舞台。

| 圖為拿破崙正在指揮炮兵鎮壓王黨分子。

ⓔ 霧月政變

督政府左右搖擺的秋千政策使法國政局持續動盪，於是，代表資產階級的熱月黨人希望能夠建立一個新政權，防止王朝復辟並且鎮壓人民的革命運動，而年輕軍官拿破崙便被選為發動政變的最佳人選。西元 1799 年 11 月 9 日，拿破崙發動政變，推翻督政府統治，建立臨時執政府。這一天是法國共和曆霧月 18 日，所以又被稱為「霧月政變」，此次政變也代表法國大革命正式結束。

| 圖為拿破崙帶兵進入五百人院發動政變。

ⓕ 秋千政策

西元 1795 年，督政府為了鎮壓王黨分子的暴亂，不得不回頭求助雅各賓派，使得雅各賓派重新登上政治舞台。當時的法國經濟狀況一再惡化，下層人民的不滿情緒日漸高漲，導致雅各賓派再度活躍。西元 1798 年，立法機構選舉時，大批雅各賓派的殘餘勢力當選。而繼打擊王黨勢力後，督政府再次宣佈此次選舉無效，這種政策被稱為「秋千政策」。「秋千政策」是人們嘲諷法國大革命後，督政府缺乏連續性和穩定性的統治政策，政策的左右搖擺反映了督政府的不穩固，同時也造成督政府的垮台。

05 拿破崙的崛起

關鍵字：拿破崙、拿破崙帝國

　　拿破崙·波拿巴是法國軍事家和政治家。西元 1789 年，法國大革命爆發後，拿破崙始終站在革命者一派。西元 1799 年，他發動霧月政變，成立臨時執政府，任第一執政。此後，拿破崙與反法聯盟進行戰爭，粉碎第二次反法聯盟，西元 1802 年，他被元老院宣佈為終身執政。西元 1804 年 12 月，拿破崙加冕為法蘭西人皇帝，稱拿破崙一世，建立法蘭西第一帝國。西元 1805—1809 年，他連續擊敗反法同盟成為歐洲霸主，而後，歐洲群起反法。西元 1815 年 6 月，拿破崙在滑鐵盧之戰中失敗，被囚禁於大西洋的聖赫倫那島直至去世。

拿破崙大事記

1 西元 1779 年，在法國布里埃納軍校學習。Ⓐ
2 西元 1793 年，攻下保王黨堡壘土倫。Ⓑ
3 西元 1796 年，遠征義大利。ⒸⒹ
4 西元 1798 年，遠征埃及。ⒺⒻ
5 西元 1799 年，發動政變，建立臨時執政府。
6 西元 1800 年，粉碎第二次反法同盟。ⒼⒽⒾ
7 西元 1802 年，為共和國終身執政。
8 西元 1804 年 3 月 21 日，頒佈《民法典》。Ⓙ
9 西元 1804 年，加冕為法國皇帝。Ⓚ
10 西元 1805 年，粉碎第三次反法同盟。ⓁⓂ
11 西元 1806 年，粉碎第四次反法同盟。Ⓝ
12 西元 1806 年，宣佈封鎖不列顛諸島。Ⓞ
13 西元 1807 年，入侵西班牙。Ⓟ
14 西元 1809 年，粉碎第五次反法同盟，拿破崙帝國進入全盛時期。ⓆⓇⓈⓉⓊ
15 西元 1812 年，對俄戰爭失敗，返回巴黎。Ⓥ
16 西元 1814 年，被迫簽署退位書。Ⓦ
17 西元 1814 年，被放逐到厄爾巴島。ⓍⓎ
18 西元 1815 年，建立「百日王朝」。Ⓩⓐⓑ
19 西元 1815 年，兵敗滑鐵盧。Ⓒⓓ
20 西元 1821 年，病逝於聖赫倫那島。ⓔⓕⓖ

Ⓐ 拿破崙的軍校

西元 1769 年 8 月 15 日，拿破崙·波拿巴出生於科西嘉島的阿雅克肖城。西元 1779 年，年僅九歲的拿破崙在父親的安排下，到法國布里埃納軍校就讀。西元 1784 年，他以優異成績畢業，被選送到巴黎王家軍校專攻炮兵學。

| 圖右者為在布里埃納軍校門口的拿破崙。

Ⓑ 土倫之戰

在法國大革命時，拿破崙只是一個無名的軍人。西元 1793 年，拿破崙帶兵攻下保王黨的堡壘——土倫，因此受到雅各賓派的賞識，破格升為准將。

| 圖為拿破崙正率領軍隊圍攻土倫。

ⓒ 阿爾柯拉戰役

在取得一連串的勝利後，拿破崙於西元 1796 年 11 月 15 日至 17 日，與奧軍在阿爾柯拉橋展開交戰。戰爭一開始，奧軍便憑藉著人數優勢，成功地扼守阿爾柯拉沼澤堤壩，拿破崙為了成功突圍，也險些陷入沼澤之中。但他很快就想出應對的計策，拿破崙先派出一小隊騎兵潛入奧軍後方，當戰鬥開始時，再同時吹起嘹亮的衝鋒號，使奧軍猝不及防，被嚇得四散奔逃。最後，拿破崙轉敗為勝，取得歷史上有名的阿爾柯拉大捷。

ⓓ 里沃利戰役

在阿爾柯拉戰役之後，奧地利王室再度向義大利派兵遣將。西元 1974 年 1 月，奧地利元帥阿爾文齊率領十萬大軍出兵義大利。1 月 12 日，雙方在義大利的里沃利開戰。1 月 14 日，拿破崙以少勝多打敗奧軍，取得法奧戰場上最輝煌的戰果，打通維也納之路，奧地利被迫與之和談。

| 圖為拿破崙在里沃利擊敗奧地利的場景。

ⓔ 出兵埃及

在取得義大利之役的勝利後，拿破崙成為法蘭西共和國的新英雄。但他的崛起引起法國督政府的不安，督政府隨即任命他為出征埃及的司令，以抑制英國在該地區的擴張。與遠征義大利一樣，拿破崙也在與英對戰中取得全盤勝利。

| 圖為西元 1798 年 7 月，拿破崙遠征埃及與馬木留克騎兵展開的金字塔大戰。在這場戰爭勝利後，拿破崙進入開羅城成為埃及霸主。

Ｆ 受困埃及

雖然拿破崙在陸地上取得一連串勝利，但法國艦隊卻被英國海軍徹底摧毀，使地中海完全落入英國人之手。也因此，拿破崙部隊被迫受困於埃及，部隊上下筋疲力盡，而且鼠疫蔓延，導致法軍損失慘重。

Ｇ 第二次反法同盟

早在拿破崙受困在埃及之際，神聖羅馬帝國就聯合英國、土耳其、俄羅斯組成第二次反法同盟。霧月政變後，拿破崙親自指揮義大利軍對抗反法同盟軍。西元 1800 年 5 月，他率軍從巴黎出發，穿過大聖伯納山口，於 6 月抵達米蘭。6 月 14 日，法軍與駐義大利的奧軍在馬倫哥展開大戰，而善於利用炮兵和騎兵的拿破崙，再次以少勝多，取得勝利。

圖為法軍穿過大聖伯納山口。

Ｈ 拿破崙的勝利

圖為雅克‧路易‧大衛的《拿破崙翻越阿爾卑斯山》。此畫創作於馬倫哥戰爭之後，畫中的拿破崙被描繪成英勇堅毅的統帥，策馬奔騰的雄姿也展現他百戰百勝的風采。馬倫哥之役後，奧軍損失重大，於西元 1801 年 2 月 9 日簽訂《呂內維爾和約》，代表第二次反法同盟瓦解。

Ｉ 亞眠和約

在簽訂《呂內維爾和約》後，俄國退出反法同盟，普魯士保持中立，英國則由於實行海上封鎖政策被普魯士、瑞典和丹麥孤立。拿破崙趁此時機，集中全力對英國作戰，而此時的英國不僅在國際上孤立無援，更同時受到國內糧食歉收、愛爾蘭獨立等問題困擾。無心再戰的英國，於西元 1802 年 3 月 25 日與法國簽訂《亞眠和約》，規定英國歸還其在西印度群島和印度所佔領的法屬殖民地，並從馬爾他和埃及撤軍。同時，法國也從拿玻里王國、羅馬教宗領地撤軍。西元 1802 年 8 月，拿破崙修改共和八年憲法，成為終身執政。

Ⓙ 拿破崙的民法典

在拿破崙當選為終身執政後，隨即開始專制統治，但拿破崙卻十分重視法治建設。霧月政變的當晚，他就下令起草《民法典》，其中許多條款都是拿破崙親自參加討論並最終確定。《民法典》是拿破崙最傑出的成就之一，其中採納的條文大部分都是法國大革命初期較為理性的原則。《民法典》於西元1804 年正式實施，對德國、西班牙、瑞士等國的立法皆產生重要影響。

| 圖為身著第一執政官服裝的拿破崙。

Ⓚ 加冕稱帝

西元 1804 年 12 月 2 日，拿破崙在巴黎聖母院舉行加冕儀式。為了借助教皇在宗教上的強大號召力，拿破崙特意讓羅馬教皇庇護七世親自來巴黎為自己加冕，目的是為了讓法國人民，甚至全歐洲都承認他的「合法地位」。在加冕過程中還有一個小插曲，那就是拿破崙傲慢地拒絕跪在教皇前讓其為自己加冕，反而把皇冠奪過來自己戴上。拿破崙的稱帝也表明他背叛共和制的態度，嚴重破壞人民對他的信任。

| 圖為拿破崙為約瑟芬皇后加冕。

Ⓛ 第三次反法同盟

帝國成立後，拿破崙繼續與英國作戰。而缺乏陸軍的英國急忙於西元 1805 年聯合奧地利、沙俄、拿坡里、瑞典形成第三次反法同盟。奧利地率先入侵法國盟國巴伐利亞；同年 12 月 2 日，法、俄、神聖羅馬帝國在奧斯特利茨展開大戰，史稱「三皇會戰」。最後，拿破崙取得勝利，與奧地利簽訂《普雷斯堡和約》，第三次反法同盟瓦解。

| 圖為奧斯特利茨戰役勝利後，拉普將軍向拿破崙
　獻上取自敵軍的旗幟。

Ⓜ 普雷斯堡和約

「三皇會戰」結束後，奧地利與拿破崙於西元 1805 年 12 月 4 日達成停火協議。12 月 27 日，奧地利和法國簽訂《普雷斯堡和約》，退出反法同盟，向法國割讓大量土地並支付高額賠款。拿破崙乘勝在南德、中德、西德各諸侯國組成「萊茵聯邦」，由拿破崙充當「保護人」並徵兵收稅。西元 1806 年 8 月，「萊茵聯邦」脫離神聖羅馬帝國，法蘭西斯二世被迫取消自己「神聖羅馬帝國皇帝」的封號，僅保留奧地利帝號，神聖羅馬帝國的歷史就此結束。自此，拿破崙掌握歐洲大陸的控制權，開啟長達六年之久的帝國極盛時期。

Ⓝ 第四次反法同盟

神聖羅馬帝國解體後，拿破崙將其兄約瑟夫扶上拿坡里王位，並派其弟路易就任荷蘭國王，此舉引起歐洲各國反彈。西元 1806 年 9 月，英國、俄國、普魯士、瑞典四國組成第四次反法聯盟，10 月，歐洲戰事重新開始。10 月 14 日，法軍在耶拿戰役中擊敗普軍，10 月 25 日攻入柏林。西元 1807 年，法軍在弗利德蘭擊潰俄軍，後與俄、普簽定《提爾西特和約》，結束第四次反法聯盟。

| 圖為拿破崙進入柏林後，受到市民熱烈歡迎的場景。

Ⓞ 大陸封鎖體系

為了切斷英國對反法同盟的經濟支持，並確保法國在歐洲的霸權地位，拿破崙於西元 1806 年 11 月 21 日在柏林發佈敕令，宣佈封鎖不列顛諸島，英國及其殖民地的船隻一律不許駛入帝國控制的任何港口。接著，又先後頒佈《米蘭敕令》和《楓丹白露敕令》，宣佈任何商品都必須有原產地證明，確定不是英國及其殖民地產品方可進入大陸；凡曾在英國靠岸的一切中立國船隻，貨和船一併沒收；曾屈服於英國的中立國船隻即視為「已剝奪國籍」，可予逮捕。大陸封鎖體系幾乎囊括整個歐洲大陸，自此之後，法蘭西第一帝國便確立其在歐洲大陸的霸主地位。這一政策雖為英國造成嚴重災難，但其實施的反封鎖也為法國和歐洲各國帶來嚴重後果。隨著法軍喪失軍事優勢，大陸封鎖體系也於西元 1812 年逐步瓦解。

Ⓟ 攻佔馬德里

西元 1807 年末，西班牙爆發內亂，拿破崙趁機入侵。西元 1808 年 3 月，法軍進攻西班牙。23 日，佔領西班牙首都馬德里。5 月，西班牙戰敗，西班牙國王查理四世放棄王位，拿破崙將其兄約瑟夫封為西班牙國王。但法軍的入侵遭到西班牙人的強烈抵抗，拿破崙因為無法平息當地暴亂，從此陷入西班牙戰爭的泥潭。

| 圖為拿破崙接受西班牙首都馬德里投降的情景。

Ⓠ 第五次反法同盟

正當拿破崙陷入西班牙戰爭的泥沼之中時，西元 1809 年初，普魯士、奧地利等國組成第五次反法同盟，拿破崙被迫退出西班牙，率軍迎戰。一開始，奧地利在阿斯珀恩—埃斯靈會戰中佔上風，法軍拉納元帥陣亡，被迫撤回洛鮑島，這也是拿破崙親征以來的首次敗仗。但在此之後，拿破崙又憑著其軍事才能在瓦格拉姆戰役中取得勝利，迫使奧地利簽訂《維也納和約》。

| 圖為瓦格拉姆戰役中，雙方交戰的場景。

Ⓡ 戰爭中的士兵

在接二連三的戰役中，法國士兵的生活十分艱苦，不僅缺乏糧食，醫療條件也非常惡劣。當時的法國雖已有一些隨軍的醫療組織和外科醫生，但由於戰爭醫學正處於起步階段，許多傷者在戰場上受傷後，常因搶救不利而死亡，即使是輕傷患者也有可能在接下來的幾個星期內失去生命。

| 圖為戰爭中的一位傷患正由戰友們抬去治療。

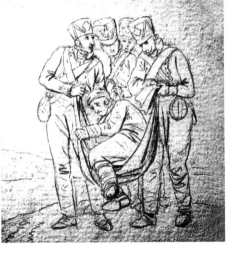

Ⓢ 拿破崙的婚禮

第五次反法同盟結束後，拿破崙帝國已發展至頂峰，但他心中最大的擔憂便是自己始終沒有繼承人。西元 1809 年，為了政治需要，拿破崙與約瑟芬王后離婚；次年，迎娶奧地利公主瑪麗・路易莎為妻，拿破崙終於如願以償進入歐洲皇室。之後，法、奧結為同盟，是為法蘭西第一帝國的全盛時期，拿破崙成為與凱撒、亞歷山大齊名的大帝。其後，帝國持續了數年的和平。

| 圖為拿破崙與瑪麗・路易莎的婚禮。

T 拿破崙帝國

西元 1810 — 1811 年是拿破崙帝國的全盛時期，帝國版圖幾乎囊括整個歐洲。當時，拿破崙控制了歐洲大部分國家，其統治區域除了法蘭西帝國和附庸國外，還包含一部分普魯士、瑞士、波蘭和義大利。

U 新貴族

拿破崙從西元 1811 年開始，便創立帝國的新貴族制度，依然沿用舊貴族的稱號，拿破崙還為自己的家人安置了不同王位。帝國的新貴族集團並沒有舊貴族那樣世襲和血緣的羈絆，一旦拿破崙失勢，新貴族也必然各奔東西，這便成為拿破崙帝國統治不穩固的原因之一。

圖為拿破崙參加其弟熱羅姆的婚禮。

V 兵敗俄國

雖然俄國幾次敗給法國，但其仍為東歐舉足輕重的大國，而且，俄國雖然加入拿破崙的大陸體系，但卻從未認真執行大陸封鎖。另外，沙皇還在西元 1810 年對法國及其盟國的商品提高關稅，進一步惡化兩國之間的關係。西元 1812 年 5 月，拿破崙率領大軍遠征俄羅斯，6 月 25 日進入俄羅斯本土，在俄軍堅決抵抗之下，法軍雖然一路獲勝，卻傷亡慘重。西元 1812 年 9 月 7 日，法軍經博羅迪諾戰役後，進入莫斯科，但只得到一座被俄國人放火燒毀的廢墟。提前來臨的寒冬和俄國的抵抗使法軍疲憊不堪，拿破崙也因為國內政變急忙趕回法國，此時的法軍已不足三萬人。在這次的遠征俄羅斯失敗後，法國從此元氣大傷，拿破崙帝國岌岌可危。

Ⓦ 被迫退位

拿破崙在俄法戰爭慘敗後，西元 1813 年 2 月，歐洲各國組成第六次反法同盟。同時，法國的各附庸小邦國也乘機反抗，企圖擺脫控制，使得拿破崙陷入困境。西元 1813 年 10 月，反法同盟在薩克森的萊比錫戰役中擊敗拿破崙軍，導致萊茵聯邦解散，同盟軍繼續向法國開進。西元 1814 年 3 月 31 日，巴黎被佔領，拿破崙被迫簽訂《楓丹白露條約》並宣告退位，被流放到厄爾巴島。

| 圖為拿破崙在楓丹白露宮與近衛部隊告別。

Ⓧ 流放厄爾巴島

西元 1814 年 5 月 3 日，拿破崙乘坐英國船隻被押送到厄爾巴島，同行的還有他的母親、妹妹以及隨行人員。厄爾巴島上的所有地方官員都前往迎接，以表示歡迎。拿破崙選中了島上的「磨坊」別墅作為住處，並將它整修成宮殿。拿破崙很喜歡在島上四處走動，以瞭解當地居民的生活情況。

| 圖為在費拉約官邸花園內的拿破崙。

Ⓨ 厄爾巴島

厄爾巴島位於義大利中部托斯卡納地區西邊的海域上，是義大利的第三大島，僅次於西西里島和薩丁島。該島面積達 200 多平方公里，島上礦產資源豐富，其中以鐵礦最為有名。除此之外，島上的資源還有銅礦、石英、石棉、花崗石和碧玉石等。拿破崙當年被流放時，便是居住於島上的「鐵港鎮」，小鎮坐落於山頂上，古牆、房屋均沿山坡而建，山頂上還有古堡和燈塔。

Ｚ 維也納會議

在第六次反法同盟擊潰拿破崙後，歐洲舉行了一場國際會議，即「維也納會議」。會議中討論在拿破崙戰爭後的歐洲形勢，也與法國簽署《第一次巴黎和約》，由戰勝國重新瓜分歐洲的領土。

ⓐ 諷刺的維也納會議

圖為反映維也納會議的諷刺畫，畫中生動描繪包括奧地利、普魯士、俄國以及英國等與會代表的貪婪面孔。維也納會議的主要目的其實是恢復歐洲各國王朝及專制秩序，並任意宰割兼併小國，以鞏固強國的霸權。

ⓑ 百日王朝

在維也納會議期間，拿破崙於西元 1815 年 3 月 1 日從厄爾巴島潛回法國，20 日進入巴黎，重登帝位，建立「百日王朝」。英、俄、奧、普等國立即組織第七次反法聯盟，決心徹底擊潰拿破崙。

圖為祕密潛回法國的拿破崙。

ⓒ 滑鐵盧之戰

西元 1815 年初，拿破崙重新稱帝，英、普、奧、俄等國組成第七次反法聯盟，準備進攻巴黎。6 月 18 日，拿破崙率兵抵達比利時的滑鐵盧，與英軍展開激烈交戰，難分勝負。隨後趕到的英援軍使戰局急轉直下，拿破崙腹背受敵，最後大敗。滑鐵盧戰役後，反法聯盟很快地攻佔巴黎，拿破崙再次退位，被放逐到大西洋中的聖赫倫那島。

圖為在滑鐵盧交戰的法、英兩軍。

ⓓ 烏古蒙城堡之戰

烏古蒙城堡之戰被稱為滑鐵盧戰役中的「戰中之戰」。6 月 18 日上午 11 點，法軍開始攻擊英軍右派的烏古蒙城堡，雙方激烈交戰，英軍雖然頑強抵抗但也幾乎瀕於崩潰。

▎圖為在法軍攻勢下，最終在爭奪烏古蒙城堡之戰中戰敗的英軍。

ⓔ 流放聖赫倫那島

西元 1815 年 10 月，拿破崙被流放到大西洋的聖赫倫那島，這座孤島與非洲大陸隔海相望。拿破崙在被流放前，曾寫信求助於英國的攝政王，但被拒絕。於是，這位在滑鐵盧之戰後便陷入絕境的歐洲皇帝，最終在這座小島上度過餘生。

▎圖為被押送至聖赫倫那島的拿破崙，身後是他挑選的隨行貝特朗、蒙托隆、拉斯加斯三位伯爵，以及古爾戈將軍。

ⓕ 拿破崙之死

拿破崙流放聖赫倫那島期間，居住在朗伍德莊園裡。此後，他便透過口述回憶錄和打理朗伍德莊園打發時間。西元 1821 年 5 月 5 日，在被流放五年後，拿破崙與世長辭，結束他輝煌的一生。西元 1840 年 12 月 15 日，拿破崙的靈柩被運回巴黎，安葬在塞納河畔的榮譽軍人院。

▎圖為拿破崙·波拿巴的靈柩，正被移到駛向法國的拉貝爾普爾法號上。

ⓖ 聖赫倫那島

聖赫倫那島位置偏僻，距非洲西海岸約 2000 公里，直到十六世紀才被一位葡萄牙航海家發現。西元 1815 年，這座默默無聞的小島因拿破崙的流放而廣為人知。當時，這座小島屬於英國東印度公司，因為人煙稀少而顯得荒涼。拿破崙被安置在東印度公司員工的朗伍德莊園內，其行動受到限制，活動範圍僅限於別墅四周的 12 公里內，這位昔日的皇帝就這樣度過人生中的最後五年。而拿破崙居住的別墅至今保存完好，並成為全世界軍事迷嚮往的聖地。

第 11 章

飛速轉動的歷史車輪
歐洲的工業化

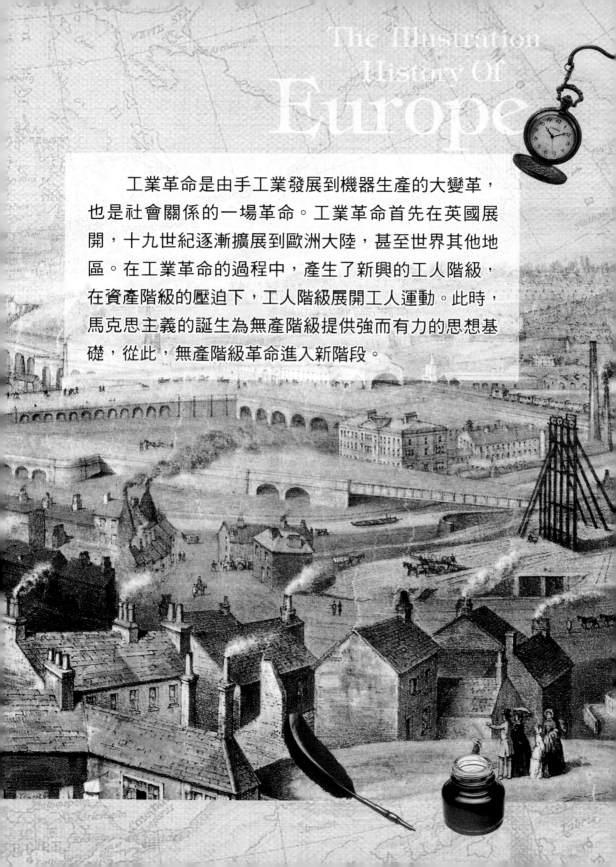

工業革命是由手工業發展到機器生產的大變革，也是社會關係的一場革命。工業革命首先在英國展開，十九世紀逐漸擴展到歐洲大陸，甚至世界其他地區。在工業革命的過程中，產生了新興的工人階級，在資產階級的壓迫下，工人階級展開工人運動。此時，馬克思主義的誕生為無產階級提供強而有力的思想基礎，從此，無產階級革命進入新階段。

01 英國工業革命的背景

關鍵字：英國、工業革命

　　十七世紀時，英國的一連串革命加速資本主義的發展。英國的殖民擴張為資本主義累積大量資本，圈地運動則為資本主義提供生產所必需的勞動力。十八世紀中期，英國打敗法國，成為世界上最大的資本主義殖民國家，而國內外市場的擴大也導致手工業的技術改革。因此，十八世紀中期，英國便展開一場以技術革新為目標的工業革命。

英國工業革命的背景

1 殖民掠奪提供大量資本。

2 圈地運動提供勞動力。

3 手工工廠的發展為工業革命累積大量生產技術。A

4 都市化程度高，國內市場發達。B

5 行會制度薄弱，促使自由競爭和發明新技術。

6 交通便利，促進工商業發展。CDE

A 手工工廠

　圖為英國陶藝家的手工工廠，他的陶器風格和設計靈感多源自於古希臘和羅馬，因此，他將自己的工廠命名為「伊特魯里亞」。畫中描繪工廠的雇工正在製造陶器，他們分工細緻，各司其職。十七世紀時，英國的手工工廠發展迅速，工廠內的雇工只從事一種簡單的機械操作，這種機械勞動使工人日益熟練，為日後的機器化生產培養所需的技術人才。

B 發達的國內市場

　圖為「伊特魯里亞」在倫敦的產品展示廳，展示廳中的顧客正在參觀陶器。十七世紀末，英國高度都市化，城市人口已佔全國四分之一，為英國提供廣大的國內市場，而圍繞城市形成的工商業也遍佈全國。倫敦便是當時商業最發達的城市之一。

ⓒ 便利的水上交通

圖為泰晤士河的港口，建在尚未竣工的倫敦碼頭上。英國為一個島國，工商業中心大都設在沿海的河口上。十九世紀時，國內幾乎所有的貿易都必須經過河邊的碼頭。西元 1802 年起，泰晤士河畔便興建了許多專用碼頭，便利的水上交通促進了工商業發展，為工業革命打下良好基礎。

ⓓ 改善陸路交通

十八世紀時，由於英國路況不佳，公共馬車的交通方式十分不便利，甚至還非常危險。十八世紀末，工程師湯瑪斯·特爾夫特和約翰·麥克亞當姆兩人經過長時間的努力，終於建造出結實耐用的路面，為英國路況跨出一大步。

圖為公共馬車行駛在小路間的情景，馬車夫正在驅使馬匹，馬車旁的乘客提著燈為車夫指路，另一名乘客則幫忙將馬車拉上斜坡。

ⓔ 泰晤士河的隧道

圖為開鑿到一半的隧道，貴賓們正在舉行宴會。此條隧道於西元 1825 年動工，是第一條通過泰晤士河下的隧道。西元 1827 年，股東們為了慶祝工程暫告一段落，在此舉行宴會，但這項工程在日後不斷遭遇困難，最終於西元 1840 年竣工。

02 英國工業革命的進程

關鍵字：英國、工業革命、成果

　　英國工業革命始於十八世紀中期，結束於十九世紀中期。工業革命首先從棉紡織工業開始，最突出的發明分別是西元 1765 年的「珍妮紡紗機」和西元 1785 年的「水力織布機」。而隨著紡織機器的出現，使用機器生產的大工廠也日漸興盛，動力機器也不斷革新。西元 1765 年，瓦特改良蒸汽機，推動機器的普及和發展。同時，紡織工業的技術革新也促使採礦、冶金、交通運輸等各行各業的變革。

英國工業革命的發明

棉紡織業	1 西元 1733 年，飛梭。
	2 西元 1765 年，珍妮紡紗機。Ⓐ
	3 西元 1768 年，水力傳動的紡紗機。
	4 西元 1779 年，騾機。
	5 西元 1785 年，水力織布機。Ⓑ
採煤業	1 西元 1698 年，蒸汽抽水機。Ⓒ
	2 西元 1765 年，瓦特改良蒸汽機。Ⓓ
冶鐵業	1 西元 1784 年，攪煉法。Ⓔ
	2 西元 1839 年，蒸汽錘。Ⓕ
交通	1 十八世紀中葉，出現鋼軌和鐵軌。Ⓙ
	2 西元 1803 年，軌道火車。Ⓚ
	3 西元 1814 年，蒸汽火車。Ⓛ
影響	1 工廠取代手工工廠。ⒼⒽⒾ
	2 形成工業資產階級和工業無產階級。ⓂⓃⓄ
	3 工人運動興起，都市化加劇。

Ⓐ 珍妮紡紗機

十八世紀時，棉紡織品在英國受到熱烈歡迎，而市場需求也進一步促進生產技術的革新，於是，英國的工業革命始於棉紡織業。

西元 1733 年，約翰‧凱伊發明飛梭。西元 1765 年，哈格里夫斯發明多軸紡紗機，並將其命名為「珍妮紡紗機」。

▎圖為「珍妮紡紗機」，一次可紡出多根棉線，大大提高生產率。在發明此種紡紗機後，英國各地便紛紛成立大規模織布廠，成為工業革命開始的標誌。

Ⓑ 水力織布機

在珍妮紡紗機替代舊式紡紗機後，紡紗機又不斷改良，紡紗的速度提高了將近 100 倍。紡紗速度提高便使織布速度明顯落後。為了提高織布速度，艾德蒙‧卡

特萊特於西元 1785 年發明水力織布機，將織布的速度提高 40 倍。西元 1800 年，英國棉紡業已大部分機械化。

▎圖為卡特萊特發明的水力織布機。

C 蒸汽機的發展和缺點

發明	1 西元 1698 年，英國人湯瑪斯‧薩夫里發明蒸汽抽水機，主要用於礦井抽水。
	2 西元 1706 年，英國人托易斯‧紐科曼發明常壓蒸汽機，是瓦特蒸汽機的前身。
缺點	1 受材料和技術的限制，無法廣泛地推廣。
	2 消耗太多燃料，僅適用於煤田。

D 改良蒸汽機

詹姆斯‧瓦特是格拉斯哥大學的技師，西元 1763 年，他開始改進紐科曼的蒸汽機。西元 1781 年，瓦特製造出從兩邊推動活塞的雙動蒸汽機，推動工業生產中的動力革命。到了西元 1800 年，已在使用的蒸汽機約有 500 台。

圖為詹姆斯‧瓦特的畫像。

E 冶煉熟鐵

棉紡機和蒸汽機的發明使得鐵、鋼和煤的需求量大增，導致採礦和冶金方面的技術革新勢在必行。

圖為亨利‧科特於西元 1784 年發明的「攪煉法」原理示意圖。首先，把熔融生鐵放在反射爐中加以攪動，透過環流空氣中的氧除去熔融體中的碳，然後生產出有韌性的熟鐵。十八世紀晚期，冶金業的技術革新提高鋼和鐵的產量，為日後的機械化生產提供絕佳條件。

F 蒸汽錘

隨著工業發展，靠著人力鍛打加工零件已無法滿足社會的迅速發展，人們迫切需要更有力的機械以製造諸如火車、輪船上的巨大零件。西元 1841 年，詹姆斯‧內史密斯發明蒸汽錘，滿足眾人的需求。

圖為形如站立「人」字的蒸汽錘，正在利用蒸汽壓力推動巨型鐵塊。

⑥ 英國工廠

十八世紀末，生產技術的大規模發展帶領英國進入工業革命時期，機械化工廠取代手工工廠，成為資本主義的主要生產方式。資本家將工人們集中在工廠中，再利用機器生產，使得工廠的效率和產品產量都顯著提高。

| 圖為西元 1800 年的英國工廠。

⑪ 亞麻廠

| 圖為西元 1814 年竣工的亞麻廠，畫中是亞麻廠的主廳，上面是圓錐形的天窗，這一設計主要是為了利用自然光。地下室則是用來安裝蒸汽機，還有倉庫和供工人洗澡的空間。

Ⅰ 世界博覽會中的機器

圖為瑟夫・納什的石版畫，描繪西元 1851 年世界博覽會中，英國所展出的各種機器。

Ｊ 軌道運輸

十九世紀，英國透過築路和開鑿運河，使得陸路和水路的狀況都獲得改善。西元 1830 年之後，出現新的運輸方式——鐵路，到了十八世紀中葉，鋼軌或鐵軌皆已普及。

圖為正將煤從礦井口運到某條水路或燒煤處的馬匹。在利用軌道運輸後，一匹馬便能搬動 22 匹馬在普通道路上所載運的貨物。

Ｋ 軌道火車

特里維西克是英國的機械工程師，早在 19 歲時，他就已在製造蒸汽機方面嶄露頭角。西元 1797 年，他成功製造出固定和移動式高壓蒸汽機。西元 1803 年，特里維西克製造出世界上第一輛利用軌道運行的火車，西元 1804 年，這輛軌道火車在倫敦加的夫首次運行。

圖為倫敦的尤斯頓廣場，特里維西克製造的火車正在中間的環形軌道上行駛，想要乘坐火車的觀眾必須先行繳費。

Ⓛ 蒸汽火車

早在西元 1808 年，英國便將蒸汽發動機運用在鐵路運輸方面，但真正的大規模普及還是在史蒂芬森製造出蒸汽火車「火箭號」之後。

│ 圖為史蒂芬森的「火箭號」複製品，後來的火車皆是以此為基礎。西元 1825 年，史蒂芬森製造出第一台能載運客車的蒸汽火車，並在英國的第一條客運鐵路試車成功。西元 1830 年，從利物浦到曼徹斯特的鐵路正式通行。

Ⓜ 工人區

英國工業革命引發一場嚴重的社會變革，社會分裂為兩大對立階級，分別為工業資產階級和工業無產階級。工人對生存狀況的不滿，成為日後工人運動的直接原因。

│ 圖為西元 1855 年的石版畫，描繪南約克郡謝菲爾德鎮的工業發展場景。曾經以製造刀具而聞名的謝菲爾德鎮，在工業革命後，成為英國重要的鋼鐵工業中心之一。畫作前方是工人們居住的擁擠房屋，後面則是工廠區高聳入雲的煙囪。

Ⓝ 礦山童工

│ 圖為礦山童工的工作狀況。右者負責看門，通常年約 5 － 10 歲；左者負責推煤車，大多是女孩，推車通常載重 400 公斤。西元 1842 年，通過礦山法，禁止雇傭婦女及 10 歲以下男童。

Ⓞ 收容所

隨著英國人口的增長，過多的流浪人口已成為倫敦面臨的主要問題。政府開設的收容所雖能解決一部分流浪人口問題，但依舊杯水車薪。

│ 圖為英國倫敦的收容所。

03 工業革命的擴展

關鍵字：工業革命、法國、德國、俄國

　　十九世紀時，工業革命逐漸擴展至歐洲其他國家。各國的工業革命首先從輕工業開始，日漸擴大至採礦、冶金和運輸業，最後以機器製造業結束，過程皆與英國相同。但是，由於各國發展情況不同，所以各國工業革命又各有其獨特之處。

工業革命的擴展

法國

1. 輕工業：十九世紀初，紡織業首先開始使用機器。**A**
2. 重工業：生鐵、鋼和煤的產量大幅提高，汽錘、滾軋和切削機床的出現奠定機器製造業的基礎。
3. 交通運輸業：鐵路建築的發展尤為突出，西元 1870 年，建成全國鐵路網。**B**
4. 特點：存有大量小企業，高利貸資本活躍，小農分化極為緩慢。**C**

德國

1. 改革農奴制，為工業革命提供資金和自由勞動力。**D**
2. 建立關稅同盟，擴大國內市場。**E**
3. 由交通運輸業率先開始革命。**F**
4. 俾斯麥的「鐵血政策」刺激重工業的發展。**G H I J**
5. 政府干預，大力推進工業革命的進程。**K L M N**

俄國

1. 西元 1840 年起，棉紡業首先使用機器。西元 1880 年開始，輕工業工廠大量使用機器。
2. 冶金業中，貝氏煉鋼法和平爐煉鋼法十分普及。
3. 交通運輸方面，出現汽船，鐵路亦修建快速。
4. 出現石油、機器製造等新興工業。

A 繁華的巴黎

西元 1815 年，拿破崙帝國覆滅後，國內外政治局勢趨於穩定，法國的經濟也逐漸復甦，大都市也紛紛再度繁榮，工業革命是在此時開始。法國的工業革命首先從紡織業展開，而後的製糖、造紙、印刷等工業也開始使用機器。

圖為再次繁榮的巴黎。

B 法國鐵路

法國重工業的技術改革起步較晚，直到十九世紀中葉，工業革命的重心才轉向重工業。隨著機械化的過程，生鐵、鋼和煤的產量也大幅度提高，鐵路建設亦隨之展開。

圖為從盧昂到勒阿佛爾的鐵路開通時，人們舉行慶祝儀式的場景。

267

C 奢侈品

巴黎是以時尚著稱的城市，人們對奢侈品情有獨鍾。這一傳統使得法國的服飾業和奢侈品製造業十分發達，這類工業多以手工勞動為主，適合採用分散型的小企業形式，而這些大量小企業就阻礙了大型企業的發展。因此，大企業的發展遲緩遂成為法國工業革命的主要特點。

圖為兩位貴婦人正在逗弄鸚鵡，此為西元 1868 年的巴黎最新時尚。

E 全德關稅同盟

1 西元 1818 年，普魯士率先廢除內地關稅，宣佈商品自由流轉。

2 西元 1826 年，六個北德邦國建立「北德意志關稅同盟」。

3 西元 1827 年，兩個南德大邦國——巴伐利亞、符騰堡組成「南德關稅同盟」，其他南德邦國也有參與。

4 西元 1828 年，漢諾威、薩克森、圖林根各邦國和漢薩城市組成對抗普魯士的「中德關稅同盟」。

5 西元 1834 年，十八個邦聯合組成以普魯士為盟主的德意志關稅同盟，之後，這一同盟擴大到所有德語地區，成為「全德關稅同盟」。同盟公約包括：廢除內部關稅、統一對外稅則、提高進口稅率、關稅收入按比例分配給盟內各邦等。

D 破產的農民

直到西元 1848 年，歐洲爆發一連串革命後，德國的工業革命才逐漸蓬勃發展。德國工業革命所需的資金來源於改革農奴制時向農民索取的贖金，貴族地主們利用這筆贖金將莊園逐步改造為農場，或利用這筆贖金投資工業。而大多數農民在繳納贖金後，便只能走向破產，為德國工業革命提供大量自由勞動力。

圖為破產後淪為無產階級的農民，惡劣的工作環境和微薄的工資使他們的生活更加悲慘。

F 德國第一條鐵路

西元 1835 年 12 月 7 日，德國的第一條鐵路「富爾特－紐倫堡鐵路」正式通車，這時，德國的工業革命剛剛起步。德國工業革命由交通運輸率

先開始，其中尤以鐵路建設最為突出。十九世紀中葉，德國的鐵路建造業便迅速發展。西元 1872 年，便超越法國和英國。此外，德國還大力修建公路，發展內河航運和海上運輸。

圖為第一條鐵路開通時，人們在一旁圍觀慶祝的場景。

ⓖ 阿爾弗雷德‧克虜伯

阿爾弗雷德‧克虜伯是德國著名的實業家，以生產鑄鋼火炮和眾多武器著稱。克虜伯 14 歲時便全權掌管企業，當時，他的企業主要生產鑄鋼。西元 1847 年，克虜伯才開始轉向生產軍械，並逐步發展成為世界第一的軍工聯合體。克虜伯更是現代企業家的模範，早在西元 1836 年，他便為企業員工設置疾病和喪葬基金。西元 1855 年，他又為員工建造宿舍、醫院、學校和教堂。

ⓗ 工業重心轉移

德國交通運輸業的發展亦帶動國內其他工業的變革，工業發展的重心從輕工業逐漸轉向重工業。交通運輸業所建立的雄厚工業基礎，為其他行業的革命提供所需的物資及設備，推動德國工業革命的全面發展。也因為如此，德國的工業革命才能在短時間超越英、法等國。

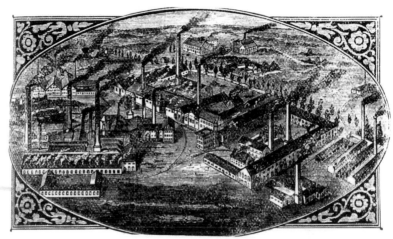

圖為德國軍火大王阿爾弗雷德‧克虜伯的工廠。由於當時的普魯士正大力推行「鐵血政策」，鼓勵軍火生產，進而刺激重工業發展。克虜伯家族也趁勢興起，成為德意志發展的重要基石。

ⓘ 克虜伯工廠的火車

以生產鑄鋼起家的克虜伯企業在鐵路出現後，才逐漸開始興盛。最初，克虜伯工廠只生產鑄鋼的火車輪軸和彈簧。西元 1852 年，克虜伯製造出第一個無縫的

鋼火車輪轂，後來，三個重疊輪轂構成的標誌遂成為克虜伯公司的商標。此外，克虜伯也是最先將貝塞麥煉鋼法和平爐煉鋼法引入歐洲的企業家。

圖為克虜伯工廠內運送貨物的火車。

ⓙ 兵工廠

圖為克虜伯的兵工廠，也是第一座私人兵工廠。他的企業有「帝國兵工廠」之稱，本人也是現代戰爭的奠基人。在克虜伯去世時，他已為世界上超過 46 個國家提供過武器裝備。

Ⓚ 德國的國家干預政策

1 實行高關稅政策，保護國內工業。

2 興辦國營企業，資助私營企業。

3 派遣官員出國考察，學習先進的技術和經驗。

4 招聘國外工程技術人員，組織科學研究團體，即時介紹國外的新技術。

Ⓛ 德國的教育

德國工業革命的顯著特點就是積極推行教育改革。早在西元 1825 年，普魯士便開始實行義務教育制度，十九世紀中期的普魯士就已將教育普及。除此之外，各邦政府還興辦多種中等專業技術學校和職工補習學校。教育的普及為國家培養出大批優秀人才，對工業革命影響深遠，推動德國工業革命走在世界前列。

| 圖為德國學前教育的場景，孩子們正坐在教室裡聽老師講課。

Ⓜ 福祿貝爾

福祿貝爾認為兒童對自然、社會及家庭的初步認識都形成於幼兒時期，所以此時的教育可以影響人的一生。福祿貝爾同樣肯定家庭在幼兒教育中的重要性，但由於大多數父母並沒有接受過專門的教育培訓，所以他建議將兒童送到專門的學前教育機構中接受教育。

| 圖為德國教育家福祿貝爾的畫像，他是幼稚園教育的創始人。

Ⓝ 李比希的化學實驗室

李比希是實驗室教學方法的首創者，被譽為歷史上最偉大的化學教育家之一。此外，他還創立有機化學，被稱為「化學之父」。正是由於基礎教育的改革，德國才得以培養出這些優秀人才，從而在化學這樣的新興工業超越歐洲列強。

| 圖為德國化學家李比希在吉森的化學實驗室，是世界上第一間化學實驗室。

04 風起雲湧的工人運動

關鍵字：盧德運動、西里西亞織工抗爭、英國憲章運動

　　工業革命後，資本主義迅速發展，社會分化為兩大對立階級，即無產階級和資產階級。工業革命使資產階級的勢力逐漸壯大，卻也帶給無產階級巨大的苦難，工人只能過著饑寒交迫的生活。在忍無可忍之下，工人終於在十九世紀中期發起一連串抗爭，諸如英國盧德運動、德國西里西亞工人抗爭、英國憲章運動。其中，英國憲章運動中所成立的全國憲章派協會，更成為現代第一個工人政黨的雛形，對於後來的英國政治產生極大影響。

工人運動

盧德運動

1 西元 1779 年，英國爆發盧德運動。Ⓐ

2 西元 1811 年春，諾丁漢郡針織工人為提高工資，大量破壞織機。

3 西元 1813 年後，盧德運動趨於低潮，法國里昂工人發起抗爭。

4 西元 1831 年，里昂織工舉行抗爭。Ⓑ

5 西元 1834 年，里昂工人舉行第二次抗爭，但隨即遭到鎮壓。

西里西亞織工

1 西元 1844 年，德國西里西亞的紡織工人發起抗爭。

2 西元 1844 年 6 月 6 日，抗爭被政府軍隊強力鎮壓。

英國憲章運動

1 背景：無產階級在政治上始終處於無權地位，於是興起爭取政治權利的憲章運動。ⒸⒹ

2 興起：西元 1836 年，召開第一屆憲章派國民公會。西元 1839 年，國民公會自行解散。西元 1840 年，第一個工人政黨的雛形「全國憲章協會」成立。西元 1842 年春，運動進入低潮。西元 1847 年，再度興起。西元 1848 年，遊行示威失敗，運動走向衰落。西元 1848 年，憲章派內部分裂。西元 1858 年，運動結束。ⒺⒻⒼⒽⒾⒿⓀⓁⓂ

Ⓐ 盧德運動

工業革命時期，因為普遍使用機器生產，導致大批手工勞動者破產，無產階級為了爭取自己的利益被迫展開鬥爭。當時的工人將機器視為災難的根源，用搗毀機器作為反對企業主的手段。隨著工人力量的增強，工人們意識到團結的重要性，遂開始以武裝反抗資本家。

| 圖為盧德運動的象徵畫作。

Ⓑ 里昂工人抗爭

里昂是法國絲織業的中心，當時的織工飽受工廠主和包買商（向小手工業者貸給或供應原物料和工具，並給予酬金或工錢，然後收取成品轉向市場銷售的商人）的殘酷剝削，不堪重負的工人於西元 1831 年和西元 1834 年發起兩次抗爭。法國里昂工人更提出建立民主共和國的口號，具有鮮明的政治性質。

C 新濟貧法

西元 1832 年，英國議會改革後，選舉權擴大，資產階級得以進入議會，但無產階級仍處於無權地位。在幾經失望之後，工人們不再把希望寄託在議會，轉而開始尋找屬於自己的道路。西元 1834 年，議會通過《新濟貧法》，規定需要領救濟金的人，必須到勞動院參加勞動後才能領取。這一規定使得無產階級的生活狀況再度惡化，不滿情緒增長，工人們開始團結並制定自己的規章，憲章運動隨之興起。

▌圖為一幅諷刺畫，描繪工人反對《新濟貧法》的場景，圖中的婦女正砍下寫有濟貧法的圍欄。

D 倫敦工人協會

西元 1836 年 6 月，洛維特領導工人組成「倫敦工人協會」，其宗旨是爭取人民的自由權利、改善工人的生活條件。西元 1837 年，該會提出一份請願書，並於西元 1838 年 5 月 8 日公佈根據該請願書起草的《人民憲章》。之後，該會開始在各地建立地方協會並出版刊物，是領導前期憲章運動的重要組織。

▌圖為倫敦工人協會領導者洛維特的畫像。

E 人民憲章

《人民憲章》是憲章運動中的重要文件，主要內容有以下六點。1. 凡年滿 21 歲，精神健全的男子皆有選舉權。2. 無記名祕密投票，以保障選民可充分、自由地運用其投票權。3. 廢除議員候選人的財產資格限制。4. 議員應支付薪俸，使當選議員者可以離開原有職務，奉獻全部精力為國家服務。5. 平均分配選舉區域，按各自選民人數分配代表名額。6. 議會每年改選一次。另外，《人民憲章》中也包含了資產階級的要求，如取消《穀物法》、保障企業家應得之利潤等。在《人民憲章》公佈後，為實現憲章內容的抗爭遂稱為「憲章運動」。

F 憲章派的分歧	
左派	1 代表人物：布朗特爾・奧布萊恩、裘利安・哈尼。
	2 主張：也稱「物質力量派」。主張如果議會不採納《人民憲章》的要求，就用一切手段進行抗爭，包括總罷工，甚至武裝抗爭。
右派	1 代表人物：洛維特。
	2 主張：也稱「道義派」。主張利用向議會遞交請願書的和平方式，以爭取實施憲章，達到團體的要求。
中間	1 代表人物：奧康諾。

⑥ 第一次請願

雖然憲章派內部爭論激烈，但領導權還是掌握在洛維特等溫和派手中，所以他們決定採取和平請願的方式。西元 1839 年，憲章派將請願書遞交給議會，請願書上的簽名者已達 20 萬人。但是，最終還是被議會以 235 票對 46 票否決。

▎圖為描述憲章運動的諷刺畫。抱著請願書的工人被阻擋在議會門外，門口站著的議員將請願人視為怪物，擺出戒備姿態，被阻攔的工人寓意第一次請願的失敗。

⑪ 示威遊行

在請願書被否決後，工人們對此感到不滿，紛紛在各地舉行示威遊行。西元 1839 年 8 月 12 日，憲章派決定舉行總罷工，但由於內部意見不統一，準備也不夠充分，導致罷工提議被取消。9 月 14 日，第一屆國民公會自行宣告解散，結束第一階段憲章運動。

▎圖為工人示威遊行的場景。

① 全國憲章協會

第一階段憲章運動失敗後，憲章派於西元 1840 年成立全國憲章協會，為憲章運動的領導組織。全國憲章協會中設有中央執行委員會，委員會每年改選一次。協會規定參加組織者必須填寫志願書，表示贊成憲章運動的原則，再繳納會費，領取會員證，並參加所在地區的活動。這個全國憲章協會也成為現代第一個工人政黨的雛形。西元 1841 年，全國憲章協會的地方分會多達 200 多個。西元 1842 年，會員總數約五萬餘人。與此同時，憲章派中的激進派則因不能接受全國憲章的宗旨，而退出憲章運動。

Ⓙ 第二次請願

圖為將請願書送往國會的情景。有 300 多萬人聯署的請願書，長度將近 10 公里，在切成幾個部分後才成功送進議會。這是憲章派在西元 1842 年提出的第二次請願，這次請願不僅提出政治要求，還提出社會經濟要求。但是，由於議員們反對請願書中提出的普選權，因此否決第二次請願。

Ⓚ 西元 1842 年大罷工

第二次請願遭到否決的消息引起工人的強烈不滿，各地工人開始進行抗爭，罷工浪潮迅速席捲全國。憲章派的領導人雖然贊成繼續抗爭，但由於害怕罷工將演變為革命，因而未採取有效的措施。政府則為了防止事態擴大，出動軍隊鎮壓工人。

圖為工人被軍隊鎮壓的場景。由於缺乏有力的領導者，此次憲章運動以工人被鎮壓而告終。

Ⓛ 奧康諾的土地計畫

罷工運動失敗後，憲章派內部分裂。少數左派在哈尼和鐘斯的領導下，與外國革命者成立國際性的「民主派兄弟協會」，繼續使用激烈手段鬥爭。而奧康諾則於西元 1843 年提出土地計畫，透過購置土地使工人擁有土地耕種，以擺脫資本家。西元 1846 年，憲章派在里奇曼沃思附近建立奧康諾村，購買土地的工人就此定居。這個計畫一開始受到眾多工人擁護，土地公司也籌措到許多資金，但終因管理不善，在西元 1848 年破產。

Ⓜ 第三次請願

西元 1847 年，英國發生經濟危機，導致憲章運動重新活躍。西元 1848 年，憲章派在倫敦召開新的「國民公會」，決定在 4 月 10 日組織示威遊行，第三次向議會遞交請願書。英國政府感到十分恐慌，集中大批軍隊意欲進行鎮壓。在鎮壓軍隊面前，憲章派領導人只好解散遊行隊伍。之後，運動的中心轉移到英國北部工業區，但憲章運動的風潮已過，逐漸走向衰落。

圖為西元 1848 年 4 月憲章運動大規模遊行示威的場景。

05 馬克思主義

關鍵字：馬克思主義、共產黨宣言

　　隨著資本主義的發展，固有的矛盾日益顯露。十九世紀中期，大規模工人運動的爆發代表無產階級的覺醒，無產階級開始登上世界舞台。與此同時，馬克思、恩格斯繼承了德意志的古典哲學、英國古典政治經濟學和英法烏托邦社會主義，共同創立科學社會主義理論，推動社會主義蓬勃發展。

馬克思主義的誕生

背景	1 在資本主義迅速發展的情況下，固有矛盾逐漸凸顯。
	2 德國古典哲學、英國古典政治經濟學、烏托邦社會主義學說，皆為馬克思主義提供直接的理論來源。ＡＢ
	3 有機體細胞結構學說、能量守恆及轉化學說、達爾文物種起源和發展學說，為馬克思主義提供理論基礎。
馬克思	1 大學畢業後任職於《萊茵報》。
	2 西元 1843 年，《黑格爾法哲學批判》。
	3 西元 1844 年初，《1844 年經濟學哲學手稿》。
恩格斯	1 在柏林服兵役期間，參加青年黑格爾派。西元 1842 年，受到費爾巴哈影響，開始轉向唯物主義。
	2 西元 1842 年，來到英國。西元 1844 年，發表《政治經濟學批判大綱》。Ｃ
形成	1 西元 1847 年，舉行第一次同盟大會，建立共產主義者同盟。Ｄ
	2 西元 1848 年，發表《共產黨宣言》，代表馬克思主義正式誕生。Ｅ

Ａ 英國古典政治經濟學

十八世紀後期至十九世紀初期，英國發展出資產階級的經濟學體系，反映新興資產階級的利益。學說創始人為威廉‧配第，後經亞當‧斯密發展，最後由大衛‧李嘉圖集大成。這一經濟理論的主要代表作是亞當‧斯密的《國民財富的性質和原因的研究》，以及大衛‧李嘉圖的《政治經濟學及賦稅原理》。英國古典政治經濟學的最大成就就是「勞動決定價值」的理論，馬克思、恩格斯就是在勞動價值論的基礎上，創立「剩餘價值學說」，開啟馬克思主義。

Ｂ 德國古典哲學

德國古典哲學是十八世紀末至十九世紀上半葉的興盛學說，它提出認識論、本體論、政治哲學等領域的重大問題，代表著近代西方哲學過渡至現代的過程。黑格爾就是德國古典哲學集大成者，費爾巴哈也是另一名重要哲學家。德國古典哲學是馬克思主義的三大理論來源之一，馬克思就是在吸收了黑格爾辯證法和費爾巴哈唯物主義後，創立辯證唯物主義和歷史唯物主義。

圖為馬克思的畫像。

C 弗里德里希·恩格斯

西元1842年，恩格斯來到英國的曼徹斯特。當時，曼徹斯特作為憲章運動的中心，其抗爭的激烈程度令恩格斯感到驚訝。在這裡，他開始深入無產階級的生活，與英國的社會主義者、憲章派交好，並與馬克思相識。同時，恩格斯系統性地研究英國古典政治經濟學和烏托邦社會主義學說，並發表一系列著作，批判唯心主義歷史觀。

▏圖為恩格斯在英國時曾居住的公寓。

D 共產主義者同盟

共產主義者同盟是十九世紀初期，德國工人和手工業者成立的祕密革命組織。西元1847年初，馬克思、恩格斯被邀請加入同盟，並成為改組同盟的重要人員。西元1847年6月，同盟在倫敦舉行第一次代表大會，建立共產主義者同盟，提出「全世界無產者聯合起來」的口號。同年11月29日至12月8日，在倫敦舉行第二次代表大會，確立同盟的章程為推翻資產階級，建立無產階級統治。馬克思、恩格斯共同起草同盟綱領，即第一份共產主義運動文獻《共產黨宣言》。此同盟一度成為革命的中心，之後，由於領導人主張不同，同盟內部分裂。西元1852年11月17日，同盟宣告解散。

E 共產黨宣言

《共產黨宣言》是馬克思與恩格斯為共產主義者同盟起草的綱領，代表馬克思主義的誕生。該宣言鼓勵無產者聯合並發動革命，以推翻資本主義，最終建立一個無階級的社會。《共產黨宣言》是無產階級政黨（通常為共產黨）最基本、最重要的政治綱領之一。

▏圖為西元1848年起草《共產黨宣言》的馬克思與恩格斯。

06 1848 年歐洲革命

關鍵字：1848 年、歐洲革命

　　隨著工業革命的擴展，資本主義迅速發展，但是，各國的資產階級雖擁有強大的經濟力量，但政治上卻處於無權地位，君主專制仍然阻礙著資本主義。而另一方面，無產階級也登上政治舞台，在革命中提出自己的訴求。各國的階級矛盾和民族矛盾迅速升溫，革命一觸即發。西元 1848 年，革命浪潮襲捲歐洲。然而，由於資產階級的背叛和無產階級的軟弱，各國的革命大部分以失敗告終。此次革命雖然失敗，但也嚴重打擊封建制度，摧毀維也納會議以來確立的歐洲秩序，間接導致德國及義大利的統一。

西元 1848 年歐洲革命

法國	西元 1848 年，爆發「二月革命」，在革命取得勝利後，建立法蘭西第二共和國。同年 12 月，路易·波拿巴當選總統。Ⓐ ⒷⒸⒹ
德意志	西元 1848 年，爆發「德意志 1848 年革命」，德皇被迫召開允許平凡參與的議會。ⒺⒻ
奧地利	西元 1848 年，維也納革命，10 月被鎮壓，革命失敗。Ⓖ
義大利	西元 1848 年，爆發反抗奧地利的「義大利邦國 1848 年革命」。西元 1849 年，被法國、奧地利和西西里王國聯軍鎮壓，革命失敗。Ⓗ
匈牙利	西元 1848 年 3 月 15 日，爆發革命，奧皇被迫同意成立匈牙利責任內閣。而後，奧皇調集軍隊向匈牙利進攻，與俄國共同鎮壓匈牙利革命。

Ⓐ 二月革命

西元 1830 年法國七月革命後，政權落入貴族手中，而為了維護貴族利益，政府開始鎮壓革命者。西元 1848 年 1 月 29 日，政府禁止王朝反對派和資產階級共和派的群眾集會，遂成為二月革命的導火線。2 月 22 日，巴黎人民示威遊行。24 日，群眾對政府各主要據點發動猛烈進攻，革命正式爆發。

▏圖為巴黎革命者與政府軍激戰。

Ⓑ 燒毀王座

法國革命爆發後，國王路易·菲力浦被迫放棄王位，並逃往英國，二月革命勝利。同年 2 月 24 日，法國成立臨時政府，25 日，拉斯拜爾率

領工人代表團至市政廳，迫使臨時政府宣佈成立共和國，即法蘭西第二共和國。

▏圖為革命群眾將象徵君主制的王座抬到巴士底廣場烈士碑前燒毀。

ⓒ 六月革命

法蘭西第二共和國成立後，無產階級與資產階級之間的矛盾迅速升溫，掌握政權的資產階級開始實施反工人政策。西元 1848 年 6 月，巴黎工人舉行抗爭，提出「民主與社會共和國」的口號，最終在軍政部長卡芬雅克的鎮壓下失敗。共有 11000 餘人被槍殺，25000 餘人遭逮捕和判刑。「六月革命」是當時無產階級與資產階級的直接抗爭，但由於無產階級尚未取得政治地位，且缺乏領導者，也沒有爭取農民和其餘資產階級的支持，最後陷入孤軍奮戰而導致失敗。

ⓓ 法蘭西第二帝國

西元 1848 年底，制憲議會通過法蘭西第二共和國憲法。12 月，法國舉行總統選舉，路易·波拿巴當選。在當選後，路易·波拿巴任命巴羅重新組閣，排擠資產階級共和派和小資產階級民主派，為波拿巴復辟君主制準備。待時機成熟時，波拿巴於西元 1851 年 12 月 2 日發動政變，於西元 1852 年 12 月 2 日稱帝，建立法蘭西第二帝國。

| 圖為路易·波拿巴的畫像。

ⓔ 德意志 1848 年革命

十九世紀前半期，德意志資本主義蓬勃發展，但在維也納會議後建立的德意志聯邦，內部分裂嚴重，嚴重阻礙資本主義的進展。因此，資產階級迫切要求廢除封建制度，並且實現國家統一。西元 1848 年 3 月初，柏林的工人、市民和大學生舉行示威遊行，18 日，革命取得勝利，成功組建全新政府。

| 圖為革命中陣亡的學生。

F 德意志的國民議會

革命的勝利並沒有解決德意志的分裂問題，資產階級於西元 1848 年 5 月 18 日在法蘭克福召開國民議會。會議中雖然進行了冗長的憲法討論，但卻沒有取得任何實際成果，反而貽誤革命的時機。同年 11 月 9 日，普魯士國王大舉反撲，重新恢復君主專制。

| 圖為國民議會在保羅教堂舉行開幕典禮的場景。

G 維也納革命

十九世紀中葉，奧地利仍是一個多民族的專制國家。西元 1848 年 3 月 13 日，為了推翻哈布斯堡王朝的統治，維也納爆發推翻首相梅特涅的示威遊行，抗爭隨即遭到軍隊鎮壓，群眾與政府軍展開爭鬥。在人民的壓力之下，奧皇被迫於 3 月 17 日改組內閣，4 月 25 日頒佈帝國憲法，革命取得勝利。

| 圖為逃出維也納的梅特涅。

H 義大利邦國 1848 年革命

十九世紀中葉，義大利依舊處於諸侯割據狀態，各邦都受制於奧地利，嚴重阻礙義大利的發展。因此，人民迫切要求驅逐奧地利勢力，建立獨立且統一的民主共和國。西元 1848 年 1 月，革命首先在西西里島的首都巴勒莫爆發，抗爭者擊敗國王軍隊，建立臨時政府。隨後，米蘭、威尼斯等地也相繼爆發革命。

| 圖為西元 1848 年 1 月西西里群眾控制首都巴勒莫的場景。

第 12 章

世界連為一體
歐洲的現代化

　　十九世紀中葉，隨著工業革命的擴展，各國封建君主紛紛讓步並實行改革，使資產階級得以參政。與此同時，突破性的科學技術也引發第二次工業革命，進入電氣化時代。資本主義飛速發展，壟斷組織也迅速崛起，人類社會的物質文明達到史無前例的高峰，但也造成各國之間的不平衡，引發第一次世界大戰。

01 自由主義思潮與民族主義

關鍵字：亞當・斯密、孔德

　　工業革命後，各國推翻君主制度的革命大致告一段落，社會上開始萌生自由主義思潮，也就是十七、十八世紀天賦人權理論的延續。這一波自由主義不僅是資產階級對抗君主專制的思想武器，更是對政府決策和經濟發展的一種全新理論，此種理論便是不干涉主義和自由放任的經濟原則。十九世紀，自由主義在歐洲的意識形態中持續佔有主導地位。

自由主義思潮

法國的自由主義	① 邦雅曼・貢斯當：強調自由是有產者在經濟生活中的個人自由，代表作為《政治原理》。Ⓐ
	② 阿列克西・托克維爾：認為平等是在自由競爭環境下的平等，代表作為《美國的民主》、《舊制度與大革命》。
英國的自由主義	① 耶利米・邊沁：提出功利主義原則，認為人只能依據功利原則行動。Ⓑ
	② 約翰・穆勒：十九世紀中葉最具代表性的自由主義思想家，強調人的社會感情，認為功利的標準不應該是追求一己之幸福。
英國古典政治經濟學	① 亞當・斯密：首創系統性的政治經濟學體系，代表作為《國富論》。Ⓒ
	② 大衛・李嘉圖：發展亞當・斯密的價值學說，提出商品價值決定於勞動時間的理論。Ⓓ
	③ 湯瑪斯・馬爾薩斯：提出人口論。Ⓔ
社會學	奧古斯特・孔德：實證主義奠基者，主張採取實證主義的態度去研究現象。Ⓕ

Ⓐ 自由主義

　　法國的自由主義是萌芽於反對王朝復辟的過程，代表人物是法國政治思想家邦雅曼・貢斯當。貢斯當作為近代自由主義的奠基者之一，主張人身自由、宗教自由、言論自由和財產享用自由，他認為個人可以不受國家干涉，保持必要的獨立性，私人比國家權力更重要。貢斯當將政治權力視為一種必要的罪惡，認為抽象的權力可能是公正無私的，但現世的權力必然是罪惡的。因此，他主張對權力加以限制，建立英國式的君主立憲制度。貢斯當的自由主義主要針對法國的復辟王朝，所以帶有明顯的反專制性質，同時也反映資本主義自由放任的訴求。

Ⓑ 功利主義

　　功利主義是英國自由主義思潮的兩大組成部分之一，主要代表人物為耶利米・邊沁。他認為人的全部行動都是遵循功利原則，因此，立法者也應盡力保障人的利益，在立法的同時，務必減少法律所帶來的傷害，也就是不干涉主義。邊沁還抨擊英國的君主立憲制度，他認為應建立真正的代議制政府，實行分權和法制。邊沁的功利主義也成為後來實證主義之先河。

│ 圖為邊沁的畫像。

ⓒ 亞當·斯密

英國的古典政治經濟學是自由主義在經濟理論上最突出的學說，主要代表人物是亞當·斯密。西元 1776 年，亞當·斯密出版《國富論》，該書以國民財富為研究目標，指出勞動是財富的泉源，也是衡量價值的尺度，只有提高勞動生產率才能增強國民財富。同時，亞當·斯密還主張經濟自由，代表當時英國資產階級者的利益。

| 圖為亞當·斯密的畫像。

ⓓ 大衛·李嘉圖

大衛·李嘉圖是古典政治經濟學的集大成者，受到亞當·斯密影響，於西元 1817 年出版《政治經濟學和賦稅原理》，書中闡述他的稅收理論，並提出商品價值決定於勞動時間的原理。西元 1819 年，李嘉圖當選下議院議員。他繼承並發展亞當·斯密的自由主義經濟理論，在政治上屬於激進派，鼓吹自由貿易，反對《穀物法》，代表當時英國資產階級者的利益。

| 圖為李嘉圖的畫像。

ⓔ 人口論

人口論是英國經濟學家馬爾薩斯的代表學說，其基本思想是：如果沒有限制，人口將呈指數速率增長，而食物供應呈線性速率增長，人口增長將永遠快於食物增長。當人口增長到食物無法維持其生存時，就會出現饑荒、瘟疫或戰爭，因此要限制人口增長，使二者保持平衡。

ⓕ 奧古斯特·孔德

法國哲學家和社會學家奧古斯特·孔德是實證主義的奠基人，被譽為「社會學之父」，他的核心口號是「秩序」與「進步」。孔德認為實證主義是改造社會的唯一力量，因此，不應再去研究事物的本質，而應採取實證主義的態度去研究現象。孔德的學說不僅反映資產階級在取代封建制度後，要求社會穩定的意願，也反映其重實利的特性。

| 圖為孔德的畫像。

02 英國政治改革

關鍵字：工人運動、議會改革

　　十九世紀初，英國經濟發展突飛猛進，但也開始出現生產過剩的危機。西元 1825 年，英國爆發第一次全面危機，工人運動重新興起。西元 1832 年，英國政府迫於壓力於議會通過改革法案，資產階級成功獲得參政機會。

　　十九世紀中葉，英國資本主義迅速發展，成為歐洲首屈一指的強國，但民眾的生活反而更加貧困，導致群眾展開第二次選舉改革運動。西元 1867 年，下議院通過第二次議會改革方案，提升資產階級在下議院的地位，但依然未實現普選權。

政治改革

一八三二年改革	1	十九世紀初，英國經濟發展迅速，出現生產過剩危機。Ⓐ
	2	十九世紀初，托利黨獨攬大權，鎮壓群眾運動。工人運動高漲，要求改革議會。Ⓑ
	3	主張改革的輝格黨重新組閣，向議會提出改革方案。西元 1832 年 6 月，通過改革法案。Ⓒ
一八六七年改革	1	十九世紀中葉，英國完成工業革命，巨額財富都落到貴族和資產階級手中，普羅大眾生活更加困苦。Ⓓ
	2	工人運動持續以不同方式進行。Ⓔ
	3	君主立憲制進一步發展，資產階級的勢力不斷增長。Ⓕ
	4	英國展開第二次選舉改革運動。西元 1867 年 7 月 15 日，通過第二次議會改革方案。8 月 15 日，正式立法。Ⓖ

Ⓐ 飛速發展的經濟

維也納會議後，英國攫取大量殖民地，市場隨之擴大。同時，火車發明後，英國的交通運輸業也發生巨大變革，帶動經濟發展。

圖為當時英國的鐵路大王──喬治·赫德森。他正站在火車上，帶著英國的經濟飛速向前發展，但也隱隱開始出現生產過剩的危機。

Ⓑ 穀物法

十九世紀初，托利黨獨攬大權，包括資產階級在內的廣大群眾都處於無權地位。西元 1815 年，政府頒佈《穀物法》，限制穀物進口，大大損害農民和資產階級的利益，各種群眾運動隨之興起。而後，各地紛紛成立許多團體，要求進行議會改革。

圖為在《穀物法》影響下，過著貧困生活的人民。

Ⓒ 西元 1832 年議會改革

　　十九世紀初期，要求議會改革的浪潮襲捲英國。在主張改革的輝格黨人重新組閣後，向議會提出改革方案，但皆遭到上議院否決，最終於西元 1832 年 6 月通過。議會改革法案中，取消了 56 個「衰敗選區」，以及這些選區原有的 111 個代表名額，將 32 個較小的選舉城鎮代表名額各減少 1 名。西元 1832 年的議會改革使資產階級獲得參與政權的機會，但其他民眾仍被排除在外。

D 貧民窟

十九世紀中葉，世界各地都捲入資本主義之中，最先完成工業革命的英國在世界貿易中佔據壟斷地位，一躍成為世界首屈一指的強國。但這些巨額財富大多落入貴族和資產階級手中，一般民眾的生活反而更加貧困，這一情況促使新一波的議會改革。

> 圖為英國的貧民窟，婦女們抱著孩子生活在狹窄的街道上，描繪十九世紀英國民眾的貧困生活。

E 工人

十九世紀中期，英國的經濟雖然飛速發展，但工人卻必須承受資本家殘酷的剝削，導致工人運動不斷蓬勃發展。他們主要透過組織工會以發動罷工，倫敦和部分城市更成立工會會議。同時，工人運動的發展也推動英國的第二次選舉改革。

> 圖為在煤礦中勞動的童工。當時的童工大多不超過13 歲，直到西元 1842 年英國通過《煤炭法案》後，才禁止工廠雇傭婦女和童工。

F 維多利亞時期

十九世紀中期正逢維多利亞女王統治的時期，英國的君主立憲制進一步發展。西元 1832 年改革後，托利黨和輝格黨分別更名為保守黨和自由黨，兩黨開始輪流執政。保守黨代表土地貴族的利益，而自由黨則代表大地主和金融資產階級的利益，還有工商業資產階級的利益。

> 圖為維多利亞女王的畫像。

G 西元 1867 年改革

十九世紀中期，英國展開爭取第二次選舉改革的群眾運動。西元 1867 年，下議院通過第二次議會改革方案。法案規定：在城鎮內，應給予每一房主和租戶選舉權，也給予每年支付租金不少於 10 鎊和居住不少於一年的房客選舉權；在各郡中，應給予私產或承擔租金中每年所得不少於 5 鎊的人選舉權；取消 46 個「衰敗選區」，空出的席位分配給各大城市市民，選民總數增加到 225 萬人。西元 1867 年的改革終於使工人階級獲得參與政權的資格，是英國繼西元 1832 年議會改革後，又一重大改革。

03 俾斯麥與德意志的統一

關鍵字：俾斯麥、鐵血政策

　　西元 1848 年，德意志革命失敗後，各邦紛紛恢復專制統治，德意志再度陷於四分五裂的狀態。同時，在工業革命的推動下，德意志開始發展資本主義經濟，其中又以普魯士最為引人注目。隨著資本主義的發展，德意志的人民開始渴望結束分裂局面，實現國家統一，而普魯士就憑藉其強大的軍事力量和經濟實力贏得民眾的支持。最後，在普魯士宰相俾斯麥的領導下，德意志透過「自上而下」的王朝戰爭完成統一。

德意志的統一

背景

1 政治上的分裂局面阻礙了德意志經濟的發展，人民皆渴望國家統一。

2 普魯士資本主義發展迅速，且擁有強大軍事實力，具有統一的優勢。

3 俾斯麥的「鐵血政策」和靈活外交促使普魯士成功完成統一。

過程

1 1850 年代末，德意志的統一運動邁入高潮，自由派和激進派紛紛組成民族同盟，支持普魯士領導德國統一。A

2 西元 1861 年，威廉一世即普魯士王位，起用俾斯麥為普魯士宰相。俾斯麥上台後，便開始推行「自上而下」的統一德國計畫。BCDE

3 西元 1864 年，普、奧聯軍擊敗丹麥，取得丹麥控制的部分德意志地區。F

4 西元 1866 年，爆發普奧戰爭，奧地利被排擠出德意志，普魯士最終統一德意志北方諸邦。G HIJ

5 西元 1870 年，爆發普法戰爭，南方諸邦併入北德意志同盟。KL

6 西元 1871 年初，普魯士國王威廉一世即位德意志帝國皇帝，德國完成統一。MN

影響

1 結束德國分裂局面，為資本主義發展奠定基礎。

2 德國成為新興強國，改變歐洲格局。

3 德國繼承普魯士的軍國主義傳統，成為歐洲最富侵略性的國家。

A 民族同盟

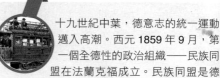

　　十九世紀中葉，德意志的統一運動邁入高潮。西元 1859 年 9 月，第一個全德性的政治組織——民族同盟在法蘭克福成立。民族同盟是德意志資產階級所組成的政治同盟組織，主要宗旨為支援普魯士統一德國，建立中央集權的君主制國家。領導人為本尼格森和舒爾采·德里奇，他們重視物質，因此得到金融家及工業家的支援。普奧戰爭後，普魯士聯合北方各邦，成立北德意志聯邦。西元 1867 年，民族同盟自行解散。

B 威廉一世的軍事改革

　　西元 1861 年，威廉一世即位為普魯士國王。威廉一世就任後，隨即開始改革計畫，但卻遭到議會強烈反對。而後，威廉拋開議會，繼續進行軍事改革，這一行為引起議會自由黨內左派分子不滿，他們另立「德意志進步黨」，在下議院中進行積極鬥爭。威廉一世因擔心改革計畫擱淺，遂起用俾斯麥，開始強行推動軍事改革。

圖為威廉一世的畫像。

⊙ 鐵血宰相

奧托·馮·俾斯麥是德國傑出的政治家和外交家，西元1862年，他被任命為普魯士宰相兼外交大臣。俾斯麥崇尚權力，並具備傑出的外交手段，他非常熟悉德意志的政治形勢，對奧地利也有深刻瞭解。上任不久後，俾斯麥便推行「鐵血政策」，展開無議會的統治，強行推進軍事改革計畫，邁開統一德意志的第一步。

▍圖為俾斯麥的畫像。

ⓓ 鐵血政策

「鐵血政策」指的是普魯士透過自上而下的王朝戰爭，以統一德意志的政策。西元1862年，俾斯麥被任命為普魯士宰相，他在議會上宣佈當代重大問題必須用「鐵」和「血」來解決，德意志所渴望的並不是普魯士的自由派，而是普魯士的武裝。俾斯麥用「鐵」和「血」武力統一德意志的政策，被稱為「鐵血政策」，而他本人也被稱為「鐵血宰相」。

ⓔ 社會主義

十九世紀中葉，德意志工人成立自己的獨立組織──全德工人聯合會。面對俾斯麥的獨裁統治，一籌莫展的進步黨人卻不瞭解聯合工人階級的重要性，但俾斯麥卻意識到了。而後，他多次與「全德工人聯合會」的主席拉薩爾接觸，並獲得拉薩爾對統一德意志計畫的支持。

▍圖為「全德工人聯合會」的標誌，描繪工人階級團結的畫面。

ⓕ 普丹戰爭

為了提高普魯士在德意志各邦中的威信，俾斯麥開始積極準備對丹麥的戰爭，展開「鐵血政策」的第一步。西元1864年末，普魯士聯合奧地利，以丹麥吞併屬德意志的施列斯維希和霍爾施泰因為藉口，對丹麥宣戰。同年7月，丹麥軍隊全面崩潰，丹麥國王被迫簽訂《維也納和約》，普魯士得到施列斯維希，而奧地利則取得霍爾施泰因。

▍圖為普丹戰爭後，普軍佔領丹麥的情景。

⑥ 普奧戰爭

在對丹麥戰爭結束後，俾斯麥為了加快統一步伐，又發起對奧地利的戰爭。西元 1866 年，普魯士藉口奧地利對霍爾施泰因管理不善，對奧地利宣戰。7 月 3 日，兩軍決戰於薩多瓦，普軍大勝，俾斯麥與奧地利簽訂停戰和約，迫使奧地利同意解散德意志聯邦。而以普魯士為首的緬因河以北諸邦，則成立北德意志聯邦，代表德國統一初步完成。

| 圖為薩多瓦戰役中，普魯士大敗奧地利的戰爭場面。

⑪ 毛奇

| 圖為普奧戰爭中的實際指揮者——毛奇將軍，普軍的作戰計畫和戰略部署都是在毛奇的領導下制訂並付諸實行。毛奇是普魯士軍事理論的代表人物，他的軍事思想更奠定了現代大規模軍隊作戰的基礎。

① 普魯士士兵

西元 1858 年，在俾斯麥的積極支持下，毛奇開始普魯士的軍事改革。他擴充軍隊、革新裝備，更採用最新技術和最新兵器，為普魯士創建一支強大的軍隊。

| 圖為軍事改革後的普魯士軍官。

① 普奧激戰

隨著普軍完成戰略部署後，普奧雙方開始激烈交火。普魯士於西元 1866 年 6 月 8 日發起進攻，7 月 3 日即結束戰爭，7 月 22 日雙方簽訂停戰協定。

| 圖為普奧戰爭中的一次小規模作戰。

Ⓚ 普法戰爭

普奧戰爭後，南德仍然置身於聯邦之外。為了激發南德諸邦的民族感情，俾斯麥發動對法國戰爭。西元 1870 年，爆發普法戰爭，南德諸邦與北德並肩作戰。同年 8 月 2 日，法軍向普軍進攻。8 月 4 日，普軍順利反攻，法軍節節敗退。8 月 30 日，法軍退守色當。

| 圖為在停戰期間稍作休息的普軍士兵。

Ⓛ 俾斯麥與拿破崙三世

西元 1870 年 9 月 1 日至 2 日，普法兩軍於色當展開大戰。在普魯士的猛烈攻擊下，戰爭僅進行一天，9 月 2 日，法蘭西第二帝國的皇帝拿破崙三世即向普軍投降。同年 11 月，南德四邦正式與北德聯邦合併，成立「德意志帝國」。此場色當戰役代表法蘭西第二帝國的滅亡，和德意志帝國的建立。

| 圖為色當戰役後，拿破崙三世與俾斯麥會談的場景。右為俾斯麥。

Ⓜ 德皇加冕

西元 1871 年 1 月 18 日，普魯士國王威廉一世在法國凡爾賽宮正式即位為德意志帝國皇帝，德國至此完成統一。結束分裂狀態的德意志形成統一的市場，國內資本主義迅速發展，成為歐洲舉足輕重的強國。統一後的德國亦繼承普魯士的軍國主義傳統，成為歐洲最富於侵略性的國家。

| 圖為威廉一世在法國凡爾賽宮加冕的場景。

Ⓝ 威廉一世

西元 1861 年 1 月 2 日，威廉親王登基為普魯士威廉一世。在他登位後，隨即任命保守派俾斯麥為首相。根據普魯士憲法，首相只需對國王負責，實際上掌握著管理內政和外交的權利。在普法戰爭勝利後，威廉一世於西元 1871 年 1 月 18 日，在巴黎凡爾賽宮稱帝，即德意志皇帝。儀式過後，北德意志邦聯改為德意志帝國。

04 義大利的統一

關鍵字：加里波底、義大利王國

　　西元 1848 年的革命失敗後，義大利四分五裂，一部分領土仍處於奧地利的統治之中，而為了國家發展，國內統一的呼聲高漲。西元 1859 年，義大利的撒丁王國對奧地利宣戰，撒軍獲勝，初步完成義大利的局部統一。西元 1860 年春天，西西里爆發抗爭，撒丁王國前往鎮壓，義大利加里波底率遠征軍支援，並於 7 月初打敗政府軍，佔領西西里島，於 9 月進入拿坡里。而後，南義大利以撒丁王國為中心合併，成立義大利王國。在普法戰爭結束後，義大利透過外交手段成攻統一國家。

義大利的統一	
背景	1 倫巴底和威尼斯仍處於奧地利統治之下。 2 羅馬教皇國境內仍有法軍駐紮。 3 大多數國家恢復君主專制，只有撒丁王國成為君主立憲國家。
派別	1 民主派：主張透過自下而上的革命，推翻封建制度，建立統一的共和國。Ⓐ 2 自由派：主張透過自上而下的王朝戰爭，經由有限的改革，建立君主立憲制國家。Ⓑ
第一階段	1 西元 1859 年 4 月 23 日，奧地利對撒丁王國宣戰。6 月 22 日，奧地利戰敗。 2 義大利的統一運動迅速發展，各地革命軍驅逐統治者，建立臨時政府。 3 西元 1860 年，中義大利各邦全民投票，合併於撒丁王國。
第二階段	1 西元 1860 年 4 月，爆發西西里革命，後遭波旁王朝鎮壓。加里波底率遠征軍支援。7 月初，加里波底佔領西西里島。Ⓒ 2 西元 1860 年 9 月 7 日，加里波底進入拿坡里，建立臨時政府。 3 西元 1860 年 9 月 11 日，撒丁軍隊攻入教皇領地。9 月 29 日，佔領瑪律撒和安波里亞。南義大利進行公民投票，合併於撒丁王國。 4 西元 1861 年 3 月 17 日，義大利王國正式成立，撒丁國王維克多‧艾曼努爾二世即位為義大利國王。Ⓓ
統一	1 西元 1866 年的普奧戰爭中，義大利加入普魯士作戰。戰後，威尼西亞歸還義大利。 2 西元 1870 年，爆發普法戰爭，拿破崙三世調回駐羅馬軍隊。9 月，義大利軍隊和加里波底志願軍佔領羅馬，義大利完成統一。Ⓔ

Ⓐ 民主派的馬志尼

在究竟要如何實現統一的問題上，義大利資產階級分為兩個派別，其中之一就是民主派。民主派代表中小資產階級的利益，主張透過自下而上的人民戰爭，驅逐外國侵略者，推翻封建制度，最後建立共和國。民主派的領袖馬志尼多次發起武裝抗爭，希望以此實現獨立和統一。

Ⓒ 加里波底遠征

西元 1860 年 4 月初，西西里爆發反對波旁王朝的抗爭，隨即遭到政府軍隊鎮壓。撒丁王國民主派組織軍隊，由加里波底率領，前往支援。5 月，加里波底在西西里島登陸，擊潰波旁王朝軍隊。9 月，加里波底渡海攻進拿坡里，並以撒丁國王的名義建立臨時政府。而後，南義大利也併入撒丁王國，促成日後義大利的統一。

▎圖為加里波底和他的軍隊。

Ⓔ 完成統一

西元 1866 年 4 月，義大利為了收復威尼斯，與普魯士結為反奧聯盟。6 月 17 日，普奧戰爭爆發。20 日，義大利對奧宣戰。在奧軍戰敗後，義、奧簽訂《維也納和約》，威尼斯地區回歸義大利。西元 1870 年，普法戰爭爆發，義軍和加里波底軍乘機佔領羅馬。10 月，羅馬舉行公民投票，併入義大利，教皇避居梵蒂岡。至此，義大利結束異族壓迫和封建割據的局面，完成統一，也間接促進歐洲日後的民族運動。

Ⓑ 自由派的加富爾

與民主派相對立的是自由派，這一派主張透過自上而下的王朝戰爭，驅逐外國勢力，實現統一並建立君主立憲制國家。西元 1852 年，加富爾任撒丁王國首相，推行財政制度改革，鼓勵工商業活動和對外貿易。這些措施不僅增強撒丁的國力、增加國家收入，也獲得自由派的支持，為撒丁王國統一義大利奠定基礎。

▎圖為自由派領導人加富爾的畫像。

Ⓓ 義大利王國

在中義大利和南義大利接連併入撒丁王國後，義大利王國於西元 1861 年 3 月正式宣佈成立，撒丁國王維克多·艾曼努爾二世是為義大利國王。至此，除了威尼斯仍由奧地利統治、羅馬依附於法國教皇統治外，義大利已然統一。

▎圖為撒丁國王維克多·艾曼努爾二世的畫像。

05 1861 年俄國農奴制改革

關鍵字：亞歷山大二世、農奴制改革

　　十九世紀前期，俄國仍舊是落後的封建農奴制國家，這使得俄國的資本主義發展遠遠落後於西歐。十九世紀中葉，克里米亞戰爭的慘敗使俄國的國際地位一落千丈，俄國統治者終於體認到廢除農奴制的迫切性。西元 1861 年，俄國開始實施農奴制改革，此外，沙皇政府還實行包括司法和行政的一系列改革，但均未觸及沙皇的專制權力。

　　西元 1861 年，俄國改革農奴制，不僅促進俄國資本主義的發展，更成為俄國歷史上的重大轉捩點。

改革農奴制

背景	1 農奴制嚴重阻礙資本主義發展。 2 農奴制使階級矛盾尖銳，抗爭不斷。Ⓐ 3 十九世紀中期傳入許多思想派別，動搖封建制度的基礎。Ⓑ 4 克里米亞戰爭的失敗使社會矛盾尖銳化，推動農奴制改革。Ⓒ
法令	西元 1861 年 3 月 3 日，亞歷山大二世簽署《1861 年 2 月 19 日宣言》等法令，史稱《二一九法令》。
內容	1 政治：廢除農奴制，農民獲得人身自由和公民權利。 2 經濟：農民透過高價贖買後，可獲得一塊土地。 3 組織：建立村社管理農民。 4 其他改革：在省、縣建立地方自治機構；城市建立杜馬（具有諮議及立法功能的俄國議會）和自治局；參照西歐模式進行司法改革。Ⓓ
結果	改革並沒有解決問題，導致廣大農民更加不滿，農民抗爭再度襲捲全國。
影響	1 推動俄國封建經濟的解體，促進資本主義發展。Ⓔ 2 對外國資本依賴嚴重，總體水準仍落後於美國和西歐。 3 經濟發展不平衡。

Ⓐ 農奴

十九世紀前期，俄國仍然是一個封建農奴制國家。當時，農奴佔全國人口 90%，他們不僅飽受貴族和地主壓迫，還要忍受沙皇殘暴的統治，軍隊、員警、特務皆是沙皇壓迫人民的工具。

▎圖為在莊園中勞作的農奴。

Ⓑ 思想派別

　　十九世紀中期，俄國開始出現民主思想，漸漸動搖封建基礎。西元 1840 年，俄國出現西方派和斯拉夫派。西方派主張透過漸進改革，建立君主立憲制；斯拉夫派則主張在保留土地所有制的前提下，自上而下廢除農奴制。西元 1848 年，西方派又分裂為革命民主主義派和自由派。革命民主主義是新型的知識份子階層，主張廢除農奴制和推翻專制，成為日後俄國革命的主要力量。

⊂ 克里米亞戰爭

西元 1853 年，俄國與土耳其因爭奪「聖地」巴勒斯坦的管轄權，而爆發戰爭。戰爭初期，土耳其慘敗，英、法於西元 1854 年 3 月對俄宣戰。因為戰爭發生在克里米亞半島上，因此被稱為克里米亞戰爭。落後的俄國無法與工業革命後的英、法等國抗衡，接連失敗。西元 1856 年，雙方簽訂《巴黎和約》，俄國的國際地位一落千丈，也成為俄國西元 1861 年農奴制改革的導火線。

⊃ 亞歷山大二世

西元 1861 年，亞歷山大二世公佈一系列法令，宣佈農民享有人身自由。除此之外，沙皇政府還進行了其他方面的改革。西元 1864 年，在省、縣建立地方自治機構；西元 1870 年，在城市建立杜馬和自治局，參照西歐模式進行司法改革。但這些自治機構都受到行政當局的嚴格限制，改革並未觸及沙皇的專制統治。

▌圖為主持農奴制改革的俄國沙皇亞歷山大二世。

⊖ 改革後的俄國

俄國在經過改革後，廢除封建制度對農民的束縛，使得廣大農民享有人身自由。此項措施也間接增加了自由勞動力和資金，擴大國內市場，促進俄國資本主義的發展，成為俄國歷史上的重大轉捩點。

▌圖為十九世紀的莫斯科，工業產量迅速增長。

06 第一國際

關鍵字：第一國際、普魯東主義、巴枯寧主義

　十九世紀中期，資本主義進入「黃金時代」，但隨之而來的經濟危機也使得各國工人運動高漲，無產階級日益團結。為了團結工人階級，馬克思、恩格斯進行許多重大的理論研究，準備建立國際性的無產階級組織。西元 1864 年 9 月，「第一國際」在倫敦成立，馬克思被公認為第一國際的領袖。西元 1871 年，爆發巴黎公社革命，第一國際因支持巴黎公社革命，而被其他政府攻擊。西元 1876 年 7 月，第一國際宣告解散。

第一國際	
工人運動	1 倫敦出現工人聯合會倫敦理事會。 2 西元 1863 年，法國工人提出立法團候選人。次年，法國取消禁止工人結社的法令。 3 德國工人成立全德工人聯合會。
成立	1 西元 1864 年 9 月，倫敦召開支持波蘭革命的國際性工人大會，第一國際成立。Ⓐ 2 西元 1864 年 10 月初，馬克思擬定新的《共同章程》，經委員會表決後一致通過。
爭鬥	1 西元 1866 年，在國際日內瓦代表大會上，討論關於普魯東主義中，合作制、工會、罷工以及婦女勞動等問題。Ⓑ 2 在洛桑大會上，普魯東主義者主張保存小土地所有制，遭到徹底反對。 3 巴枯寧主義主張用「暴動」消滅國家，西元 1869 年，在巴塞爾大會上，巴枯寧主義者篡奪領導權失敗。 4 普魯東主義者失敗後逐漸分化。
解散	西元 1876 年 7 月，第一國際宣告解散。

Ⓐ 第一國際成立

西元 1864 年 9 月，倫敦召開支持波蘭人民抵抗沙皇俄國鎮壓的國際性工人大會，大會成立名為「國際工人協會」的國際工人  組織，即第一國際。馬克思出席大會並被公認為「國際工人協會」的領袖。10 月初，馬克思當選為負責起草國際宣言和章程的委員，他重新改寫《成立宣言》，並擬定新的《共同章程》，被委員會一致通過。

│ 圖為舉辦第一國際大會的場所。

Ⓑ 普魯東主義

 普魯東主義源自於法國，後來廣泛流行於西歐國家，因其創始人普魯東而得名。普魯東主義認為共產主義和資本主義都有弊病，鼓吹個人絕對自由，反對任何國家和政府，反對一切權威。普魯東主義的核心是建立小手工業生產制，實現小資產階級的社會主義。為了維護國際工人運動，馬克思主義者與普魯東主義展開抗爭。在巴黎公社革命後，普魯東主義在國際工人運動中已完全失去影響力。

07 曇花一現的巴黎公社

關鍵字：法蘭西第三共和國、巴黎公社

　　十九世紀中葉，法國社會的矛盾激化，法蘭西第二帝國危機重重。在普法戰爭爆發後，第二帝國崩潰，遂成立法蘭西第三共和國，並建立臨時政府。次年 3 月 15 日，無產階級建立國民自衛軍中央委員會，成為巴黎革命的領導中心。普法戰爭結束後，臨時政府強行鎮壓工人，但在工人的反抗下失敗。3 月 18 日，國民自衛軍中央委員會成為臨時革命政府。28 日，巴黎公社成立，成為歷史上第一個無產階級的政權。4 月 2 日，臨時政府對巴黎發動進攻。5 月底，巴黎公社遭到鎮壓，最終失敗。

巴黎公社

第二帝國崩潰	1 工人生活貧困，導致工人運動高漲。
	2 城市資產階級的不滿日益加深。
	3 第二帝國的政策引起資產階級不滿。
	4 西元 1870 年，爆發普法戰爭，法國的戰敗加速第二帝國的崩潰。Ⓐ
	5 西元 1870 年 9 月 4 日，巴黎爆發革命，法蘭西第三共和國成立。Ⓑ
成立	1 10 月 27 日，法國於普法戰爭中投降，巴黎人民發動兩次抗爭。
	2 西元 1871 年，梯也爾當選為新政府首腦，後擔任臨時總統。
	3 3 月 15 日，國民自衛軍建立中央委員會。
	4 3 月 18 日，國民自衛軍中央委員會成為臨時革命政府。
	5 3 月 26 日，巴黎舉行公社選舉，28 日，舉行公社成立典禮。
失敗	1 4 月 2 日，梯也爾臨時政府決定對巴黎公社發動進攻。
	2 5 月 20 日，凡爾賽軍隊開始對巴黎公社發動總攻擊。
	3 5 月底，巴黎公社失敗。

Ⓐ 戰敗的法國

在國內矛盾日益激化的情況下，拿破崙三世企圖利用對外戰爭轉移國內矛盾。西元 1870 年 7 月，爆發普法戰爭。同年 9 月 1 日，雙方在色當展開決戰，法軍大敗，拿破崙三世被普軍俘虜。而後，法軍宣佈投降，這場普法戰爭的失利加速了第二帝國的崩潰。

| 圖為拿破崙三世向普魯士國王威廉一世投降的情景。

Ⓑ 法蘭西第三共和國

在色當戰役失敗的消息傳到巴黎後，巴黎隨即爆發革命。工人和資產階級紛紛湧入波旁宮立法團會議廳，要求廢除帝制、恢復共和。隨後，共和派議員甘必大在市政廳正式宣佈成立共和國，並建立臨時政府。

| 圖為巴黎群眾湧入會議廳要求恢復共和，並與軍人對峙的場景。

08 第二次工業革命

關鍵字：內燃機、電氣時代

　　隨著第一次工業革命和資本主義的擴張，十九世紀的自然科學研究也有了一系列重大突破。之後，這些研究成果被廣泛運用於工業生產，引起第二次工業革命。第二次工業革命主要以電力的應用為特點，使得世界跨進電氣時代，影響遠比第一次工業革命更加深遠。

第二次工業革命	
背景	1 英國物理學家焦耳發現能量守恆和轉化定律。
	2 英國科學家法拉第發現電磁感應現象。 Ⓐ
	3 建立細胞學說。
	4 英國生物學家達爾文出版《物種起源》。
	5 俄國化學家門捷列夫製作化學元素週期表。
電力	1 西元 1866 年，德國西門子製成發電機。 Ⓑ
	2 西元 1882 年，美國愛迪生創建火力發電站。
內燃機	1 西元 1876 年，德國奧托製成以煤氣為燃料的四衝程內燃機。
	2 西元 1883 年，工程師戴姆發明以汽油為燃料的內燃機。 Ⓒ
	3 西元 1897 年，德國狄塞爾發明柴油機。
	4 十九世紀後期，汽車誕生。
化學	1 西元 1884 年，法國聖·夏爾東發明人造纖維。
	2 西元 1869 年，美國黑特發明賽璐珞。
	3 西元 1867 年，諾貝爾發明火藥。 Ⓓ
鋼鐵	1 西元 1856 年，英國貝塞麥發明「貝塞麥轉爐煉鋼法」。
	2 西元 1864 年，法國馬丁在德國西門子的基礎上，發明平爐煉鋼法。
	3 西元 1875 年，英國冶金技師湯瑪斯發明鹼性轉爐。
影響	興起科學化管理，廣泛設立股份公司。 Ⓔ

Ⓐ 電磁感應

在第一次工業革命的基礎上，自然科學研究在十九世紀取得一系列重大突破。西元 1831 年，英國科學家法拉第發現電磁感應現象，揭示電與磁之間的內在聯繫，為人類獲取電能開闢一條道路。電磁感應現象廣泛應用於電工、電子技術、電氣化、自動化等方面，對於推動社會發展發揮重大作用。

圖為法拉第的畫像。

Ⓑ 發電機

維爾納·馮·西門子是德國著名的企業家和工程師，他發明了發電機、內燃發動機和電車等一系列重要機械。發電機是西門子對後世最大的貢獻之一，它是將其他形式的能源轉換成電能的機械設備，為現代社會提供了最重要的電能。之後，發電機被廣泛應用在工農業生產、國防、科技及日常生活中，帶領人類進入電氣時代。

圖為西元 1879 年西門子參加柏林世博會時與其他代表的合影。

C 內燃機的發展

1 西元 1794 年，英國斯特里特第一次提出燃料與空氣混合的概念。

2 西元 1833 年，英國賴特提出直接利用燃燒壓力推動活塞的設計。

3 西元 1860 年，法國勒努瓦模仿蒸汽機結構，設計出第一台實用的煤氣機。

4 西元 1862 年，法國科學家羅沙提高內燃機效率，也就是最早的四衝程工作迴圈。

5 西元 1876 年，德國發明家奧托運用羅沙的原理，製成第一台往復活塞式、單缸、臥式、3.2 千瓦的四衝程內燃機，以煤氣為燃料。

6 西元 1881 年，英國工程師克拉克製成第一台二衝程煤氣機。

7 西元 1883 年，德國戴姆勒製成第一台立式汽油機。

8 西元 1892 年，德國工程師狄塞爾受麵粉廠粉塵爆炸的啟發，設想將吸入氣缸的空氣高度壓縮，使其溫度超過燃料的自燃溫度，再用高壓空氣將燃料吹入氣缸，使之著火燃燒。

9 西元 1897 年，狄塞爾製成首創的壓縮點火式內燃機，為內燃機的發展開拓新途徑。此種內燃機大多以柴油為燃料，故又稱為柴油機。

E 股份公司

股份公司產生於十八世紀的歐洲，十九世紀後半期開始廣泛流行於世界各國。股份公司是指透過發行股票及其他證券，將分散的資本集中經營的一種企業組織形式。股份公司不僅可以迅速集中資本，更加快投資速度。同時，還可以滿足現代化社會對企業組織形式的要求，使得股份公司成為現代企業的主要組織形式。

D 諾貝爾

十九世紀晚期，工業革命已發展到最後階段，化學工業成為應用技術的一項重大突破。這一時期，化學工業出現許多與火藥相關的新發現。西元 1867 年，諾貝爾發明火藥，之後又改進製造無煙火藥的技術，被廣泛應用在軍事上。

| 圖為諾貝爾的獎章。

09 第二國際

關鍵字：第二國際、恩格斯

十九世紀後期，工人階級逐漸壯大。而隨著馬克思主義的傳播，各國工人也開始建立政黨。西元 1883 年，馬克思死後，恩格斯繼續將發揚其思想。八〇年代，在各國工人及政黨都希望工人團結的情況下，恩格斯於西元 1889 年組建第二國際。第二國際是第一國際的延續和發展，它促使更多國家建立工人政黨，推動各國工人運動進一步發展。除此之外，它還推動社會主義擴散至歐美之外，傳播到亞洲和南美洲諸國。

第二國際

歐洲的工人運動	1 德國統一運動中出現「全德工人聯合會」和「德國社會民主工黨」兩個工人政黨。西元 1875 年，兩黨合併為「德國社會民主黨」。 2 西元 1879 年，成立法國工人黨。西元 1882 年，因派系問題，黨內分裂。 3 西元 1884 年，英國出現社會主義團體——費邊社。西元 1893 年，工人建立「獨立工黨」。 4 西元 1883 年，俄國成立「勞動解放社」。
成立	西元 1889 年 7 月 14 日，巴黎召開國際馬克思主義工人代表大會，成立第二國際。Ⓐ
影響	1 促進更多國家建立工人政黨。Ⓑ 2 推動議會鬥爭。 3 推動各國工人運動進一步發展。 4 推動社會主義擴及至歐美之外。

Ⓐ 第二國際

西元 1888 年，法國「可能派」和英國工聯主義者為奪取國際工人運動的領導權，計畫成立國際工人組織。在此種情況下，西元 1889 年 7 月 14 日，恩格斯召開國際馬克思主義工人代表大會，成立第二國際。第二國際是第一國際的延續和發展，實行較嚴格的民主集中制，沒有中央領導機構，只是鬆散的聯合組織。

圖為第二國際領導人恩格斯的畫像。

Ⓑ 後續效應

到了西元 1914 年，世界上已有近 30 個社會主義的政黨，各國紛紛成立大批工會團體和合作社組織。第一次世界大戰前夕，工會會員已達 1000 萬人以上，合作社社員達 700 萬人以上。而在第二國際中，最強而有力、最有影響的是德國社會民主黨，在第一次世界大戰前夕，該黨已擁有 108.5 萬名黨員，在德國議會中擁有 111 個席位，成為議會中的最大黨團。

10 十九世紀的思想流派

關鍵字：社會達爾文主義、唯意志論

　　十九世紀後半期，原本支配資產階級思想的功利主義、自由主義等思想流派日漸衰微，新興流派取而代之，佔據重要地位。其中影響最大的便是社會達爾文主義、唯意志論以及政治經濟學，三者皆反映資產階級從自由競爭時期，過渡至下一個階段的訴求和願望。

十九世紀的思想流派

社會達爾文主義	1 思想：借用達爾文的生物進化論解釋人類社會的基本構成及行為準則。 2 人物：赫伯特・史賓賽，代表作為《社會靜力學》、《綜合哲學》。Ⓐ
唯意志論	1 思想：世界的本質是意志，意志是決定世界上一切的力量。 2 人物：弗里德里希・威廉・尼采，代表作為《悲劇的誕生》、《查拉圖斯特拉如是說》、《善惡的彼岸》和《強力意志》。Ⓑ
德國的歷史學派	1 思想：共分為歷史學派和新歷史學派兩派。歷史學派主張政治經濟學必須密切結合政治史、法學史、經濟學史及文明史；新歷史學派則強調在經濟生活之中，倫理道德和國家的重要作用。 2 歷史學派代表人物：威廉・羅雪爾、布魯諾・希爾德布蘭德、卡爾・克尼斯。 3 新歷史學派代表人物：古斯塔夫・施莫勒、路德維希・布倫坦諾、阿多夫・瓦格納。
奧地利學派	1 思想：根據當時全新的經濟形勢，提出邊際效用價值論。 2 人物：卡爾・門格爾。

Ⓐ 社會達爾文主義

社會達爾文主義認為大自然生存競爭所造成的自然淘汰，在人類社會中也是一種普遍現象，且在人類的進化、發展上扮演重要角色，此種思想在後來常被用來合理化社會階級存在的必要性。社會達爾文主義的代表人物為赫伯特・史賓賽，他認為貧富差距是社會進化的必然現象。但是，社會達爾文主義具有明顯的缺失，在二十世紀後就逐漸衰落。

Ⓑ 唯意志論

弗里德里希・威廉・尼采是唯意志論的主要代表，他認為強力意志是生命本能的衝動，意志是決定一切的力量。此種言論正好表達並激勵容克資產階級對外擴張侵略的欲望，因此得到德國容克資產階級的青睞。

圖為尼采的畫像。

第 *13* 章

秩序中的動盪
第一次世界大戰

　　十九世紀末至二十世紀初，在兩次工業革命的推動下，資本主義大國皆積極擴大市場，推行殖民擴張政策，使世界領土被瓜分殆盡，從而引發第一次世界大戰。戰場首先於歐洲展開，再蔓延到非洲和亞洲等地，先後捲入 33 個國家。這場歷時四年多的大戰是歐洲歷史上破壞性最強的戰爭之一，對人類的精神和物質都造成嚴重的摧殘，但是，戰爭並沒有解決各國之間的問題，反而為第二次世界大戰埋下伏筆。

01 同盟國與協約國

關鍵字：三國同盟、三國協約

　　十九世紀後期，歐洲歷經普法戰爭，德國與法、英兩國矛盾加劇，俄國與奧匈帝國也日漸交惡，複雜的國際環境促使德、奧匈、俄三國走向「同盟」。西元 1873 年，德、奧、俄三國建立「三皇同盟」，後因巴爾幹半島問題導致「三皇同盟」破裂。西元 1882 年，德、奧、義三國在維也納簽訂同盟條約，形成三大同盟國。西元 1891 － 1894 年，法、俄訂立軍事協定，建立法俄同盟；西元 1904 年，英、法簽訂協定；西元 1907 年，英國又與俄國簽訂協定，至此形成三大協約國。而後，以德、奧匈為主的同盟國，和以英、法、俄為主的協約國，正式形成兩大軍事集團。在兩大集團形成後，各國開始加緊擴軍備戰的步伐，使得戰爭的煙硝味日益濃厚。

戰前主要國家

對立陣營	1 西元 1873 年，德、奧、俄三國建立「三皇同盟」。A
	2 西元 1882 年，德、奧、義三國簽訂同盟條約，建立「三國同盟」。B
	3 西元 1904 － 1907 年，英、法、俄三國先後簽訂協約，形成「三國協約」。C
	4 西元 1907 年，以德、奧匈為主的同盟國，和以英、法、俄為主的協約國，正式形成兩大軍事集團。
軍備競賽	1 西元 1900 年，德國制訂海軍法，計畫擴充海軍規模。
	2 西元 1905 年，英國開始建造無畏艦，擴充陸軍。
	3 德國常備軍由 42 萬擴充至 87 萬。
	4 法國常備軍由 50 萬擴充至 80 萬。
	5 俄羅斯常備軍由 80 萬擴充至 140 萬。
	6 義大利常備軍由 20 萬擴充至 35 萬。
局部戰爭	西元 1898 － 1905 年間連續發生美西戰爭、波耳戰爭和日俄戰爭。D E

A 三皇同盟

普法戰爭後，俾斯麥為了鞏固德國的勢力，採取孤立和打擊法國的政策，也開始策畫與俄國、奧匈兩國結成同盟。西元 1872 年 9 月 6 日至 12 日，德、俄、奧三皇會於柏林，是德、俄、奧親善的第一步。西元 1873 年 6 月 6 日，奧、俄兩國簽訂《興勃隆協定》，10 月 23 日，德國也加入此協定，形成「三皇同盟」。同盟建立後，德國實現了孤立和削弱法國的目的，而俄、奧兩國在巴爾幹問題上的矛盾也有所緩和。但是，三皇同盟依舊是一個鬆散的團體，內部充滿紛爭。後來，俄、奧兩國因巴爾幹問題重起矛盾，導致三皇同盟破裂。

B 三國同盟

西元 1881 年，法國入侵突尼斯，將其佔領為自己的保護國。而一直覬覦突尼斯的義大利對此感到非常不滿，卻無力對抗法國，只好投靠德、奧，試圖以此牽制法國。西元 1882 年 5 月 20 日，德、奧、義三國在維也納簽訂同盟條約，正式形成「三國同盟」。

LUSTIGE BLÄTTER

圖為諷刺「三國同盟」的漫畫。

ⓒ 三國協約

在進入帝國主義時代後，資本主義國家的實力發生明顯變化。經濟實力高漲的德國逐漸威脅英國的地位，而法、德之間的矛盾則促使法國向英國靠攏。三皇同盟破裂後，俄國與德、奧的矛盾日益升溫。在德國實力不斷上升的情況下，英國、法國、俄國三國為對抗「三國同盟」，從而簽訂了一系列協定，結成「三國協約」。

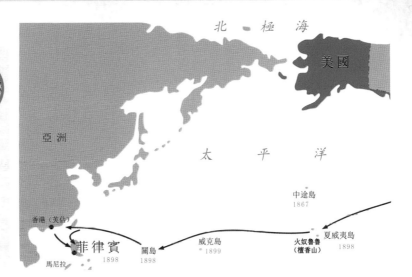

北　極　海

美國

亞洲

太　平　洋

中途島
1867

香港（英佔）

夏威夷島
1898

菲律賓
1898

關島
1898

威克島
1899

火奴魯魯
（檀香山）
1898

馬尼拉

Ⓓ 美西戰爭

十九世紀末，西班牙地位衰落，大量軍隊深陷於古巴和菲律賓的反殖民統治抗爭中，而西班牙對古巴的殘酷鎮壓也危及美國在該地的經濟利益。為此，美國於西元 1898 年對西班牙宣戰，新興且強大的美國因其雄厚的經濟和軍事潛力，最終贏得勝利。

▎圖為美西戰爭中，美國軍隊的佔領路線圖。

Ⓔ 波耳戰爭

十九世紀末，由荷蘭移民波耳人所建立的川斯瓦和奧蘭治共和國成為英國擴張的目標。西元 1899 年，英國以川斯瓦拒絕提供英國移民選舉權為藉口，在波耳人共和國邊境集結軍隊。西元 1899 年 10 月 11 日，波耳人對英宣戰。西元 1902 年 5 月 31 日，波耳人戰敗被迫簽訂和約，承認將川斯瓦、奧蘭治兩個共和國併入英國。

▎圖為波耳突擊隊的士兵。

02 大戰前夕

關鍵字：摩洛哥危機、巴爾幹戰爭

　　西元 1905 － 1913 年，同盟國與協約國兩大軍事集團為爭奪戰略要地，引發一連串戰爭。西元 1905 － 1911 年，德、法兩國為爭奪大西洋與地中海之間的咽喉要地，引發兩次摩洛哥危機。西元 1908 － 1909 年，俄、奧、德為爭奪巴爾幹半島的戰略要地，引起波士尼亞危機。西元 1912 － 1913 年，又爆發兩次巴爾幹戰爭。列強之間相互展開激烈鬥爭，為第一次世界大戰揭開序幕。

局部戰爭

摩洛哥危機	**1** 第一次：西元 1905—1906 年，德國與法國因爭奪摩洛哥而引發國際危機。 **2** 第二次：西元 1911—1912 年，德國與法國再度因爭奪摩洛哥而引發衝突，英國的參與使英、德兩國矛盾加劇。**Ⓐ**
波士尼亞危機	西元 1908 年，奧匈帝國吞併波士尼亞、赫塞哥維納，引發同樣圖謀這兩地的塞爾維亞強烈反對。
巴爾幹戰爭	**1** 第一次：西元 1912 年，巴爾幹同盟共同反對土耳其而引發戰爭。 **2** 第二次：西元 1913 年，巴爾幹同盟各國發生內訌，爆發第二次戰爭。**Ⓑ**

Ⓐ 摩洛哥危機

摩洛哥北臨地中海，西接大西洋，具有重要的戰略地位，一直以來都是歐洲列強爭奪的要地。從二十世紀以來，因為法國迅速向摩洛哥擴張，侵犯德國在摩洛哥的殖民利益，所以兩國分別於西元 1905 年和西元 1911 年爆發兩次摩洛哥危機。這兩次衝突使得德國與法國的結怨更深，世界大戰隨之而來。

圖為摩洛哥最大的城市——卡薩布蘭卡。

Ⓑ 巴爾幹戰爭

　　西元 1912 年 3 月 13 日，保加利亞、塞爾維亞、希臘與黑山組成「巴爾幹同盟」。西元 1912 年 10 月 18 日，為爭取馬其頓和色雷斯的自治權，「巴爾幹同盟」在沙皇俄國的支持下，向土耳其宣戰。西元 1912 年底，土耳其大敗，西元 1913 年 5 月 30 日，雙方簽訂《倫敦條約》，土耳其放棄除了君士坦丁堡以外的所有巴爾幹半島領地，喪失其在歐洲的大部分勢力。第一次巴爾幹戰爭之後，塞爾維亞和保加利亞就因為馬其頓的統治權產生分歧。西元 1913 年，塞爾維亞、希臘和羅馬尼亞結盟，聯合進攻保加利亞。6 月 29 日，第二次巴爾幹戰爭爆發，鄂圖曼土耳其亦對保加利亞宣戰。8 月 10 日，保加利亞大敗，與參戰國簽訂《布加勒斯特條約》。巴爾幹戰爭導致歐洲列強之間的矛盾進一步激化，加速第一次世界大戰的爆發。

03 第一次世界大戰

關鍵字：德國速戰計畫、凡爾登戰役、同盟國戰敗

西元 1914 年 6 月，爆發塞拉耶佛事件，成為第一次世界大戰的導火線。西元 1914 年 7 月 28 日，奧匈帝國以此為藉口向塞爾維亞宣戰，第一次世界大戰爆發。戰爭主要是同盟國和協約國之間的戰鬥，同盟國包括德意志、奧匈帝國和義大利；協約國則有英國、法國、俄羅斯帝國和塞爾維亞。戰線主要分為東線，即俄國對德、奧作戰；西線，即英、法對德作戰；南巴爾幹戰線，即塞爾維亞對奧匈帝國作戰。其中以西線最為慘烈，著名的戰役有馬恩河戰役、凡爾登戰役和索姆河戰役。

第一次世界大戰	
背景	① 列強要求重新瓜分殖民地。Ⓐ ② 列強企圖透過對外侵略戰爭，以解決國內經濟危機。
導火線	塞拉耶佛刺殺事件：西元 1914 年 7 月 28 日，奧匈帝國向塞爾維亞宣戰，第一次世界大戰爆發。Ⓑ
第一階段	西元 1914 年 ① 德國速戰計畫失敗。Ⓒ ② 馬恩河戰役、坦能堡戰役。Ⓓ ③ 日本、土耳其參戰。
第二階段	西元 1915-1916 年 ① 德軍在東線取得勝利。Ⓔ ② 伊普爾戰役。 ③ 保加利亞參戰。 ④ 義大利轉為協約國。Ⓕ ⑤ 凡爾登戰役、索姆河戰役。Ⓖ ⑥ 羅馬尼亞、希臘參戰。 ⑦ 日德蘭海戰。Ⓗ
第三階段	西元 1917 年 ① 俄國退出戰爭。Ⓘ ② 美國、中國參戰。Ⓙ
結束	① 德國爆發革命。 ② 同盟國戰敗。Ⓚ

Ⓐ 瓜分殖民地

十九世紀初，資本主義大國為尋求海外市場，開始積極推行對外擴張政策。強國在世界各地以武力爭奪殖民地，但各列強所佔有的殖民地十分不平均，英、法、俄三國佔去世界絕大部分殖民地，德國、美國、日本三個後起的帝國主義國家不滿意這種狀況，遂要求以武力重新瓜分殖民地。

Ⓑ 塞拉耶佛刺殺事件

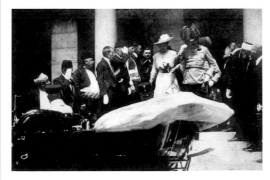

西元 1914 年 6 月 28 日，奧匈帝國皇太子斐迪南大公為了向塞爾維亞炫耀武力，前往波士尼亞檢閱軍隊，卻在塞拉耶佛被塞爾維亞祕密組織的成員普林西普刺殺，普林西普隨即被捕。奧匈帝國以刺殺事件為由，對塞爾維亞宣戰，導致第一次世界大戰的爆發。

| 圖為暗殺前數分鐘的斐迪南大公和他的妻子。

C 施里芬計畫

德國統一後便改變了整個歐洲的政治格局，也引起列強的警惕。而且，德國地處歐洲中心，強敵環伺，戰略上處於不利地位。因此，在德意志統一不久後，德國便開始著手研究如何應對未來的歐洲大戰。在戰爭爆發之前，德國總參謀長阿爾弗雷德·馮·施里芬就制定了以速戰速決為主的「施里芬計畫」。計畫首先利用德國發達的鐵路網，集中兵力在六星期內打敗法國，然後再將部隊調往東線進攻俄國。與此相對應，法國也制訂了「17號計畫」，以兩個集團軍齊頭並進，期望一舉收復普法戰爭後被割讓給德國的阿爾薩斯和洛林兩地。但後來戰事的發展卻出乎意料，使得這兩個計畫皆不可行。

D 馬恩河戰役

一戰爆發後，德軍按照「施里芬計畫」，首先在西線發起進攻。西元1914年8月4日，德軍侵入比利時，企圖攻擊法軍背面，以達到快速擊敗法國的目的。戰爭初期，德國在邊境佔上風，英法聯軍被迫南撤，德軍侵入法國。西元1914年9月5日至9日，雙方在馬恩河展開決戰，法軍開始反擊，德軍被迫轉為戰略防禦，固守安納河一線。

圖為西元1914年馬恩河戰役中受傷的士兵。

E 失利的俄軍

西元1915年後，一戰進入第二階段，德國將主戰場轉向東線，企圖優先打敗俄國，以擺脫兩線作戰的困境。西元1915年2月，德國和奧匈帝國兵分兩路，對俄軍展開全面進攻，雙方交戰長達八個多月。最後，俄軍丟失大片土地且損失170多萬人，更退守至里加灣到德涅斯特河的戰線上。德軍雖然大勝，但損失極大，而且也沒有消滅掉俄軍主力，達到逼迫俄國投降的目的。

圖為西元1916年在法國進行演習訓練的俄軍。

F 義大利轉投協約國

西元1915年5月，義大利因為英、法兩國答應其在戰後可以分得阜姆和達爾馬提亞，於是投向協約國，轉對同盟國宣戰。義軍雖實力較弱，在交戰初期即損失近30萬人，但卻成功拖住奧匈帝國的兵力，緩減俄、法的壓力。西元1915年9月，保加利亞加入同盟國並出兵30萬，配合德奧聯軍攻擊塞爾維亞，使得同盟國佔領塞爾維亞全境，塞爾維亞軍隊被迫撤退至希臘科孚島。

G 凡爾登戰役

西元1916年初，德國為了打敗法國，將進攻重點轉向西線，而凡爾登作為通往巴黎的據點和法軍陣線的樞紐，被德軍選為優先進攻的目標。凡爾登一役從西元1916年2月持續到12月，最終以德軍失敗告終。在此場戰役中，雙方傷亡近100萬人，凡爾登戰場也被稱為「絞肉機」。凡爾登戰役是第一次世界大戰勝敗的轉捩點，德軍未能實現奪取凡爾登後包抄巴黎南路的計畫，從此逐步走向失敗。

圖為凡爾登戰役中，在前線奮戰的法國士兵。

⒣ 日德蘭海戰

西元 1914 年，英國艦隊進入
北海與德國艦隊進行海戰，
隨後，兩國艦隊便多次發生
衝突，其中最著名的一場海上

戰役便是西元 1916 年的日德蘭海戰。
一開始，英國艦隊將德國海軍封鎖在德
國港口。，而對於英國海軍的封鎖，德
國於西元 1917 年展開「無限制潛艇戰」
（為求打擊敵方士氣及消耗敵方物資，
不惜攻擊非軍用載具），擊沉英、美等
國許多商船，對協約國造成威脅，但也
間接導致日後美國參戰。

⒤ 俄國退出戰爭

西元 1917 年，俄
國發生二月革命，
資產階級推翻沙皇
建立的臨時政府，
並決定繼續進行戰
爭，最後被德奧聯
軍擊敗。持續不斷
的戰爭導致俄國社
會矛盾激化，終於
爆發十月革命，之
後，蘇俄政府便決定退出第一次世界大戰。西元 1918 年 3 月，
俄國與德國及其同盟國簽訂《布列斯特－立陶夫斯克條約》，
俄國退出戰爭。

▎圖為俄國十月革命爆發時，街道上的士兵和工人。

⒥ 美國參戰

西元 1914 年，一戰爆發後，美國宣佈中立，只向交戰雙方
出售軍火物資。西元 1917 年 4 月 6 日，美國政府藉口德國
的「無限制潛艇戰」政策，對德宣戰。直到大戰結束時，
美國派往前線的軍隊便多達 200 萬人，而在大戰期間，美
國供給協約國的軍火和各種物資總額將近 100 億美元，成
為協約國在財政和軍需方面的主要支柱。

▎圖為第一次世界大戰後在北京的美國海軍陸戰隊。

⒦ 德國投降

西元 1918 年，在俄國退出戰爭後，德國便將兵力集
中於西線，但均未取得重要進展。此時，美國的參戰
使德軍的情況雪上加霜。從 7 月下旬至 8 月底，德軍
已無力再組織進攻，協約國趁此機會對德軍連續進
攻，使其退守至興登堡防線。西元 1918 年 9 月 26 日，
協約國聯軍發動總攻擊，興登堡防線全面崩潰。最後，
德國柏林內發生十一月革命，在內外夾攻之下，德軍
不得不向協約國求和。11 月 11 日，德國簽訂《貢比
涅森林停戰協定》，宣佈投降。歷時四年又三個月的
第一次世界大戰，以協約國的勝利告終。

▎圖為慶祝戰爭勝利的場景。

第14章

戰爭的陰霾
第二次世界大戰

第一次世界大戰結束後，建立凡爾賽－華盛頓體系，資本主義國家進入相對穩定的時期。二十世紀初，全世界爆發經濟大恐慌，為了應對此危機，德國等國相繼建立法西斯專政，並開始對外侵略擴張，為第二次世界大戰拉開序幕。戰後，美、蘇等大國在處理戰後問題的態度上，矛盾日益突出，國際關係日趨緊張。

01 俄國十月革命與蘇聯成立

關鍵字：十月革命、蘇聯成立

西元 1917 年，俄國在經歷二月革命後，進入革命的第二個階段。西元 1917 年 11 月 7 日，俄國爆發十月革命，推翻二月革命時所建立的臨時政府，成立蘇維埃政府。蘇維埃政府建立後，隨即採取一系列措施，為西元 1918 － 1920 年的俄國內戰，為西元 1922 年即將成立的蘇維埃社會主義共和國聯盟（簡稱蘇聯）埋下伏筆。

十月革命

背景	1 二十世紀初，俄國經濟仍落後於其他資本主義強國。 2 第一次世界大戰使俄國內部社會矛盾激化。Ⓐ 3 無產階級革命政黨挺身領導革命。Ⓑ
過程	1 西元 1917 年 4 月 17 日，列寧發表《四月提綱》。ⒸⒹ 2 西元 1917 年 7 月 16 日，彼得格勒發生「七月危機」，瓦解兩個政權並立的局面。Ⓔ 3 西元 1917 年 11 月 7 日，列寧領導彼得格勒發動抗爭，推翻臨時政府。Ⓕ 4 西元 1917 年 11 月 7 日，召開第二次全俄工兵蘇維埃代表大會，建立蘇維埃政府。
蘇聯成立	1 西元 1922 年 12 月 30 日，蘇維埃社會主義共和國聯盟正式成立，簡稱蘇聯。Ⓖ 2 西元 1922-1924 年 1 月，列寧執政。 3 西元 1924 年，列寧逝世，史達林掌握最高權力，蘇聯進入史達林時代。ⒽⒾⒿ

Ⓐ 民怨沸騰

俄國的經濟基礎本就薄弱，加之第一次世界大戰的摧殘，此時的俄國經濟瀕於崩潰。俄國民眾為了生存，遂掀起革命。

圖為俄國工人們展示被拆除的亞歷山大二世頭像。二月革命後，沙皇政府被推翻，大多數公共建築上象徵舊政府的雙頭鷹都被拆除，表示當時俄國社會的沸騰民怨。

Ⓑ 蘇維埃政府

俄國爆發二月革命後，隨即成立資產階級的臨時政府。但是，工人和士兵也組織了自己的領導機構——蘇維埃，國內的武裝力量都掌握在蘇維埃的工人和士兵手中。因此，在二月革命後，俄國便出現了資產階級臨時政府，和蘇維埃政府兩者並立的局面。

圖為西元 1917 年，彼得格勒工廠工人組成的赤衛隊。

ⓒ 列寧回到彼得格勒

兩個政權並立的局面在俄國國內引起騷動，正當人民不知何去何從時，列寧從芬蘭回到彼得格勒。西元1917 年 4 月 17 日，列寧在塔夫利達宮布爾什維克會議上演講《論無產階級在這次革命中的任務》，因發表在俄曆四月，故又稱為《四月提綱》。

▏ 圖為列寧回到彼得格勒後，在普蒂洛夫工廠對著民眾演講。

	⒟ 四月提綱
主要內容	1 指出俄國革命應發展至社會主義革命階段，實現無產階級專政。
	2 提出新建立的國家政權應是蘇維埃共和國，而不是議會制共和國。
	3 主張只有推翻資產階級的統治，才能擺脫戰爭。
	4 提出把政權收回到蘇維埃手中。
	5 在經濟方面，提出由工兵監督社會生產和分配。
意義	1 指出俄國當前形勢，主張無產階級和農民應掌握政權。
	2 制定俄國從資產階級革命，改變為社會主義革命的計畫。

ⓔ 七月危機

俄國成立臨時政府後，便企圖透過在一戰中反抗同盟國的軍事勝利，擺脫國內危機，但卻引發民眾憤怒。西元1917 年 7 月 17 日，被激怒的群眾在布爾什維克黨的領導下上街遊行，要求蘇維埃奪取政權，隨即遭到臨時政府鎮壓，造成 400 餘人傷亡。

▏ 圖為「七月危機」的照片，記錄軍隊鎮壓遊行群眾的場面。

ⓕ 彼得格勒武裝抗爭

七月危機後，布爾什維克黨人便被排除在政治之外。為了奪取政權，列寧於西元 1917 年 11 月 7 日發動武裝抗爭，二十多萬名士兵和抗爭工人迅速佔領彼得格勒的各個戰略要地，臨時政府的所在地冬宮也被攻克。當晚，眾人召開全俄蘇維埃第二次代表大會，正式建立蘇維埃政權。

▏ 圖為蘇科洛夫・斯卡利亞的作品，描繪抗爭者攻佔彼得格勒冬宮的場景。

Ⓖ 成立蘇聯

十月革命後，蘇維埃政權宣佈各民族皆享有獨立國家的權利，東歐各國遂紛紛建立自己的自治共和國。在各自治共和國成立後，為了恢復經濟，遂決定於西元 1922 年 12 月 30 日建立統一的經濟體，正式成立蘇維埃社會主義共和國聯盟，又稱為「蘇聯」。蘇聯是聯邦制國家，由 15 個共和國按照自願聯合的原則組成，首都在莫斯科。

▎圖為蘇聯的國徽。

	Ⓘ 大規模工業化	
第一個五年計畫	① 內容：西元 1928 － 1932 年，主要推行農業集體化政策。	
	② 結果：出現嚴重饑荒，農業總產值下降。	
第二個五年計畫	① 內容：西元 1933 － 1937 年，大規模發展重工業。	
	② 成就：工業總產值平均年增速為 18%。鋼產量達 1770 萬噸，煤為 1.28 億噸，電力為 362 億度。	
第三個五年計畫	① 內容：西元 1938 年起，集中發展軍事工業。	
	② 成就：坦克總數高達 2.4 萬台，火炮約 11 萬門，飛機 1.8 萬架，成為重工業軍事大國。	

Ⓗ 史達林

西元 1924 年，列寧逝世，史達林成為蘇聯新一任的領導人。史達林在任期間改造蘇聯的經濟，不僅全面推行農業集體化政策，更實施大規模工業化，使蘇聯成為重工業軍事大國，對二十世紀的國際格局產生深遠影響。

▎圖為史達林的畫像。

Ⓙ 大清洗

西元 1934 年，史達林針對基洛夫遇刺事件展開對布爾什維克黨的大清洗。大清洗的最初目的是為了消滅潛在的破壞分子和間諜，最終卻變成了對黨派、政府、軍隊、中央、地方的全面屠殺和鎮壓，受害人數至少在 70 萬人以上。大清洗涉及廣泛，社會中許多階層皆受牽連，包括知識份子、人民、技術人員以及少數族裔等。

02 凡爾賽和華盛頓體系

關鍵字：凡爾賽體系、華盛頓體系

第一次世界大戰後，列強在亞洲、太平洋地區的衝突仍然十分劇烈。其中，因為日本在亞洲地區不斷擴展勢力，引起美國不安，導致美日矛盾尤為突出。為了維持一戰後簽訂的《凡爾賽條約》和解決列強之間的利益衝突，西元 1921 年 11 月 12 日至 1922 年 2 月 6 日，列強在華盛頓舉行第二次國際會議，主要有美、英、日三國。會議上，列強調整了海軍力量對比，並重新畫分各國在亞洲、太平洋地區的勢力範圍。

華盛頓體系補充了凡爾賽體系的不足，但並未消除各國之間的矛盾。此後，美、日兩國在亞洲及太平洋地區的鬥爭愈演愈烈，成為第二次大戰爆發的隱患。

華盛頓會議 B

背景	1 美國外交注意力轉移至亞太地區。 2 日本一度獨霸中國，激化美、日矛盾。 3 美、英、日三國希望限制海軍軍備競賽。 A 4 維護列強在中國的利益。 5 第一次世界大戰後，各國都需要一個和平的國際環境，希望透過外交途徑以緩和矛盾。
簽訂條約	1 亞太問題：西元 1921 年 12 月 13 日，美、英、法、日簽訂《四國條約》，解除英、日聯盟，美國成為最大贏家。 2 限制海軍軍備：西元 1922 年 2 月 6 日，美、英、法、義、日簽訂《五國海軍條約》，英國被迫承認美國與其海軍的平等地位，日本海軍力量被限制。 3 中國問題：西元 1922 年 2 月 6 日，中、英、美、日、法、義等九國簽訂《九國公約》，恢復數個國家共同支配中國的局面。
結果	1 美國成為最大贏家。 2 拆散英、日同盟。 3 美國獲得與英國並駕齊驅的海軍力量。 4 遏制日本在亞太地區的擴張。 5 在中國實現「門戶開放」政策。

A 軍備競賽

一戰中，海軍在保障戰備物資供應和控制制海權等方面發揮巨大作用，顯示其海上威力。因此，戰後各國為了新一輪的殖民地爭奪，便展開海軍軍備競賽，其中以英國的海軍實力最為突出，一直掌握著海上霸權。也因此，限制英國的海軍軍備遂成為美國積極促成華盛頓會議的重要原因之一。

B 華盛頓會議

西元 1921 年 11 月 12 日至西元 1922 年 2 月 6 日，列強為了調整海軍力量和重新畫分亞洲和太平洋地區的勢力範圍，在華盛頓召開第二次國際會議。會議期間，與會國簽訂了一系列條約、協定和決議案，建立凡爾賽－華盛頓體系。

圖為華盛頓會議的簽字現場。

03 第一次世界大戰後的恢復

關鍵字：英國、法國、德國、義大利

　　第一次世界大戰結束後，戰勝的英、法等國瓜分了許多戰利品，獲得巨大利益，國內經濟狀況逐漸恢復。而德國則在戰敗後成立威瑪共和國，戰後初期，國外資本的輸入也使德國經濟情況逐漸恢復。

　　而與歐洲其他大國相比，較為貧弱的義大利則在戰後面臨巨大困境。義大利國內的經濟困境、政治動盪以及階級矛盾的尖銳化，還有作為戰勝國卻沒有絲毫獲益而引發的民族主義情緒，使義大利選擇與法西斯主義相結合，出現世界上第一個法西斯政權。

資本主義的恢復

英國	1 經濟：戰後初期的經濟長期蕭條。Ⓐ 2 政治：工黨與保守黨交替執政。西元1926年5月，爆發大罷工。Ⓑ
法國	1 經濟：在獲得大量賠款和殖民地的情況下，經濟迅速發展。Ⓒ 2 政治：實行多黨制，內閣更換頻繁。Ⓓ
德國	1 經濟：戰後賠款問題成為發展的難題。西元1924年，簽訂道威斯計畫，調整賠款問題，經濟逐步穩定。戰後初期，外國資本的流入使經濟獲得發展。Ⓔ 2 政治：西元1918年，爆發十一月革命，德皇威廉二世退位，德意志帝國崩潰。西元1919年，成立威瑪共和國，實行聯邦制。西元1920年，爆發復辟帝制的卡普暴動。西元1922年，出現惡性通貨膨脹。西元1923年，啤酒館政變。西元1925年，興登堡當選總統。ⒻⒼⒽ
義大利	1 經濟：戰後初期，經濟異常困難。 2 政治：西元1922年，墨索里尼擔任總理，出現世界上第一個法西斯政權。Ⓘ Ⓙ Ⓚ

Ⓐ 英國經濟蕭條

一戰結束初期，英國經濟一直處於蕭條狀態，直到西元1922年，經濟才逐漸復蘇。其中，新興工業部門發展較快，傳統工業則日趨衰落，逐漸喪失其世界霸主的地位。

圖為英國用於運輸煤炭的地下通道。一戰後，英國的煤產量從西元1913年的2.91億噸下降到西元1929年的2.61億噸。

Ⓑ 大罷工

西元1926年5月，由於礦主強行降低煤礦工人的工資，導致英國發生第一次全國總罷工。參加

罷工的除了煤礦工人外，還有運輸、鐵路和機械工人，但罷工的領導人只力圖把鬥爭限制在經濟領域，因而失敗。西元1927年7月，政府公佈法律，宣佈總罷工是非法的，也採取許多安撫工人的措施，使得英國階級矛盾暫時緩和，經濟形勢趨於好轉。

圖為英國工人走上街頭罷工的場景。

C 恢復快速的法國經濟

一戰後，法國不僅成為獲得最多賠款的國家，還從德國手中獲取新的殖民地。因此，戰後法國的經濟恢復較快，到了西元 1926 年時，被破壞的地區大致都已重建。此外，法國還創辦許多新興工業，製造出如雷諾、雪鐵龍等汽車品牌，航空、橡膠等行業也進步顯著。

| 圖為法國雪鐵龍公司生產的汽車。

D 更迭頻繁的法國政府

1 西元 1919 年 11 月，右派政黨組成的國民聯盟在大選中獲勝，戰時聯盟政府總理克里孟梭辭職，米勒蘭擔任總理。

2 西元 1920 年 9 月，米勒蘭當選為總統，白里安擔任總理。

3 西元 1922 年，德國發生經濟危機，要求延期賠款，白里安與英國商談未果，引咎辭職。西元 1922 年，組成普恩加萊政府。

4 西元 1924 年，德國再度要求延期賠款，法國出兵佔領德國魯爾，激起國內外普遍不滿。西元 1924 年普恩加萊辭職。

5 西元 1924 年 5 月，左派聯盟在大選中獲勝，激進社會黨赫里歐擔任總理。

6 西元 1926 年 7 月 21 日，左派聯盟發動殖民戰爭使法國財政狀況進一步惡化，引起民眾不滿，左派聯盟被迫辭職。

7 西元 1926 年 7 月底，普恩加萊再次擔任總理，組成以各右派政黨為骨幹，且有部分左派聯盟成員參加的國民聯合政府。

8 西元 1928 年 11 月，激進社會黨部長退出內閣，國民聯合政府結束，內閣只剩下保守黨。

E 繁榮的柏林

巨額的戰爭賠款使德國的經濟一度瀕臨崩潰，但在西元 1924 年簽訂道威斯計畫後（由美國提出，用以舒緩德國因《凡爾賽條約》賠款而承受的巨大財政壓力），德國賠款問題得到調整，經濟逐步走向穩定。同時，外國資本的流入也使德國經濟迅速發展，工業生產年均增長率僅次於英國，名列世界第二。但與戰勝國相比，德國的原料來源和市場依舊是一大問題。

| 圖為經濟復甦後的柏林街道。

F 十一月革命

第一次世界大戰末期，德國陷入全面危機，在俄國十月革命的影響下，德國群眾革命情緒高漲。西元 1918 年 11 月 3 日，基爾港水手爆發抗爭，得到當地工人的廣泛支持，揭開十一月革命的序幕。11 月 9 日，在斯巴達克團等組織的號召下，柏林工人和士兵發動抗爭，德皇威廉二世鎮壓未遂，被迫退位出逃，霍亨索倫王朝就此遭到推翻。

▌圖為西元 1918 年起，士兵攻入柏林王宮的場景。

G 威瑪共和國

德皇被推翻後，為限制革命發展，首相巴登親王將政權交予社會民主黨右派領袖亞伯特。亞伯特受命組成資產階級的臨時政府，但在西元 1919 年 1 月，柏林工人又發起推翻亞伯特政府的武裝抗爭，隨即遭到鎮壓。同年 2 月，在威瑪召開國民會議，成立威瑪共和國。

▌圖為威瑪共和國在柏林國會大廈前宣告成立的場景。

H 啤酒館政變

戰後的德國面臨許多危機，各種右派勢力紛紛活躍，以希特勒為首的德國工人黨就是其中一派。西元 1919 年秋天，曾參加第一次世界大戰的希特勒奉德國陸軍政治部之命，調查慕尼黑的政治團體——德國工人黨，而後順勢控制該黨。西元 1920 年 2 月 15 日，希特勒將該黨冠名為「民族社會主義黨」，簡稱「納粹黨」。在魯登道夫將軍的支持下，希特勒於西元 1923 年 11 月 8 日晚上，率領武裝的納粹黨分子闖進慕尼黑一家啤酒館，並扣留在此集會的當地政府官員，宣佈要推翻德國政府。當時，希特勒企圖以慕尼黑為基地，向柏林進軍，在全國建立納粹黨。但由於該黨力量薄弱，抗爭很快便失敗，希特勒被判處五年徒刑。但是，從獄中出來的希特勒再度重建納粹黨，並利用經濟危機對德國的打擊當上總理，開始納粹的獨裁統治。

Ｉ 貝尼托·墨索里尼

貝尼托·墨索里尼是第二次世界大戰的發動者之一，西元 1922 － 1943 年任義大利王國首相。西元 1940 年 6 月 10 日，義大利正式加入軸心國，參與第二次世界大戰。西元 1943 年，在義大利北部建立義大利社會共和國。西元 1945 年 4 月 27 日，在第二次世界大戰接近尾聲時，墨索里尼於逃亡途中被俘。翌日，在科莫省梅澤格拉被槍決。

Ｊ 墨索里尼上任

戰後的義大利面臨著嚴重的社會問題，人民生活陷入困境，工人運動高漲，整個義大利社會一片混亂。墨索里尼利用人們對社會主義的恐懼，提出「反對布爾什維克黨」的口號，建立世界上第一個「法西斯黨」。 法西斯黨利用工團主義和民族主義的力量不斷壯大，開始向政府發動進攻，企圖奪取政權。西元 1922 年 10 月，墨索里尼在米蘭組織了 4 萬武裝份子向羅馬進軍。最終，義大利國王向墨索里尼妥協，命令墨索里尼組閣，義大利遂開始實行法西斯專政。

| 圖中間者為準備出任義大利王國總理的墨索里尼。

Ｋ 墨索里尼的法西斯專政

1 強化法西斯黨的勢力，規定義大利境內所有組織都要服從法西斯黨，取消反對政府的各黨派議席，解散和封閉除了法西斯黨以外的其他政黨、工會、社團的報刊。

2 對議會進行改革，迫使議會在西元 1923 年 11 月通過《嚴格選舉法》，規定得票數佔總選票 25% 以上的政黨就自動獲得下議院 2/3 的席位，餘下的席位則按照得票數比例分配給各政黨。

3 西元 1925 年 12 月 24 日，通過關於「政府官員的權力和特權」法律。西元 1926 年 1 月 31 日，通過「賦予行政官起草法令的權力」法律，如此一來，議會便被迫將立法權交給墨索里尼。墨索里尼還對司法部門進行大清洗，成立與軍事法庭相似的「保衛國家特別法庭」，並加強員警權力，建立集中營。

04 危機四伏的戰間期

關鍵字：經濟大恐慌、姑息主義

　　二十世紀前期是資本主義繁榮與穩定發展的時期，西元 1926 年，各國家大致都恢復到戰前水準，這一繁榮為剛經歷過一戰災難的的歐洲人民帶來巨大希望。然而好景不長，隨著西元 1929 年 10 月 24 日的華爾街股票市場崩潰，全球爆發經濟大恐慌，以財政信貸為起點，迅速擴展到工農業，並波及到世界各地。

　　面對這一波經濟危機，各國皆採取許多措施，以擺脫種種困境。因此，政府干預經濟遂成為各國政策調整的趨勢。也正是在這一場危機中，德國建立了法西斯專政，成為第二次世界大戰的歐洲發源地。

經濟大恐慌

原因	1 資本主義存在許多矛盾。 2 貧富差距過大，造成國民整體消費力貧弱。 3 分期付款和銀行信貸刺激市場虛假繁榮，形成泡沫化經濟。 4 西元 1929 年 10 月，紐約華爾街股市崩潰。
造成第二次世界大戰	1 在經濟危機下，納粹運動獲得迅速發展的機會。Ⓐ 2 西元 1932 年，德國納粹黨一躍成為國會第一大黨。 3 西元 1933 年初，希特勒出任德國總理，建立法西斯專政。Ⓑ 4 西元 1933-1938 年，德國公開撕毀《凡爾賽條約》，開始擴軍備戰。Ⓒ 5 西元 1938 年，德國、義大利、英國和法國簽署《慕尼黑協議》。ⒹⒺ
義大利	西元 1935 年，義大利為擺脫經濟危機，侵略衣索比亞。ⒻⒼ
英、法	實行姑息主義，縱容德國和義大利的法西斯政權。Ⓗ

Ⓐ 納粹發展

西元 1929 年爆發經濟大恐慌後，美、英抽走大量資金，導致德國的經濟危機更加嚴重。中小資產階級飽受失業和破產之苦，對現任政府極度不滿，強烈要求改變現狀。納粹黨迎合社會各階層的心理，趁勢進行宣傳，在西元 1929 － 1933 年經濟危機期間，納粹黨成員便從 15 萬上升到 100 萬。

圖為四處宣傳的納粹黨分子。

Ⓑ 希特勒上任

西元 1932 年，德國納粹黨在國會選舉中一躍成為國會第一大黨。同時，希特勒又承諾根除德國共產黨，因而獲得大批資產階級的支持。西元 1933 年初，希特勒被任命為總理，建立德國法西斯專政。

圖為西元 1934 年德國總統興登堡接見總理希特勒的場景。

ⓓ 慕尼黑

慕尼黑位於德國南部的伊薩爾河畔，是德國經濟、文化、科技和交通的重要中心之一，在兩次世界大戰期間都成為列強爭奪的目標。第一次世界大戰結束後，慕尼黑成為政治動盪的中心，阿道夫‧希特勒及其納粹黨便在此興起。西元 1933 年，納粹黨掌權德國後，慕尼黑再度成為納粹據點。西元 1938 年 9 月，第二次世界大戰爆發前一年，德國、義大利、英國和法國四國領導者希特勒、墨索里尼、張伯倫、達拉第便是在該市簽署《慕尼黑協定》。

ⓒ 希特勒的法西斯專政

西元 1934 年，興登堡總統去世，希特勒集總統、總理和軍隊最高統帥於一身，確立法西斯的獨裁統治。之後，希特勒政府便開始著手擴充軍備。在經濟上，實行國民經濟軍事化；在軍事上，於西元 1935 年公開撕毀《凡爾賽和約》，將德國陸軍迅速擴充至 100 萬人。此外，還重建空軍、擴充海軍，為其日後對外侵略擴張做足準備。

│ 圖為西元 1936 年在紐倫堡廣場接受希特勒檢閱的德國軍隊。─────

ⓔ 慕尼黑協定

西元 1938 年 3 月，德國吞併奧地利，接著又把侵略目標鎖定捷克斯洛伐克。西元 1938 年 9 月 29 日，英、法為避免爆發戰爭，在慕尼黑召開德、義、英、法四國慕尼黑會議，簽署《慕尼黑協定》，將捷克斯洛伐克的蘇台德區「轉讓」給德國。《慕尼黑協定》是姑息主義之下的產物，為第二次世界大戰埋下隱患。

│ 圖為英國首相張伯倫回國後，在機場接受英雄式歡迎的場景。他揚起手中的協議，向人們宣告他帶回「一代人的和平」。─────

F 衣索比亞

衣索比亞位於非洲之角，是全球人口最多的內陸國家，也是繼奈及利亞以後，人口最多的非洲國家，有接近1億人口。土地面積為110萬平方公里，首都及最大城市是阿迪斯阿貝巴。和其他非洲國家不同，直到第二次世界大戰之前，衣索比亞都沒有受到殖民主義浪潮的吞噬，一直維持其古老的君主制度。西元1936年，衣索比亞被義大利入侵，直到西元1941年，才終於成功獨立。

G 義大利侵略衣索比亞

西元1935年，義大利為擺脫經濟大恐慌所帶來的困境，決定入侵衣索比亞。西元1935年1月，法國與義大利簽訂《羅馬協定》，默許義大利在衣索比亞的軍事行動，而英國也採取放任態度，鼓勵義大利的侵略行為。西元1935年10月3日，義大利不宣而戰，從南北兩方大舉入侵衣索比亞。翌年5月9日，義軍佔領衣索比亞全境，將其併入義屬東非殖民地。

圖為西元1936年5月墨索里尼進入衣索比亞首都阿迪斯阿貝巴的場景。

H 英、法姑息主義

英、法雖然一再對德國採取忍讓態度，但小小的蘇台德地區並不能滿足不斷膨脹的納粹德國野心。西元1939年3月，德國先是鼓動斯洛伐克獨立，隨後更進一步使用武力，脅迫捷克總統在投降書上簽字。三天後，德軍便開進捷克首都布拉格。

圖為一位向德軍行納粹禮的捷克婦女。

第二次世界大戰

關鍵字：同盟國、軸心國、諾曼第登陸

　　第一次世界大戰結束後，隨著各個國家間政治、經濟發展的不平衡，列強之間的矛盾也越發尖銳。西元 1929—1933 年的經濟大恐慌更使得衝突進一步加劇，為了擺脫危機，德、義、日三國先後走上法西斯主義，相繼發動局部侵略戰爭，最終引發第二次世界大戰。經過反法西斯同盟（稱為同盟國）多年的浴血奮戰，第二次世界大戰最後以德國、義大利、日本三個法西斯國家（稱為軸心國）的敗北而告終。

　　第二次世界大戰是歷史上破壞性最大的一次戰爭，也是人類歷史的重大轉捩點。在戰後，世界分為社會主義和資本主義兩大陣營，形成長達約半個世紀的「冷戰」局面，為日後國際關係帶來重大影響。

第二次世界大戰

爆發	
1	西元 1939 年 9 月 1 日，德軍突襲波蘭，英、法對德宣戰，第二次世界大戰爆發。ⒶⒷ
2	西元 1940 年，德軍佔領丹麥和挪威。Ⓒ
3	英、法、比三國進行「敦克爾克大撤退」。Ⓓ
4	西元 1940 年 6 月，法國淪陷。Ⓔ
5	西元 1940 年夏天，德軍發動「不列顛之戰」。ⒻⒼ

擴大	
1	西元 1941 年 6 月，蘇德爆發戰爭。ⒽⒾⒿⓀ
2	西元 1941 年秋，莫斯科戰役勝利。Ⓛ
3	西元 1941 年 12 月，日本偷襲珍珠港。ⓂⓃⓄ

轉捩點	
1	西元 1942 年夏天至西元 1943 年春天，爆發史達林格勒戰役，成為蘇德戰場的轉捩點。Ⓟ
2	西元 1942 年 6 月，爆發中途島戰役。Ⓠ
3	西元 1942 年夏、秋，爆發阿拉曼戰役。Ⓡ

結束	
1	西元 1943 年 9 月，義大利投降。Ⓢ
2	西元 1944 年 6 月，美、英盟軍在諾曼第登陸。Ⓣ
3	西元 1945 年 2 月，召開雅爾達會議。Ⓤ
4	西元 1945 年 5 月 8 日，德國投降。Ⓥ
5	西元 1945 年 8 月 15 日，日本投降，第二次世界大戰正式結束。Ⓦ

Ⓐ 波蘭閃電戰

在簽訂《凡爾賽條約》後，前德意志帝國的波森和西普魯士被割讓給波蘭第二共和國。德國為一雪前恥，於西元 1939 年 9 月 1 日聯合其附庸國斯洛伐克入侵波蘭，德軍以突襲方式迅速取得勝利，10 月 5 日戰役即告結束。

圖為德國軍隊推進波蘭首都華沙。

Ⓑ 白色方案

西元 1939 年 4 月，希特勒命令陸軍總司令部草擬入侵計畫《白色方案》，此方案的作法是：集中大部分主力部隊於一方採取守勢（對西方國家採取守勢），於一方迅速取得決定性勝利（集中兵力於波蘭），盡快結束兩線作戰的不利局勢，盡可能以少勝多。

C 納爾維克戰役

二戰爆發後，挪威和瑞典兩國保持中立。德國為了防止英、法率先佔領挪威，從而切斷從瑞典進口礦產的道路，德國便計畫進攻挪威，不凍港納爾維克成為首選的目標。西元 1940 年 4 月 9 日，納爾維克戰役爆發，英國海軍封鎖挪威港口，但卻無法肅清德軍。西線戰事爆發後，英國隨即撤軍，挪威被德國佔領。

| 圖為納爾維克戰役中，英、德海軍作戰的場景。

D 敦克爾克大撤退

德國成功入侵西歐後，便開始向西歐進攻。西元 1940 年 5 月，德軍侵略比利時、荷蘭和盧森堡，隨後開始全面進攻法國。英、法聯軍在德國機械化部隊的攻勢下迅速崩潰，之後，在法國東北部的敦克爾克進行當時歷史上規模最大的軍事撤退行動。此次撤退雖然成功挽救大量人力，但英國遠征軍的重型裝備都在撤退時被丟棄在歐洲大陸上，為英國本土的防衛造成嚴重損害。

| 圖為敦克爾克的士兵正在乘船撤退的場景。

E 法國淪陷

西元 1940 年 6 月 10 日，德軍正式入侵法國本土。6 月 17 日，佔領法國巴黎。6 月 25 日，德、法簽訂停戰條約，法國三分之二的領土被德國佔領，其餘的南部地區則成立附庸政權——維希政府。法國的戰敗使得英國必須獨自面對德國。

| 圖為踢正步通過法國巴黎市中心的德國軍隊。

F 海獅計畫

德國在佔領法國不久之後，便盯上英倫三島。為了儘快征服英國，希特勒親自擬定「海獅計畫」，決定以空中進攻迫使英國投降。為了實施空中進攻作戰，德國空軍集結三個空軍集團軍，和作戰飛機 2400 餘架。而當時的英國只有防空殲擊機 700 架，高炮 200 門，還有轟炸機 500 架，在兵力上處於劣勢。但英國卻以靈活的遊擊戰打敗德國，最終，德軍的海獅計畫失敗，使得英國得以保存軍事上的優勢，繼續與德國抗爭。而後，英國成為英、美反攻歐洲大陸的跳板，使德軍陷入兩線作戰的困境。

❿ 不列顛之戰

西元 1940 年，德國轟炸機飛臨倫敦上空，目標為打垮英國皇家空軍。面對強大的納粹空軍，英國皇家空軍運用靈活的遊擊戰，儘量避免與納粹正面交鋒，集中力量對付敵人的轟炸機。最終，英國空軍的戰鬥機遏制了德國的攻勢，取得勝利。這次戰爭是希特勒首次遭遇的失敗，也使德國的空軍遭受重創，之後，希特勒便將戰略目標轉向蘇聯。

| 圖為被轟炸後滿目瘡痍的倫敦市。

❿ 巴巴羅薩計畫

希特勒在進攻英國失利後，便開始將戰火引向蘇聯。西元 1941 年 6 月 22 日，納粹德國實施「巴巴羅薩計畫」，集結 560 萬人的強大兵力，發動對蘇聯的突襲。巴巴羅薩計畫主要是集中大量兵力，以「閃電戰」的方式，從數個方向實施迅速突擊，計畫佔領蘇聯首都莫斯科、第二大城市列寧格勒和第三大城市基輔等，把蘇聯主力軍消滅在西部地區，爾後再向蘇聯腹地長驅直入，進抵阿爾漢格爾斯克、伏爾加河、阿斯特拉罕等地，並用空軍摧毀烏拉爾工業區，從而擊敗蘇聯。但計畫最終在莫斯科戰役受阻，成為希特勒命運的轉捩點。

❿ 蘇德戰爭

西元 1941 年 6 月 22 日，希特勒撕毀戰前與蘇聯簽訂的《蘇德互不侵犯條約》，以閃電戰突襲蘇聯。22 日凌晨，德軍在北起波羅的海、南至黑海的戰線上，兵分三路襲擊蘇聯。蘇軍在戰爭初期遭遇重大損失，西部大片國土淪陷。

| 圖為攻擊蘇聯的德國突擊隊。

J 蘇德互不侵犯條約

背景	1 史達林為了蘇聯自身的安全及利益，決定放棄與英、法共同對抗納粹德國，以爭取時間應對德國日後的軍事行動。 2 希特勒為了執行閃擊波蘭的計畫，避免陷入兩線作戰的困境，與蘇聯簽訂非戰條約。
內容	1 締約雙方保證不單獨或聯合其他國家使用武力、侵犯或攻擊對方。 2 締約一方如與第三國交戰，另一締約國不得給予第三國任何支援。 3 締約雙方決不參加任何直接、間接反對另一締約國的任何國家集團。 4 雙方以和平方式解決締約國之間的一切爭端。 5 條約有效期為 10 年。

K 封鎖列寧格勒

西元 1941 年 7 月至 9 月，希特勒的北方集團軍以優勢兵力突破蘇軍抵抗，進攻蘇聯第二大城市列寧格勒。德軍試圖切斷列寧格勒與蘇聯內地的聯繫，迫使列寧格勒不戰而降，但蘇聯政府和人民透過拉多加湖成功地供應城市和軍隊的物資。最終，列寧格勒人民終於在西元 1944 年 1 月徹底粉碎德軍對列寧格勒的封鎖，3 月將德軍擊退。

圖為德軍進入列寧格勒的場景。

L 莫斯科戰役

西元 1941 年 12 月 6 日，蘇軍從莫斯科城郊開始反攻。西元 1942 年 1 月，蘇軍在各條戰線上擊退德軍，解除莫斯科的威脅，奪回 60 多個城市。莫斯科戰役打破了德軍的不敗神話，是德國東線走向滅亡的開始，為二戰同盟國的勝利埋下伏筆。同時，這場戰爭也使反法西斯國家意識到團結的重要性，促進反法西斯同盟的形成。

Ⓜ 偷襲珍珠港

西元 1941 年 12 月 7 日清晨，在日本聯合艦隊司令山本五十六的指揮下，日本海軍突襲美國海軍太平洋艦隊的夏威夷基地——珍珠港。倉促應戰的美軍損失慘重，8 艘戰艦中共有 4 艘被擊沉，其餘亦受到重創。珍珠港事件後，太平洋戰爭正式爆發，美國也因此被捲入第二次世界大戰。

| 圖為美國珍珠港空軍基地遭受日本空軍襲擊的情景。

Ⓝ 同盟國

西元 1941 年 6 月 22 日，蘇德戰爭爆發當天，英國首相邱吉爾發表廣播演說，宣佈對蘇聯給予力所能及的援助，美國政府也發表願意援助蘇聯的聲明。7 月 3 日，史達林發表廣播演說，表明蘇聯的戰爭「將與各國人民爭取他們的獨立、民主自由的鬥爭匯合在一起」。同盟國團結起反法西斯的力量，孤立法西斯國家的侵略勢力，對於最後戰勝法西斯具有決定性作用。

Ⓞ 美國參戰

日本偷襲珍珠港事件直接導致美國參戰，成為第二次世界大戰的轉捩點。第二次世界大戰在具有雄厚經濟實力的美國加入後，軸心國便開始逐漸瓦解。

| 圖為羅斯福簽署宣戰書的場景。

P 史達林格勒戰役

在莫斯科戰役失敗後，德軍並沒有撤軍，反而繼續向蘇聯西南地區推進，逼近史達林格勒。西元 1942 年 7 月 17 日，史達林格勒戰役爆發，參戰雙方為蘇聯和以德國為首的羅馬尼亞、匈牙利、義大利等國組成的軸心國部隊，會戰直到西元 1943 年 2 月 2 日才結束。這場戰役以蘇聯的勝利告終，也成為第二次世界大戰的轉捩點。軸心國一方損失了在東線戰場的四分之一兵力，從此一蹶不振，直至第二次世界大戰結束。

圖為德軍突擊隊向史達林格勒推進的場景。

Q 中途島戰役

西元 1942 年 6 月 4 日，日本艦載機向中途島發動猛烈攻擊，駐紮在中途島的美軍戰鬥機全面迎戰，成功地擊退日本海軍。中途島戰役是第二次世界大戰的重要戰役之一，美國海軍勝利後，便掌握太平洋戰區的主動權，這場戰役也因此成為太平洋戰區的轉捩點。

圖為西元 1942 年 6 月遭受日軍轟炸的中途島。

R 阿拉曼戰役

西元 1942 年 10 月 23 日，英軍在蒙哥馬利的指揮下，在北非的主戰場——埃及阿拉曼地區，對德、義聯軍發起進攻。激戰 12 天後，英軍獲勝，德、義軍被迫退到突尼斯邊境。阿拉曼戰役成功扭轉北非戰爭的局面，成為法西斯軍隊在北非覆滅的開始，德義軍隊在北非地區節節敗退，西元 1943 年 5 月便被完全逐出非洲。

圖為英軍坦克向阿拉曼推進的場景。

S 義大利投降

西元 1943 年 7 月，美、英聯軍在西西里登陸，推翻墨索里尼政府。巴多格里奧組成新政府，開始與美、英祕密談判。9 月 3 日，義、美雙方在西西里島的錫臘庫紮簽訂停戰協定。10 月 13 日，巴多格里奧政府正式退出軸心國，向德國宣戰。同時，英、美、蘇三國也發表宣言，承認義大利為共同作戰一方。之後，在義大利游擊隊的配合下，同盟軍開始向佔據義大利的德國軍隊發動進攻。

❼ 諾曼第登陸

西元 1944 年 6 月 6 日早上，300 萬士兵成功渡過英吉利海峽，在法國諾曼第登陸。諾曼第登陸的成功使美、英聯軍重返歐洲大陸，也開闢了歐洲大陸的第二戰場，德國從此陷入兩線作戰，第二次世界大戰的戰略態勢就此產生根本性的變化。而後，同盟軍協同蘇軍一起攻克柏林，迫使德國提前投降，加快第二次世界大戰的結束。

| 圖為諾曼第登陸前的軍隊合影。

❶ 雅爾達會議

西元 1945 年初，第二次世界大戰已接近尾聲，為協調戰略計畫、儘快結束戰爭，並且安排戰後國際事務，美、英、蘇三國領導者羅斯福、邱吉爾和史達林，於西元 1945 年 2 月 4 至 11 日，在雅爾達舉行國際會議。會議上簽署《雅爾達協定》，鞏固三國戰時聯盟，對協調同盟國對法西斯作戰，加速戰爭勝利具有積極效用，並為日後建立聯合國奠定基礎。雅爾達會議所決定的戰後世界秩序，又被稱為「雅爾達體系」。

❿ 日本投降

中途島戰役敗北後，日本海軍元氣大傷，太平洋戰場的攻守之勢就此逆轉。而中國戰區方面，在中美空軍的攻擊之下，日軍攻勢皆被粉碎。西元 1945 年 2 月，蘇聯介入太平洋戰事，並在 8 月 8 日對日宣戰，攻入中國東北地區。同月，美國分別在日本的廣島和長崎投下兩顆原子彈。8 月 15 日，日本帝國正式宣佈投降，結束第二次世界大戰。

| 圖為日本在東京灣正式投降。

❿ 德國投降

西元 1944 年 10 月至 11 月，同盟軍開始將戰場推向德國本土。西元 1945 年 1 月 12 日，蘇軍從東線對德軍發起強大攻勢，希特勒被迫兩線作戰，英美盟軍乘機迅速推進，德軍的反擊被徹底粉碎。西元 1945 年 4 月 30 日，蘇軍攻克柏林，希特勒自殺。西元 1945 年 5 月 9 日凌晨，德國正式向同盟軍投降。

| 圖為蘇軍佔領柏林的情景。

第 **15** 章

從對抗到合作
邁向一體化的歐洲

第二次世界大戰結束後，西歐國家在美國的援助下，開始穩定且高速的發展；而蘇聯等東歐國家則從 50 年代中期起，就相繼進行改革，世界因此形成兩大陣營對峙的局面，美、蘇爭霸局面形成。至 90 年代初，東歐劇變，蘇聯解體，兩極格局崩潰，冷戰時代結束。隨後，西歐和日本的崛起促使世界朝向多極化發展。

二戰後的國際關係

關鍵字：雅爾達體系、聯合國

戰後初期的國際局勢發生重大變化，西歐普遍衰落，蘇聯則與美國勢均力敵。二戰後期，美國、英國、蘇聯三國舉行雅爾達會議，形成以《雅爾達協定》為主體的國際關係，即「雅爾達體系」。雅爾達體系建立後，隨即形成世界兩極的格局，以社會主義和資本主義兩大陣營分庭抗禮，國際關係則以美蘇冷戰為主線，歐洲也一分為二，東、西歐分別被蘇聯和美國控制。

戰後初期的歐洲

戰後歐洲各國	1 蘇聯成為世界超級強國。Ⓐ
	2 德國戰敗分裂。Ⓑ
	3 英國依附美國。Ⓒ
	4 法國強國地位恢復。Ⓓ
雅爾達體系 Ⓔ	1 重新畫分歐亞政治版圖。
	2 建立「聯合國」，作為協調國際爭端和維護戰後和平的機構。

Ⓐ 強大的蘇聯

二戰後，蘇聯力量空前強大，成為唯一能與美國相抗衡的超級大國。戰爭使蘇聯的領土擴大了 60 萬平方公里，東部地區也建立起重工業和軍火基地。此外，蘇聯

與新建立的歐亞社會主義國家先後締結一系列同盟條約，形成以蘇聯為首的社會主義陣營。但由於蘇聯推行霸權主義政策，使得社會主義陣營至 60 年代解體。

│ 圖為蘇聯最高蘇維埃的所在地——大克里姆林宮。

Ⓑ 分裂的德國

二戰後，根據當初達成的協議，美國、蘇聯、英國和法國分別對德國實行分區統治，共同摧毀了納粹龐大的軍火工業，並開始清除納粹。之後，隨著冷戰衝突頻繁，德國被一分為二，成立聯邦德國（西德，美國掌控）和民主德國（東德，蘇聯掌控）。從此，德國開始長達半個世紀的分裂局面。

│ 圖為戰後滿目瘡痍的柏林街頭。

C 雖勝猶敗的英國

英國是與法西斯作戰時間最長的國家，戰爭使其國內經濟受到重創。戰後，英國的實力和國際地位大大下降，失去其世界霸主的地位。而英國得以恢復經濟的主要原因是依賴美國的援助，因此戰後的英國便唯美國馬首是瞻。除此之外，英國也希望借助美國的力量來維持其在歐洲第一的地位，挽救帝國的沒落。

| 圖為來自美國湯頓的咖啡工正要前往倫敦。

D 元氣大傷的法國

二戰中，法國被德國攻陷，幾乎亡國，導致生產力大幅下降，西元 1945 年初的工業產量還不及西元 1938 年的一半。在此情況下，戴高樂將軍仍領導法軍參加在義大利、法國和德國的軍事行動，為第二次世界大戰的勝利做出貢獻，使得其大國地位逐漸被盟國認同。但此時的法國僅僅恢復大國的名號而已，就實力而言，它已淪為三等國家。

| 圖為戰爭中備受摧殘的法國小鎮。

E 雅爾達體系

會議	1 西元 1943 年 11 月 22—11 月 26 日，開羅會議。 2 西元 1943 年 11 月 28 日—12 月 1 日，德黑蘭會議。 3 西元 1945 年 2 月 4—11 日，雅爾達會議。 4 西元 1945 年 7 月 18 日—8 月 2 日，波茨坦會議。
協議	1 打敗德國、日本，並徹底剷除兩國的法西斯主義和軍國主義，以防止法西斯主義東山再起。 2 重新繪製戰後歐亞地區的政治版圖，特別是重新畫定德國、日本、義大利等法西斯國家的疆界及被其佔領地區的邊界。 3 建立聯合國，作為協調國際爭端、維持戰後和平的機構。聯合國的核心機構——安理會的表決實行「雅爾達公式」，即「大國一致原則」。以美、蘇、中、英、法五大國為核心，以聯合國主導，保護中小國家安全，維護世界和平。 4 對德、日、義的殖民地以及國際聯盟的委任統治地實行託管計畫，原則上承認被壓迫民族的獨立權利。
特點	1 形成世界兩極格局，國際關係以美、蘇冷戰為主線。 2 歐洲一分為二，東、西歐分別被蘇聯和美國控制。 3 德國一分為二，資本主義的聯邦德國和社會主義的民主德國分別被美、蘇控制。
解體	二十世紀末，蘇聯解體，雅爾達體系瓦解。

02 冷戰

關鍵字：北約組織、華約組織、古巴導彈危機

　　二戰結束後，美蘇兩國戰時聯盟的關係不復存在，雙方關係惡化，導致冷戰。雅爾達體系建立後，奠定兩極格局的基本框架，加快兩極格局確立的步伐。西元 1949 年和西元 1955 年先後建立北大西洋公約組織（簡稱北約）、華沙公約組織（簡稱華約）兩大組織，形成以美、蘇為首的兩大軍事政治集團對峙局面。直到西元 1991 年蘇聯解體，冷戰才終於結束，美國也成為世界上唯一的超級大國。

冷戰

序幕	西元 1946 年，鐵幕演說拉開冷戰序幕。🅐
政策	① 西元 1947 年，杜魯門主義。🅑 ② 西元 1947 年，美國實行馬歇爾計畫。 ③ 西元 1949 年，北大西洋公約組織成立。🅒🅓 ④ 西元 1955 年，華沙公約組織成立。🅔🅕🅖
50 | 60 年代	① 特徵：美國佔據優勢。 ② 表現：西元 1953 年，赫魯雪夫上任，並於西元 1959 年訪問美國。西元 1961 年，建立柏林圍牆。西元 1962 年，美蘇爆發古巴導彈危機。🅗🅘🅙🅚🅛
70 年代	① 特徵：蘇聯佔據優勢。 ② 表現：布里茲涅夫上任，採取積極進攻戰略，西元 1979 年出兵佔領阿富汗。🅜🅝🅞
80 年代	① 特徵：美國轉為攻勢。 ② 表現：美蘇簽訂《美蘇限制戰略核武器條約》，蘇聯領導人更換頻繁，安德羅波夫、契爾年科、戈巴契夫輪流執政。🅟🅠
結束	西元 1991 年，蘇聯解體，冷戰結束。

🅐 鐵幕演說

　　西元 1946 年 1 月，邱吉爾應邀訪美。3 月 5 日，邱吉爾在杜魯門的母校威斯敏斯特學院發表題為「和平砥柱」的演說。在演說中，邱吉爾公開攻擊蘇聯，譴責其對中、東歐的擴張是一幅橫貫歐洲大陸的鐵幕，威脅著歐洲的和平。這場邱吉爾的鐵幕演說，拉開了冷戰時代的序幕。

🅑 杜魯門主義

西元 1947 年 3 月 12 日，美國總統杜魯門在國會兩院聯席會議上提出反共的「杜魯門主義」，是美國外交政策上的重大轉變。「杜魯門主義」也是美國對蘇聯的公開挑戰，被認為是美蘇之間「冷戰」正式開始的標誌。

| 圖為哈瑞・S・杜魯門。

🅒 北大西洋公約組織

　　美國為了遏制蘇聯，聯合西歐國家於西元 1949 年成立北大西洋公約組織，同年 4 月 4 日在美國華盛頓簽署《北大西洋公約》。及至蘇聯解體，華沙公約組織宣告解散，北約就轉變為地區性防衛協作組織。

Ⓓ 北約成員國

西元 1949 年 4 月 4 日，美國、加拿大、比利時、法國、盧森堡、荷蘭、英國、丹麥、挪威、冰島、葡萄牙和義大利在華盛頓簽署《北大西洋公約》，決定成立北大西洋公約組織，同年 8 月 24 日各國完成批准手續，該組織正式成立。希臘、土耳其於西元 1952 年 2 月 18 日加入，聯邦德國於西元 1955 年 5 月 6 日加入，西班牙於西元 1982 年加入該組織。

Ⓔ 華沙公約組織

北大西洋公約組織成立後，東歐社會主義為了與其對抗，也決定組建聯合武裝力量。西元 1955 年 5 月 14 日，蘇聯與東歐社會主義國家在華沙簽署《華沙條約》，成立華沙公約組織。華沙公約組織也就是東歐社會主義國家的政治軍事同盟，宗旨是維護成員國的安全。

> 圖為西元 1987 年華約成員國的國家元首們。

Ⓕ 華約入侵捷克斯洛伐克

西元 1968 年，捷克斯洛伐克發起一場名為「布拉格之春」的政治民主化運動。在改革的過程中，捷克斯洛伐克提出「帶有人性面孔的社會主義」。蘇聯認為其有脫離蘇聯控制的傾向，因此決定對捷克進行武裝干涉。8 月 21 日，蘇軍佔領布拉格，緊接著控制捷克全境。這一入侵行為招致群起罵聲，代表華約內部已開始產生裂痕，被視為東歐劇變的前奏。

Ⓖ 華約解散

西元 1968 年 8 月，捷克斯洛伐克發「布拉格之春」，華約武裝力量在蘇聯的帶領下，大規模入侵捷克斯洛伐克，招致群起抗議。而蘇聯也與阿爾巴尼亞交惡，西元 1968 年 9 月 13 日，阿爾巴尼亞宣佈退出華沙組織。西元 1990 年 10 月 3 日，兩德合併後，東德退出華沙組織。西元 1991 年 2 月 25 日，在布達佩斯召開的華約政治協商委員會非常會議決定從西元 1991 年 4 月 1 日起，廢除華約的軍事機構。同年 7 月 1 日，華約締約國在布拉格舉行會議，宣佈華沙公約組織正式解散。

Ⓗ 赫魯雪夫上任

西元 1953 年，史達林逝世，赫魯雪夫接任。西元 1956 年，赫魯雪夫在蘇聯共產黨第二十次代表大會上發表「祕密報告」，攻擊史達林，掀起「去史達林化」運動。

> 圖為尼基塔・謝爾蓋耶維奇・赫魯雪夫。

Ⅰ 赫魯雪夫的改革

政治	1 平反冤案。 2 攻擊史達林，強調集體領導原則。
經濟	1 對農產品實行收購制，提高收購價，增加農民收入。 2 鼓勵家庭副業，擴大集體農莊和國營農場的自主權。 3 鼓勵墾荒，提倡種植玉米。
工業	1 將中央企業的管理權下放給地方。 2 承認企業和個人的物質利益，使生產者較為積極。
外交	調整外交政策，提出「三和三無」，緩和國際緊張局勢，並與南斯拉夫恢復友好關係。

Ⅻ 柏林危機

第一次 柏林危機	1 背景：隨著德國開始重建，蘇聯不願讓德國各區合併，美國則計畫將德國西部佔領區三合為一。 2 經過：西元 1948 年 2 月至 6 月，美、英、法、比、荷、盧六國召開倫敦外長會議，提出成立聯邦德國，將西德納入歐洲復興計畫。西元 1948 年 6 月 24 日，蘇聯封鎖柏林，史稱「第一次柏林危機」，形成第一次美蘇冷戰高潮。西元 1948 年 6 月 29 日，美國實行反封鎖，西元 1949 年 5 月 12 日，宣佈撤銷封鎖，柏林危機結束。西元 1949 年 5 月 23 日，西德通過《德意志聯邦共和國基本法》，建立西德。西元 1949 年 5 月 30 日，蘇佔區通過憲法，建立東德。
第二次 柏林危機	1 背景：柏林分裂後，西柏林重建順利，經濟逐漸繁榮，蘇聯決意統一柏林全境。 2 經過：西元 1958 年 11 月 27 日，蘇聯要求英、美、法三國在六個月內撤出西柏林。三國拒絕蘇聯要求，並表達強烈抗議，第二次柏林危機爆發。美國同意召開四國首腦會議，討論柏林問題，第二次柏林危機緩和。

Ｊ 赫魯雪夫訪美

赫魯雪夫擔任蘇聯領導者期間，正是美蘇爭霸的第一階段，此時的蘇聯在軍事實力上與美國還有一段明顯的差距。因此，赫魯雪夫力圖緩和冷戰以來，美蘇之間的僵硬關係，希望實現雙方合作且共同主宰世界的雙贏局面。西元 1959 年 9 月 15 日，赫魯雪夫應美國總統艾森豪的邀請出訪美國，訪問期間，他四處發表演說呼籲蘇美和平共處。之後，他又多次訪問美國等西方國家，但在最後，美蘇之間仍然走向瀕於核戰的結局。

Ｌ 古巴導彈危機

西元 1960 年，美國與實施社會主義的古巴關係惡化，因此對其進行經濟封鎖。西元 1962 年，蘇聯答應向古巴提供經濟和軍事支持，美蘇雙方的冷戰再度進入高潮，美蘇各自在土耳其和古巴設置導彈，大戰一觸即發。

圖為古巴導彈危機的漫畫，顯示赫魯雪夫和甘迺迪的較量。

Ⓜ 布里茲涅夫

古巴導彈危機的失敗導致蘇聯國際地位下降，引起黨內各派不滿。西元 1964 年，在蘇聯舉行的中央全會上，赫魯雪夫被免除一切職務，強迫「退休」，結束其政治生涯。同年，布里茲涅夫上任，他對赫魯雪夫時期所導致混亂的政策進行調整，帶領蘇聯進入全新時期。

| 圖為列昂尼德‧伊里奇‧布里茲涅夫。

Ⓞ 蘇聯佔領阿富汗

二十世紀中期，蘇聯控制了阿富汗的經濟命脈和軍隊，目的是為了獲得波斯灣豐富的石油資源，以及取得從陸地進入印度洋與美國爭霸的道路。西元 1979 年以後，阿富汗與蘇聯的矛盾日益激化。西元 1979 年 12 月 27 日，蘇聯進攻阿富汗，並迅速將其佔領，於次日建立傀儡政權。此次入侵為蘇聯帶來沉重的軍事和經濟負擔，使其無法再繼續支撐爭霸戰略，導致蘇聯走向衰落。

Ⓟ 美蘇限制戰略核武器條約

60—80 年代是美蘇爭霸的第二階段，這一時期，蘇聯在軍事實力上超越美國，對外進行強勢擴張；美國則處於戰略守勢。在這一階段，雙方曾經有一段關係緩和期，主要原因為雙方簽署《美蘇限制戰略核武器條約》，目的是為了限制洲際戰略核武器軍備競賽。雖然美國內部的對蘇強硬派佔據上風，導致國會始終未批准該條約，但美蘇雙方都表示將繼續遵守該條約規定。

Ⓝ 布里茲涅夫的政策

政治	1 採取「穩定政局」，恢復赫魯雪夫改革前高度集中的政治體制。 2 加強意識形態控制，大力宣傳馬克思列寧主義。 3 實行個人集權及崇拜，導致政治陷入僵化。
經濟	1 西元 1966—1980 年，先後實施「八五」、「九五」、「十五」三個五年計畫。 2 在工業方面推行新經濟體制，改革工業管理體制。 3 改革農業管理體制，鼓勵發展個人副業。
外交	1 外交方面奉行霸權主義，提出「有限主權論」。 2 侵略捷克斯洛伐克、中國、柬埔寨、阿富汗等國。 3 與西方國家關係緩和，並發展雙方經貿關係。

Ⓠ 蘇聯元首更迭

西元 1982 年，布里茲涅夫逝世，安德羅波夫成為蘇聯新一任領導人。在他任職期間，推行一系列措施，包括打擊違法亂紀行為、推進經濟體制改革、擴大企業自主權等。安德羅波夫就任時已高齡 68 歲，僅執政 14 個月，便於西元 1984 年病逝。西元 1984 年，契爾年科上任，他嚴格遵循安德羅波夫時期的理論和政策。但契爾年科體弱多病，任職 13 個月後即去世。戈巴契夫上任後，蘇聯因為侵略阿富汗而出現嚴重的經濟困難，不得不採取全面收縮政策。他為了集中精力和財力以解決國內問題，遂進行一連串改革，但最終改革失敗，導致蘇聯解體。

03 西歐戰後經濟和社會改革

關鍵字：馬歇爾計畫、英國、法國、德國、歐洲共同體

　　西歐作為二戰的主要戰場之一，戰後各國的社會經濟均損失慘重。在二戰結束後，西歐各國在美國的援助之下，抓住數位化革命的機遇並制定恰當的經濟政策，迅速恢復並發展經濟。二十世紀中葉，歐洲各國的工業生產已超越戰前水準，一直到 70 年代，西歐經濟都持續繁榮發展。在「歐洲共同體」成立後，西歐各國更逐漸擺脫美國控制，開始為提高自己的國際政治和經濟地位而努力。

西歐經濟的恢復

原因	1 美國對西歐各國實行「馬歇爾計畫」。Ⓐ 2 政府加強對經濟的控制。 3 數位化革命帶動經濟發展。
英國	1 西元 1945 年，工黨執政，實行國有化改革。ⒷⒸ 2 西元 1945 年，工黨政府實行「福利國家」政策。Ⓓ 3 西元 1951 年，保守黨執政，沿用工黨的國有化和「福利國家」政策。
法國	1 西元 1946 年，成立法蘭西第四共和國，堅持國有化方向，進行經濟改革。ⒺⒻ 2 西元 1958 年，成立法蘭西第五共和國，戴高樂進行經濟改革。Ⓖ
德國	1 西元 1948 年，艾哈德推行經濟改革。 2 西元 1949 年 5 月，建立西德。Ⓗ 3 二十世紀中葉，西德工業生產增長速度超越英、法、美。Ⓘ
歐洲共同體	1 西元 1951 年，歐洲煤鋼共同體成立。Ⓙ 2 西元 1958 年，組成歐洲經濟共同體和歐洲原子能共同體。Ⓚ 3 西元 1967 年，歐洲共同體成立。Ⓛ

Ⓐ 馬歇爾計畫

西歐經濟的復興在某部份歸功於美國的「馬歇爾計畫」。馬歇爾計畫是二戰後，美國對西歐各國進行經濟援助，並協助其重建的計畫。該計畫於西元 1947 年 7 月正式啟動，共持續 4 年，對西歐各種形式的援助高達 130 億美元。

| 圖為小喬治・卡特萊特・馬歇爾。

Ⓑ 英國工黨政府

　　二戰時，英國邱吉爾的保守黨內閣雖然獲得極大威望，但由於工黨提出的福利社會目標更吸引人，因而前者在二戰結束前夕的大選中落敗。以艾德禮為首的工黨獲勝，並組建工黨內閣，提出把個人自由與計畫經濟、民主與社會公正結合的新制度。

Ⓒ 英國國有化措施

1 西元 1945 年底，通過銀行國有化方案，建立英國史上第一個國家銀行。
2 西元 1946 年，實施煤炭工業國有化。
3 西元 1947 年，先後在鐵路運輸、電力、煤氣、航空、航運推行國有化。
4 西元 1951 年，通過冶金業國有化。

D 英國的教育改革

英國工黨政府改革了醫療、社會保險制度、社會服務。而在社會服務上，英國政府尤其重視教育制度的改革，對年滿 11 歲的兒童實施免費中等教育，並享受補助或免費午餐，同時還增加大學獎學金制度等。

> 圖為西元 1950 年實施教育改革後的英國小學。改革後英國的教育普及率提高，為培養優秀人才奠定基礎。

E 法蘭西第四共和國

二戰結束後，西元 1945 年 10 月，法國舉行全民公投通過新憲法，法蘭西第四共和國宣告成立。共和國建立後，政府立即對重要經濟產業實施國有化改革。但是，國有化政策的低效與巨額虧損卻使法國經濟陷入困境，最終導致法蘭西第四共和國的政治危機。

> 圖為正在開會的第四共和國內閣成員。

H 德意志聯邦共和國

根據雅爾達體系，戰敗後的德國由英、法、美、蘇四國分區佔領。西元 1948 年，英、法、美所佔區域合併為「西佔區」，三國在此實行德國的復興計畫。西元 1949 年 5 月，西佔區通過新憲法，宣告成立德意志聯邦共和國，首都設在波昂。德國正式畫分為西德和東德。

> 圖為聯邦德國首都波昂的政府中心。

F 莫內計畫

「莫內計畫」是法蘭西第四共和國的主要經濟計畫，於西元 1947 年初制定，主要內容是對煤、電、鋼鐵、水泥、農機、運輸六種主要工業進行設備更新，實施現代化生產。法國透過「莫內計畫」，使得國內經濟在西元 1947－1948 年恢復到戰前水準，西元 1950 年的生產水準則超越戰前最高年份的 25%。50 年代，法國經濟穩定增長，平均增長速度持續在英國之上，造船、航空、電氣、核能、石油等工業也有巨大發展。但由於獲得「馬歇爾計畫」的援助，法國戰後經濟的發展還是受到美援制約，同時也存在著通貨膨脹等問題。

G 法國的經濟措施

1. 加強政府對經濟的干預，並輔以資本主義計畫化，確定發展目標。
2. 努力擺脫「馬歇爾計畫」的影響，建立獨立的經濟體系，並聯合歐洲國家發展共同市場。
3. 積極推進科技進步和國民教育事業，提高生產率。
4. 重視國民經濟綜合平衡發展，使工業現代化和農業現代化齊頭並進。

I 西德經濟快速發展的原因

1. 原有的經濟基礎較好,企業佈局和人員素質方面具有極大潛力。
2. 馬歇爾計畫的援助,促使德國轉變經濟模式,促進經濟發展。
3. 長期保持較大規模的固定資產投資。
4. 穩定增長的對外貿易促進國民經濟高速增長。
5. 非軍事化的立國政策使德國能夠集中人力、物力、財力發展經濟。

J 歐洲煤鋼共同體

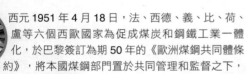

西元 1951 年 4 月 18 日,法、西德、義、比、荷、盧等六個西歐國家為促成煤炭和鋼鐵工業一體化,於巴黎簽訂為期 50 年的《歐洲煤鋼共同體條約》,將本國煤鋼部門置於共同管理和監督之下,成立煤鋼共同市場。至西元 1954 年,這些國家的煤、焦炭、鋼、生鐵等的貿易壁壘幾乎完全消除,成功實現「歐洲煤鋼共同體計畫」。

L 歐洲共同體

西元 1965 年 4 月 8 日,法國、西德、義大利、荷蘭、比利時和盧森堡六國為建立共同市場,而簽訂《布魯塞爾條約》,決定統一歐洲煤鋼共同體、歐洲原子能共同體、歐洲經濟共同體,統稱「歐洲共同體」。條約於西元 1967 年 7 月 1 日生效,總部設在比利時布魯塞爾。

K 歐洲經濟共同體和歐洲原子能共同體

	歐洲經濟共同體	歐洲原子能共同體
宗旨	清除歐洲貿易壁壘,透過共同貿易政策促進國際交換。	為核子能源共同體及分銷共同市場,並出售剩餘核子能源至境外國家。
成員國	創始國為法國、西德、義大利、荷蘭、比利時和盧森堡。	法國、西德、義大利、荷蘭、比利時和盧森堡。
發展	西元 1957 年 3 月 25 日,六國簽訂《羅馬條約》,建立歐洲經濟共同體。西元 1965 年 4 月 8 日,六國簽訂《布魯塞爾條約》,決定統一歐洲煤鋼共同體、歐洲原子能共同體、歐洲經濟共同體,統稱「歐洲共同體」。	西元 1957 年 3 月 25 日,六國簽訂《羅馬條約》,成立歐洲經濟共同體。西元 1967 年,合併《歐洲煤鋼共同體條約》及歐洲經濟共同體。如今,歐洲原子能共同體已在歐洲聯盟架構內。

04 數位化革命

關鍵字：核能、航太技術、電腦

第二次世界大戰結束後，爆發以應用核能、電腦、空間技術和生物工程的發明為主的數位化革命。數位化革命涉及資訊技術、新能源技術、新材料技術、生物技術、空間技術和海洋技術等諸多領域，不僅大大推動人類社會經濟、政治、文化領域的變革，也促進人類生活方式和思維方式的轉變，使社會生活和現代化發展至更高的境界。

數位化革命

背景	1 物理學革命取得三大突破，科學技術的發展具備物質和技術基礎。ⒶⒷ 2 第二次世界大戰中的軍事需求、戰後軍備競爭和發展經濟的要求促進科技發展。
核能	1 西元 1945 年，美國成功試爆第一顆原子彈。Ⓒ 2 西元 1954 年，蘇聯建立第一座核電站。
航太技術	1 西元 1957 年，蘇聯第一顆人造衛星升空，開闢人類征服宇宙的道路。Ⓓ 2 西元 1981 年，美國第一架太空船升空。
電腦	1 西元 1946 年，美國誕生第一台應用電腦。Ⓔ 2 西元 1964 年，美國第一台積體電路電腦問世，在全球掀起一場資訊技術革命。
生物學	西元 1973 年，美國成功重組 DNA 生物基因工程。

Ⓐ 十九世紀末的物理學三大發現

十九世紀末發生了一場物理學革命，而揭開這場物理學革命的序幕就是十九世紀末的物理學三大發現。它們分別是西元 1895 年，德國倫琴發現 X 射線；西元 1898 年，波蘭居里夫人發現鐳等放射性元素；西元 1897 年，英國湯姆生發現電子。這三大發現打開了原子世界的大門，使得人們認識到組成物質的基本單位並不是原子，還有比原子更深入的物質結構。三大發現將人們的研究引入原子內部的微觀世界，開創原子物理學，為二十世紀科學技術的偉大成就奠定理論基礎。

Ⓑ 愛因斯坦的相對論

愛因斯坦是二十世紀初物理革命的先鋒，西元 1905 年，他提出狹義相對論，西元 1915 年，提出廣義相對論。相對論是關於時空和引力的基本理論，是一個嶄新的、相對觀念的時空觀。相對論顛覆了人類對宇宙和自然的常識性觀念，提出「時間和空間的相對性」、「四維時空」、「彎曲空間」等全新概念，否定牛頓的時空觀。正是由於愛因斯坦的相對論，而引發了二十世紀的物理學場革命，引領人們進入物理學的嶄新領域。

| 圖為阿爾伯特・愛因斯坦。

ⓒ 第一顆原子彈

核能是二十世紀最偉大的科學成就之一，也是數位化革命的重要標誌。西元 1942 年，美國芝加哥大學建立第一座核反應爐，並成功進行人工控制的核鏈式反應。西元 1945 年，美國成功研製世界上第一顆原子彈，並在新墨西哥州成功引爆。

▎圖為美國的第一顆原子彈。

Ⓓ 第一顆人造衛星

除了核能之外，在數位化革命期間，人類在航太領域也取得重大突破。西元 1957 年 10 月 4 日，蘇聯成功發射第一顆人造衛星，開闢人類征服宇宙的道路，人類自此跨入航太科技的新時代，一場全球性的資訊革命隨即展開。

▎圖為蘇聯的第一顆人造衛星。

Ⓔ 第一台電腦

第二次世界大戰期間，美國軍方為了解決處理大量軍用資料的難題，遂在賓夕法尼亞大學成立專門的研究小組。西元 1946 年 2 月 14 日，世界上第一台應用電腦——「埃尼阿克」問世。電腦的發明在全球掀起資訊技術革命，對人類日後的生活產生極其深遠的影響。

▎圖為第一台應用的電腦。

05 二十世紀前半的思想文化

關鍵字：佛洛伊德、凱因斯、畢卡索

　　進入二十世紀後，隨著科學技術日新月異的發展，大大開拓了人類認識世界的視野，二十世紀上半葉的文化發展較之上個世紀也出現了革命性的變化。

思想文化

1 **邏輯實證主義**：以經驗為根據，以邏輯為工具進行推理，用概率論修正結論。代表人物為英國哲學家羅素。

2 **存在主義**：以人為中心，尊重人的個性和自由。Ⓐ

3 **精神分析學說**：代表人物為奧地利精神病學家佛洛伊德，代表作《夢的解析》。

4 **經濟學**：代表人物為英國經濟學家凱因斯，他開創了現代宏觀經濟學。Ⓑ

5 **歷史學**：代表人物為德國斯賓格勒，創立「文化形態史學」，代表作《西方的沒落》。

6 **社會科學**：代表人物為馬克斯·韋伯，開創反實證主義社會學。

7 **現實主義的文學**：代表人物為法國羅曼·羅蘭，代表作《約翰·克利斯朵夫》。Ⓒ

8 **後期象徵主義的文學**：代表人物為奧地利作家卡夫卡，代表作《變形記》。

9 **現代主義畫派**：代表人物為蒙克。

10 **立體派**：代表人物為畢卡索。

Ⓐ 存在主義

存在主義最早出現在第一次世界大戰後的德國，它與現代西方哲學流派一樣反對西方傳統哲學，其認為真正的哲學是研究「存在」的哲學，而這裡所說的「存在」是具有特定含義的「人的存在」。因此，存在主義可以說是一種「具體的人學」。存在主義問世後，很快地流傳於西方社會的各個階層，存在主義已超越單純的哲學範圍，逐漸滲透至精神生活等各個方面，成為一種新的社會風尚和生活方式。

Ⓑ 凱因斯

凱因斯為現代西方經濟學最有影響力的經濟學家之一，被譽為「戰後繁榮之父」。西元1936年，他發表《就業、利息和貨幣通論》，創立宏觀經濟學。宏觀經濟學是指用國民收入、經濟整體的投資和消費等總體性統計概念分析經濟運行規律，引起經濟學革命。

圖為約翰·梅納德·凱因斯。

Ⓒ 羅曼·羅蘭

羅曼·羅蘭是二十世紀法國著名的批判現實主義作家和音樂評論家，其藝術成就主要在於他刻畫了為追求正義而奮勇前進的知識份子。《約翰·克利斯朵夫》是羅曼·羅蘭的代表作之一，從這本著作開始，他便開創了獨特的小說風格，被人們稱為「用音樂寫作」，並於西元1915年獲得諾貝爾文學獎。

圖為羅曼·羅蘭。

06 蘇聯改革和蘇聯解體

關鍵字：戈巴契夫、八一九事件、蘇聯解體

　　二十世紀，蘇聯的建設日益蓬勃發展，但在體制上卻存在許多弊端，使其經濟發展緩慢。進入 80 年代後，長期累積的經濟惡果導致蘇聯經濟急劇惡化。戈巴契夫上任後，他為了改善此種局面推行一系列改革，其中的政治體制改革使蘇聯脫離社會主義，引起蘇聯政治局面的混亂，最終導致蘇聯解體。

蘇聯解體

戈巴契夫的改革

1. 經濟上，加速國家社會經濟發展，改進經營管理機制，擴大企業自主權。 Ⓐ
2. 政治上，以「民主社會主義」取代傳統社會主義，提倡民主化和公開性。 Ⓑ
3. 展開「新思維外交」，加強蘇、美合作。 Ⓒ

八一九事件

1. 背景：西元 1991 年 8 月，蘇聯公佈《蘇維埃主權共和國聯盟條約》，將蘇聯變為鬆散的邦聯，引起黨內外的鬥爭。
2. 經過：西元 1991 年 8 月 19 日，蘇聯保守派發動政變，軟禁戈巴契夫，三天後改革失敗。 Ⓓ
3. 影響：蘇聯共產黨退出政治舞台，國家政權發生變化。 Ⓔ

蘇聯解體

1. 西元 1991 年 12 月 8 日，俄羅斯、白俄羅斯、烏克蘭等六國領導人簽署《明斯克協定》，宣佈成立「獨立國家聯合體」，蘇維埃社會主義共和國聯盟不復存在。
2. 12 月 21 日，簽署《阿拉木圖宣言》，代表蘇聯解體。
3. 12 月 25 日，蘇聯正式解體。 ⒻⒼ

Ⓐ 經濟改革

西元 1985 年，戈巴契夫上任，他馬上從經濟入手開始大刀闊斧地改革。但經濟改革的成效不彰，而後，改革重點遂開始轉向政治方面。

> 圖左為戈巴契夫，圖右為美國總統雷根。

Ⓑ 政治改革

經濟改革的出師不利使戈巴契夫的改革方向發生變化，開始著手政治體制的改革。西元 1988 年，召開蘇聯第十九次代表會議，討論政治體制改革的問題。西元 1990 年，蘇聯修改憲法，實行多黨制和總統制。

Ⓒ 新思維外交

與政治、經濟改革同步進行的還有戈巴契夫的「新思維外交」。「新思維外交」熱衷於蘇美雙方的合作，導致蘇聯的某些政治人物強烈不滿。同時，蘇聯新外交政策還強調東歐國家改革的必要性，鼓勵它們「自由化」的變革，從而催化東歐各國的民主化運動。

Ⓓ 八一九事件

西元 1991 年，蘇聯就是否保留同盟問題，舉行首次全民公投，投票結果決定繼續保留同盟。西元 1991 年 6 月，在改革中所形成的「民主激進派」領袖葉爾欽，由全民投票選舉為俄羅斯聯邦總統。眾人草擬《蘇維埃主權共和國聯盟條約》，強調各共和國的主權，將蘇聯轉變為鬆散的邦聯。在新聯盟條約即將簽署的情況下，蘇聯中的保守派於西元 1991 年 8 月 19 日發動政變，戈巴契夫遭到軟禁。在葉爾欽號召全民總罷工的情況下，這次政變僅僅維持三天即告瓦解，戈巴契夫恢復權力。

┃ 圖為葉爾欽站在坦克上向人群演說。

Ⓕ 東歐共和國獨立時間

1 西元 1990 年 3 月 11 日，立陶宛獨立。

2 西元 1991 年 4 月 9 日，喬治亞獨立。

3 西元 1991 年 8 月 20 日，愛沙尼亞獨立。

4 西元 1991 年 8 月 22 日，拉脫維亞獨立。

5 西元 1991 年 8 月 24 日，烏克蘭獨立。

6 西元 1991 年 8 月 25 日，白俄羅斯獨立。

7 西元 1991 年 10 月 27 日，土庫曼獨立。

8 西元 1991 年 12 月 16 日，哈薩克獨立。

9 西元 1991 年 12 月 25 日，俄羅斯宣佈國名由「俄羅斯蘇維埃聯邦社會主義共和國」更名為「俄羅斯聯邦」。

10 西元 1991 年 12 月 25 日 18 時 40 分，蘇聯總統戈巴契夫辭職。

11 西元 1991 年 12 月 25 日 19 時 38 分，蘇聯紅旗從克里姆林宮上落下，以白、藍、紅三色俄羅斯聯邦國旗取而代之，蘇聯正式成為歷史。

Ⓔ 蘇聯共產黨解體

1 西元 1991 年 8 月 23 日，葉爾欽下令「中止」俄羅斯共產黨活動。

2 西元 1991 年 8 月 24 日，戈巴契夫宣佈辭去職務，並要求蘇共中央自行解散，蘇共財產交由蘇維埃保管。

3 西元 1991 年 8 月 29 日，蘇聯最高蘇維埃決定「暫停蘇共在蘇全境的活動」，並對蘇共領導機關進行審查。各東歐共和國共產黨或被終止、禁止活動，或自動解散。自此，具有 93 年歷史、執政 70 多年、有 1500 萬黨員的蘇聯共產黨解體。

Ⓖ 蘇聯解體

西元 1991 年年底，俄羅斯總統葉爾欽與白俄羅斯及烏克蘭總統在白俄羅斯首府明斯克簽約，成立獨立國家聯合體，建立類似英聯邦的組織以取代蘇聯。除了波羅的海三國和格魯吉亞之外，其他蘇聯加盟國紛紛回應此決議，離開蘇聯，蘇聯已名存實亡。西元 1991 年 12 月 25 日，蘇聯總統戈巴契夫宣佈辭職，將國家權力移交給俄羅斯總統葉爾欽。第二天，蘇聯最高蘇維埃通過最後一項決議，宣佈結束蘇聯，從此，蘇聯正式解體。西元 1991 年 12 月 25 日 19 時 32 分，紅旗從克里姆林宮上降落，蘇聯的解體為東歐劇變大潮畫上句點，世界上只剩下美國這一超級大國。同時，蘇聯的解體也對各個東歐共和國的經濟帶來巨大衝擊。而且，蘇聯的解體使得之前共產主義的教育被抹去，傳統的俄羅斯東正教又無法迅速填補空白，使得原蘇聯一代青年思想真空，俄羅斯甚至產生新納粹主義團體──「光頭黨」。

A.D. 1989　　　　　A.D. 1995

07 東歐劇變

關鍵字：多黨制、兩德統一、波士尼亞戰爭

二戰後，東歐各國在蘇聯的援助下，紛紛建立社會主義國家，但實際上並沒有取得獨立自主的權利，其發展完全遵循蘇聯模式，受制於蘇聯，成為美蘇冷戰的犧牲品。二十世紀末期，東歐各國改革失敗導致東歐劇變，各國社會主義政權紛紛易手。

東歐劇變	
波蘭	❶ 西元 1989 年，實行多黨制和議會民主制。4 至 6 月，團結工會選舉獲勝，組成聯合政府。 ❷ 西元 1990 年 11 月，團結工會主席瓦文薩當選總統。Ⓐ
匈牙利	❶ 西元 1989 年 2 月，為解決社會矛盾，決定實行多黨制。Ⓑ ❷ 西元 1990 年，民主論壇選舉獲勝，完成政權轉移。
羅馬尼亞	❶ 西元 1989 年 12 月，爆發反政府示威活動，政變開始。 ❷ 西元 1990 年，救國陣線選舉獲勝。Ⓒ
捷克斯洛伐克	❶ 西元 1989 年 1 月，舉行抗議蘇軍侵捷的示威遊行。 ❷ 西元 1990 年 1 月，總理恰爾法退出捷共，捷共失去執政地位。
德國	❶ 西元 1989 年，東德發生政局劇變，「柏林圍牆」倒塌。Ⓓ ❷ 西元 1990 年，東德舉行多黨議會選舉，民主社會主義黨成為在野黨。 ❸ 西元 1990 年，東德併入西德，兩德統一。
南斯拉夫	❶ 西元 1991 年，克羅埃西亞以及斯洛維尼亞兩共和國率先宣佈獨立。Ⓔ ❷ 西元 1992 年，塞爾維亞和黑山共和國宣佈成立南斯拉夫聯盟共和國。Ⓕ ❸ 西元 1992 年，爆發波士尼亞戰爭。Ⓖ

Ⓐ 波蘭

二十世紀末，波蘭陷入嚴重經濟困境，引發許多城市的工人集體罷工，以瓦文薩為首的團結工會在此背景下誕生。另一方面，由於經濟持續惡化，導致波蘭統一工人黨威信降低。西元 1989 年，波黨實行政治多元化和工會多元化，與團結工會舉行圓桌會議，會議達成關於團結工會合法化、進行議會大選等協議。最後，團結工會在大選中獲勝，成功組織政府，代表波蘭政治經濟制度的轉變。

Ⓑ 匈牙利

在波蘭政局動盪的同時，匈牙利也發生類似的政局變動。隨著經濟改革的推進，匈牙利人民也逐漸渴望實行多元民主政治。西元 1989 年 6 月，匈牙利政府同意多黨制和議會制，並籌畫修改憲法和舉行大選。西元 l990 年，舉行議會選舉，民主論壇獲勝。至此，匈牙利成功由體制變革帶動政權轉移。

圖為匈牙利政變中喋血的布達佩斯街頭。

C 羅馬尼亞

1 西元 1989 年 12 月，爆發大規模反政府示威活動。

2 西元 1989 年 12 月 22 日，救國陣線委員會宣告成立，接管政權。

3 西元 1989 年 12 月 25 日，成立新政府，實行多黨制和議會民主制。

4 西元 1990 年 5 月，舉行首次多黨選舉，救國陣線在議會中獲得多數席位，繼續執政。

D 柏林圍牆倒塌

西元 1989 年 11 月 9 日，由於當時有大批東德人經匈牙利和捷克斯洛伐克逃往西德，新東德政府開始計畫放鬆對東德人民的旅遊限制，在翌日生效。但由於當時統一社會黨委員君特‧沙博夫斯基誤解上級命令，錯誤地宣佈柏林圍牆即刻開放，導致數以萬計的市民走上街頭，拆毀圍牆。11 個月後，兩德終於統一。

圖為西元 1986 年的「柏林圍牆」，左側為東柏林，右側為西柏林。

F 南斯拉夫解體

東歐劇變為南斯拉夫造成巨大衝擊，而此時的西歐國家也利用南斯拉夫的多民族矛盾，加速其分裂。西元 1991 年，克羅埃西亞和斯洛維尼亞兩共和國率先宣佈獨立，南斯拉夫開始解體。

圖為克羅埃西亞的國旗。

G 第三南斯拉夫

西元 1991 年，克羅埃西亞、斯洛維尼亞宣佈獨立，次年，馬其頓、波士尼亞與赫塞哥維納宣佈獨立，南斯拉夫聯盟進一步瓦解。在這種情況下，塞爾維亞和蒙特內哥羅兩個共和國也於西元 1992 年宣佈成立南斯拉夫聯盟共和國。新的南斯拉夫聯盟共和國所佔面積不到原領土的一半，被稱為「第三南斯拉夫」。至此，南斯拉夫社會主義聯邦共和國正式解體。

H 波士尼亞戰爭

西元 1991 年，前南斯拉夫開始解體後，波士尼亞與赫塞哥維納於次年宣佈獨立。由於波士尼亞人和克羅埃西亞人贊成獨立，但塞爾維亞人持反對意見，因此，三者間爆發第二次世界大戰後，歐洲規模最大的局部戰爭。直到西元 1995 年 8 月，北約大規模空襲塞爾維亞後，塞爾維亞、克羅埃西亞、波士尼亞與赫塞哥維納才在美國簽署《代頓和平協議》，平息波士尼亞戰爭。

08 歐盟成立和未來發展

關鍵字：歐盟、歐元

在西元 1967 年，歐洲共同體建立後，組織規模逐漸擴大，一體化的程度也日益提高，歐洲共同體成員國開始在政治上尋求聯合。西元 1991 年 12 月，歐洲理事會舉行馬斯特里赫特會議，歐洲共同體 12 國簽署《馬斯特里赫特條約》，建立「歐洲聯盟」。歐盟使歐洲各國打破地域界限，成為世界最大的市場，從各個方面挑戰美國。世界的兩極格局被打破，開始向多極化發展。

歐盟成立和發展

建立

1. 西元 1991 年 12 月，於馬斯特里赫特首腦會議通過《馬斯特里赫特條約》（簡稱「馬約」）、《政治聯盟條約》，建立「歐洲聯盟」。Ⓐ Ⓑ
2. 西元 1993 年 11 月 1 日，馬約正式生效，歐盟誕生，歐洲共同體從經濟體轉為經濟政治體。
3. 西元 1991 年，通過並簽署《歐洲經濟與貨幣聯盟條約》，西元 1999 年 1 月 1 日起，歐盟 11 個成員國開始使用歐元，並於西元 2002 年 1 月 1 日取代 11 國的貨幣。Ⓒ Ⓓ
4. 西元 2003 年 7 月，歐盟制憲籌備委員會確定了歐盟的盟旗、盟歌、銘言與慶典日等。

擴張與危機 Ⓔ

1. 西元 1995 年，奧地利、瑞典、芬蘭加入，歐盟成員國擴大到 15 個。
2. 西元 2004 年 5 月 1 日，東歐 10 個國家。
3. 西元 2007 年 1 月，羅馬尼亞、保加利亞加入，歐盟成為當今世界上經濟實力最強、一體化程度最高的國家聯合體。
4. 西元 2010 年底，在阿拉伯之春後，許多難民從中東、非洲和亞洲等地，經地中海及巴爾幹半島進入歐盟尋求居留，稱為「歐洲難民危機」。Ⓕ Ⓖ
5. 西元 2012 年 10 月 12 日，獲頒諾貝爾和平獎。
6. 西元 2013 年 7 月 1 日，克羅埃西亞加入。
7. 西元 2016 年 6 月 24 日，英國公投決定脫離歐盟，將與歐盟協商退出歐盟協議。Ⓗ
8. 西元 2018 年 2 月 28 日，歐盟公佈英國脫歐草案，正式提出英國徹底脫歐期限為 2020 年底前。

Ⓐ 歐洲聯盟

歐洲共同體成立後，其經濟實力不斷增長，成員國遂決定進一步加強聯合，透過政治一體化以維護歐洲的獨立與安全。西元 1991 年 12 月，第 46 屆歐洲共同體首腦會議在荷蘭的馬斯特里赫特舉行，通過建立「歐洲經濟貨幣聯盟」和「歐洲政治聯盟」的《馬斯特里赫特條約》。西元 1993 年 11 月 1 日，條約正式生效，歐洲共同體更名為歐洲聯盟。

圖為歐洲聯盟的盟旗。

Ⓑ 政治聯盟條約

西元 1991 年，歐洲共同體的首腦會議上同時通過《政治聯盟條約》，該條約於西元 1990 年 4 月由法國總統密特朗與德國總理科爾提出。條約規定歐盟要建立共同的外交與安全政策，制定共同的防務政策，而防務措施應由歐盟的武裝機構——西歐聯盟執行。該條約的主要目的是為了進一步擴大歐洲共同體超國家機構的權力，也擴大歐洲議會的權力，使其由原來的諮詢和監督機構變為部分權力機構。

ⓒ 歐洲經濟與貨幣聯盟條約

歐洲貨幣制度是從歐洲貨幣聯盟開始，其起源可追溯至歐洲經濟合作組織於西元 1950 年 7 月 1 日建立的「歐洲支付同盟」，以及西元 1958 年取代該同盟的《歐洲貨幣協定》。但「歐洲支付同盟」並未對歐洲貨幣一體化提出具體構想，真正將歐洲貨幣統一是在建立歐洲共同體之後。西元 1991 年，歐洲共同體首腦會議通過《歐洲經濟與貨幣聯盟條約》，西元 1992 年 2 月 7 日，歐洲共同體 12 國正式簽訂該條約。條約規定要在歐盟內部自由流通資本，實現真正的統一歐洲市場。除了經濟方面的規定之外，該條約還決定實行共同的對外與防務政策，擴大歐洲議會的權力。西元 1999 年 1 月 1 日，歐元制正式啟動。加入歐元區的標準有兩個，其一是區內各國都必須將財政赤字控制在 GDP 的 3% 以下，其二是各成員國必須將國債佔 GDP 的比率保持在 60% 以下。

Ⓔ 歐盟的擴張

1. 創始國：法國、西德、義大利、荷蘭、比利時、盧森堡。

2. 西元 1973 年，英國、丹麥和愛爾蘭加入。

3. 西元 1981 年 1 月 1 日，希臘成為歐洲共同體第 10 個成員。

4. 西元 1986 年 1 月 1 日，葡萄牙和西班牙加入，歐洲共同體成員國增至 12 個。

5. 西元 1995 年 12 月 11 日，奧地利、瑞典和芬蘭加入，歐洲聯盟增至 15 國。

6. 西元 2004 年 1 月 1 日，愛沙尼亞、拉脫維亞、立陶宛、波蘭、捷克、斯洛伐克、匈牙利、斯洛維尼亞、馬爾他和賽普勒斯正式加入歐盟。

7. 西元 2007 年 1 月 1 日，羅馬尼亞、保加利亞加入，歐盟成員國增至 27 個。

8. 西元 2013 年 7 月 1 日，克羅埃西亞加入，歐盟成員國增至 28 個。

9. 西元 2016 年 6 月 24 日，英國公投決定脫離歐盟，將與歐盟協商退出歐盟協議。

Ⓓ 歐元

西元 1999 年 1 月 1 日起，歐元區國家正式使用歐元。歐元是歐盟一體化進程的重要步驟，它不僅使歐洲單一市場得以完善，也讓歐元區國家間的自由貿易更加方便。根據歐盟的規定，歐元現鈔於 2002 年 1 月 1 日起正式流通。如今歐盟 27 個成員國中，已有超過半數的國家加入歐元區。

▌ 圖為位於德國法蘭克福的歐洲中央銀行，負責歐元區貨幣政策的制定以及流通情況。建築前方的標誌即為歐元符號，並裝飾著如歐盟旗幟一樣的十二顆星星標誌。

Ⓗ 英國脫歐

西元 2016 年 6 月 23 日，英國舉行脫離歐盟的全民公投，投票結果有 51.89% 的民眾贊成「脫離歐盟」。2017 年 1 月，英國政府向下議院提交《2017 年歐洲聯盟（退出通知）法案》（European Union（Notification of Withdrawal）Bill 2017），該法案授權英國政府啟動脫離歐洲聯盟的程序。3 月 16 日，英國女王簽署法案，3 月 20 日，英國首相府宣佈將在 3 月 29 日正式啟動脫歐程序。2017 年 12 月 8 日，英國與歐盟達成脫歐框架協議。

Ⓕ 歐洲難民危機

歐洲難民危機指的是自從西元 2010 年底爆發阿拉伯之春後，數量激增的難民或是經濟移民，他們從中東、非洲和亞洲等地，經地中海及巴爾幹半島進入歐盟國家尋求居留，其中多數來自敘利亞、阿富汗和厄利垂亞。此難民危機已在歐洲引發嚴重的社會及經濟負擔，不少國家及政治人物嚴厲批評歐盟的難民政策，認為歐盟長年的人口自由流動及開放邊界措施嚴重影響歐洲的國家安全。

│ 圖為西元 2015 年 9 月 5 日，大批難民聚集在維也納西站的火車月台，準備登上前往德國慕尼黑的火車。

Ⓖ 歐洲難民的社會問題

大量湧入歐洲的難民，已為歐洲各國帶來許多問題。除了犯罪集團以招攬、協助偷渡進入歐洲，並從中取利外，偽造敘利亞身份證明，或為非敘利亞人獲取真的敘利亞護照也成為新興生意。歐洲刑警組織估計，偷渡集團於西元 2015 年共獲利 60 億歐元，大部分是來自安排移民非法進入歐洲，是「歐洲增長最快的犯罪活動」。

│ 圖為從土耳其穿過愛琴海，準備偷渡到希臘的難民。

和古人輕鬆對話，
穿越古今無代溝

唐詩好好讀

清代 蘅塘退士/原著、詩詞專家 丁朝陽/編著

定價 420元

311首千古冠絕的唐詩×77位驚才絕艷的詩人
帶你一窺大唐的盛世風華，
品讀悲歡離合的人生滋味。

世說新語好好讀

魏晉的軼聞趣事

南朝宋 劉義慶/原著、史學專家 謝哲夫/編著

定價 380元

領略世家大族日常中的縱情瀟灑，
帶你一本看盡魏晉時期的政治社會和人文縮影。

史記好好讀

嚴選古文閱讀力大躍進35篇

史學專家 古木/編著、文學博士 遲嘯川/審定推薦

定價 350元

讓你一本搞定《史記》大考必中名篇，
迅速累積國學實力，戰鬥力一秒UP！

博覽人類經典書
珍藏永恆智慧庫

Sherlock Holmes

福爾摩斯
經典全集 上 下

享譽百年的偵探典型，
一生不可不讀的推理鉅作

亞瑟・柯南・道爾 / 原著
丁凱特 / 譯者
定價上冊 399 元 / 下冊 420 元

亞森・羅蘋經典
探案集 上 下

引領預告犯罪之風潮，
史上歷久不衰的紳士怪盜

莫里斯・盧布朗 / 原著
楊爃 / 譯者
定價上冊 420 元 / 下冊 420 元

Arsène Lupin

Gentleman Cambrioleur

國家圖書館出版品預行編目資料

圖解歐洲史 / 王晴天 著 . --初版. --新北市：
典藏閣，采舍國際有限公司發行, 2018.07
面；公分 · --（經典人文02）

ISBN 978-986-271-816-2 （平裝）
1.歷史　　2.歐洲
740.1　　　　　　　　　107002839

圖解歐洲史

出版者 ▼ 典藏閣　　　　　　　　　　　出版總監 ▼ 王寶玲

編著 ▼ 王晴天　　　　　　　　　　　　文字編輯 ▼ 范心瑜、孫琬鈞

總編輯 ▼ 歐綾纖　　　　　　　　　　　美術設計 ▼ 蔡瑪麗、吳佩真

台灣出版中心 ▼ 新北市中和區中山路2段366巷10號10樓

電話 ▼（02）2248-7896　　　　　　　傳真 ▼（02）2248-7758

ISBN ▼ 978-986-271-816-2

出版年度 ▼ 2022年最新版

全球華文市場總代理/采舍國際

地址 ▼ 新北市中和區中山路2段366巷10號3樓

電話 ▼（02）8245-8786　　　　　　　傳真 ▼（02）8245-8718

全系列書系特約展示

新絲路網路書店

地址 ▼ 新北市中和區中山路2段366巷10號10樓

電話 ▼（02）8245-9896

網址 ▼ www.silkbook.com

線上pbook&ebook總代理：全球華文聯合出版平台

地址：新北市中和區中山路2段366巷10號10樓

新絲路電子書城 www.silkbook.com/ebookstore/　　●

華文網雲端書城 www.book4u.com.tw　　●

新絲路網路書店 www.silkbook.com　　●